아이디스오더

아이디스오더

—— 기술문명 스트레스와 그 극복 ——

래리 D. 로젠 · 낸시 A. 치버 · L. 마크 캐리어 지음
송해룡 옮김

성균관대학교
출판부

감사의 글

이 책의 공저자인 마크 캐리어(Mark Carrier) 박사, 낸시 치버(Nancy Cheever) 박사와 나의 우정 그리고 연구 관계는 형언할 수 없을 만큼 중요하다. 이 책은 우리들 공동의 노력으로 만들어졌다. 글쓰기와 조사 양 측면에서 우리 모두 다른 시각을 가지고 있었기 때문에, 나는 공동으로 작업하는 것이 더 좋다고 생각했고, 실제로도 그러했다. 나는 기술적 글쓰기와 통계 내는 것을 즐기는 세심한 남자다. 마크는 가끔 내가 전혀 생각지도 못했던 이론적 관점에서 어려운 질문을 던지는, 큰 그림을 보는 사람이다. 낸시는 다시 써야 할 부분을 바로 바로 지적해 주는 검수자였다. 나는 이런 동료들이 자랑스럽다.

내가 '기술 심리학'을 연구하고 저서 활동을 할 수 있는 것은 전적으로 캘리포니아주립대학에 있는 조지 마시 응용인지실험실(GMAC: George Marsh Applied Cognition)과 관련된 모든 이들의 덕분이다. 이 실험실은 몇 년 전 낸시와 내가 이곳저곳에서 돈을 모아 컴퓨터와 다른 장비들을 구축해 만든 곳이다. 이 과정에서 대학이 특히 도움을 많이 주었다. 우리는 대형 강의를 운영하거나, 학부생 10명을 집중적으로 가르치면서 대학으로부터 지원을 받았다. 이 모든 걸 가능하게 해준 라우라 로블스(Laura Robles) 학장님, 전(前) 학장님이신 척 홈

(Chuck Hohm), 맥네어 장학 프로그램 그리고 MBRS-RISE 프로그램에 감사드린다. GMAC 회원들께도 특별한 감사의 인사를 드린다. 알파벳 순서로 이름을 나열한다. 미셸 앨버텔라(Michelle Albertella), 무라 아라이칸(Murat Arikan), 제니 배브콕(Jenny Babcock), 조앤 발바(Joanne Barba), 샌드라 베니테즈(Sandra Benitez), 바네사 블랙(Vanessa Black), 리제트 블랑코(Lyzette Blanco), 존 번스(John Bunce), 노마 카스틸로(Norma Castillo), 제니퍼 창(Jennifer Chang), 앰버 샤베즈(Amber Chavez), 셰이엔 쿠밍수(Cheyenne Cummings), 린 어윈(Lynne Erwin), 줄리 펠트(Julie Felt), 에스베이드 가르시아(Esbeyde Garcia), 이사벨라 그레이(Izabela Grey), 헬렌 구티에레스(Helen Gutierrez), 트리스탄 한(Tristan Hahn), 마이크 커스틴(Mike Kersten), 알렉스 림(Alex Lim), 록산느 루나(Roxanne Luna), 스콧 마리아노(Scott Mariano), 스테판 맥기(Stephen McGee), 사이라 랍(Saira Rab), 줄리아 리파(Julia Rifa), 비비(B.B.), 러쉬(Rush), 알렉스 스프래들린(Alex Spradlin), 브리트니 틸만 Brittany Tillman), 에리카 토레스(Erika Torres), 레슬리 바스케즈(Leslie Vasquez), 루디비나 바스케즈(Ludivina Vasquez), 켈리 왈링(Kelly Whaling) 그리고 셰릴 윌콧(Cheryl Wolcott) 박사님.

놀랍게도 벌써 다섯 번째 책이며, 이 모든 것은 나를 열렬히 지원해 주는 가족들 덕분이다. 아내 비키 네빈스(Vicki Nevins) 박사, 아버지 오스카(Oscar Rosen)와 어머니 사라 로젠(Sarah Rosen), 누나 주디(Judy)와 매부 마이클 호이만(Michael Heumann), 남동생 브루스(Bruce)와 제수씨 리엔 로젠(Liane Rosen) 그리고 물론 우리 아이들 아담 로젠(Adam Rosen)과 책이 출간될 즈음 두 번째 손자를 가져다 준 며느리 패리스(Farris), 패리스의 딸 재클린(Jacqueline), 또한 아리엘 로젠(Arielle Rosen), 크리스 와일(Chris Weil) 그리고 그의 애인 티파니 버크(Tiffany Burke) 그리고 케일리 와일(Kaylee Weil)에게도 고마움을 표한다. 내 친구 밥 인드세스(Bob Indseth), 샌디 카일러(Sandy Kaler) 박사, 필리산 맥과이어(Phyllisann Maguire) 박사, 웬디 골든(Wendy Golden) 또한 항상 그 자리에 있어 주어서 고맙고, 그대들이 없는 삶은 생각할 수 없다. 그리고 와인 만드는 동호회에 초대해 준 조지 워커(George Walker)에게도 특별한 고마움을 전한다.

내 책을 더 좋게 만들어 주려고 노력한 주변 사람들에게도 매우 고맙다는 말을 전한다. 다스텔 · 고더리치(Dystel & Goderich) 문학사의 내 에이전트인 스타세이 글릭(Stacey Glick)은 셀 수 없을 만큼 나를 도와주었다. 내가 같은 질문을 수백 번 해도 항상 옆에 있어 준 편집장 로리 하팅(Laurie Harting), 이 책과 예전 책들의 출판을 맡아준 앨런 브래드쇼(Alan Bradshaw)는 항상 차분하고 날 안심시켜줬으며, 내가 보내는 혼란스런 메시지에 답해 주려고 24시간 온라인 상태를 유지했던 것 같다. 또 원고를 정리하고 더 멋지게 만들어준 젠 시밍턴(Jen Simington)에게도 감사하다.

내가 이 책의 마무리 작업을 할 때, 세상은 전설의 천재 스티브 잡스를 잃었다. 나는 얼리 어답터여서 'TRS-80'이 처음 나왔을 때부터 개인용 컴퓨터를 쓰기 시작했다. 애플 'IIe'과 'Mac'을 써본 뒤로 타회사 제품을 써본 적이 없다. 스티브 잡스의 상품들은 사용자가 쓰기 쉽게 고안되었고, 나는 애플의 제품에 매료되어 있었다. 스티브 잡스는 기술의 판도를 바꿔놓았고, 기술이 무엇이며, 인간을 위해 어떻게 해야 한다는 것에 대한 가치관과 믿음을 모두 변화시켰다. 우리는 'i'를 얻었지만, 대체 불가능한 영웅을 잃었다.

래리 D. 로젠

목차

감사의 글 • 004

일러두기 • 010

제1장 **아이디스오더 : 왜 우리는 모두 비정상적으로 행동하는가?** • 011

제2장 **미디어는 '나'로부터 시작한다** • 037

제3장 **기술 강박을 항상 확인하라** • 087

제4장 **하이테크놀로지가 동반한 것들 : 스마트폰·소셜미디어·텍스트 중독** 109

제5장 **사이버 세상의 긍정적이거나 부정적인 일상들** • 131

제6장 **회의에 참석하지 못해서 죄송합니다…,**

제가 이메일을 확인했을 때는 이미 두 시간이 지난 후였어요 • 171

제7장 **커뮤니케이션의 기초 : 스크린 뒤에서의 안전과 교육**   • 201

제8장 **작은 고통일 뿐인데도 스스로 죽어간다고 생각한다**   • 225

제9장 **프로필 사진이 나보다 뚱뚱해 보이나요? : 뉴미디어와 외모에 대한 관계** • 247

제10장 **망상, 환각과 사회적 회피 :**

　　　 기술은 우리를 '정신분열증 환자'로 만드는가?   • 271

제11장 **우리는 들여다보고 싶다**   • 295

제12장 **모든 것은 당신의 마음에 달려 있다**   • 319

옮긴이의 글   • 350

주   • 355

찾아보기   • 408

일러두기

1. 이 책은 래리 D. 로젠, 낸시 A. 치버, L. 마크 캐리어가 함께 쓴, 『*iDisoder—Understanding Our Obsession with Technology and Overcoming Its Hold On Us*』(© Larry D. Rosen, 2012, PALGRAVE MACMILLAN)의 전문을 우리말로 옮긴 것이다.

2. 저자는 '아이디스오더(iDisoder)'라는 조어의 의미에 대해, "기술과 미디어에 연결된 삶을 살아가는 와중에 겪게 되는 새로운 유형의 장애들이나 정신적 질환 요소들"이라 밝히고 있다. 이를 분명한 우리말 번역어로 옮기기 어려워, 불가피하게 원어의 독음을 그대로 살려 적었다.

3. 독자의 이해를 돕기 위해 원서의 주 외에 필요한 곳에 '옮긴이의 주'를 구분해 달아 두었다.

제1장

아이디스오더

왜 우리는 모두 비정상적으로 행동하는가?

기술이 인간성을 훨씬 넘어섰다는 것은 소름 끼치도록 명백한 사실이다.

_ 앨버트 아인슈타인(Albert Einstein)

만약 이러한 경향이 지속된다면, 버튼을 누를 수 있는 손가락만 남고
인간의 모든 팔다리는 쇠약해질 것이다.

_ 프랭크 엘로이드 라이트(Frank Lloyd Wright)

아인슈타인과 라이트는 기술에 대해 매우 폭넓고 깊은 생각을 하고
있었다. 인터넷, 스마트폰 그리고 아이패드가 나오기 이전에 언급됐던
이러한 생각들은 선견지명이 있어 보인다. 그들의 이러한 사고는 스마
트폰, 인터넷, 아이패드 등이 발명되기 한 세기 전에 나온 것이기 때문
이다. 다음과 같이 매우 일상적인 모습을 살펴보자. 전날 밤 밖에 나가
서 저녁을 먹고 영화를 봤다. 저녁은 편안한 분위기의 인테리어와 해
산물 요리로 유명한 지역 레스토랑에서 먹었다. 종업원이 우리를 테이
블로 안내하는 동안 거의 모든 사람들이 저녁 테이블 오른쪽에 휴대
폰을 올려놓은 것을 볼 수 있었다. 말 그대로, 그것은 마치 사이드 메
뉴로 휴대폰을 주문하고 메인 메뉴로는 생선 요리를 먹는 것과도 같
은 그림이었다. 우리가 음식을 주문하고 먹기 시작했을 때도 저녁을
먹는 사람들은 계속해서 휴대폰을 들고 두드리다가 이내 내려놓곤 했

다. 사람들은 그런 행동을 몇 번이고 반복했다. 젊은이들이 이러한 행동을 조금 더 자주하는 것 같았지만 나이를 불문하고 거의 모든 사람들이 식사 중 적어도 한 번은 이와 같은 행동을 했다. 나는 어딘가 강박증에 걸린 사람들로 가득 찬 방을 보는 듯한 느낌이 들었다.

식사 후 우리는 영화 예고편과 영화 시작 전 광고를 모두 볼 수 있는 여유로운 시간에 영화관에 도착했다. 영화 시작 전에 광고를 보고 있는 동안 또다시 그러한 강박증을 느낄 수 있었다. 거의 모든 사람들이 스마트폰을 손에 들고 열심히 무언가를 보고 있었다. 나는 내 앞자리의 몇 사람이 눈부신 액정을 켜 놓고서 문자 메시지를 보내고 이메일을 보내고 웹서핑을 하는 것을 목격할 수 있었다. 영화관의 마지막 메시지는 관객들에게 휴대폰 화면을 끄고 벨소리를 진동으로 바꿔 달라는 말이었다. 나는 휴대폰을 주머니 속에 넣었다. 그런데 영화가 시작하고 10분쯤이 지났을까, 내 앞의 어떤 여자가 휴대폰을 꺼내 드는 것이 아닌가? 그런 후 그녀는 문자 메시지를 보냈다. 그 여자 옆에 앉은 남자는 그러한 행동에 매우 짜증을 내었다. 그녀가 그런 행동을 두 번 정도 더 한 뒤에, 옆자리의 남자는 그녀의 어깨를 치면서 조용히 그리고 정중하게 휴대폰을 꺼달라고 부탁했다. 그의 부탁이 아주 혐오스럽거나 끔찍한 부탁이 아니었음에도 그녀는 그의 말을 도저히 이해하지 못하겠다는 눈빛으로 쳐다봤다. 심지어 몇 줄 앞에 있는 젊은 남자는 휴대폰을 거의 30초마다 쳐다봤다. 아마 매우 중요한 문자 메시지를 기다리는 것 같았다. 영화관의 관객 중 4분의 1 정도의 사람들이 영화를 보는 동안 계속 휴대폰을 사용하는 것

같았다. 영화가 끝나고 마지막 자막이 올라갈 때, 거의 모든 사람들은 영화가 상영되던 90분 동안 자신이 혹시 놓친 메시지나 전화는 없는지 휴대폰을 꼼꼼히 살펴보고 있었다. 만약 내가 이러한 현상에 대해 학술적으로 더 잘 알지 못했다면 아마도 영화를 많이 보는 사람들은 주의력 결핍을 앓는 경우가 많을 것이라는 결론을 내렸을 것이다.

인터넷이 처음으로 대중화되기 시작하던 때였던 1990년대 중반에 나는 기술-스트레스(Techno-Stress)를 극복하는 방법에 관한 책을 썼다. 나는 마이스페이스(My Space)[1]의 대유행 속에 '하이테크 어린아이들'을 어떻게 키울까 하는 방법을 기술한 책을 썼었고, 후에 웹2.0 도구들을 사용하는 아이제너레이션(iGeneration, 이하 i세대)[2]이라 불리는 10대들과 어린이들을 교육하는 방법을 썼다.

이 모든 것에서 어떤 경향이 있다는 사실을 발견했다. 매년 새로운 기기, 어플리케이션 그리고 다른 기술적 혁명들이 나타나면 이내 이것들은 사람들 사이에서 '공용어'의 하나가 된다는 것이다. 5년에서 10년 전에는 없었던 모든 기술들이 지금 아주 평범한 일상의 어휘로 사용되고 있다. 이를테면 트위터, 페이스북, 아이패드 같은 것들이다.

2008년에 새 『옥스퍼드 영어 대사전』에 등재된 새 어휘 중 1위로 선정된 것은 하이퍼밀링(hypermiling : 자동차나 주행 방법을 개조해 연비를 극대화하는 것)이었으나 10위권 안에 든 다른 어휘들을 살펴보면 트윗(tweet), 무퍼(moofer)[3], 링크베이팅(link baiting)[4] 그리고 오버쉐어(overshare)[5] 등 모두 기술과 관련된 어휘들이었다. 2009년에는 언프랜드(unfriend)가 신규 어휘 중 최고의 어휘로 뽑혔으며, 10위권 안에

4개의 기술관련 어휘들(netbook, hashtag, sexting, intexticated)이 자리하고 있었다. 2010년 '올해의 어휘'는 'refudiate'였는데 이것은 사라 페일린(Sarah Palin)이 트위터에 refute(반박하다)와 repudiate(거부하다)를 합성해 줄임말을 만들어 트위터에 게재한 것에서 유래된 것이다.[6] 이 단어는 수없이 '리트윗(retweet)'되고 많은 '웨비소드(webisode)'[7]에 사용되기도 했다. 여기서 중요한 사실은 우리는 매년 점점 더 많은 신기술들을 접하게 되며, 그 기술과 그것을 서술하는 어휘에 빠른 속도로 매우 익숙해진다는 것이다.[8]

마치 밀물처럼 급격히 밀어닥치는 이러한 기술은 '뉴밀레니엄'의 20년대를 향해 달려가고 있는 우리를 어디로 데려갈까? 다음과 같은 예시들을 생각해볼 수 있다.

— 이제 갓 성인이 된 한 젊은이는 아주 부드러운 어투의 페이스북 메시지를 받았다. 그런데 그는 답장으로 다짜고짜 욕 세례를 퍼부었다. 그 끔찍한 메시지들은 며칠 간 지속됐다.

— 한 대학생은 집을 나와 학교에 도착할 때가 되어서야 휴대폰을 집에 놓고 왔음을 알았다. 그는 곧장 집으로 향했고 1교시를 결석했다.

— 한 사업가는 저녁 식탁에서 아내와 아이들의 이야기는 무시한 채 블랙베리를 계속해서 체크할 뿐이었다.

— 한 엄마는 11살짜리 아들을 수차례 불렀으나 아들은 대답이 없었다. 아들은 엄마의 간곡한 부탁에도 청각 능력을 상실한 사람처럼 위(Wii)게임기에만 한참 빠져 있었다.

— 한 젊은 여성은 텔레비전 프로그램에 나오는 젊고, 날씬하고, 예쁜 여배우를 몇 시간이나 보고 있었다. 그녀는 자신의 몸을 더욱 '완벽하게' 만들기 위해서 엄청난 다이어트를 하고 있다.

— 한 중년 남자는 아들의 페이스북 친구들의 사진 가운데 하나를 클릭했다. 그 이후 파도타기를 하면서 몇 명의 페이스북 담벼락을 탐방했다.

— 만성적 다리 통증에 대한 정보를 얻기 원하는 나이가 지긋한 한 여성이 '진짜 다리 고통(real limb pain)'이라는 한 온라인 토론 단체에 참여했다. 그녀는 그곳에서 발행한 많은 양의 인쇄물을 주치의에게 가져가 자신의 관절암이 다양한 증상을 가지고 있음을 주장하며 '주치의'를 설득했다.

— 한 고등학교 학생은 역사 과목의 기말고사를 준비하면서 교과서와 페이스북을 번갈아 들여다보고 있었다. 몇 줄 읽더니 이내 인스턴스메시지 서비스(IM conversation)로 메시지를 보내고 아이팟으로 음악을 듣고 텔레비전 프로를 보기 시작하더니 휴대폰까지 만지기 시작했다.

이 모든 것은 전 세계적으로 반복되고 있는 아주 친숙한 모습이다. 하지만 만약 두 젊은 성인들이 온라인이 아닌 오프라인으로 서로에게 욕을 하고 있는 것을 본다던지, 사업가가 저녁을 먹으며 가족들을 무시하고 계속해서 블랙베리가 아닌 서류 뭉치를 들여다보고 있는 것을 보았을 경우, 대부분의 사람들은 그들을 좀 이상한 사람이라고, 심지어 정신적 질환을 앓고 있다고 생각할 것이다. 하지만 이러한 보기는 드문 일도 아니며 그들이 정신 질환 진단을 받았다는 증거가 되는 것도 아니다. 우리가 찾고자 하는 것은 새로운 유형의 장애들이다. 또한 많은 정신적 질환의 구성 요소들을 결합한 것이다. 또한 우리 모두가 기술과 미디어에 연결되어 삶을 살아가는 와중에 겪고 있는 것이다. 이러한 것을 아이디스오더(iDisorder)라 명명한다.

이 획기적인 저서에서 나는 동료인 낸시 A. 치버(Nancy A. Cheever) 박사, L. 마크 캐리어(L. Mark Carrier) 박사와 함께 조금 더 보편적인 심리적 장애에 대해 서술하려 한다. 그런 심리적 장애에는 커뮤니케이션 장애들(반사회적 인격 장애, 사회 공포증, 자폐증 그리고 아스퍼거 증후군[Aspergers syndrome] 등을 포함한), 주의력 결핍 장애, 우울증, 강박증, 자기도취적 성격 장애, 건강염려증, 정신분열, 신체변형장애(인체 부위가 비정상적으로 커지는 것), 관음증 그리고 중독 등이 포함된다. 이러한 심각한 장애의 증상을 모두 보여주기 위해서 우리는 심리학부터 신경과학까지, 사회학에서 인류학까지 그리고 커뮤니케이션학에서부터 생물학까지 다양한 영역의 최신 연구 결과를 그 증거로 제시하려 한다.

난 과학기술 자체를 반대하는 사람이 아니다. 오히려 그런 주장과는 거리가 멀다고 할 수 있다. 오히려 나는 1970년대에 컴퓨터가 우리의 일상 속에 깊숙이 침투하기 시작할 때부터 항상 '얼리 어답터(early adopter)'[9]였다고 할 수 있다. 지금까지 적어도 12개 이상의 컴퓨터를 구입했었던 것 같다. 스마트폰이나 아이패드 등으로 내 친구들 그리고 아이들과 몇 시간이고 문자를 주고받기도 한다.

다만 내가 지금부터 주장하고자 하는 것은 전자기기와 인터넷 사이트에 대한 과도한 의존은 우리로 해금 과학기술과 불가분의 관계를 맺게 하며, 이와 같은 관계가 우리의 심리에 중대한 문제를 유발할 수 있다는 것이다. 바로 내가 아이디스오더라고 부르는 것 말이다. 나는 또한 이용자 편리성을 고려한 기술이 그 기술을 쉽게 사용할 수 있도록 만들었고, 이용하기 쉽기 때문에 많이 사용하다 보면 강박증, 의존증, 스트레스 반응 등을 일으킬 수 있다는 것을 주장하려 한다. 나는 이 책을 통해서 사람들이 얼마나 아이디스오더의 수렁으로 빨려 들어가고 있는가를 보여줄 것이고, 스마트 기기들이 지배하는 세계 속으로 우리가 빨려 들어가지 않도록 우리와 과학기술 간의 관계를 인지해야 할 필요가 있음을 보여주려 한다.

우리는 모두 비정상인가?

미국 국립정신건강보건연구원(National Institute of Mental Health)의 최신 조사 결과[10]에 따르면 무려 46%의 미국 성인이 일생 동안 정신 질환을 적어도 한 번은 겪는 것으로 보고되고 있다. 또한 지금의 어린이와 청소년들이 성인이 되면, 그들 또한 비슷한 비율로 불안증, 과잉행동증후군(ADHD증후군) 또는 다른 종류의 정신 질환을 앓게 될 것이다. 나는 지금 우리가 모두 비정상이며 과학기술은 비난의 대상이 되어야 한다고 주장하는 것이 아니다. 단지 나는 과학기술의 산물들을 사용할 때 그것에 대한 통제력을 잃은 것 같아 보이는 몇 가지 행동들을 발견했을 뿐이다. 그러다 보니 과학기술이 실제로 우리를 도와주고 있는지 아니면 해치고 있는지 궁금해졌다.

우리는 운전 중에도, 걷는 중에도, 식사 중에도, 친구와 이야기할 때에도 항상 휴대폰을 보게 된다. 현재 우리의 모습은 모든 행동에 대한 조언을 인터넷에서 구하며 인터넷을 검색하기 전에는 아주 단순한 행동조차도 할 수 없는 것처럼 보일 정도이다. 우리는 우리 자신을 가상공간과 절대로 분리시킬 수 없는 것처럼 보인다. 이 책의 다음 장에서는 『미국 신경정신의학회 진단통계매뉴얼(American Psychiatric Association's Diagnostic and Statistical Manual, 이하 DSM)』 최신판[11]에 나온 많은 종류의 임상적 성격 장애를 앓고 있는 우리의 모습들을 보여주려 한다. 그러한 장애에는 기분 장애(우울증, ADHD, 정신분열)라고 알려진 첫 번째 유형(Axis 1) 그리고 성격 장애(반사회적 인격 장애, 자기도취적 인격 장애, 강박증)로 알려진 두 번째 유형(Axis 2)이 포함된다.

이후 전개될 열 개의 장에서는 가장 보편적인 몇 가지의 정신 질환에 대해 탐구해보고, 과학기술이 우리의 행복을 저해하는 방향으로 어떻게 우리 일상을 강제하는지 보여주는 신뢰할만한 연구를 제시하려 한다. 또한 여러 논리적으로 유효한 심리학적 관점과 이론들을 통해 왜 그러한 일이 일어나는지에 대해서도 보여주려 한다. 마지막으로 각 장마다 그러한 증상들을 완화하거나 아예 없애버릴 수 있는 아주 간단한 몇 가지 방법들에 대해 서술할 것이다.

내가 말하고자 하는 것은 모든 과학기술과 미디어를 포기하라는 것이 아니다. 그것은 불가능하다. 다만 과학기술이 유발할 수 있는 비정상적 증상들을 인지하기에 아직 너무 늦은 것이 아니며, 이 세계를 온전한 상태로 영위할 수 있는 방법을 찾기에도 너무 늦은 것이 아니라는 것을 말하려는 것이다.

관점

이 책의 강점 가운데 하나는 특정 미디어와 과학기술이 정신적인 불균형을 유발하는 방식에 대해 설명하는, 과학기술이 정신에 미치는 영향력에 대한 많은 연구들을 통합하는 심리학적 관점을 채택하고 있다는 것이다. 나는 1980년대 초반부터 과학적 연구를 시작했으며 새로운 기술에 대한 반응들을 측정해 보고자 하는 초기의 심리학자들 가운데 한 사람이었다. 나는 먼저 1980년대에 컴퓨터 공포증[12]에 대해 연구했으며 1990년대 초반에는 과학기술 공포증으로 그 연구 분야를 옮겼다. 그 시기는 인터넷의 등장으로 세상이 급격히 변할 때였으며 1990년대 중반은 월드와이드웹(WWW)을 사용하는 사람이 점차 증가하던 시기였다. 그 과정에서 계속적으로 발생하는 불안이나 걱정을 기술-스트레스(Techno-Stress)라고 명명했다.[13]

20세기 말이 되면서 노트북, 휴대폰 등을 포함하는 모바일 기술의 출현을 볼 수 있었다. 이것의 출현은 중요한 사회적 변화가 임박

했음을 알려주는 증거였다. 우리는 더 이상 집이나 직장에서만 과학기술을 마주하는 것이 아니라, 어디에서든 마주할 수 있게 된 것이다. 과학기술은 더 이상 우리를 불안에 떨지 않도록 만들어 준 것 같았다. 하지만 사실은 그 반대였다. 우리는 이것에 과도하게 의존하게 됐고, 이러한 사실을 모른 채 마냥 행복하다고 느끼며 아이디스오더를 향한 길로 발걸음을 옮기고 있다.

우리들 중 대다수가 아이디스오더를 앓고 있다는 것을 의심할 필요가 없다. 이것은 불가피한 것이다. 이것이 목숨을 위협할 만큼 치명적인 것은 아니다. 그러므로 우리는 이것을 치료하기 위해 정신병원을 간다던지, 재활센터를 방문해야 할 필요는 없다. 비록 전 세계적으로 인터넷 중독을 치료하기 위해 설립된 기관들이 수백 개가 되지만 말이다. 우리는 단지 몇 가지 손쉬운 조치를 취하면서 안전하게 기술의 누에고치(Techno-Cocoons)[14]에서 빠져나오고 건강한 세상으로 다시 들어올 수 있다.

나는 이 책을 저술하기 위해 사전 준비를 했다. 그 과정에서 과학기술과 미디어가 자녀 양육, 교육, 세대 간 유사성과 차이점 그리고 인지적인 면에 미치는 영향력에 관련된 많은 기존 연구를 조사했지만, 우리는 심리적 장애들과 이것이 전자화된 유선사회에서 우리의 연결된 행동에 미치는 상호관계를 특화시켜 연구한 것이 없다는 사실을 발견했다.[15] 그래서 2011년 초반에 나와 동료들은 온라인을 이용한 익명 조사를 통해서 750명의 10대와 성인들을 대상으로 한 설문조사를 하면서 심리적 장애[16]를 테스트했고, 그들의 심리적인 상태

그리고 미디어와 기술 이용 사이의 관계를 검증했다.[17]

10대부터 70대까지 다양한 연령대의 실험 대상자들에게 온라인 상태의 컴퓨터, 오프라인 상태의 컴퓨터, 문자 메시지, 전화 송수신, 인스턴트메시지를 이용한 채팅, TV시청, 음악 감상, 이메일, 비디오 게임을 얼마나 사용하는지를 질문했다. 소셜네트워크 이용자들에게는 얼마나 자주 페이스북, 마이스페이스, 트위터 등을 이용하는지에 대해 질문했다. 더 자세하게는 페이스북에 게시된 글들을 얼마나 자주 읽고, 게시된 사진을 얼마나 자주 보며, 게시된 상태 업데이트를 얼마나 자주 살피고, 자기 자신을 표현하며, 타인의 지지를 받고 싶을 때는 어떻게 하는지에 대해 물어보았다. 덧붙여 우리는 실험참가자들에게 과학기술에 대한 태도 또한 질문했다. 그러한 질문에는 신기술에 얼마나 잘 적응하는지, 첨단 기기들을 사용할 수 없을 때 얼마나 불안한지, 휴대폰이나 컴퓨터를 얼마나 자신에게 맞게 개조해 사용하고 있는지, 작업 효율을 위해 얼마나 '컴퓨터화'된 작업 환경을 구축하고 있는지 등이 포함됐다. 마지막으로, 예전에 했던 멀티태스킹 조사를 고려해[18], 우리는 한 번에 많은 일을 하는 멀티태스킹과 한 번에 한 가지 일만 하는 것 중 어떤 것을 상대적으로 선호하는지도 조사했다.

총 766명의 실험 참가자 중 85명은 베이비부머 세대, 118명은 X세대(1965년에서 1979년 사이에 출생한 사람들), 409명은 Net세대(1980년에서 1989년 사이에 태어난 사람들), 154명은 1990년과 1998년 사이에 태어난 i세대 청소년들이었다.[19] 이러한 집단은 다른 인종과 문화적 배경(남부 캘리포니아의 도시와 교외 사람들), 다른 직업, 다른 교육 수준,

다른 사회경제적 지위, 다른 문화를 가진 사람들로 적절하게 구성됐다. 표본은 남부 캘리포니아 인구 조사 수치를 사용했다.

앞서 언급했듯이, 이 연구의 목적은 과학기술의 이용이 인간의 심리적 건강 상태와 어떤 연관성을 가지는지에 대해 알아보는 것이다. 이것을 염두에 두고 우리는 정신 건강에 좋은 혹은 나쁜 영향을 줄 수 있거나 태도와 신념에도 영향을 미칠 수 있는 미디어와 과학기술에 관련된 변인들을 시험해보았다. 실험하는 동안 내내 공정하고 합리적인 결론을 내리려고 노력했으며, 이를 위해 앞서 말한 성별, 나이, 사회경제적 지위, 교육, 생활수준, 민족적, 문화적 배경 등 과학기술 이용과 정신 건강에 연결될 수 있는 모든 변인들을 통계적으로 통제하고자 노력했다.

사전 리뷰

각 장마다 특정한 아이디스오더와 관련된 데이터를 다루겠지만, 여기서 여러분들에게 우선 예고적인 리뷰를 해주려 한다. 우리가 수집한 자료들에 근거하면, 특정한 기술 유형은 특정 유형의 심리적 장애와 연관되어 있는 것처럼 보인다. 예를 들어, 이메일을 자주 주고받는 사람은 자아도취적 인격 장애의 증상을 많이 보인다. 이것을 일반화할 수는 없다. 하지만 자아도취적인 사람은 휴대폰으로 전화 통화와 문자를 많이 하고 상대적으로 페이스북에 '셀카'를 많이 올린다거나 자신의 상태 메시지를 계속 게시하는 경향이 있고, 과학기술을 개인에게 맞도록 변형시키는 경향이 존재한다. 이를테면 자동차에 이름을 붙인다거나 네비게이션이 마치 인격체라도 되는 듯 대화를 한다거나 하는 따위의 행동들 말이다. 그리고 또한 그들은 문자를 확인할 수 없거나 페이스북 게시판을 확인할 수 없는 상황이 되면 큰 불안감을 느낀다. 이러한 모든 것은 비정상적 정신 상태를 나타내는 것이며 과학기술이 우리에게 어떤 방식으로 아이디스오더를 유발할 수 있는지를 보여주는 아주 일상적인 사례들이다.

이와 유사하게, 페이스북이나 비디오 게임에 더 많은 시간을 쏟는 사람들은 SNS를 상대적으로 덜 이용하거나 게임을 적게 하는 사람들에 비해 더 심각하고 다양한 증상을 유발하는 아이디스오더를 겪게 될 가능성이 크다. 이메일을 주고받는다거나 텔레비전을 본다던가 하는 다른 과학기술 또한 특정한 장애 유형들과 연계되어 있다.

왜 하필 지금인가?

왜 하필 21세기의 과학기술들이 이러한 급작스러운 상황을 유발했는가? 개인적인 생각으로는 '순응적인 행동'들에 관련된 수요와 그러한 것을 충족시켜 주려는 과학기술 간의 복잡한 상호작용 때문인 것 같다. 그 중 한 가지는 전화 통화까지 포함한 '면대면 접촉'이 급격히 감소하고, 반면 전자기기를 이용한 접촉은 현대 사회에서 아주 일상적인 것이 됐다는 점이다. 이러한 전자 커뮤니케이션 (e-communication)은 대화 상대방이 옆에 살을 맞대고 있든 없든 상관하지 않으며, 다음 다섯 가지의 매우 심각한 특성을 갖는다.

1. 사용하기에 간편하고 쉽다.
2. 매우 훌륭한 디스플레이와 맑은 소리를 이용해 우리의 감각기관을 장악한다.
3. 누가 우리를 보지 않는 한 우리는 그 속에서 익명성을 가지고 있다고 느낀다.
4. 신체적 접촉이 없는 모든 의사소통은 어떠한 것에도 방해 받지 않는 느낌을 주고, 메시지가 누군가에게 영향을 주는 것에 별다른 관심을 갖지 않도록 한다.
5. 많은 기기들은 언제 어디서든지 사용 가능하다.

이러한 각각의 특징들은 과학기술이 아이디스오더를 유발하는 핵심 요인이 되고 있다. 우리가 사용하는 전자기기들은 우리 생활의 명백한 일부가 되고 있다. 휴대폰은 매우 복잡한 조작법 그리고 아주 비싼 요금제 등으로 인해 매우 고급스러운 물건이 됐다. 현재 전 세계의 거의 모든 사람이 휴대폰을 하나씩 가지고 있으며,[20] 휴대폰은 매우 비싼, 고급스러운 물건임에도 불구하고 이제 더 이상 사치품이 아닌 하나의 필수품으로 대우받고 있다. 스마트폰이 기존의 피처폰을 대체하면서 휴대폰은 우리의 삶을 살아가는 데 없어서는 안 될 부분이 됐다.

전 세계 1,100개 대기업의 3,500명이 넘는 사람을 대상으로 한 2011년의 연구 결과에 따르면, 조사 대상자의 61%가 자신의 스마트폰을 안방에 놓아두고 잠에 들며, 심지어 10명 중 4명 이상은 팔을 뻗으면 닿을 수 있는 곳에 스마트폰을 두고 잠드는 것으로 밝혀졌다. Net세대(1980년~1989년 출생)의 조사 대상자들만을 살펴보면, 그 비율은 각각 77%와 60%로 높아진다. 침대 밑에 스마트폰을 놓아두고 자는 사람의 60%는 보통 침대에 누워 스마트폰을 만지작거리는 경향이 있는 것으로 나타났다.[21]

우리는 과학기술이 인간의 시각과 청각에 대한 욕구를 매우 영리하게 활용하고 있음을 직감적으로 알 수 있다. 가장 최근에 저술한 책 『재설계: i세대와 학습의 이해(Rewired: Understanding the iGeneration and the Way They Learn)』[22]에서 나는 동시에 많은 감각을 한꺼번에 자극하는 교육 자료들이 학생들의 수업 참여를 유도하는 데 강점이 있다는 이유를 설명하기 위해 '가상화된 환경 모델'을 소개한 적이 있다.

예를 들어, 선생님이 굉장히 좋은 강의 전달력을 가지고 있고 또한 선생님이 사용할 수 있는 첨단기술들을 모두 이용하는 수업은 그저 딱딱한 교과서에만 의존하는 수업보다 훨씬 참여도가 높을 것이다. 이러한 사례는 비디오 게임에도 적용시켜 볼 수 있다. 만약 어떤 게임이 터치와 모션을 이용해 당신의 촉각과 운동 감각을 자극한다면 게임을 훨씬 재미있게 느낄 것이다. 상호작용적인 온라인 롤플레잉 게임과 같이 많은 유저가 함께하는 가상 환경 게임이나, 세컨드 라이프(Second Life)같은 가상 세계 그리고 가상화된 3D 효과 게임보다는 터치와 모션을 이용해 인간의 감각을 자극하는 게임들이 더 큰 재미를 준다. 최근 3D 영화들이 많이 등장하는 배경은 3D 영화가 젊은 사람들을 감각적으로 끌어들이고, 참여하게 하고, 페이스북이나 유튜브 같은 세계보다 훨씬 더 나은, 더 참여 지향적인 경험을 할 수 있도록 해준다는 것이다.

우리는 모두 익명이라 느낀다

만약 당신이 매우 바닥이 더럽고, 깨끗한 수건이라고는 전혀 없는 호텔에 묵었다고 치자. 당신은 온라인에서 그 호텔에 대해 거리낌 없이 별점을 0점으로 주면서 매우 신랄한 후기를 올릴 테지만, 숙박이 불편하지 않았냐는 지배인의 질문에는 아무런 대답도 하지 않을 것이다. 바로 당신이 온라인상에서는 익명이기 때문이다. 누구도 당신이 누구인지 모를 것이며 'Softball_guy22'나 'BeachGirl18' 등의 아이디 뒤에 숨어서 자판을 두드리고 있는 당신을 결코 찾아낼 수 없을 것이다. 따라서 당신이 말한 것에 어떤 대가나 처벌은 결코 발생하지 않을 것이다.

　지금부터 무언가 불평하는 이메일을 쓰고 있는 당신의 모습을 한번 생각해보라. 당신의 친구가 당신의 생일을 잊어버렸다거나, 당신 이웃의 개가 당신의 장미꽃밭을 완전히 망쳐버렸다는 가정 하에 말이다. 당신 친구의 얼굴이 떠오르고, 매일 아침 출근할 때마다 이웃의 얼굴을 봐야만 하는데도 당신은 당신이 익명이라고 느끼는가?

　이것이 '탈억제효과'라는 것이다. 이것은 내가 『나, 마이스페이스와 내 자신(Me, My Space and I)』라는 책[23] 에서 자세히 묘사한 적이 있다. 당신이 컴퓨터 스크린, 태블릿 PC의 스크린, 심지어 작은 스마트폰의 스크린 뒤에 웅크리고 숨어 있을 때, 스크린 반대편에 있는 사람은 자판을 두드리고 있는 당신을 끝내 보지 못한다. 스크린 반대편의 사람이 인간성이 아주 괜찮은 사람이라고 할지라도 당신은 어쨌든 익명성을 느낄 것이다. 그리고 그 사람에 대해서 무슨 행동이건 할 것이다. 이것은 전자커뮤니케이션 세대의 행동에서 잘 나타나는 현상이다. 학교에서는 조용하고 온순한 성격의 한 학생이 교수님에게 시험성적에 대해, 혹은 매우 이해하기 힘든 강의 방식에 대해 매우 화를 내는 말투로 이메일을 보낸다. 이것은 절대로 교수님의 얼굴을 맞대고는 할 수 없는 행동들이다. 한 회사의 중간 간부가 상사에게 결정된 방침을 신랄하게 비난하는 내용을 담은 이메일을 보낸다. 하지만 그 방침에 대한 토론이 이루어지는 동안, 그리고 이것에 대한 투표가 진행되는 회의 중에 그는 매우 조용하게 앉아있었을 뿐이었다. 인터넷에서는 당신이 '개'라는 것을 아무도 알지 못한다.

　이것은 온라인에서 개 같은 성향을 가진 이들을 표현할 때 쓰는 말이다. 스크린이라는 안전장치 뒤에서, 당신은 당신이 원하는 어떤 것이든 별다른 파급 효과 없이 말할 수 있는 자유를 가진 것처럼 느낀다. 당신은 인터넷을 통해 소심증을 일부 덜어낼 수 있다. MIT 교수인 쉐리 터클(Sherry Turkle)이 자신의 가장 유명한 저서 『스크린에

서의 삶: 인터넷 세대의 이해(Life on the Screen: Identity in the age of the Internet)』에서 밝힌 것처럼 우리는 인터넷 상에서 마음껏 무슨 말이든 내뱉을 수 있는 자유를 느끼며, 따라서 실제생활에서는 절대 내뱉을 수 없는 말들을 '스크린의 삶(screen life)'에서는 마음껏 내뱉을 수 있는 것이다.[24]

마지막으로, 아이디스오더를 유발하는 또 다른 장본인은 앞에서 한 번 언급했듯이 늘 우리 침대 밑에 놓는 그리고 항상 당신의 주머니 속에 놓여 있는 유비쿼터스[25] 장비들이다. 유도 장치, 전자책 리더기, 전자 의사소통 장치 등 인터넷 브라우저로 사용될 수 있는 휴대용 기기들의 숫자는 매년 기하급수적으로 늘어나고 있다. 노트북의 휴대성을 보완하기 위해 넷북이 생겨나기도 했다. 스마트폰이 생겨난 이후로는 넷북도 가지고 다니기에는 너무 크게 느껴지기 시작했다. 하지만 스마트폰은 돌아다니면서 동영상을 시청하거나 책을 보기에 충분히 크지 않기 때문에 태블릿 PC와 전자책 리더기가 탄생한 것이다. 아이패드도 잊어서는 안 된다. 이후 아이팟 터치(iPod Touch)라는 모델이 출시됐고, 그것은 사람들의 음악에 대한 사랑과 사이버 공간을 결합시켰다. 당신은 심지어 22개의 주머니가 달린 조끼를 살 수도 있으며,[26] 그 주머니에 당신의 수행원이나 다름없는 휴대용 기기들을 가득 넣어 다닐 수도 있다. 조끼에는 아이패드를 넣을 수 있는 주머니가 있으며 매우 섬세하게도 이어폰 줄이 꼬이지 않게 해줄 클립도 내장되어 있어서 당신의 성가심을 덜어줄 것이다. 아이패드도 가지고 있는가? 아이패드와 같이 큰 기기를 넣을 수 있는 주머니도 있으니 걱정하지 않아도 된다. 조끼 하나로 지역통신망(LAN) 또는 광대역통신망(WAN)를 통해 작동하는 '개인 네트워크 존'을 만들 수 있다. 그 조끼는 "넌 뭐든 다 가지고 다닐 수 있고, 그 휴대용 기기들을 손 뻗는 범위 내에 모두 보관할 수 있어!"라고 부르짖는다. 이것이 우리가 살고 있는 세상이며, 이 책의 다른 부분에서도 볼 수 있듯이 우리 모두는 아이디스오더의 위험 속에서 살고 있는 것이다.

독창적 관점

나는 10개의 각 장을 통해 특정한 심리적 장애, 그와 연관된 몇몇 장애들에 대해 기술했다. 또한 다양한 미디어와 과학기술에 대한 인간관계들이 장애로 정의될 수 있는 증상들과 징후들을 어떻게 유발하는지를 탐구했다. 나는 친구들, 지인들 그리고 심지어 아예 모르는 사람들과 함께하는 세계에서 전자적으로 상호작용하는 방식이 (우리 스스로 곧잘 무시하곤 하는) 심리적 장애를 만들어내는 경향이 있다는 점에 초점을 맞추고 있다.

내 주장은 모두 세 가지 정도로 정리할 수 있다. 첫째로, 나는 각각의 장애들을 징후, 증상 그리고 임상증상의 발현으로 구분할 것이고, 그러한 행동들을 현실 세계와 우리가 하루에 몇 시간씩이고 거주하고 있는 가상공간과 연결시킬 것이다. 나는 당신이 이미 정신적 장애의 증상을 가지고 있다면 과학기술이 그것을 더 악화시킬 것이라고 주장할 것이다. 하지만 나는 현재 그러한 증상이 하나도 나타나지 않는 성인들의 경우에도 그러한 과학기술이 곧 매우 심각한 수준의 아이디스오더를 유발하게 할 수 있다는 것을 또한 제시할 것이다. 둘째로, 나는 행동과학, 신경과학계에서 좋은 평가를 받는 기존 이론 그리고 최첨단적인 연구 결과에 따라 우리가 42인치 텔레비전부터 시작해서 2인치 크기의 스마트폰을 포함하는 스크린이라는 안전장치 뒤에서, 현실 세계에서는 할 수 없는 많은 생각과 행동들을 하는 이유에 대해서도 설명할 것이다. 마지막으로, 나는 아이디스오더에 빠지는 것을 예방하고, 점점 고도화되는 하이테크, 종종 정신 질환을 유발하는 세상에서 제 정신을 갖고 살아갈 수 있는, 간단하고 효과적이며 실제적인 전략이나 방법들을 제공하려 한다.

그렇다면 당신이 누릴 수 있는 과학기술을 포기해야만 하는가?

나는 러다이트(Luddite, 반反 기술주의자)[27]처럼 모든 과학기술을 가능하면 피하라고 한다거나, 기술 주류의 세상에서 사는 것을 거부하라는 것을 주장하지는 않을 것이다. 그것은 불가능한 일이다. 우리는 연구를 진행하면서 모든 연령의 사람들에게 얼마나 자주 문자를 확인하고, 전화 통화를 하며, 페이스북에 접속하고 이메일을 보내고, 음성 메시지를 보내는지에 대해 물어보았고, 또한 그것을 확인하고 싶을 때나 확인하지 못하는 상황에 놓이게 됐을 때 어느 정도로 불안감을 느끼는지도 물었다.

결과는 경악할만한 수준이었다. 〈표 1.1〉을 보면 표의 가장 첫 번째 행은 우리의 생각을 지속적으로 담아내는 다양한 기술들의 종류를 제시하고 있다. 첫 번째 열은 우리가 연구한 네 개의 세대 집단을 나타내고 있다. 〈표 1.1〉의 윗부분은 각각의 다양한 종류의 기술적 변인(기기)들을 15분마다 항상 확인하는 사람의 비율을 나타내고 있다. 아랫부분은 각각의 기술적 커뮤니케이션 형태를 확인하지 못하는 상황에 놓이게 됐을 때 어느 정도로 불안감을 느끼는지에 대한 응답 비율이다.

〈표 1.1〉 기기를 자주 확인하는 비율과 그것을 확인할 수 없을 때, 불안함을 느끼는 비율

15분 간격 혹은 그 보다 적은 간격으로 확인하는 비율						
세대	문자	통화	페이스북	개인 이메일	작업용 이메일	음성 메일
i세대	62%	34%	32%	17%	NA	10%
Net세대	64%	42%	36%	28%	22%	17%
X세대	42%	36%	17%	21%	21%	16%
	18%	20%	8%	12%	16%	18%

기기를 평소와 같이 확인할 수 없을 때, 중간 정도 혹은 강한 불안감을 느끼는 비율						
세대	문자	통화	페이스북	개인 이메일	작업용 이메일	음성 메일
i세대	51%	33%	27%	10%	NA	13%
Net세대	51%	41%	28%	20%	19%	19%
X세대	27%	31%	10%	20%	17%	34%
	15%	18%	6%	15%	19%	54%

이 표는 과학기술에 대한 집착 수준이 나이별 집단이나 세대와 연관되어 있다는 것을 명백히 보여준다.[28] 위쪽 부분을 보면 우리는 10대들이 문자 메시지를 매우 자주 확인함을 알 수 있으며, 소셜네트워크는 비교적 덜 자주 이용한다는 것을 알 수 있다. 10대들은 20대인 Net세대보다 덜 강박적이라는 것을 알 수 있다. Net세대인 대학생들은 문자 메시지와 페이스북을 인생에서 아주 중요한 대인 관계 수단이라고 생각하며 완전히 중독되어 있다. 현재 3~40대인 X세대들은 과학기술에 비교적 덜 열광하는 것으로 보인다. 하지만 그들조차도 절반 정도는 수시로 문자 메시지를 확인한다는 사실을 볼 수 있다. 베이비부머세대는 휴대폰 혹은 소셜네트워크를 지속적으로 사용하는 것에 별다른 큰 흥미를 느끼지 못하고 있었다. 10대들과 젊은 성인들은 문자 메시지를 확인하지 못했을 때 그리고 상대적으로 그 정도는 덜 하지만 전화를 받지 못했을 때 불안해하는 것으로 나타났다. 반면 나이가 많은 세대들은 그러한 사안에 대해서는 큰 불안을 느끼지 않는 것으로 나타났다. 하지만 명백하게 두드러지는 경향은 모든 연령대의 사람들이 다른 사람과 연락하는 데 사용되는 과학기술들을 지속적으로 사용하고 있으며, 지금 당장 누가 문자를 보냈는지, 누가 게시물을 올렸는지 알고 싶어 한다는 것이다.

유명 잡지인 『오늘의 심리학(Psychology Today)』의 블로거로서 나는 "과학기술이 가족생활, 직장, 그리고 우리가 깨어 있는 모든 순간들에 미치는 영향"에 대한 글을 쓰고 있다.[29] 2010년 말에 게시한 글에서,[30] 나는 사람들이 일정 기간 동안 과학기술을 사용할 수 없을 때 어떻게 행동하는지에 대한 두 가지 실험을 연대기 순으로 작성했다. 펜실베이니아 해리스부르그대학은 캠퍼스 내에서 한 주 동안 소셜미디어를 사용하지 말라고 권고했다. 이보다 더 나아가 오레곤주의 포틀랜드에 있는 링컨고등학교에서는 53명의 학생에게 일주일 동안 모든 일상생활에서 과학기술 문명을 사용하지 못하게 했다.

처참하게 이 두 시도는 모두 실패했다. 해리스부르그대학에서 단지 10~15%의 학생만이 이것을 준수했을 뿐이었다. 심야 텔레비전 프로그램 진행자인 지미 펠론(Jimmy Fallon)의 말을 들어보면, 그 실패의 이유는 매우 명백하다. 그는 "자, 일단 이 점을 좀 살펴봅시다. 펜실베이니아 해리스부르그대학은 한 주 동안 교내의 모든 컴퓨터에서 소셜네트워크 사이트에 대한 접속을 차단했어요. 그리고 학생들에게 그러한 경험에 대한 에세이를 쓰게 했죠. 네, 맞아요. 그 에세이는 아마 '우리는 스마트폰이 있어, 이 멍청이'라는 제목을 달고 있겠죠."

이쯤 되면 예견할 수 있겠지만 고등학교에서의 실험 또한 비슷한 양상을 띠었다. 한 학생은 그 실험을 이런 식으로 요약했다. "전 제가 뭔가 아주 중요한 걸 못하고 있다는 생각에 아주 불안했죠. 전 결국 참을 수 없다고 생각했어요. 전 이메일을 확인해야 했으니까요. 어떤 페이스북 알림이 떴는지도 엄청 궁금했고요. 그 다음엔 제가 어떻게 했을까요?"

당신은 과학기술에 대한 지속적 의존이 고등학생, 대학생에만 한정되는 현상이 아니라는 것을 분명히 알 수 있을 것이다. 최근에 열린 교육자 회담에서 연설자는 회담에 참석한 500명가량의 선생님들에게 휴대폰을 제출하도록 요청했다. 15분이 지난 후에, 연설자는 막 졸업한 신임 선생님부터 아주 오래된 선생님들에 이르기까지 회담 참석자 모두 휴대폰이 없어지니 기분이 어떠냐고 물어보았다. 거의 모든 선생님들은 매우 초조해서 진행된 연설을 거의 듣지 못했다는 것에 동의했다. 우리의 과학기술에 대한 의존 그리고 그것에서 몇 분 동안이라도 떨어져 있을 수 없는 우리의 모습은 우리가 우리 모습 그 대로 살아가고 있지 못하다는 명백한 지표이다. 만약 우리가 뭔가 놓친 것이 없는지만 항상 생각하며 지낸다면 우리가 진짜로 해야 할 일들에 어떻게 집중할 수 있을까?

요점

아이디스오더를 피한다는 것은 당신이 과학기술을 아예 사용해서는 안 된다는 뜻이 아니다. 분명한 해결책은 바로 기술문명을 이용하는 데 균형과 절제가 필요하다는 것이다. 하지만 사람들은 항상 무언가를 귀에 꽂고, 눈으로 무엇인가를 보고 있다. 이처럼 깨어 있는 모든 시간 동안(심지어 깨어 있지 않을 때조차도) 한시라도 몸에서 뗄 수 없는 이러한 과학기술들을 어떻게 절제시킬 것인가?

　이에 대한 설명을 제시하는 것이 본서의 목표이다. 나는 당신의 마음을 재정비하고 정신 이상을 유발하는 이 세계에서 정신을 가다듬을 수 있도록 해주는 몇 가지 방법과 처방들을 제공하고자 한다.

각각의 장마다 각각의 잠재적 아이디스오더가 어떤 계기를 통해서 발생하는지 그리고 그러한 장애들을 어떻게 피하고 건강을 유지할 수 있는지를 설명할 것이다.

각각의 장들은 각각 다른 심리적 장애에 대한 대응책을 제공하고 있기 때문에 이 책을 군이 처음부터 끝까지 순서대로 읽을 필요는 없다. 가장 마음에 드는 진단을 제시하는 장부터 읽기 시작해도 무방하다. 읽다 보면 당신이 생각보다 많은 장애의 징후들을 보이고 있음을 깨달을 것이다. 그것은 결코 전적으로 당신의 책임이 아니다. 또한 과학기술이 당신을 그렇게 만든 것도 아니다. 하지만 아이디스오더는 화면 뒤에 숨어 버튼을 꾹꾹 누르는 행동을 계속하는 한 우리를 계속해서 괴롭힐 것이다. 내가 이 책을 통해서 해야 하는 일은 당신이 아이디스오더의 징후와 증상을 깨달을 수 있도록 도와주는 것 그리고 이러한 장애가 당신을 통제하기 전에 당신 스스로 당신 삶을 통제할 수 있도록 해줄 매우 간편하고 따라 하기 쉬운 몇 가지 단계의 방법들을 알려주는 것이다.

제2장

미디어는 '나'로부터 시작한다

내 친구 데이먼(Damon)은 대단한 떠벌이다. 그는 항상 페이스북에 자신이 어디에 있는지 매순간 글을 올린다. 그것은 자기가 왔다는 것을 알리기 위해 트럼펫을 부는 것과 같은 것이다! 그에게는 2,500명가량의 페이스북 친구가 있고, 학교에서 가장 인기 있는 아이들도 포함되어 있다. 그는 항상 자신의 페이지에 그들의 사진을 올리고, 그들의 담벼락에 글을 쓴다. 그는 반드시 하루에 다섯 번의 상태 업데이트를 하고 만약 아무도 대꾸를 하지 않으면, 자신이 업데이트한 곳에 댓글을 달기 시작한다. 그의 사진은 그를 닮지 않았다. 내가 보기에 사진은 전문적으로 수정된 것 같다. 아니, 그건 잘생겨도 너무 잘생겼다. 그는 아니라고 하지만 우리 모두는 그렇다고 생각한다. 가장 이상한 것은, 당신이 그를 사진에 태그했는데 사진 속 자신의 모습이 마음에 들지 않는다면서, 그는 당신에게 사진을 태그하지 말아 달라고 할 거라는 것이다.

_ 재러드(Jarrod), 16세, 뉴로첼레

나는 소셜데이팅 어플리케이션인 이하모니(eHarmony)에서 이 남자를 만났다. 그는 내가 찾고 있는 바로 그런 사람처럼 보였다. 즉, 유능하고 귀엽고 머리가 좋고 재미있는 사람 말이다. 그래서 우리는 카페에서 데이트를 했다. 그는 먼저 와서 카푸치노를 주문해 놓고 나를 기다리고 있었다. 나는 그가 내가 좋아하는 커피를 기억하고 있었다는 것이 은근히 기뻤다. 그런 후에 그는 이야기하기 시작했다. 그는 자신에 대해서 말하고 또 말했다. 우리는 90분을 함께 보냈지만 나에 대해서는 한마디도 묻지 않았고, 단 한 번도 질문하지 않았다. 그는 그저 자신의 직업과 보트 그리고 자신의 모든 것에 대해서 끊임없이 자랑했다. 이런 사람이 어떻게 온라인에서는 그렇게 재미있고 매력적으로 보일 수 있었을까? 게다가 그렇게 이기적이기까지 한데 말이다.

_ 다이애나(Diana), 32세, 로스엔젤레스

『진단통계매뉴얼(DSM)』에 의하면, 자아도취적 인격장애(NPD)는 흔한 과대망상의 패턴(공상이나 행동에 있어서)이고, 칭찬을 받고 싶은 욕구이며, 공감 능력의 부족이다. 이는 성인 초기에 시작되어 다양한 맥락으로 표현되는데, 이 질환을 가진 사람은 다음의 증상들 가운데 다섯 가지 혹은 그 이상을 보인다.[1]

1. 과대한 자존감을 갖고 있다(즉, 업적과 재능을 과장하고, 걸맞은 업적을 달성하지 못하고도 우월자로 인식되기를 기대한다).
2. 무한한 성공, 권력, 재기, 아름다움 혹은 이상적인 사랑에 대한 환상에 사로잡혀 있다.
3. 이 사람은 자신이 '특별'하고 유일무이해서 다른 특별한 사람이나 고위층 인물들(혹은 기관)만이 이해할 수 있고, 이들과 어울려야 한다고 믿는다.
4. 지나치게 존경받고 싶어 한다.
5. 권리 의식을 갖는다(즉, 특별히 호의적인 대우를 불합리하게 기대하거나 자신의 기대에 자동적으로 부응하기를 기대한다).
6. 대인관계에서 남을 착취한다(즉, 자신의 목적을 이루기 위해 남을 이용한다).
7. 공감 능력이 없다. 즉, 남의 감정이나 요구를 알려고 하거나 그들과 동질감을 느끼려고 하지 않는다.
8. 자주 다른 사람을 시기하거나 다른 사람들이 자신을 시기한다고 믿는다.
9. 오만하고 불손한 행동이나 태도를 보인다.

페이스북 행위에 대한 재러드(Jarrod)의 설명을 살펴보는 것만으로도 데이먼(Damon)이 자아도취적 인격 장애의 아홉 가지 징후들 가운데 최소 다섯 가지를 갖고 있다고 보는 것은 그리 과장된 것이 아니다. 데이먼은 확실히 당연하다는 듯이 행동하고, 그의 친구들이 그가 매순간 무엇을 하는지를 알고 있기를 바란다. 그는 친구들을 모으고(아마도 그는 그들이 자신의 팬이 되기를 바라는 것일 수도 있다), 학교에서 멋진 친구들과 사귐으로써(혹은 페이스북에서 친구 추가를 함으로써) 인기를 끌고 싶어 한다. 그는 가장 멋지게 보여야 하므로, 세상에 공개될 때는 자신의 멋진 사진만을 허용하려 할 것이다. 그는 16세의 어린 나이에 자아도취적인 생활방식으로 살고 있다.

그러나 페이스북, 트위터, 블로그, 플리커, 유튜브 그리고 다른 소셜네트워크들과 포스팅 사이트들이란 도대체 무엇인가? 소셜네트워크의 목적은—만약 거기에 목적이나 목표가 있다면—남과 교류하는 것이다. 그것은 순간순간의 일련의 선택에 달려 있는 것이다. 그리고 그런 많은 선택들이 일종의 자아도취증을 조장한다.

내 프로필 사진에 무엇을 써야 할까? 더 재미있게 보이게 할까? 더 똑똑하게 보이게 할까? 더 귀엽게 보이게 할까? 내가 쇼핑몰에서 쇼핑을 하는 거나 점심을 먹으러 나온 것이나 클럽에 있는 것을 모든 사람들에게 알리기 위해 포스퀘어(Foursquare)[2]를 사용해야 할까? 나는 똑똑한 애들을 사귀어야 할까? 멋진 애들을 사귈까? 축구선수들은 어떨까? 그렇다. 모든 페이스북 페이지마다 '신상명세서(About Me)'라고 불리는 난이 있다. 그곳에다 당신은 자신을 나타낸다고 생각하는 것이면 무엇이든 이야기할 수 있다. 그러나 그 난이 신상명세 서라고 해서, 과대포장하거나 자기 홍보나 당신의 부풀린 견해를 제 공하라는 의미는 아니다. 무엇이든 말할 수 있고, 내가 나 자신을 어 떻게 보여줄지를 선택하는 것이다.

페이스북은 누군가에게 수많은 기회와 선택권을 제공해 자신을 세 상에 보이도록 원하는 방식으로 기술할 수 있도록 한다. 당신은 어떤 프로필 사진을 선택할 것인가? 단지 당신을 보여줄 것인가? 아니면 남과 소통할 것인가? 누가 당신의 '친구들'이며 다른 사람들은 그들을 어떻게 볼까? 당신의 '철학'은 무엇이고 어떤 '활동과 관심사'를 쓸 것 인가? 간단히 말해 거기에는 당신 자신을 온라인에 나타낼 많은 기회 가 있다. 그리고 그곳이 마음의 창임을 알 수 있다. 당신은 당신의 행 동과 생각과 느낌을 자주 트윗하는가? 당신은 자신의 동영상을 유튜 브에 올리는가? 당신은 당신의 웹사이트를 갖고 있는가? 자아도취자 에게 소셜네트워크는 자기표현을 위한 가상의 놀이터를 제공한다.

소셜네트워킹은 관객들을 자아도취에 빠지게 하는 유일한 기술 영역은 아니다. 어디서나 쓸 수 있는 휴대폰을 생각해 보라. 휴대폰이 시장에 나온 지 어느 정도 시간이 흘렀지만, 최근에는 훨씬 눈에 띠 는 트렌드가 됐다. 휴대폰은 주머니나 가방 속에 있지 않고, 식사하는 동안에도 식탁 위에 놓여 있다. 사람들은 영화관에서 나오면서 종종 그들이 영화를 좋아했는지 아닌지를 논하기도 전에 스마트폰을 바로 확인한다.

최근 내 가장 친한 친구 가운데 한 명은, 자신은 다른 사람과 대화하는 와중에도 아이폰을 체크하기 위해 화장실에 간다고 말하고서는 15분 이상을 사용한다고 한다. 스마트폰은 정말 멋진 물건이다. 이를 통해 이메일을 체크하고, 소셜네트워크(SNS)를 모니터하고, 세상과의 접촉을 보장해 준다는 점에서 자아도취자들에게 매우 인기를 끌 만하다.

자아도취적 성향 가운데 몇 가지를 공유한 사람들이 기술적 상호 작용을 통해 자신을 표현하는 방법에는 여러 가지가 있다. 연락 목록에 있는 모든 사람에게 자신의 업적에 대해 자랑하는 대량의 이메일을 보내는 사람은 과장된 감정을 공유하는 것이다. 식료품점의 통로를 막고 큰 소리로 자신의 문제를 휴대폰에 대고 얘기하면서 자신이 다른 사람에게 방해가 될 수도 있다는 생각을 하지 않는 여성은 자아도취증의 징후를 보이는 것이다. 여자 친구와 막 헤어져서 슬픈 친구한테서 온 문자를 보고, 자신의 여자 친구와 즐거운 저녁 시간을 보낸 이야기로 답장을 보내는 10대는 공감 능력이 확실히 없음을 보여주고 있다.

요컨대 우리가 화면 뒤에서—사람들이 우리를 보지 못하고, 우리도 그들을 볼 수 없고, 우리의 행동에 대한 그들의 반응을 볼 수 없는 곳에서—어떤 역할을 수행하게 해주는 기술은, 앞서 말한 아홉 가지의 자아도취적 징후들 하나하나가 지닌 특성을 따라할 수 있는 많은 기회를 제공한다는 것이다. 나는 이에 대해 본장의 나머지 부분에서 좀 더 자세히 설명할 것이다.

우리는 모두 자아도취의 징후를 가지고 있는가?

자아도취적 인격장애는 심리학자들 사이에 논란의 여지가 많은 주제이다. 프로이트는 너무 자신에게 몰두한 나머지 연못에 비친 자신의 모습과 사랑에 빠졌던 그리스신화의 인물 나르키소스(Narcissus)로부터 '나르시시즘(Narcissism)'³라는 용어를 만들었다. 자아도취증은『진단통계매뉴얼(DSM)』에 성격 장애를 주도하는 일련의 특징으로 소개되어 있는데, 어떤 학자들은 딱히 '치료'할 방법이 없다고 믿는 반면에, 어떤 학자들은 오히려 자아도취증이란 다소 어느 정도의 차이는 있지만 건강하고 정상적인 모든 사람이 갖고 있는 특성으로 간주하려 한다. 심리학자들은 이것을 '자아도취증', '정상적 자아도취증' 혹은 '잠재적 자아도취증'이라고 부른다. 이것은 내가 볼 때 말이 된다. 결국 자아도취적 인격장애에 대한『진단통계매뉴얼(DSM)』의 아홉 가지 징후를 보면, 이것들은 우리 주변의 많은 사람들에게도 적용될 수 있거니와, 특별하게 '비정상적인' 사람들에게만 적용되는 것은 아니다.

'정상적인' 자아도취자들은 과장해서 말하고, 부풀린 자아 개념을 갖고 있으며, 자기 홍보를 하고, 자신들의 소셜네트워크 세계를 이용해서 신분 의식과 존경을 드러내며, 인기를 끌고 싶어 하고, 칭찬을 받고 싶어 하며, 자신들이 다른 사람들보다 똑똑하다는 의식을 갖고 있고, 잘생겼다고 확신할 자격이 있다고 느낀다. 그들은 자신의 지성과 미와 성공을 끊임없이 확인해야 한다.

그들은 어쩌면 과시욕이 강한 사람일지도 모른다. 적어도 그들은 자기 외모에 무척 신경을 쓰고, 유행에 민감하다. 이러한 특성 외에도 자아도취자들은 다른 사람들이 자신들에 대해 어떻게 생각하는지—때로는 다소 강박적으로—무척 신경을 쓰고, 그래서 긍정적인 틀 안에서만 자신을 보이려고 애를 쓴다. 그들은 자신을 돋보이게 한다고 느끼는 인간관계를 시작하는 데에 능하고, 또한 자신들이 원하는 것을 그들로부터 얻었을 때 관계를 끝내는 데도 능하다.

그들은 오래 지속되는 깊은 관계를 형성하는 데에 관심이 없고, 자신들의 지위를 향상시키는 데 도움이 될 수 있고, 다른 사람들이 그들을 보는 방식에 도움이 될 수 있는 관계를 추구한다. 일반적으로 그들은 자신에게 다가오는 모든 사람들에 대해 당연하다는 듯이 생각한다. 그리고 다른 사람에 대한 공감 능력이 없다. 나는 이 특성 가운데 여러 개에 해당하는 사람을 적어도 6명 정도 떠올릴 수 있다. 그렇지만 나는 그들이 인격 장애를 갖고 있다고 말하고 싶지 않다. 그들은 단지 내 세상(소셜네트워크)에서 다른 사람들보다 좀 더 자아도취적인 것일 뿐이다.

(비록 잠깐 동안일지라도) 나를 아는 것은 나를 사랑하는 것이다

자아도취자들에 관한 재미있는 사실 가운데 하나는, 처음에는 그들이 아주 괜찮고 호감이 가는 사람으로 보인다는 것이다. 대단히 흥미로운 한 연구[4]에서, 브리티시콜롬비아대학(캐나다)의 델로리 파울후스(Delory Paulhus) 교수는 4~6명의 학생들이 그룹으로 함께 각각 20분 동안 일곱 차례 토픽들의 범위를 상의하도록 했다.

첫 번째와 마지막 회합이 끝난 후에, 학생들은 회의 동안의 서로의 행동과 그들 자신의 행동을 익명으로 평가했다. 학생들은 또한 당신들이 본장의 후반부에서 더 자주 듣게 될 자기애적 성격검사(NPI)를 포함한 일련의 심리 테스트를 수행했다. 처음 20분을 함께 보낸 후에 권리 의식이 더 많고 남을 잘 이용하는 (NPI에서 본 바와 같이) 성향을 지닌 학생들은 더 쾌활하고, 성실하고, 마음을 터놓고, 유능하고, 재미있고, 잘 적응을 하는 것으로 평가됐다.

마지막 활동 단계가 끝난 이후—2시간 20분이라는 모든 활동이 끝난 후—이 동일한 자아도취자들은 쾌활하지도 않고, 적응력도 덜하고, 따뜻하지도 못하고, 적대적이고, 거만하다고 평가됐다. 그러면 첫 20분간의 모임활동 이후에 두 시간 동안 무슨 일이 일어난 것일까? 제기될 수 있는 하나의 가능성은 자아도취자들이 '제로 친분 상태'에서 얻은 긍정적인 반작용이거나 혹은 첫 모임활동은 자아도취자들이 우월하고 그리고 쇼의 중심이 될 자격이 있다고 믿는 그들의 믿음을 실제로 확인했을 것이다. 그리고 이러한 믿음이 그들의 행동을 더욱 강화시키며 모임이 진행됨에 따라 그들의 행위는 더욱 역기능적이 됐을 것이라는 것이다.

뉴욕대학의 인지학자이자 성격심리학자이며, '뷰티풀 마인드(Beautiful Minds)'라는 블로그의 주인인 스코트 배리 카우프만(Scott

Barry Kaufman)교수는 『오늘의 심리학(Psychology Today)』에 게재한 논문에서 다음과 같이 추측했다.

> 자아도취자들이 처음에 다른 사람들에게 일으키는 긍정적인 사회적 반작용들은 그들의 장기적으로 역기능적인 개인 간(interpersonal) 행위와 집단 개인내 간(intrapersonal)의 메커니즘(기제)을 유지하는 데 중요한 역할을 했을 것이다. 이 집단 개인내 간의 기제는 장기적으로 운용하는 데 문제가 많다. 다른 사람에게 존경을 받는 것은 자아도취자들에게는 마약과 같은 것이다. 자아도취자들의 문제점은 바로 칭찬에 대한 중독이 그들이 대인 관계를 확고히 하는 것을 방해하거나 오랜 기간 동안 내재해왔던 사회적 맥락과 함께하는 것을 방해한다…… '제로 친분 상태'에서[첫 번째 만남에서] 불러일으키는 자아도취자의 긍정적인 개인 간 반작용은 자아도취자가 경험하는 개인 간 행위의 악순환의 중요한 부분이다.[5]

자아도취자들이 처음에는 사랑스럽다는 사실은 그들이 훌륭하고 존경받는다는 느낌을 강화시켜주므로 중요한 문제가 될 수 있다. 그러면 그들은 그 우월감을 유지하기 위해서 힘닿는 모든 것을 하게 된다. 내가 상상할 수 있는 것은 이렇다. 파울후스(Paulhus) 박사의 학생 회합에서 첫 번째 섹션이 진행되는 동안에 자아도취자들은 그들의 호감도에 대해서 언어적, 비언어적 피드백을 받았다. 여기에는 미소, 끄덕임, 칭찬도 포함됐다. 그리고 회의가 진행될수록 그룹 내의 사람들이 그들의 자기도취적 경향을 발견함에 따라 피드백은 부정적으로 변했고, 그럴수록 자아도취자들은 다시 존경받는다는 느낌을 갖기 위해 뭔가를 해야 할 필요를 느꼈을 것이다. 그것은 정말 악순환이다. 이것은 소셜네트워크상에서나 온라인 데이트 사이트, 블로그, 트위터에서 자아도취자가 자신의 좋은 모습을 보이면서 최선을 다해 긍정적인 첫인상을 받기 위해서 그 어떤 환경에서도 일어나기 쉬운 일이다. 본장의 첫 부분에서 제시한 다이애나는 사람들이 온라인상에서 어떻게 멋지게, 긍정적으로 보이도록 하고, 개인이 자기도취적이 되는지를 체험했다.

자아도취적 상처와 자아도취적 분노

최근에 나는 한 학술대회에서 동료와 함께 기술이 사람들로 하여금 직접 행동으로 나타나지 않을 일을 어떻게 만드는지 이야기를 나누었다. 그는 자신의 환자를 언급했다. 그 환자는 38세의 독신 여성으로 이름은 수잔(Susan)이라고 했다. 수잔은 내 동료에게 말하길, 밤 11시에 전화가 울렸는데 너무 늦은 시간이라 받지 않았다고 했다. 하지만 그녀는 친구인 에이미(Amy)한테 문제가 생겨서, 도움이 필요할 수도 있다고 생각해 음성 메일을 들어봤다. 에이미의 메시지는 뭔가 중요한 일을 이야기하고 싶다는 것이었지만, 사실 별로 급한 일로 보이진 않았다. 그래서 수잔은 다음날 아침 출근길에 연락 할 때까지 에 이미가 기다릴 것이라고 생각했다. 그러나 놀랍게도 수잔은 아침에 불쾌한 이메일 때문에 잠에서 깼다. 에이미가 다른 세 명의 친구에게 전화를 했지만, 아무도 그녀의 전화 메시지에 답을 하지 않자 친구 모두에게 다음과 같은 이메일을 보낸 것이었다.

> 친구들아, 어젯밤에 너희들 모두 전화를 안 받아서 당황스러웠어. 나한테 큰 문제가 생겨서 너희들 중 누구든 얘기하고 싶었거든. 내가 너희들에게 전화한 것은 한 친구가 와서 자살에 대해 이야기를 했기 때문이야. 다른 충고와 조언이 필요했어. 그런데 아무도 내게 전화하지 않았지. 너희 모두 각자의 우선순위를 검토해 보고 왜 내게 회신 전화를 하지 않았는지 그 이유를 생각해 보기를 바란다.—에이미

비록 에이미가 화를 내는 것을 당연하다고 느꼈다 해도, 그녀의 이메일은 수잔이 즉각적으로 답을 하지 않은 나쁜 사람임을 암시했고, 나아가 답을 하지 않는 것은 수잔이 그녀에게 마음을 쓰지 않는다는 것을 의미한다고 했다. 이것은 수잔이 치료를 받고 있는 상태에서 직면한 사안들이기 때문에 상처를 주었다. 나는 에이미가 자기도취적이라고 말하지는 않았지만 위에서 기술한 성격 특징의 용어를 보면 그녀는 확실히 '정상적인 자기도취증' 정도의 수준에 있다고 확인할 수 있다.

자아도취자들은 부정적인 피드백에 강하게 반응한다. 프로이트는 '자아도취적 상처' 혹은 극단적인 사례로 열등감에서 생기는 '자아도

취적 상흔'의 개념들을 논했다. 다른 학자들은 초기 발생과 성(性)에서 시작한 프로이트의 아이디어를 일상생활로까지 확장했다. 일상생활에서 자기도취적 상처란 어떤 사람의 지나친 자기중시 의식에 대한 위협도 해당되고, 심지어는 자아도취자가 어떤 업적을 이루었을 때 감탄해주지 않는 것도 자기도취적 상처에 해당된다. 에이미의 전화를 받지 않은 수잔은 분명 자기도취적 상처라고 할 수 있다.

이것은 또한 데이먼의 행동에서도 볼 수 있다(재러드의 설명이 다음과 같이 계속된다).

어느 날 내 친구 중 하나가 데이먼에게 장난을 치기 위해, 그가 '타겟'에서 옷을 쇼핑하는 것을 봤다는 가짜 코멘트를 올렸다. 그러자 데이먼이 화를 내 우리 모두는 깜짝 놀랐다. 우리는 그냥 장난을 좀 쳤을 뿐인데, 그는 우리가 그를 범죄자로, 도둑으로, 뭐 그 비슷한 것을 이야기하기라도 한 것처럼 행동했다. 그는 그것을 자신의 담벼락과 그것을 말한 모든 사람의 담벼락에 올리면서 이것은 누군가의 장난이고 재미가 하나도 없다고 했다. 그는 페이스북에서 내 친구를 욕하고 소문을 퍼트리는 학교의 모든 학생들에게 이메일을 보냈다. 결국 내 친구는 글을 지웠고, 데이먼은 아무 일도 없었다는 듯 행동했다.

자아도취자들은 종종 '자기도취적 분노'라고 불리는 것과 더불어 자신의 상처에 반응하곤 한다. 이는 주로 상처를 준 사람이나 사람들을 향해 화를 내며 심한 분노를 폭발하는 것을 말한다. 이것은 바로 데이먼이 자기 친구가 페이스북에 올린 글로 인해 상처를 받았다고 느꼈을 때 했던 것이고, 에이미가 신랄하게 비난하는 내용의 이메일을 보냈을 때 했던 것이다.

하인츠 코우트(Heinz Kohut)는 오스트리아 출신 심리학자이며 '자기 심리학'을 발전시킨 사람으로 유명하다. 그는 정신적 장애를 방해받거나 충족되지 않은 발달요구에서 생긴 것으로 본다. 그는 「자기도취증 그리고 자기도취적 분노에 대한 고찰」이라는 제목의 멋진 논문을 썼다. 이 논문에서 그는 자아도취자들이 공격을 받았다고 느낄 때, 그들이 어떻게 광분하고 자존감에 타격을 준 사람들을 폄하하려고 하는지를 설명했다. 그에 따르면 이것은 자신을 위한 방어기제이며, 그럼으로써 자아도취자들은 모든 것이 잘 돌아가고 있고, 그들은 우월하며 모든 사람이 그 사실을 안다고 믿는 신념 체계 속에서 계속해서 존재할 수 있다는 것이다.[6]

나는 이전에 쓴 책에서 우리가 컴퓨터 화면 뒤나 심지어 휴대폰 화면 뒤에 앉아서 사람들과 대화를 할 때 어떻게 행동하는지에 언급했었다. 거기엔 안정감과 익명성이 있다. 심지어 우리가 아는 사람들과 대화를 한다 해도 그렇다. 우리는 거리낌 없이 행동하며, 상대편이 대화를 방해할 능력이 있다거나 속상하게 만들거나 화나게 만들 만한 신호를 보이면, 얼굴을 마주하고 앉아서는 말하지 못할, 심지어는 전화로도 하지 못할 말들을 하곤 한다. 당사자들이 화면이라는 안전장치 뒤에 있을 때 모든 자아도취적 순환이 존재하고, 계속 되풀이되는 것이 얼마나 간단한 일인지를 생각해 보라. 이 전체의 과정은—

과대망상과 당당함 그리고 상처와 그 후에는 분노를 유도하는 감정들로부터 출발하는데—항상 소셜네트워크상에서 표현되고, 트위터나 블로그, 이메일 혹은 문자 메시지와 같은 다른 커뮤니케이션 도구를 통해서 전달된다. 온라인 커뮤니케이션은 자아도취자의 과대망상을 일으키기 쉬울 뿐만 아니라 즉흥적으로 생각 없는 발언이 난무하는 환경에서 자기도취적 분노를 표출하는 자연적인 토론의 장이다.

기념품이 되는 친구들

자아도취자들은 많은 사람들과 얕고 피상적인 관계들을 맺고 있는 것으로 알려져 있다. 특히 그들은 자신을 더 유명하게 보이게 하고, 자신의 공적인 영광을 더 드높여주는 소위 '기념품이 되는 친구(trophy friends)'에 집중한다. 소셜네트워크보다 자신의 위대함을 더 잘 펼칠 수 있는 장소는 어디일까?

매사추세츠대학 교수인 쉐리 터클(Sherry Turkle)은 자신의 책 『스크린 위의 삶—인터넷 시대의 정체성』에서 기술의 상호작용이 어떻게 로르샤하 검사(Rorschach test)[7]에서 반응하는지에 대해 언급했다.[8] 로르샤하 검사에서 심리학자나 정신학자는 상대방에게 잉크 얼룩이 된 카드를 보여주고, 무엇을 봤는지를 말하라고 한다. 그 대답은 매우 철저히 분석되며, 인간 내면의 심리적 메커니즘과 잠재적 인격 장애에 관해 배우는 데 사용된다. 터클의 책은 소셜네트워크가 있기 전인

1990년대 이전에 저술됐지만, 일종의 로르샤하 테스트로서, 페이스북이나 트위터 활동을 살펴보는 것은 의미가 있다. 당신이 게시하고, 말하고, 표현하는 것들은 모두 당신의 내면을 표현하는 것이다. 많은 사람들이 소셜네트워크에서 행하는 행동을 볼 때, 우리는 무엇이 자아도취자들의 세계와 같아 보이는지 살펴볼 수 있을 것이다.

나는 한 친구를 통해 제이니(Janine)를 소개받았다. 나는 그녀와 영화에 대한 관심을 공유할 수 있을 거라고 생각했다. 제이니가 나를 페이스북 친구로 받아 주고 난 후, 약간 두려웠지만 그녀의 담벼락 글과 거기에 포스팅한 친구들을 보았고, 그녀가 페이스북 친구로 가지고 있는 '예술가' 친구의 숫자에 매우 놀랐다. 그녀의 담벼락 글들을 읽으면서, 그녀가 어떤 파티에서는 이 사람과, 또 어떤 곳에서는 저 사람과 와인을 마셨고, 그녀의 친구 목록에 엄청난 아티스트들과 TV나 영화로 이름이 알려진 사람들이 포함되어 있는 것을 발견했다. 그러나 내 친구에게 제이니의 삶이 얼마나 멋있는지 말했을 때, 내 친구는 그것은 모두 겉으로 보이는 것뿐이며, 사실 제이니는 흥미로운 삶을 가진 다른 사람들과의 관계를 통해 자신의 삶과 세계를 황홀하게 만들어 올리는, 매우 슬프고 외로운 사람이라고 말했다. 그녀의 세계는 자신을 기분을 좋게 만드는, 기념품이 되는 친구(trophy friends)를 전시하는 매장인 셈이었다.

이기적인 우월감과 자아도취

자아도취증의 특징은 '이기적인 편향', '사람을 현혹하는 우월성' 그리고 '주어의 남용'을 포함한 여러 현상들을 연결시킨다. 22살 대학생인 미쳴은 우리에게 이기적인 편향의 탁월한 예를 보여주었다.

> 내 절친 베카는 멋진 사람이다. 나는 그녀를 매우 사랑하지만, 그녀는 자신의 뜻대로 되지 않으면 항상 변명뿐이다. 하루는 시험지를 돌려받고는, C학점을 보자 매우 분노했다. 고함을 질렀고, 날뛰었다. 얼마나 교수가 어리석은 사람이고, 말도 안 되는 등급을 주었으며, 얼마나 그녀가 더 이상 그를 존경하지 않는지를 이야기하려고 했다. 그녀는 나에게 그 교수가 수업에서 질문을 할 때마다, 심지어 그가 그녀를 부르지 않을 때조차, 그녀를 보고 있으며, 웃고 끄덕이고 있음을 느꼈다고 말했다.

미쳴은 베카를 통해 그것을 확인했다. 무언가 잘되고 있을 때, 그녀는 가장 먼저 벌떡 일어나서 자신이 똑똑하다는 믿음을 받았다. 모든 사람들이 그것을 알아줄 거라고 믿었다. 하지만 무언가 잘못됐을 때, 그녀는 자신보다 다른 사람들을 비난하는 데 앞장섰다.

현혹하는 우월성은 흥미로운 현상이다. 확실히 우리 모두는 남들에게 좋게 보이고, 우리가 스스로 좋아 보인다고 느끼는 것을 좋아한다. 이 효과는 네브래스카대학의 교수들에 대한 연구를 포함해 많은 그룹들에서 볼 수 있다. 그들 가운데 68%는 자신을 상위 15%에 든다고 평가했다.[9] 이 현혹하는 우월성 연구는 자주 행해지는데, 사람들은 자신의 운전 능력, 지성, 거의 모든 성격적 특징들을 평균 이상으로 평가한다.

자아도취자들은 이를 매우 극단적으로 취한다. 쟁점이 무엇이든 간에, 그들은 항상 게임에서 최상위에 있고, 평범한 사람들보다 더 우월하다고 믿는다. 그들은 더 똑똑하고, 더 나아보이고, 더 좋게 행동하고, 더 열심히 일하고, 사실상 거의 모든 것에서 그 어떤 누구보다 더 낫게 행동한다. 자아도취자들에게 그들이 남들보다 잘났는지를 느끼는가 물어 본다면, 그들의 대답은 역시 '물론이지!'뿐이다.

최근에 나는 전국심리학 학회에서 소셜네트워크 세계에서 일어나는 자아도취증에 대해 논했고, 청중이었던 한 중년의 심리학자는 자신의 친구 윌리엄(William)의 블로그를 방문해볼 것을 제안했다. 38살의 주식중매인인 윌리엄은 '자신에 몰두함(full of himself)'이라는 표현을 썼고, 나의 의도를 보여주는 가장 완벽한 보기가 될 수 있었다. 나는 윌리엄이 최근에 올린 몇 가지 글을 복사했다. 그는 매일 하루에 10~20번 정도 글을 올린다. 다음은 하나의 예시다.

— 나는 지난밤 '바디 오브 프루프(Body of Proof)'의 첫 회를 보았다. 나는 그것이 매우 훌륭한 쇼였다고 생각했으며, 나는 이것이 맘에 들었다. 나는 다나 델라누(Dana Delanu)가 매우 훌륭하다고 생각했다!
— 내 사무실 동료는 얼간이다. 그는 매우 냄새나는 점심을 가져온다.

난 참을 수가 없다. 난 이것을 사장님한테 얘기해야 한다고 생각한다.

— [via Foursquare] 윌리엄은 스타벅스(Orange, CA)에 있습니다.

— 나는 오늘 아침 체육관에 갔으며, 난 매우 기분이 좋았다! 그래서 난 일주일에 네 번 가야겠다고 계획했고, 나는 운동을 열심히 하겠다고 다짐했다.

자, 이제 윌리엄이 올린 네 개의 문장에서 언급한 인칭 대명사의 숫자를 세어 보자. '나'는 최소한 11번을 썼으며, '매우 기분 좋았다'와 같은 문장 앞에는 특히나 더 많이 쓰였다. 이제 다른 사람을 언급한 것도 한 번 세어 보아라. 나는 그가 사무실 동료에 대해 말할 때 '그'라고 얘기하는 것을 딱 한 번 보았다. 이처럼 그는 '자신'을 지시하는 대명사를 남용하는 것처럼 보이는데, 이는 다른 사람들보다 그가 자아도취증의 특징을 더 가지고 있음을 의미한다.

예일대학의 로버트 사우(Robert Shaw)와 캘리포니아대학(버클리)의 로버트 래스킨(Robert Raskin) 교수가 자주 인용하는 연구에 따르면, 사람들에게 아무 주제를 가지고 5분 동안 얘기하라고 했을 때, 더 자아도취적인 사람들이 '나'와 '나에게'를 더 많이 사용하고, '우리'나 '당신' 같은 단어를 훨씬 더 적게 사용한다고 했다.[10] 또 다른 연구는 페이스북 '신상명세서(About Me)' 페이지에서 자기 대명사를 더 많이 사용하는 자아도취자들이 자기 홍보, 섹시한 메인 사진, 보다 공격적인 단어들, 더 많은 욕설을 한다는 것을 발견했다.[11] 이는 확실히 윌리엄의 '자신에 몰두함'이라고 한 말이 무슨 의미인지 알게 해준다.

같은 맥락에서 에이미의 이메일을 다시 보고 그녀가 사용한 자기 대명사의 숫자를 세어 보아라. 그리고 용기가 있다면, 당신도 그동안 자신이 쓴 이메일과 페이스북 포스팅을 살펴보아라. 물론 당신은 놀랄 수도, 놀라지 않을 수도 있다. 당신이 만약 트위터 계정을 가지고 있다면, 더 실체적으로 자기 대명사를 더 많이 발견할 것이다. 왜냐하면 트위터는 개인적인 감정과 생각을 말하는 것에 연루되어 있기 때문이다. 하지만 페이스북은 사회적인 모임 장소로 간주된다. 사회적 모임은 혼자가 아닌 여러 사람에 대한 것이다.

자아도취증세대?

1980년 이후에 태어난 젊은 세대들은 연령에 따라 각각 밀레니엄세대, Net세대 등으로 알려져 있는데, 이들의 본성이 이전 세대들보다 더 자아도취적이라고 주장하는 사람들이 있다. 샌디에고주립대학의 심리학 교수이며, 조지아대학의 케이트 켐벨(Keith Campbell) 교수와 『자아도취 전염병(The Narcissism Epidemic)』이란 저서를 함께 집필한 진 트웬지(Jean Twenge)는 1980년대 중반 이후부터 태어난 아이들에게 자기표현과 자유를 강조하는 양육 방식을 비난했다.[12]

트웬지와 그 동료들은 자기애적 성격검사(Narcissistic Personality Inventory)를 통해 1979년과 2006년 사이 약 16,000명의 대학생을 대상으로 얻어낸 지수를 검토하였다. 그들은 밀레니엄 세대 이후 대학생의 자기애적 지수가 20년 전 대학생들의 자기애적 지수보다 매우 높다는 사실을 발견하였다. 또한 현재 대학생들의 3분의 2가 1970년 후반, 1980년대 초반에 검사를 한 학생들과 비교해 보아도 자기애적 지수가 눈에 띄게 높다는 사실을 발견하였다.

트웬지와 켐벨은 "자아도취증의 유행을 이해하는 것은 오랜 기간에 걸쳐 나온 결과가 사회를 파괴시키기 때문에 중요하다. 자아 존중에 집중된 미국 문화는 현실이라는 비행기를 장대한 판타지로 추락시키는 결과를 낳을 것이다."라고 주장했다. 게다가 그들은 "허용적인 양육 방식, 유명인사의 문화, 그리고 인터넷이 자아도취증의 유행을 발생시키는 주요 원인들이다."라고 언급했다.

트웬지와 켐벨의 연구는 대학생의 60%가 다음과 같은 진술에 동의한다는 것을 확인해 주고 있다. "우리 세대의 사람들은 소셜네트워크 사이트를 자기 홍보, 자아도취, 그리고 주목 끌기에 사용한다." 이 진술을 통해서 트웬지는 "페이스북 자아도취의 대표적인 예는 바로 자기 사진을 200장 가까이 포스팅한 사람"이라고 했다. 하지만 그들이 정말 자아도취자들인가? 이것은 그들이 치료할 수 없는 인격 장애를 가지고 있다는 의미일까?[13] 나는 이들에게 아이디스오더가 있다고 주장한다. 당신이 내 말을 받아들인다면, 온라인 세상에서 자아도취적인 모습을 피하기 위해 온라인 속 당신의 자아를 다시 생각해 보는 많은 방법이 있다는 것을 알게 될 것이다.

또한 켄터키대학 교수이자 트웬지와 켐벨의 동료인 네이든 디월 (Nathan DeWall)도 이 장기적인 기간의 변화를 뒷받침해 주는 사실을 발견했다. 그는 십여 년간 확산된 주요 문화 상품들을 연구했다. 바로 히트곡 가사다. 그는 1980년부터 2007년까지 빌보드차트 히트곡 100선 중에서 가장 유명한 10개의 히트곡 가사를 자세하게 연구했는데, 거기에서 '나'와 '나에게'라는 단어는 시간이 지나면서 증가했고, '우리'와 '우리의'라는 단어는 같은 기간 동안, 시간이 지나면서 자아도취증이 증가했다는 트웬지와 켐벨의 연구보고서에 비춰보았을 때, 감소했다.[14] 그것은 문화가 자아도취증을 증가시키거나, 자아도취적인 본성이 우리의 삶에 전반적으로 퍼져 아이팟, 소셜네트워크, 인터넷 도메인에 상주하는 음악들의 변화를 가져온다는 것을 보여주는 것은 아닐까?

너무 많은 미디어=나, 나, 나

1장에서 우리는 기술 가치에 대한 심리적 장애, 미디어의 사용, 멀티태스킹 그리고 그 태도와 관계들에 대한 2011년의 연구를 살펴보았다. 우리가 사용한 척도는 다음과 같은 진술들로 자아도취증을 측정한 것이었다. 이에 대한 대답은 '맞는가?' 혹은 '틀린가?'였다.

  ― 나는 내가 뛰어난 사람이라는 것을 알고 있다. 그래서 나는 사람들이 무슨 생각을 하는지 신경 쓰지 않는다.
  ― 다른 사람들은 내 능력을 부러워한다.

― 나는 다른 사람에게 주는 영향은 걱정하지 않고, 내가 하고 싶은
걸 한다.

여러분이 보는 바와 같이 이 문장들은 자아도취적인 태도를 명백
히 드러낸다. 이와 유사한 24개의 진술들을 결합하고, 본성적인 표현
사례들에 대한 대답들을 비교해 보니, 이 조사는 흥미롭고, 아주 놀라
운 결과를 낳았다.

첫째, 모든 세대 걸쳐 상대적으로 더 많은 시간을 온라인을 포함
한 여러 매체들에 할애하고, 이메일을 더 많이 주고받으며, 끊임없이
문자 메시지를 나누고, 음악을 듣고, TV를 보는 사람들이 더 자아도
취적이었다. 둘째, 소셜네트워크를 더 많이 사용하는 i세대 젊은이들
은 그보다 적거나 아예 이를 사용하지 않는 사람들보다 훨씬 더 자아
도취적이었다. 셋째, 모든 세대에 걸쳐 문자 메시지, 휴대폰 전화, 페
이스북을 확인하지 못할 때 더 불안해하는 사람들이 그렇지 않은 사
람들보다 더 자아도취적이었다.

이 결과들은 미디어와 소셜네트워크에 집착하고, 자아도취증으로
정의되는 태도와 행동들을 보인 사람들(젊은 성인세대뿐 아니라 모든 사
람들)의 모습을 흥미롭게 그리고 있다. 결론적으로 노트북을 마구 두
드리고, 끊임없이 스마트폰을 확인하며, 고도의 기술과 미디어를 누
리는 삶을 살아가는 많은 사람들이 매우 강한 자아도취적인 모습을
보인다는 사실이다. 이제 '미디어 다이어트-소셜네트워크'의 한 가지
국면을 살펴볼 것이다. 특히 자아도취증과 연관되어 연구자들이 발

견한 사실들에 주목해 보자.

이것은 모두 나에 관한 것이다

페이스북(2004년 등장)과 트위터(2006년에 등장)는 새로운 현상임에도 불구하고, 이미 심리학자들은 이것들이 어떻게 자아도취증에 영향을 주는지 연구하기 시작했다. 조지아대학의 라우라 버프패르디(Laura Buffardi)와 케이트 켐벨의 연구에 따르면, 더 자아도취적인 페이스북 사용자—이 장에서 나중에 다루게 될, 자기애적 성격검사(NPI)로 측정된—가 덜 자아도취적인 사람들보다 더 자신의 페이지에 자기 홍보성 글들을 더 올리고(더 많은 게시글), 온라인에서 사회적 상호작용(더 많은 페이스북 친구 숫자)을 더 많이 한다. 이들의 연구에서 독립적인 평가자들은 페이스북 사용자들이 많은 친구들을 가지고 있으며, '글래머러스하고', 품격 있는 프로필 사진을 가지고 있거나 그렇지 않거나에 상관없이, 그저 단순히 게시물을 올림으로써 더 자아도취적이라고 말한다.[15]

프로필 사진은 모든 페이스북 글에 나타나기 때문에, 자아도취자들이 이것을 매우 심각하게 생각하고, 자신이 매력적으로 보이길 원한다는 것은 분명하다. 자아도취적인 페이스북 사용자가 매력적인 메인 사진뿐만 아니라 더 매력적인 상위 20개의 사진을 보유하고 있다는 것을 발견한, 캐나다 요크대학의 소라야 메히디자데흐(Soraya

Mehdizadeh)의 연구는 자아도취적인 페이스북 사용자가 더 자주 상태 업데이트를 하며, 하루에 한 시간 이상 페이스북에 빠져 있다는 것을 보여준다.[16] 다른 연구자들도 자아도취증과 상태 업데이트와의 유사한 상관관계를 발견했다. 호주 멜버른에 있는 RMIT대학의 트래치 라이언(Tracii Ryan)과 소피아 제노스(Sophia Xenos)의 최근 연구는 페이스북 사용자와 비사용자를 비교한 뒤, 페이스북 사용자들이 더 자아도취적이며, 가장 자아도취적인 페이스북 사용자는 더 많은 사진들과 그 사진을 새롭게 업데이트 한다는 것을 발견했다.[17]

프로이트와 이후 여러 연구자들은 자아도취증이 일찍이 아동기에 발달하며, 심지어 8살 정도의 어린 아이에게서도 측정된다고 밝혔다. 우트레쉬대학의 샌더 토매즈(Sander Tomaes)와 그의 동료들은 자신의 프로필에 대해 또래 아이들로부터 속이는 가장된 피드백을 받은 8~12세 아이들의 페이스북 페이지를 조사했다. 예상대로 또래 친구가 자기 프로필을 좋아한다는 평가를 들은 아이들은 자아존중감이 증가했지만, 반대로 반응이 좋지 않았던 아이들은 자아존중감이 감소했다. 그러나 이때 자아도취증을 크게 가지고 있던 아이들이 그렇지 않은 아이들보다 자아존중감이 더 크게 타격받는 것을 보여주었는데, 이것은 자기애적인 상처에 따르는 심각한 영향을 보여준다. 이 결과에 따르면, 흥미롭게도 어린 시절에 받은 동료의 반대는 동료의 승인보다 자아존중감에 50%나 더 큰 부정적인 영향을 준다. 이는 심지어 자아도취자들에게는 더하다. 이들에게 '상처'란 찬성보다 더 깊고 해로운 것이다.[18]

자아도취적인 행동에 미치는 양육 방식의 영향은 노스캐롤라이나대학의 크리스토퍼 루텐스(Christopher Lootens)가 쓴 최근 학술 논문에 더 확실하게 나와 있다. 이 연구에서 대학생들은 자신이 어떻게 양육됐는지 회상하고, 자신의 자아도취적인 경향을 묻는 질문에 대답했다. 권위적인 부모(규칙이 엄하고, 부모로서의 따뜻함이 매우 결여된) 밑에서 자란 학생들이 보다 더 따뜻함과 동정어린 모습을 보였고, 아이들의 행동에 규칙을 두지 않은 부모 밑에서 자란 학생들에 비해 단연코 더 자아도취적인 모습을 보였다.[19]

페이스북을 사용하는 대학생을 대상으로 한 흥미로운 연구에서, 아팔라치아주립대학의 숀 베르그만(Shawn Bergman)과 동료들은 더 자아도취적인 사용자가 더 많은 친구들(온라인 친구)을 가지고 있고, 가능한 한 많은 친구들을 만들고 싶어 하며(가상과 현실에서 모두), 단체 사진보다 자신이 집중된 사진들을 더 많이 게시하는 것을 발견했다. 그러나 다른 사람들과 달리 자아도취증의 온상이 된 인터넷과 페이스북에 진절머리를 내는 베르그만 박사는 이렇게 결론을 내렸다.

놀랍게도 우리는 자아도취증이 SNS에 투자하는 전체적인 시간 혹은 빈번한 상태 업데이트에 강력한 힘을 발휘하는 예언 장치가 아니라는 것을 발견했다. 이것은 밀레니엄 세대들의 SNS 사용법이 단지 주목 끌기나 자아 존중감 유지를 위해서만 사용되는 것이 아니고, 커뮤니케이션을 유지하는 수단으로도 사용된다는 것을 의미한다. 이전 세대들은 편지, 전화, 이메일을 통해 이것을 이뤄냈지만, 밀레니엄 세대들은 SNS를 통해 소통하는 것을 선호한다. 그러므로 이것은 병적인 신호가 아니라 이 시대의 상품인 것이다.[20]

이에 대해서는 나중에 다시 언급하겠지만, 베르그만 박사의 견해는 근거가 있다고 생각한다. 자아도취적인 경향을 발전시키는 커뮤니케이션 도구들을 자신의 본성에 따라서 사용하는 것이 자아도취적인 것인가? 아니면 단순히 기술에 적응한 것인가?

밤낮으로 트위터 하기

자아도취증이 온라인 소셜미디어에 만연한다면, '나에 대한 모든 것'을 좀 더 명백하고 노골적이게 전달하는 수단인 트위터는 어떨까? 350명의 트위터 사용자가 보낸 3000개 이상의 트윗에 관한 최근의 연구에서 러커스대학의 모르 나만(Mor Naaman), 제프리 보아스(Jeffrey Boase) 그리고 친후이 라이(Chih-Hui Lai)는 두 유형의 트위터 사용자를 찾아냈다.

— 자신의 일상적인 기분, 생각, 감정을 포함한 매일의 활동을 업데이트해 게시하고 팔로워와 느슨한 상호작용을 하는 미포머(Meformers).
— 미포머에 비해 정보를 공유하고 좀 더 많은 친구와 팔로워를 갖고

팔로워들과 좀 더 끈끈하게 상호작용을 하는 인포머(Informers).

가장 일반적으로 우세한 형태의 트위터 사용자는 누구일까? 만약 미포머가 이에 해당한다고 추측한다면 당신의 답이 맞다. 연구된 모든 트윗의 80%가 미포머로부터 생성된 것으로 분류됐다. 이 연구에 관한 뉴스 발표를 살펴보면 다음과 같다.

'인포머'는 뉴스 링크처럼 정보를 공유하는 메시지를 게시할 가능성이 높은 데 반해, '미포머'는 사용자의 생각과 위치 혹은 즉각적인 상황에 대해 업데이트해, 연구자들이 'Me now'라 부르는 것에 집중하는 경향이 있다. 인포머들은 사회적 인식 기류에 끼워 맞춰져 활성화되는 경향이 있다. 그들은 미포머들에 비해 좀 더 많은 친구들과 팔로워를 갖고 이러한 사람들과 상호작용한다는 연구 결과를 찾아냈다.[21]

나는 보통 트위터가 '140가지의 진부한 캐릭터'로 언급되는 것을 들어왔지만, 그것은 단지 글쓰기 자체만을 언급하는 것일지도 모른다. 자아도취자의 관심은 내용이 아니라 청중이다. 글쓰기만으로 거의 1,400만 명의 팔로워를 거느린 레이디 가가(Lady GaGa), 1,030만 명의 팔로워를 거느린 킴 카르다시안(Kim Kardashian), 2009년 가장 빨리 100만 명의 팔로워에 도달한 트위터 사용자가 누구인지 알아보는 대회에 참가한 애쉬튼 커쳐(Ashton Kutcher)에게 질문했다. 나는 이러한 유명 인사들이 자아도취자로 진단된다고 말하는 것이 아니라,

그들의 글쓰기 행동이 확실히 자아도취적인 행동으로 보인다는 것을 말하려 함이다.

소셜네트워킹 과정에서 종종 드러나는 당당함은 텔레비전에서 보다 두드러질 수 있다. 인기 있는 리얼리티 TV 쇼는 자아도취자들이 많은 청중에게 영향을 미칠 수 있는 수단에 불과하다. 아주 적은 사람들이 현실의 TV 스타가 되는 데 반해, 게시된 비디오가 입소문 날 수 있는 유튜브와 같은 비디오 공유 사이트는 누군가를 즉각적인 유명 인사로 만들 수 있다. 결국 저스틴 비버(Justin Bieber)가 유튜브 비디오를 통해 슈퍼스타가 됐다면, 누구나 슈퍼스타가 될 수 있는 것은 아닌가? 수잔 보일(Susan Boyle)은 「나는 꿈을 꾼다(I Dreamed a Dream)」란 노래의 한 버전이 입소문이 나고 누구나 아는 유명 인사가 되기 전까지, 쇼 프로그램 「브리튼스 갓 탤런트(Britain's Got Talent)」의 또 다른 가수일 뿐이었다. 다니엘 토쉬(Daniel Tosh)는 자신의 독립 제작 코미디 쇼 「토쉬. 제로(Tosh. 0)」에 웹 비디오를 틀어주며, 알려지지 않은 사람들을 빠르게 유명 인사로 만든다. 그리고 유명한 쇼인 「아이카를리(iCarly)」에서 미란다 코스그로브(Miranda Cosgrove)는 친구와 함께 웹 쇼를 주최하면서 유명해진 10대를 기용한다.

인터넷은 여러 형식으로 자아도취적인 표현을 쉽게 만든다. 글로 쓴 단어는 블로그, 위키피디아, 소셜네트워킹, 개인적인 웹사이트에서 볼 수 있다. 시각적인 자료들은 포토 공유 사이트뿐만 아니라 비디오 공유 사이트에서도 무료로 쉽게 접근 가능하다. 사실 인터넷은 누군가의 기량을 뽐내는 하나의 큰 캔버스다.

그렇다면 우리는 왜 온라인에서 엄청난 양의 자아도취적인 특성을 모두 보이지 않는가? 왜 우리들 중 일부는 그 동기가 자아도취적인 것이 아니라 이타적이라는 것을 나타내는 방식으로 다른 사람들과 기꺼이 정보를 공유하고, 친구들의 게시물에 코멘트를 다는 행동을 하는가? 그리고 이 반면에 '나'라는 단어를 수백 번 사용하며 자랑하는 것일까?

우리 모두는 무대 위 배우이다

인터넷 혁명 전인 1982년에 사망한, 저명한 캐나다 사회학자인 어빙 고프만(Erving Goffman) 교수는 『일상생활에서 자아표현(The Presentation of Self in Everyday Life)』이라는 새로운 분야의 책을 출간했다. 그는 소셜네트워킹을 예측했음에 틀림없는데, 왜냐하면 어떻게 우리 모두가 연극에서 배우가 되고, 어떻게 우리가 다른 사람들에게 보이길 원하는 우리 스스로의 이미지를 만들어 내는지에 대해 이야기하면서 그것을 완벽하게 기술했기 때문이다.

고프만의 주요 이론 중 하나는 우리가 자신을 표현할 때 우리는 지속적으로 타인이 우리를 어떻게 인식하는지를 모니터링하고, 모든 사람에게 자신을 가장 잘 보이도록 하는, 자아에 대한 표현을 수용한다는 것이다.

그는 다른 참가자에게 어떤 방식으로 영향을 미치도록 주어진 상황에서 참가자들의 모든 활동을 언급하며 '퍼포먼스(performance)'란 용어를 사용한다. 이에 더해 어떻게 한 사람이 앞무대의 자아와 뒷무대의 자아라는 두 자아를 공유하는지 이야기했다. 전자는 다른 사람들이 어떻게 봐주길 원하는지를 반영하는 데 반해, 후자는 모든 일을 겉치레하도록 만든다.[22] 사람들이 온라인에서 하는 행동과 매우 비슷하게 들리지 않는가?

나는 『나, 마이스페이스와 내 자신(Me, Myspace and I)』라는 책에서 이러한 고프만의 생각과 2007년까지 유행했던 마이스페이스에서의 적용 사례들을 어떻게 느꼈는지에 대해 마이크로소프트 조사센터의 소셜미디어 연구원이자 인터넷과 사회 연구를 위한 하버드대학 버크만센터(Berkman Center)에서 근무하는 보이드(Danah Boyd) 박사와 대담한 내용을 실었다.

당신이 당신의 정체성을 개발하는 방법은 그것들을 거기에 놓고, 피드백을 얻고, 그것에 맞춰 조정하는 것이다. 당신은 당신 스스로에 대한 내부적 모델을 개발하고 다른 사람들의 반응을 가지고 그것의 균형을 맞춘다. 이것은 어빙 고프만이 '인상관리(impressing management)'라고 부르는 것이다. 온라인 활동을 하는 것은 당신이 누구인가에 대해 좀 더 빨리 사색적이 되도록 만든다. 예를 들어, 마이스페이스에서 당신은 스스로에 대해 직접 글을 써야 한다. 다시 말해, 당신은 당신을 나타내는 스스로의 인상을 만들어야 한다. 하지만 이것이 당신의 자아감을 만드는 최종이며 전부일까? 당연히 그렇지 않다. 그러나 온라인

표현은 정체성을 나타내는 의미 있는 부산물이다. [23]

그래서 소셜네트워킹에 대해 '연결성의 공적인 현시(public displays of connection)'를 통해 증명된 '네트워크된 정체성(networked identity)' 이라고 부른 보이드 박사가 채택한 것처럼, 내가 만약 고프만의 접근법을 취한다면, 나는 우리의 온라인 자아에 대해 다른 사람들을 위한 세계에서 자아감을 지속적으로 나타내는 유사한 것의 발명이라고 말하려 한다.

그러나 한 사람이 자아도취적인 인격장애(NPD)의 특성들을 가질 때, 우리가 나타내는 자아는 사실상 인간성 심리학의 창시자인 칼 로저스 박사(Dr. Carl Rogers)와 다른 심리학자들이 제안했듯이, 우리 진짜 그대로의 모습보다 다른 사람들이 봐주길 원하는 이상화된 자아라는 것이다. "인터넷에서 누구도 당신이 개라는 사실을 알지 못한다."라는 표현은 아마도 "인터넷에서 당신은 당신이 원할 때마다 당신이 원하는 어떤 사람이든 될 수 있다."고 수정되어야 할 것이다.

사이버공간의 심리학

지난 10~20년간 이루어진 결과들로써 판단해 보면, 인터넷 이용에 대한 연구는 매우 복잡하다. 우리가 얼마나 인터넷에 시간을 소비하는가에 관한 자료는 본질적으로 결함이 있는데, 왜냐하면 많은 사람들이 스마트폰, 아이패드 혹은 노트북으로 모든 시간 동안 인터넷에 접속해 있기 때문이다. 만일 당신이 스마트폰을 열고 잠시 동안 이메일을 확인한다면 온라인을 사용하는 것으로 계산될까? 어떤 사람이 온라인을 하면서 무엇을 하는지 결정하는 것은 모든 브라우저가 다중 웹사이트 접속을 가능하게 하고, 주어진 시간에 당신이 어떤 웹사이트를 보는지 알 수 있는 방법이 없기 때문에 어렵다.

우리가 말할 수 있는 것 혹은 적어도 심리학자들이 행한 몇 년간에 걸친 연구에서 알아낼 수 있었던 것은 왜 사람들이 특정 인터넷 행위를 선택하는가이다. 두 개의 부분적으로 중복된 이론이 이해를 돕는데, 바로 '이용과 충족 이론'과 '사회적 자본 이론'이다.

'이용과 충족 이론'은 본래 왜 사람들이 텔레비전과 신문, 잡지와 같은 전통적인 미디어를 좀 더 사용하는지 기술하기 위한 것이었다. 이 이론의 기본 가정은 사회적이고 심리적인 욕구를 충족시킬 수 있는 많은 종류의 미디어가 있고, 그것들이 우리의 관심을 떠들썩하게 만든다는 것이다. 사람들은 자신의 개인적인 욕구를 충족시키고 내적 만족을 제공하는 특정한 형태의 미디어를 선택하려 한다. 인터넷이 폭발적으로 사용되면서 이용과 충족 이론은 블로그, 페이스북, 트위터를 포함한 여러 종류의 플랫폼에 적용됐다. 예를 들어, 한 연구는 개인적인 여행 블로그(온라인 일기 혹은 소셜네트워크 사이트)를 운영하는 데 일곱 가지의 개별적인 이용과 충족 사례를 발견했다. 즉, 어떤 사람의 생각을 기록하고, 글쓰기를 향상시키며, 자아 표현을 가능하게 하고, 언제 어디서든 접근을 허용하며, 다른 사람들과 정보의 공유를 가능하게 하고, 시간을 거스르는 것을 돕고, 사회적 공동체를 제공한다.[24] 또 다른 연구자들은 상이한 여러 미디어가 의사소통과 연결, 정보에 대한 욕구를 만족시키고, 잘 보이고, 특별하게 느끼고 싶고, 똑똑하게 보이고 싶은, 이러한 일상적인 자아도취증에 들어 있는 구성요소 모두를 끌어내려는 욕구를 충족시킨다는 것을 발견했다.[25]

한 연구는 페이스북과 인스턴트 메시지의 또 다른 이용과 충족을 실험했다. 그 결과 소셜네트워킹의 경우에 사람들은 여섯 가지 요인을 통해 만족한다는 사실을 발견했다. 그것은 오락(재미), 애정, 패션, 문제 공유, 사회성, 사회적 정보이다. 반면 인스턴트 메시지는 상호 관계성의 발전과 유지를 통해 충족을 촉진시켰다.[26] 1,713명의 텍사스대학 학생들을 대상으로 한 다른 연구는 소셜네트워킹이 사회화, 오락(재미), 자아 찾기, 정보의 네 가지 필요를 충족시켰다는 것을 발견했다.[27] 여전히 존 라크(John Raacke)와 제니퍼 본드-라크(Jennifer Bonds-Raacke)가 수행하고 자주 인용되는 한 연구는, 오래된 친구 그리고 현재의 친구와 연락을 취하고, 사진을 게시하고 보며, 새로운 친구를 만들고, 오래된 친구를 찾고, 사회적인 이벤트를 알기 위해 페이스북을 하는 것이 많은 충족을 준다는 사실을 발견했다.마지막으로, 학술지 『인간 행동과 컴퓨터(Computers in Human Behavior)』에 게재된 최근의 한 연구는 사회적 연결성에서 기인하는 편안한 수준의 동료애로부터 충족을 얻는 트위터 사용자를 묘사했다.[28]

분명히 이러한 상호작용은 긍정적이거나 과도한 역할을 할 수 있으며, 자아도취적 경향과 닮아갈 수도 있다. 심리학의 한 아이디어인

'사회적 자본 이론'은 기술이 나르시시즘을 촉진하는 역할에 대해 내 생각을 분명히 하는 데 도움을 주었다. 사회적 자본은 우리가 사회적 관계로부터 얻을 수 있는 모든 혜택을 포함한다. 심리학자들은 세 가지 다른 종류의 사회적 자본을 발견했다.[29]

— 결속적 사회적 자본(Bounding social capital)은 가까운 가족이나 친구로부터 기인하며, 어떻게 우리가 사랑하는 이들로부터 특별한 친밀함과 보살핌을 느끼느냐는 것이다.

— 접착성 사회적 자본(Maintaining social capital)은 오래된 우정을 손대지 않고 가만히 두어 그들이 필요할 때 어떤 도움을 제공할지도 모르는 것을 수반한다.

— 연결성 사회적 자본(Bridging social capital)은 모든 '지인들' 혹은 필연적으로 사회적 도움을 찾지는 않지만 정보를 제공하듯 다른 목적을 위해 유용함을 찾을 수 있는 사람들을 포함한다. 종종 연결성 사회적 자본은 결속적 사회적 자본에 의해 제공되는 '강한 유대'와는 반대로 관계 네트워크를 연구한 사람들에게 '약한 유대'라고 불린다.

미시간대학의 찰스 스타인필드(Charles Steinfield), 니콜 엘리슨(Nicole Ellison), 클립 람페(Cliff Lampe), 제시카 비택(Jessica Vitak)은 사회적 자본의 미디어 영향을 연구해 왔다. 그들의 연구에 따르면, 페이스북에 소비한 시간은 세 종류의 모든 사회적 자본의 예측 변수였다. 또 다른 연구에서 그들은 페이스북 상호작용의 강도가 연결성 사회적 자본 혹은 약한 유대의 구축과 매우 강한 연관성이 있다는 것을 밝혀냈다.[30] 본질적으로 소셜네트워킹은 당신의 고유한 사회적 자본을 수집하는 것에 대한 모든 것이다.

두 개의 이론을 함께 고려함으로써, 우리는 온라인 활동을 하는 데 시간을 소비하는 여러 가지 이유가 있으며, 이것들 가운데 많은 것이 심리적인 것에 유익할 수 있다는 것을 밝혀냈다. 그러나 자아도취자들은 세상을 다르게 바라본다. 자아도취자는 세상을 충족과 다른 사람들한테서 나오는 이용과 칭찬의 끊임없는 욕구로서 바라보는데, 이것은 보통 약한 유대 혹은 연결성 사회적 자본을 통해 얻어진다. 우리가 보다 널리 모든 이용과 충족, 모든 사회적 자본을 함께 고려할 수 있다면, 누군가가 좀 더 자아도취적이고, 그들이 연결성 사회적 자본을 좀 더 이용하고, 이러한 약한 유대에서 얻는 충족이 더 클 것이라고 예측할 수 있을 것이다. 자아도취가 낮은 사람들은 자아와 연관성이 적고 다른 것과 관련 있다는 이유 때문에 결속적 사회적 자본과 접착성 사회적 자본을 이용하며 다른 영역에서 그들의 충족을 얻을 것이다.

자아도취적인 뇌

자아도취적인 행위가 다양한 미디어를 통해 퍼지고 있다는 것은 매우 분명하다. 『더 뉴 아틀란티스(The New Atlantis)』 기사에서, 크리스틴 로젠(Christine Rosen)은 이를 '개인적인 취향의, 철저히 개인화되고 매우 협소한 추구'라고 정의하면서, '에고캐스팅(egocasting)의 시대'라고 불렀다.[31] 소셜네트워킹은 자신이 에고캐스팅 자아도취자에게 단어, 그림, 비디오를 통해 원하는 방식대로 스스로를 나타낼 수 있도록 하는 발판을 제공하며, 발명된 어떤 새로운 양식과 함께 계속해서 그렇게 할 것이다.

내 질문은 다음과 같다. 기술이 사람들을 자아도취적으로 만들까 혹은 자아도취자들이 스스로를 표현하기에 좋은 플랫폼이기 때문에 기술에 유인되는 것일까? MIT 미디어랩의 사회 미디어 그룹 책임자인 유디스 도나스(Judith Donath) 교수는 "소셜네트워킹은 작은 정신적 보상을 받는 데 많은 노력이 필요하지 않은 일련의 과정을 제공한다."고 말한다. 이러한 보상은 도박꾼이 새로운 카드가 테이블에 주어질 때 받는 전율과 매우 비슷한 강박 엔진을 재충전하는 에너지의 움직임으로 작용한다. 그 효과는 점점 강력해지며 저항하기 어렵다.[32] 자아도취자들이 그 기회를 참지 못하는 것처럼 보이는데, 그렇지 않을까?

뇌 연구는 우리에게 마음이 어떻게 작용하며 회백질의 어떤 영역이 이러한 과정을 통제하는지 가르쳐 줄 수 있다. 나르시시즘 연구는 복잡한데, 왜냐하면 당신이 추측하듯이 어느 누구의 뇌 구조도 웅장함의 표현이나 자기 고양 그리고 모든 다른 나르시시즘의 특성의 경향을 저장하지 않기 때문이다. 그러나 최근의 몇 가지 연구는 자아도취자들의 마음을 들여다 볼 수 있는 작은 단초들을 제공한다. 사우스 캘리포니아대학의 통셍(Tong Sheng)과 그의 동료 연구자들은 한 연구에서 휴식하는 동안의 뇌 활동을 시험했고, 자아도취자들이 자신에 대한 사고를 하는 것과 연관된 부분인 후뇌부의 피질에서 높은 활동을 한다는 것을 밝혀냈다. 그들은 또한 자아도취자들이 결과를 고려하지 않는 충동적인 행동과 연관된 안쪽 전두엽 피질(MPFC)에서 높은 활동을 보인다는 것을 밝혀냈다.[33]

다소 다른 트위스트를 사용해 애리조나주립대학의 프랑코 아마티(Franco Amati)와 그의 동료 연구자들은 전두엽 피질을 자극했을 때 어떤 현상이 일어나는지 관찰했다. 참가자들에게 문화적 IQ 테스트로 알려진 단어를 제시했고, 참가자들은 그 단어가 어떤 의미인가에 대해 아는지 모르는지 말해야만 했다(단어의 50%는 실제 단어가 아니었다!). 자아도취자들은 사실 모를 때에도 어떠한 것을 안다고 말하는 '거짓 주장'을 하는 것으로 잘 알려져 있다. 아마티(Amati)의 연구에서 전두엽 피질의 자극은 '거짓 주장'이란 자아도취자들의 행위를 감소시켰는데, 이것은 전두엽 피질의 증가된 활동은 생각과 사회적 감시에 책임이 있다는 것을 암시한다.[34] 또 다른 연구는 전두엽 피질이 또한 자아도취자들이 다른 사람의 눈에 좀 더 좋게 보이기 위해 자신을 스스로 만드는 행동을 하는 '자기의 가치를 높이는 편견'과 연관됐다는 것을 의미한다.[35]

자아도취자들의 뇌에 대한 정보는 심리적인 것을 다루는 것의 복잡성을 밝힐 수도 있다. 시카고대학의 신경과학자이자 『인간 본성과 사회적 연결의 욕구(Human Nature and the Need for Social Connection)』

의 공저자인 존 카시오포(John Cacioppo)는 사람들이 긍정적인 기분을 일으키도록 설계된 그림과 부정적인 기분을 자극하도록 설계된 그림에 노출됐을 때의 뇌 활동을 연구했다.[36] 즐거운 사진을 보여주었을 때, 외로운 사람들은 보상을 인식하는 뇌의 영역인 배쪽줄무늬체 (ventral striatum)[37]에 보다 적은 반응을 보였다. 이와 대조적으로 외로운 사람들은 불쾌한 사물 사진을 보여줄 때보다 사람들의 불쾌한 사진을 보여줄 때 시각피질(visual cortex)[38]에서 많은 활성화를 보였다. 이 발견은 그들이 다른 사람들이 화를 내고 불편해하는 것에 좀 더 이끌린다는 것을 암시한다. 카시오포에 따르면, "당신이 외로우면, 당신의 뇌는 당신이 실제로 그들을 보고 있지 않아도, 사회적 위협에 고조된 각성상태(覺性狀態)에 놓여 있다."는 것이다. 이는 어떤 사람이 자신을 매우 '완벽한' 자아로 바라보지 않을까봐 항상 걱정하는 자아도취자들에게 특히 나타나는 경향이다. 어떤 것을 온라인에 올려놓고 초를 세가며 가장 최악을 상상하며 반응을 기다리는 자아도취적인 사람들을 생각해 보자. 이 연구에 따르면 자아도취자의 뇌는 외로움, 보상, 자기 고양, 충동적인 생각, 사회적 감시를 망라하는 영역에서 계속해서 활성화되고 있는 것이 틀림없다. 자아도취자가 끊임없이 절망하고, 어떤 것을 원하는 욕구의 상태에 있다는 것은 놀라운 일이 아니다.

자아도취적 아이디스오더가 심화되는 첨단기술 세상에서 건강을 유지하기 위해 무엇을 할 수 있는가?

프로이트는 거의 모든 성격적인 장애나 질환이 그렇듯이, 자아도취적 인격장애(NPD)는 불치병이라고 말했다. 우리가 보통 자아도취증이나 특정 자아도취증에 대해 별 거 아닌 것이라고 생각하고 그냥 뛰어넘고 이야기한다면, 이것은 자아도취적으로 보이지 않을 수 있다. 하지만 우선 당신 스스로나 다른 누군가가 얼마나 자기애적 특성을 갖고 있는지 아닌지 알아야 한다.

만약 당신이 자아도취자라면 대개 스스로는 그 징후들을 인식할 수 없을 것이다. 만약 당신이 누군가가 자기애적 경향들을 갖고 있는지 의심한다면, 사람들의 특징적인 자아도취증 지수에 관해 알기를 원할 것이다. 잘 만들어진 자기애 인격척도(NPI)는 특징적인 자아도취증을 평가하는 데 사용할 수 있다. 자기애 인격척도의 버전은 〈표 2.1〉에 나와 있다. 여기에는 40가지의 질문들이 있고 각각 두 가지의 옵션 중에서 선택하면 된다. 그 아래에 있는 채점 지침을 따르면서 스스로 선택지를 완성한 후에 당신이 생각했을 때 강한 자아도취자의 특징을 나타내는 다른 사람들을 평가하기 위해 이것을 완성할 것을 추천한다.

만약 당신이 알고 있는 누군가가 높은 자아도취증 특성 지수를 가지고 있다면, 당신이 그들을 도울 수 있는 몇 가지의 방법들이 있다. 당신은 아마 인간의 자기애적인 성향을 줄이기 위해 무엇인가를 할 수 있을 것이다. 당신은 아마 그들의 자기애적인 성향을 줄이기 위해 무엇인가를 도울 수 있을 것이다. 하지만 여기서 돕는다는 것은 당신이 그들에게서 보이는 과대포장, 거만함, 자기애 그리고 또 다른 어떤 징후들을 자연스럽게 받아들이고 현명히 다루는 것을 의미한다.

〈표 2.1〉 자아도취적인 성격에 관한 퀴즈 [39]

아래에서 당신은 40개 문장들의 목록을 볼 수 있다. 하나는 칼럼 A이고 반대편에 있는 것은 칼럼 B이다. 당신의 전형적인 태도와 행동에 가장 맞는 것을 칼럼 A와 칼럼 B중에서 선택하면 된다. 만약 둘 다 당신과 완벽하게 맞지 않는다면, 당신의 전형적인 태도와 행동이 가장 가까운 쪽을 고르면 된다.

	칼럼 A		칼럼 B
1	□ 나는 리더가 되는 것을 더 선호한다.	□	내가 리더인지 아닌지는 나에게 있어서 별로 차이가 없다.
2	□ 나는 내 스스로 좋은 리더처럼 보인다.	□	나는 내가 좋은 리더가 될 수 있을지에 대해 잘 모르겠다.
3	□ 나는 성공할 것이다.	□	나는 성공에 대해 굉장히 걱정스럽다.
4	□ 사람들은 항상 나의 권위를 인식하는 것처럼 보인다.	□	권위적이게 보이는 것은 나에게 있어서 별로 의미가 없다.
5	□ 나는 사람들에게 영향을 미치는 것에 대해 선천적으로 재능이 있다.	□	나는 사람들에게 영향을 주는 것을 잘하지 못한다.
6	□ 나는 적극적이다.	□	나는 내가 조금 더 적극적이었으면 좋겠다.
7	□ 나는 다른 사람들 위에서 권위적인 것을 좋아한다.	□	나는 명령들을 따르는 것에 대해 별로 개의치 않는다.
8	□ 나는 타고난 리더이다.	□	리더십은 발전하기 위해서는 오랜 시간이 걸리는 특성이다.

9	☐	나는 무언가를 완성할 때 어떤 누구에게도 거의 의존하지 않는다.	☐	나는 때때로 무언가를 완성할 때 사람들에게 의존한다.
10	☐	나는 결정을 내리는 일에 대해 책임감을 가지고 있다.	☐	만약 내가 능숙하다고 느끼면, 나는 결정을 내리는 일에 책임감을 가질 것 이다.
11	☐	나는 다른 사람들보다 더 유능하다.	☐	나는 다른 사람들로부터 배우는 것이 많다.
12	☐	나는 내가 원하는 방식으로 내 삶을 살 수 있다.	☐	사람들은 항상 그들이 원하는 방식으로 그들의 삶을 살 수는 없다.
13	☐	나는 항상 내가 뭘 하고 있는지 알고 있다.	☐	때때로 나는 내가 무엇을 하는지 확신할 수 없다.
14	☐	나는 대단한 사람이 될 것이다.	☐	나는 내가 성공하기를 희망한다.
15	☐	나는 특별한 사람이다.	☐	나는 많은 다른 사람들과 비슷하다.
16	☐	나는 모든 사람들이 나에 대해 계속 얘기를 하기 때문에 내가 좋은 사람이라는 것을 알고 있다.	☐	사람들이 나를 칭찬할 때 나는 때때로 당황스럽다.
17	☐	나는 칭찬받는 것을 좋아한다.	☐	칭찬은 나를 당황스럽게 한다.
18	☐	나는 내가 특별한 사람이라고 생각한다.	☐	나는 대부분의 사람들보다 내가 더 낫다거나 더 나쁘다거나 하지 않는다고 생각한다.
19	☐	나는 몇몇 사람들이 언젠가는 나의 전기에 대해 쓰기를 바란다.	☐	나는 사람들이 어떤 이유에서든 나의 삶에 파고드는 것을 좋아하지 않는다.
20	☐	나는 만약 내가 기회를 잡는다면 그것을 자랑하는 경향이 있다.	☐	나는 과시하지 않으려고 한다.
21	☐	겸손은 나랑 어울리지 않는다.	☐	나는 근본적으로 겸손한 사람이다.
22	☐	나는 사람들이 내가 밖에 나갔을 때 내가 어떻게 보이는지에 대해 알아차리지 못하면 화가 난다.	☐	나는 내가 밖에 있을 때 군중들 사이에 섞이는 것에 대해 개의치 않다
23	☐	나는 관심의 중심이 되는 것이 좋다.	☐	나는 군중들과 함께 섞여 있는 것을 선호한다.
24	☐	나는 감히 거의 모든 것을 할 수 있을 것이다.	☐	나는 꽤 주의 깊은 사람이 될 경향이 있다.

25	☐	나는 정말로 관심의 중심이 되는 것이 좋다.	☐	나는 내가 관심의 중심이 되는 것이 정말 불편하다.
26	☐	나는 새로운 유행과 패션을 시작하는 것을 좋아한다.	☐	나는 새로운 유행이나 패션에 대해 신경 쓰지 않는다.
27	☐	나는 책처럼 사람들을 읽을 수 있다.	☐	사람들은 때때로 이해하기가 힘들다.
28	☐	나는 다른 사람에게 내가 그들에게 원하는 어떤 것이든 믿게 할 수 있다.	☐	사람들은 때때로 내가 그들에게 말하는 것을 믿는다.
29	☐	나는 사람들을 조종하는 것이 쉽다는 것을 알았다.	☐	나는 내 스스로 사람들을 조종 할 수 있는 것이 싫다.
30	☐	나는 대개 어떤 것이든 나만의 방식으로 얘기한다.	☐	나는 나의 행동에 대한 결과들이 받아들이려고 한다.
31	☐	모든 사람들은 나의 이야기들을 듣는 것을 좋아한다.	☐	때때로 나는 좋은 이야기들을 얘기한다.
32	☐	나는 나의 몸을 보는 것을 좋아한다.	☐	나의 몸은 딱히 특별할 것이 없다.
33	☐	나는 내 모습을 거울로 보는 것을 좋아한다.	☐	나는 거울로 내 모습을 보는 것에 대해 별다른 흥미가 없다.
34	☐	나는 내 몸을 드러내는 것이 좋다.	☐	나는 내 몸을 드러내는 것을 별로 좋아하지 않는다.
35	☐	나는 내가 받아야할 것들을 받기 전까지 절대로 만족할 수 없다.	☐	나는 그들이 왔을때 만족할 수 있다.
36	☐	나는 다른 사람들로부터 대단한 일을 기대한다.	☐	나는 다른 사람을 위해 무언가를 하는 것이 좋다.
37	☐	나는 세계의 눈들이 어떤 것에 이르기를 바란다.	☐	나는 단지 사리적으로 맞게 행복해지기를 바란다.
38	☐	나는 권력을 위해 강력한 의지를 갖고 있다.	☐	권력 그 자체는 나에게 있어서 별로 흥미롭지 못하다.
39	☐	나는 나 때문에 존경을 받아야 한다고 생각한다.	☐	나는 보통 내가 존경을 받을 자격이 있다고 생각한다.
40	☐	만약 내가 세상을 통치 할 수 있다면, 세상은 더 나은 곳이 될 것이다.	☐	세상을 통치하는 것에 대한 생각은 나를 지옥에서 공포에 질리게 하는 것과 같다.

채점 지침 40

각각의 문항에서 A에 답을 했다면 1점씩, B에 답했다면 0점으로 점수를 매겨라.
일반적인 사람의 평균 점수는 15.30이다. 유명 인사들의 평균 점수는 17.80이다.
자아도취적인 자들은 20점 이상을 받았다.

—권위성: 문항 1~8

권위는 사람의 리더십 기술과 힘에 대해 언급한다. 권위 항목에서 높은 점수를 받은 사람들은 힘을 얻거나 무엇을 담당하는 것을 좋아한다. 종종 힘 그 자체만을 좋아하기도 한다.

—자아성취성: 문항 9~14

이 특성은 사람들이 어떻게 스스로 자족하느냐에 대한 것이다. 즉, 당신이 당신의 삶에서 필요한 것을 충족하기 위해서 당신만의 능력들로 해내는지 아니면 얼마나 남에게 의존하는지에 대한 것이다.

—우월성: 문항 15~19

이 특성은 사람들이 주위에 있는 사람들에게서 자신이 우월한지 느끼는가에 대한 것이다.

—과시행위: 문항 20~26

이 특성은 관심의 중심이 되는 사람들의 욕구와 그들이 관심의 중심이 되기를 바라는 마음에 관한 것이다(심지어 다른 사람의 욕구 정도에서노).

—착취성: 문항 27~31

이 특성은 당신이 당신만의 목표나 필요를 충족시키기 위해서 어떻게 다른 사람을 착취할 수 있는가에 관한 것이다.

—자만심: 문항 32~34

이 특성은 사람들의 자만심이나 다른 사람들과 비교해서 그들의 우월한 능력과 매력에 대한 그들의 믿음에 관한 것이다.

—권리: 항목 35~40

이 특성은 사람들이 삶에서 가져야 할 권리의 양이나 기대에 대한 것이다. 즉, 누군가의 기대와 함께 자동적인 규정 준수와 특별히 호의적인 대우에 대한 지나친 기대들에 관한 것이다. 이 항목에서 일반적으로 높은 점수를 받은 사람들은 권리에 대한 기대가 높았고, 반면 낮은 점수를 받은 사람들은 다른 사람이나 삶에 대한 기대가 낮았다.

당신이 알고 있는 누군가의 자아도취적인 성향들을 줄이는 데 도움이 되는 방법

누군가가 정말 극도로 높은 자기애 인격척도(NPI) 점수를 받지 않는 한, 당신은 당신의 힘으로 도와 줄 수 있는 몇 가지 조치를 취할 수 있을 것이다. 여기에 몇 가지 제안들이 있다.

1. 그 사람이 미디어를 사용하는 시간을 줄이게 하고 자연과 보내는 시간을 늘리도록 도와주어라. 미시간대학의 마크 베르만(Marc Berman), 존 조니데스(John Jonides), 스테펜 카플란(Stephen Kaplan)

은 관심 회복 이론(Attention Restoration Theory, ART)을 개발했다. 이 이론은 도시나 미디어가 풍족한 환경의 사람들이 뇌에 자발적이거나 혹은 직접적인 관심을 끄는 곳과 바로 연결되어 있는 부분을 회복시키기 위한 시간을 얼마나 갖느냐에 관한 것이다. 이것은 사람들이 온라인에 있음으로부터 나타나는 폐해 중 하나인 자동반사적 반응을 줄이는 데 도움을 준다. [41]

2. 많은 사람들은 자아도취증이 심하게 과장된 긍정적인 것의 결합으로부터 발생한다고 주장한다. 하지만 무분별한 부모들의 칭찬이나 냉대는 부모들의 메시지를 거부하게 한다. 이것을 아는 것은 당신이 자아도취자를 이해하는 데 조금 더 도움이 될 것이고, 아마도 그들이 너무 긍정적이거나 부정적이지도 않은 자기애적인 성향에 반응하는 것에 관한 방법을 찾을 수 있을 것이다.

3. 만약 당신이 누군가로부터 자기애적인 분노를 경험했다면, 가장 좋은 전략은 그들의 관심을 끌지 않는 것이다. 예를 들자면, 만약 당신이 자아도취자한테 공격을 받고 있는 친구의 온라인 포스트를 보게 된다면, 가장 좋은 전략은 한발 물러서 코멘트를 다는 것을 피하는 것이다. 심지어 당신의 친구가 도움이 필요하다고 느낄지라도 말이다. 당신은 그 분노의 연료가 될 수 있다. 가장 좋은 방법은 당신의 페이스북 페이지에 있는 사람을 숨기는 것이다. 이것은 당신이 그의 어떤 포스트도 보지 않고 그리고 반응할 이유가 없다는 것을 의미한다.

자아도취자들은 대개 완고한 심리적 모습을 한다. 이것은 흠모나 자존감을 증진시키는 방법들을 찾아내는 것이다. 그리고 비판에 대해서는 별로 신경을 쓰지 않는다. 아마도 이러한 성향들은 그들을 변화시킬 수 없을 것이다. 그리고 자기애적인 성격상의 특징을 갖고 있는 사람들이 그런 점을 고치는 것은 거의 불가능하다고 믿는 사람들이 있다.

당신만의 자기애적인 성향에 대처하는 법

만약 당신이 〈표 2.1〉의 자기애 인격척도(NPI) 퀴즈를 풀고 20점 이상을 받았다면, 다음에 나오는 방법들이 자기애적인 아이디스오더의 증상과 징후를 줄이는 데 도움이 될 것이다.

1. 당신의 개인적인 전자기기에 들이는 시간을 완화하라. 자연에서 조금 더 시간을 많이 보내라. 이것은 원기를 회복시키는 효과가 있고, 당신이 한 코멘트로 인한 결과에 대해 생각할 것 없이 누군가에게 반응하는 것이 조금 더 줄어들 것이다.

2. 소셜네트워크를 사회적이 되도록 디자인하라. 즉, 이것은 재미와 생각의 교환을 위한 것이다. 만약 당신이 스스로 모든 코멘트에 초조해하고 계속해서 코멘트나 상태 업데이트, 담벼락 포스팅에 신경 쓴

다면, 당신은 다른 사람의 기분을 다치게 할 위험이 있고, 소셜네트워킹의 재미라는 부분을 잃어버릴 수 있다.

3. 당신이 하고 있는 전자 커뮤니케이션의 다른 끝에는 진짜 사람이 있다는 것을 항상 기억하라. 이것은 당신이 볼 수 없는 사람들에게 더럽고 잔인한 것들을 너무 쉽게 말한다는 것을 의미한다. 현실세계의 진짜 사람들은 이 불친절한 단어로 인해 감정에 상처를 받는다. 어려울 것을 알지만, 모든 사람들이 일단 보내기 버튼을 눌러 버리면 복구할 수 없는 사이버 공간에서 메시지를 쓰는 것과 보내는 것 사이의 '전자적인 기다림의 시간(e-waiting)'을 채택해야 한다고 생각한다. 몇 분을 기다리는 것은 당신에게 메시지를 다시 쓸 수 있는 시간을 주는 것이고, 그 단어들이 너무 가혹하지 않았는지, 조금 부드러워질 필요가 있는지에 대해 다시 생각하도록 한다.

4. 당신의 전자 커뮤니케이션에서 대명사를 사용하는 것을 완화하라. 당신이 무언가를 쓸 때, '보내기'나 '포스트하기'를 누르기 전에 잠시 멈추어보고 그것을 주의 깊게 읽어 보라. 당신이 다른 사람과 관련되어 언급한 사용과 비교해서 '나는'이나 '나에게'라는 단어를 몇 번이나 썼는지를 살펴보라. 사람들을 아우르며 당신에 대한 코멘트들을 줄이고 다른 사람과 감정을 나누는 '우리'라는 대명사로 바꾸도록 시도해 보라. '미포머'보다는 '인포머'가 되도록 하라.

5. 어떤 종류의 전자 커뮤니케이션—소셜네트워킹, 텍스트 메시지, 트위터, 블로그—을 행할 때, 스크린 뒤에는 면대면 커뮤니케이션에서 우리가 사용하는 제스처나 얼굴 표정 그리고 목소리 톤과 같은 것을 보여줄 수 없는 단어들에 의해 쉽게 상처를 받는 감정을 가진 사람들이 있다는 것을 기억해야 한다. 또한 당신의 커뮤니케이션은 스스로 자기애적 분노의 상황에 있을 때 메시지를 보낼 수 있다는 것을 기억해야 한다. 또한 당신의 커뮤니케이션은 '동시에 존재하지 않는' 이라는 것을 기억해야 한다. 이것은 당신이 자기애적 분노의 상황에 있을 때 상대방이 어떠한 상황에 있는지 모른 채 당신의 메시지를 받는 것을 의미한다. 그 사람은 기분이 나쁠 것이고 당신이 사용한 단어들은 더 끔찍한 말다툼을 만들어 낼 지도 모르고, 그 사람이 어떤 다른 것들에 대해 슬퍼할 때에는 당신이 급하게 보낸 편지는 그 사람의 침울한 기분을 악화시킬 것이다. 만약 당신이 앞에 놓여 있는 메시지 초안을 몇 분의 시간을 갖고 본다면, 당신은 그 메시지를 부드럽게 바꿀 방법을 찾을 것이다.

6. 당신은 사회적 자본을 어디서 얻습니까? 심리학자들은 건강한 사람들은 사회적 자본을 만들고(좋은 친구와 가족), 사회적 자본을 유지(오래된 친구)하는 데 집중하고, 사회적 자본과 연결되어 얻은 미약한 관계들을 대단치 않게 여긴다고 밝혔다. 당신의 소셜네트워크 페이지를 체크하고, 당신의 친구들을 살펴보아라. 각각의 친구를 제시된 사회적 자본의 세 가지 유형 중 하나로 분류하라. 당신은 친구들한테서

얻은 많은 수의 연결성 사회적 자본(bridging social capital)을 가지고 있는가? 만약 그렇다면, 당신은 오래된 친구를 어디에 위치시켜야 할지, 그들과 어떻게 관계를 맺을지 혹은 자아도취적인 행동들을 더 하게 만드는 미약한 관계들보다 당신을 알고 당신에게 감사하는 결속력 있는 관계에게서 사회적 자본을 더 얻으려는 경향이 있기 때문에, 당신의 페이스북 페이지에 가족과 가까운 친구들을 포함시킬 지에 대해 고민해야 할 것이다.

우리는 오프라인에서 보낸 시간만큼 많은 시간을 온라인에서 소통하는 데 사용한다. 그리고 우리의 새로운 온라인 세상은 자아도취적인 아이디스오더를 더욱 유발시킬지도 모른다. 만약 내 제안을 받아들인다면, 당신은 이 새싹 같은 병약한 상태를 재빨리 지나가거나 최소한 아이디스오더에 빠지려는 경향을 줄일 수 있을 것이다.

제3장

기술 강박을 항상 확인하라

나는 사람들이 집에서 인터넷을 접속해야만 가능했던 일들을 식당이나 영화관 심지어 공중화장실에서 작은 단말기를 갖고 하는 모습을 보곤 한다. 우리가 '무선 모바일 단말기(WMD)[3]라고 부르는 전자 기기는 벌써 많은 사람들이 집착을 보이는 대상이 됐다. 사람들은 어디에 있든, 누구와 함께 있든지 관계없이 휴대폰을 사용한다. 다른 사람과 대화할 때와 같이 종종 사회적 관계에 영향을 주는 상황에서도 전혀 개의치 않고 무선 단말기를 꺼내어 문자를 보낸다. 우리는 전 세계적으로 연결된 서비스에서 에티켓에 대한 기본적인 상식을 잃어버린 것 같다. 이제 정말로 무선 단말기는 물리적 세계뿐만 아니라 감정적 세계까지 대량 파괴하는 무기로 작용하는 것일까?

42세의 사업가인 자레드(Jared)씨는 눈 덮인 산맥으로 가족 여행을 갔을 때 핸드폰을 잃어버렸다. 때문에 그는 매우 예민해졌고 짜증을 부리다가 공황 상태에까지 빠졌다. 이런 상태로 하루를 보내면서 어떻게든 휴대폰을 마련해야 한다며 아내와 다투기도 했다. 새로운 단말기를 구입하기 위해 가족은 다음날 일찍 출발해서 핸드폰 매장으로 향했다. 가족 휴가는 중단됐고, 산에서 내려와 집으로 귀가할 때까지 내내 다투기만 했다. 자레드는 핸드폰 안에 있었던 연락처, 일과 관련된 이메일 그리고 중요한 파일 등이 전부 없어졌다는 생각에 매우 괴로워했다. 그러나 집에 도착했을 때, 4살짜리 딸이 "아빠, 여기……"라며 보조 의자 밑에서 자레드씨의 핸드폰을 꺼냈다. 사실 아이가 핸드폰을 숨겼는데, 부모가 싸우는 것이 무서워서 아무 말도 하지 못했던 것이다.

당신은 강박적인 기술 이용자인가? 끊임없이 이메일, 문자, 음성 메일을 체크하는가? 만약 그렇다면, 이는 당신 혼자만의 문제가 아니다. 내가 시도한 최근의 연구에서 우리는 미국인을 대상으로 표준 수치를 이용해 강박적인 행위들을 평가하고, 좀 더 강박적인 사람들의 특징을 찾아냈다. 그들의 특징은 다음과 같다. (1) 매일 더 많은 시간을 온라인에 투자한다. (2) 인스턴트 메시지, 문자, 소셜네트워크 등과 같은 온라인 형식을 통해 커뮤니케이션하는 행위가 많다. (3) 비디오 게임을 많이 한다. (4) 음악을 많이 듣는다. (5) 문자, 메시지, 페이스북을 체크하는 데 많은 시간을 소비한다. (6) 동시에 많은 작업을 하는 경향이 있다.[4]

사람들이 과학기술을 강박적으로 이용하는 데는 두 가지 유형이 있다. (1) 그들은 인터넷 서핑을 갈망하며 자신의 기기를 좋아하거나 그 기기에 내장된 소프트웨어와 휴대폰 앱을 너무 좋아해서 아무리 많이 사용해도 질리지 않는다. 또는 (2) 중요한 뉴스를 놓치는 것이 너무 두려워서 인터넷이나 핸드폰에서 떠나지 못한다. 첫 번째 경우의 강박적 행위는 타인과의 교류에서 최신 증시 뉴스를 알아보거나 재미있는 유튜브 비디오를 시청하는 것 등에서 얻는 즐거움 때문에 일어난다고 할 수 있다. 이러한 과학기술 '중독'과 관련된 강박적 행위는 제4장에서 논의할 것이다. 두 번째로 불안과 '강박적' 생각 때문에 나타나는 행위들은 본 장의 주제가 된다.

기술적인 맥락에서 나타나는 불안

대부분의 사람들은 무선 모바일 단말기가 주는 즐거움과 이점을 즐긴다. 내 지인들도 자신의 기기로 24시간 정보에 접근할 수 있고, 휴대용 비디오 플레이어를 사용할 수 있으며, 음악을 듣게 해준다는 것, 즉 사회적 연결성을 높여주는 것에 높은 가치를 부여한다. 하지만 많은 사람들이 정작 깨닫지 못하는 것은 무선 모바일 단말기가 또한 '엄청난 불안감'을 불러오기도 한다는 점이다.

나는 스마트폰을 항상 확인해야만 직성이 풀리는 사람들과 마주치곤 한다. 나는 잠시라도 '전자기기에서 떨어져 있는 상황'일 때 놓치게 될 메시지들을 걱정하는 사람들을 관찰했다. 그리고 기기와 떨어져 있을 때 심각하게 걱정을 하는 사람들에 특히 주목했다. 우리는 무선 모바일 단말기를 아주 짧게 단 몇 분이라도 다른 곳에 두고 온다면, 어떤 것을 놓치고 있는 듯하며 재촉하는 느낌을 받곤 한다……심지어 아예 모든 것을 잃고 있다는 생각을 하지 않는가? 잠에서 깨어날 때 자고 있는 동안 무엇을 놓쳤는지를 스스로 묻곤 할 지경이다. 최소한 우리들 중 1/3은 침대에서 나오기도 전에 무선 모바일 단말기를 확인한다.[5] 이러한 일은 우리가 기기들을 잃어버리거나, 둔 곳을 잊거나, 혹은 심지어 우리가 휴가를 떠나면서 의도적으로 무음으로 설정해 놓거나 두고 오는 경우에도 일어난다.

오레곤주 포틀랜드에 있는 링컨고등학교의 아이들을 살펴보자. 그들은 일주일 동안 실험 대상이 되어 학교 내에서 전자기술 없이 생활해 보았다. 학생 가운데 한 명이 이렇게 불평했다. "제가 중요한 어떤 것을 놓치고 있는지 없는지를 알 수 없어서 너무나도 걱정을 했어요. 저는 이메일을 꼭 확인해야만 했기 때문에 이 실험이 끝나는 것을 기다릴 수 없다고 계속 생각했죠. 이 실험이 끝나고 나면 얼마나 많은 페이스북 메시지가 와 있을까?"[6]

당신은 몇몇 사람들이 휴대폰 수신이 되지 않는다는 이유 때문에, 캠핑이나 멀리 떨어진 지역으로 여행을 가지 않는다는 사실을 알고 있는가? 61세의 대학교 교수인 내 동료 존(John)은 크루즈 여행을 가려고 했는데, 그 배 안에서는 인터넷 연결이 되지 않을 수도 있다는 점을 걱정하고 있었다. 나는 오히려 떠나 있을 때 전화기를 꺼버리고 이메일을 무시하면 더욱 더 편안하게 즐길 수 있을 것이라고 설득했다. 그는 편안히 쉬고 즐길 것이라고 약속했음에도 불구하고, 여행 전에 배 안에서 인터넷을 할 수 있는 시간과 장소, 인터넷 접속에 드는 비용을 조사하는 데 상당한 시간의 정신적 노동을 할애했다.

2011년 7월의 「해리스 조사(Harris Poll)」에 따르면, 여행객의 80% 가 2011년 여름휴가에 최소한 하나의 전자기기를 들고 갔거나 들고 가기로 계획했으며, 그 중의 절반이 노트북을 가져갔다. 그들의 계획 은 휴가 중에도 이메일을 확인하고(35%), 업무 관련 음성메일을 확인 하며 (22%), 업무에 관련된 전화를 받는 것(22%)을 포함해서 일하는 것이었다고 답했다.[7]

최근의 연구들은 제대로 쉬면서 질 좋은 휴가를 보내지 않았 을 때 발생하는 노동자들의 극도의 피로나 건강상의 문제들을 비 롯한 장기적인 위험에 대해 살펴보았다. 예를 들어 뉴욕주립대학의 부룩스 검프(Brooks Gump)와 피츠버그대학의 카렌 매트휴스(Karen Matthews)는 심장병에 걸릴 위험에 처한 미국 남성들을 대상으로 대 규모 연구를 진행했고, 휴가를 더 많이 가진 남성들이 죽음에 처할 위험 요소들을 덜 가지고 있다는 사실을 발견했다.[8] 이것은 휴가를 즐기기 위해 기기들을 두고 가지 못하는 '크랙베리(Crackberry)' 중독 자들과 스마트폰 마니아들에게는 좋지 않은 징조일 것이다. 또한 그 들은 불안에서 유발되는 신체적 증상들을 겪기도 한다. 이를테면 가 슴 통증, 심장의 두근거림, 호흡 곤란 또는 어지럼증과 이에 대한 걱 정도 포함해서 말이다.

대다수의 사람들처럼, 나도 또한 전자기기들에 애착을 갖고 있다. 나 역시 전자기기에서 떨어져 있을 때 어떤 것을 놓치고 있다는 불편한 감정들을 갖는다. 전화기 사용이 금지된 회의에서도 주로 이 회의가 끝나면 누구와 어떤 것을 다뤄야 할 지 생각하고 있는 자신을 발견하곤 한다. 문자나 음성메일 그리고 이메일은 빠르게 쌓이기 마련이고, 연결되지 않는다면 뒤처진다는 느낌을 받곤 한다. MTV(뮤직비디오 채널)는 이러한 느낌을 표현하기 위해 'FOMO'라는 '놓쳐 버리는 것에 대한 두려움(fear of missing out)'이라는 용어를 만들었다. TV 방송국은 많은 젊은이들을 대상으로 투표를 진행했고, 66%가 "항상 '켜져 있어야'만 하는 것에 지친다."라는 것에 동의했지만, 동시에 58%가 "만약 내가 그 전자기기에 연결되어 있지 않다면 무언가를 놓칠 것 같아 걱정된다."는 것에도 동의했다는 결과를 얻어 냈다.[9]

우리는 이렇게 무선 모바일 단말기를 좋아하고, 마치 그것이 없이는 살아갈 수 없는 것처럼 보인다. 대부분의 사람들이 점점 더, 천천히 강박적인 아이디스오더에 빠져 들어가고 있다. MTV가 말한 'FOMO'는 전 세계적인 현상으로, 누구든지 아이디스오더의 희생자가 될 수 있다는 것을 보여준다.

예를 들면, 호주에서 행해진 핸드폰 '중독자'들에 관한 한 인터뷰는 자신이 속한 사회적 집단에서 벗어날지도 모른다는 두려움이 그 개인으로 하여금 핸드폰을 지나치게 사용하도록 강요한다는 것이었다. 그 연구에 참여했던 한 인터뷰 응답자는 "뜻하지 않게 집에 전화기를 두고 직장이나 다른 곳에 간다면, 저는 말 그대로 불안감에 휩싸입니다. 왜냐하면 누가 나한테 전화를 걸지, 내가 무엇을 놓치고 있는지를 계속 생각하기 때문이죠."라고 답했다.[10] 항상 자신의 블랙베리 기기를 소지하고 다니는 사업가들은 이러한 문제점을 드러내는 아주 좋은 사례가 되지만, 내가 몸담고 있는 대학교육 현장에서도 이러한 상황은 역시 존재한다. 30년 전 교수들은 하루 일과가 끝나면 사무실이나 실험실을 떠나 집에 가고, 위원회일이나 사무직원들 그리고 학생들의 질문에서 벗어날 수 있었다. 하지만 요즘은 스마트폰과 태블릿PC를 통해 이런 모든 일거리들이 집으로, 식당으로, 카페로 그리고 저녁식탁으로 따라오고 있다. 나는 대책 없이 아이폰에 묶여 있고, 가족들과 저녁을 먹을 때도 종종 문자들을 훑어보거나 일에서 내가 놓치고 있는 것은 없는지 또는 일과 관련해 내가 무엇을 해야 하는지에 신경 쓴다는 것을 고백한다. 그리고 전화기를 치워 버리고 온전히 가족과의 시간을 즐기는 대신, 인도에 있는 내 동료에게서 온 이메일에 즉각적으로 답장을 해야만 한다는 것에 신경을 쓴다는 것을 고백한다.

이 모든 것은 공황장애 즉, DSM으로 정의되는 불안장애의 증상이다.[11] 이것과 밀접한 관련이 있어 보이는 두 번째 불안장애는 강박장애(obsessive-compulsive disorder, OCD)이다. 강박장애는 반복적이고 원치 않는 사고와 기분, 생각, 강박관념, 강박적 행동을 불러일으키는 일종의 불안장애이다. 강박장애의 핵심은 그러한 강박관념과 강박적 행동들이 심각한 정신적 고통을 일으켜 일상생활에 지장을 준다는 것이다. 세균에 대한 지나친 공포증으로 전염을 피하기 위해 자신의 손을 반복해서 씻어내려는 행동처럼, 강박관념과 강박적 행동에도 여러 종류가 있다. 강박장애는 미국인구의 1%에서 나타나며 평균 19세부터 그 증상이 시작된다.[12] 그러나 일반적인 국민의 90%는 강박장애와 비슷한 증세를 경험하기도 하지만 강박장애로 분류할 정도로 심각할 정도가 아닌 아이디스오더로 지칭할 수 있는 행동그룹에 속한다.[13]

종종 아이디스오더를 갖고 있는 사람들은 강박적인 생각을 지우기 위해 주머니 속의 휴대폰을 꺼내 새 메시지를 확인하거나, 집에 도착하자마자 페이스북을 확인하기 위해 노트북 앞으로 달려간다. 그러나 이 같은 행동은 일시적인 안심을 제공할 뿐이다. 강박적인 의식들을 행하지 않는 것이 오히려 엄청난 불안을 초래할 수 있다. 게다가 전형적인 강박장애에서는, 중독된 사람들이 자신의 통제부족을 인식하고, 강박장애를 갖고 있는 사람들은 자신의 강박적인 사고들이 진짜가 아니라는 것을 알고, 강박적 행동들을 하는 데에도 합리적인 이유가 없다는 것을 잘 인지하고 있다.[14] 주머니에 손을 넣어 끊임없이 핸드폰을 확인하는 행동에도 합리적인 이유는 없으나 나는 사람들이 그러한 행동을 하는 것을 줄곧 보아왔다. 솔직히 말해, 나 자신도 이 같은 행동을 하루에도 수차례씩 한다.

몇몇 사람들이 경우 연결되어 있지 않다는 것에서 오는 불안 증세는 그 정도가 심각해 극단적인 행동을 이끌어내기도 한다. 뉴저지에 거주하는 칼 이폴리토(Carl Ippolito)씨는 핸드폰을 도둑맞았고 핸드폰 추적 소프트웨어 프로그램을 이용해 그것이 있는 장소를 추적해 낼 수 있었다. 이폴리토씨는 그 장소에 도착했을 때, 자신과 비슷한 핸드폰을 들고 있던 브렌트 존슨(Brent Johnson)이라는 남성을 보았다. 남성은 훔친 핸드폰이 아니라고 부인했지만 이폴리토씨는 통제력을 잃고 그에게 폭력을 행사했다. 사태가 수습됐고, 휴대폰은 존 슨씨의 것임이 밝혀졌다. 이폴리토씨는 휴대폰을 '도둑당한' 것으로 생각했는데 사실은 '잃어버린' 것이었다. 그 후 얼마 안 되어 이폴리 토씨의 휴대폰은 자신이 줄곧 심판을 봐왔던 청소년 야구장에서 발 견됐다. 분명히 누군가가 휴대폰 위치추적 시스템을 제대로 사용하 지 못했던 것이다.[15] 그렇다면 여기서 이폴리토씨는 문제를 육체적인 방법으로 해결하려는 단지 '성급한' 사람의 한 모습을 보여준 것일 까? 아니면 강박적 행동의 증상을 보여준 것일까?

워싱턴주에서는 이보다 더욱 심각한 사례가 있었다. 한 소녀가 아 빠한테 핸드폰을 빼앗겼다. 이 소녀는 화가 난 상태로 계속해서 불평 을 털어놓았다. 하지만 이것으로는 자신의 부정적인 감정을 잠재울 수 없었다. 급기야 그 소녀는 사냥용 활을 가져와서 아빠의 머리를 향해 화살을 쏘았고, 화살을 맞은 아빠가 피를 흘리며 쓰러졌다. 소녀 는 아빠가 휴대폰을 사용해 도움을 요청할 수 없도록 했으며 이웃집 까지 기어가도록 만들었다.[16]

확실히 기술 불안 증세(technology anxiety)와 강박장애에 관련된 아 이디스오더는 우리가 전자기기에 애착을 가지면 가질수록 점점 더 심해진다. 내 친구의 아내인 메리(Mary)의 경험인데, 그녀가 새로운 스마트폰을 장만한 첫날 일어난 일을 살펴보자. 메리와 그녀의 가족 은 저녁을 먹으러 식당으로 가는 길에 그녀의 새 휴대폰을 받았다. 웨이터가 와서 모두의 주문을 받아갔다. 음식이 나왔을 때, 그때야 비 로소 메리의 식사가 없다는 것을 알았다. 그녀는 새 휴대폰을 가지고 서핑하기에 바빠 메뉴를 살펴보지도 않았고, 주문도 하지 않았으며, 심지어 웨이터가 왔다 갔다는 사실도 몰랐다. 내 친구가 아내에게 왜 아무것도 시키지 않았냐고 물었지만, 메리는 남편을 올려다보지도 않은 채로 핸드폰과 그 안의 새로운 특징들에 사로잡혀 눈을 뗄 수 없다는 말만 되풀이했다!

전자기기에 대한 불안감 측정

샌프란시스코대학과 버클리에 있는 라이트연구소를 나온 짐 테일러(Jim Taylor)는 '연결이 끊어지는 것에 대한 불안감(disconnectivity anxiety, DA)'이라고 명명한 증상을 경험하는 사람들이 주위에서 늘어나는 것을 보고 온라인에 글을 썼다. 다음은 테일러 박사가 불안감에 대해 묘사한 내용이다.

> DA는 대체적으로 오늘날 대화를 빠르고 지속적으로 일어나게 만든 기술을 사용하지 못하게 될 때 나타난다. 즉, 유선이든 무선이든 전화나 인터넷, 문자 메시지를 사용하지 못하거나 단순히 다른 사람이 곧바로 답하지 않을 때 생겨나는 것이다. DA는 걱정이나 무서움, 분노, 좌절, 절망, 물리적 억압감 등의 부정적인 감정을 불러일으킨다.[17]

우리는 한 연구에서 사람들이 기기를 사용하지 못하게 됐을 때 얼마나 많은 불안감을 느끼는지 〈표 3.1〉과 같은 척도를 이용해 측정했다. 잠시 생각한 후, 만일 당신이 모든 커뮤니케이션 수단들로부터 차단됐다면 얼마나 불안감을 느낄지 정직하게 대답해 보아라. 그리고 〈표 3.2〉에서 볼 수 있는 것처럼 우리가 모든 연령층의 미국인 집단에게 물었을 때 불안감의 지수가 얼마나 다른지 관찰해 보아라.

〈표 3.1〉 만약 당신이 다음의 통신 기술을 마음대로 확인하지 못한다면, 얼마나 불안감을 느낄 것인가?[18]

기술/ 불안 지수	매우 불안	불안	약간 불안	전혀 불안하지 않음
전화 통화	○	○	○	○
페이스북/ SNS	○	○	○	○
개인 이메일	○	○	○	○
업무 이메일	○	○	○	○
음성 메일	○	○	○	○

〈표 3.2〉 전자기기를 확인하지 못할 때, 극도의 불안 혹은 보통 정도의 불안을 느끼는 사람들의 비율(%)

기기/ 세대	i세대	Net세대	X세대	베이비부머
문자 메시지	51	51	29	15
전화 통화	34	50	31	18
페이스북/ SNS	28	29	10	6
개인 이메일	10	21	20	15
업무 이메일	14	20	17	19
음성 메일	11	28	14	15

당신이 〈표 3-2〉에서 볼 수 있듯이 젊은 사람들은 문자 메시지를 확인하지 못했을 때 매우 불안한 모습을 보인다. 모든 i세대 청소년들과 Net세대 젊은 성인들의 절반가량은 문자 메시지를 확인하지 못할 때 매우 혹은 어느 정도로 불안감을 느낀다. 데이터를 보면, 젊은이들은 개인 이메일, 업무 메일, 음성 메일 등을 확인하지 못할 때에는 그렇게 크게 불안해하지 않는다는 것을 알 수 있다.

좀 더 나이든 세대들(X세대와 베이비붐세대)의 대다수는 문자 메시지를 확인하는 것에 대해 '결코 불안하지 않다'고 답했고 3/4은 휴대폰 전화나 SNS를 확인하는 것에 대해 '약간 불안하다'거나 '전혀 불안하지 않다'라고 답했다. 사실 아주 적은 수의 구세대들만이 전자기기를 잃어버린 것에 불안감을 느꼈다. 이것은 확실히 청소년이나 젊은 성인의 수준에 미치지 못한다. 당신은 어느 정도인가?

나는 이전 저서에서 얼마나 많은 어린이들과 청소년들이 점점 기술에 종속되고 있는지 묘사했다.[19] 최근의 연구에서는 아침에 침대에서 일어나기도 전에 35%의 미국인들이 스마트폰 앱을 켜고, 18%가 페이스북을 확인하고, 23%가 웹 브라우저를 사용하고, 24%가 이메일을 확인한다는 것을 발견했다.[20] 우리가 기기를 지속적으로 확인하는 것은 바로 불안함(바로 'FOMO')을 없애려 확인하는 것으로, 이는 통제 불가능한 피드백 회로가 되고 있으며, 이 확인은 끊이지 않고 반복되면서 수면을 방해하는 주요인이 될 수 있다.

당신 주머니 속의 유령

당신은 주머니에서 진동이 울리는 것처럼 느껴져서 핸드폰을 꺼내보니 진동을 준 전화나 어떤 행위도 없었던 적이 있는가? 이것은 유령 진동 증후군(phantom vibration syndrome)이라 알려져 있고, 실재한다. 유령 진동은 어느 온라인 포럼에서 한 사용자가 적절하게 묘사한 단어였다.

> 나는 핸드폰을 어느 정도 떨어진 거리에 두었고, 아무도 문자나 전화를 하지 않았는데도 진동소리를 듣곤 한다. 휴대폰이 내 주머니에 있을 때에도 마찬가지다. 누구에게도 문자나 전화가 오지 않았는데 진동을 듣거나 느낀다. 내 핸드폰이 계속 내 마음속을 조종하고 있다.[21]

이 사용자만이 아니다. 이것은 앨리언트인터내셔널대학의 데이비드 라레이미(David Laramie)의 논문을 보면, 휴대폰 사용자의 3분의 2가 핸드폰 유령 진동을 경험했다고 답했다.[22] 마이클 로트버그(Michael Rothberg)와 베이스테이트메디컬센터의 연구진이 병원 의료진들을 상대로 한 설문 결과, 대상자 중 70%가 전자기기에서 유령 진동을 경험했다는 것을 알아냈다. 겨우 100명의 의료진 가운데 진동이 거슬린다고 답한 사람은 2명뿐이었지만, 10명 가운데 6명이 진동을 멈추기 위해 휴대폰이나 자신의 전자기기를 확인하려 노력했다. 연구자들의 분석에 따르면, 유령 진동 증후군은 그 사람이 얼마나 휴대폰을 자주 쓰느냐와 관련이 있음을 볼 수 있다. 자주 사용하는 사람이

증후군에 걸릴 위험이 더 높았다.[23]

기기를 확인하는 것이 충동과 불안감의 정도와 어떻게 연관이 있는지 알아보기 위해, 우리 연구소에서는 수천 명의 미국인들에게 〈표 3-3〉의 질문을 했다.

〈표 3.3〉 전자기기의 확인 빈도 : 당신은 얼마나 자주 다음의 통신기술을 확인하는가?[24]

기술/ 시간	절대	한 달 2번	1주일 2번	하루 1번	몇 시간 마다	매 시간 마다	15분 마다	매 순간
문자 메시지	○	○	○	○	○	○	○	○
전화 통화	○	○	○	○	○	○	○	○
페이스북/ SNS	○	○	○	○	○	○	○	○
개인 이메일	○	○	○	○	○	○	○	○
업무 이메일	○	○	○	○	○	○	○	○
음성 이메일	○	○	○	○	○	○	○	○

〈표 3.4〉 매 순간 전자기기를 확인하는 사람들의 비율(%)

기기/ 세대	i세대	Net세대	X세대	베이비부머
문자 메시지	49	56	34	17
전화 통화	27	36	31	18
페이스북/ SNS	27	32	16	8
개인 이메일	14	25	20	11
사무적 이메일	10	20	20	12
음성 메일	9	17	14	15

〈표 3-3〉의 질문에 대답해 보고, 〈표 3-4〉에서 가장 자주 기기를 확인하는 사람들의 비율을 확인해 보라. i세대 청소년들과 Net세대 젊은 성인들은 X세대들보다 상당히 더 자주 문자 메시지, 통화, SNS를 확인하는 경향이 있고, X세대는 베이비부머세대보다 더 자주 확인한다. 절반 이상의 청소년들과 젊은 성인들은 '매15분마다' 답장을 함에도 불구하고 매순간 메시지를 확인하는 것으로 나타났다! 3/4이 매시간마다 혹은 더 자주 문자 메시지를 확인하고 55%가 핸드폰 통화를 매시간마다 또는 더 자주 확인했다. 청소년들과 젊은 성인들은 SNS를 확인하는 것이 문자나 전화보다는 강박적이지는 않지만, 여전히 3명 중 1명은 '매순간' SNS를 확인한다. 당신은 어느 정도인가?

얼마만큼의 불안감을 느껴야 많다고 할 수 있을까? 기기 때문에 느끼는 불안감이 실제로 휴가를 망치고 당신의 인간관계에 방해가 될 수 있는 가능성을 생각해 보자. 내 이웃인 마크(Mark)는 결혼해 두 어린 자식이 있는 젊은 보험 전문가이다. 그는 직장에서 하루에 100통이 넘는 메일을 받는데, 이 메시지에 답하기 위해서 끊임없이 이메일을 확인해야 한다고 했다. 저녁과 주말에도 이메일이 계속해서 오기 때문에 그때마다 바로 확인해야 한다고 말했다. 최근에 그의 가족은 샌디에고에 있는 해변으로 주말 휴가를 가려고 '시도했다.' 내가 '시도했다'고 말한 까닭은 마크가 노트북과 이메일에서 벗어나지 못했기 때문이다. 그는 가족이 하루 종일 즐거운 시간을 보낸 뒤 호텔 방에 있을 때에도 항시 메일을 확인했다. 아이들이 자러가고 아내가 휴식하며 같이 즐거운 시간을 보내길 원했지만, 마크는 침대 옆 스탠드에 노트북을 놓고 이메일에 답하느라 바빴다. 마크와 아내의 뒤이은 싸움은 마크를 화나게 했고, 그는 다시는 가족과 함께 여행을 가지 않을 것이라고 나한테 물론 이메일을 통해서 말했다!

당신은 강박적인 아이디스오더 증상에 어떻게 대처하고 있는가?

공포심과 걱정으로 인해 사람들이 자신의 전자기기를 놓지 않고, 강박적으로 기기들을 사용하게 되는 경향이 있음을 매우 뚜렷하게 알 수 있었다. 사람들을 통해 전달되는 정보나 업무에 관련된 정보, 개인적으로 즐기는 오락거리를 놓치는 것은 우리를 불안하게 만들고 심지어 공황상태로 만들기도 하며, 때때로는 심각한 결과를 야기하기도 한다.

이렇듯 기기에 대한 불안감은 특정 상황을 극단적으로 몰고 갈 수도 있다. 만약, 당신의 전자기기를 뺏어갔다고 의심되는 사람을 발견했다면, 그 사람을 찾아내 때릴 것인가? 아니면 문자를 확인하는 것에 심하게 빠져서 한 손으로 혹은 양 무릎으로 운전대를 잡고 나머지 한 손만 가지고 운전을 하곤 하는가? 만약 그렇다면 당신은 기기들을 다루는 방식을 조금 바꿀 필요가 있을 것이다. 아마도 이러한 변화를 스스로 감당하기에는 어려울 수도 있다. 때문에 전문 치료사의 도움을 받아야 할 수도 있다.

전자기기와 꼭 붙어서 사는 사람들은 기기를 잃어버리거나 어디

두었는지 잊은 경우, 순간 자신의 인생 자체가 통째로 멈추는 것 같은 느낌을 받게 된다. 그리곤 자기 주위에 무슨 일이 벌어지는지 전혀 알아차릴 수 없게 된다. 결과적으로 자신의 전자기기를 잃어버린 사람은 다른 사람과의 대화를 전부 멈춰 버리고, 해야 할 일들을 무시한 채, 없어진 기기를 찾는 일에만 신경 쓰게 된다. 또한 이메일이나 문자를 확인하지 못한다는 생각에 점점 불안감만 증폭된다. 동시에 계속 기기를 찾으면서, 처음엔 단순히 우려로 시작된 감정이 점점 심각한 걱정으로, 그리고는 결국 만약 기기를 아예 찾지 못한다면 무슨 일이 일어날 지에 대한 두려움으로까지 변한다. 몇몇 사람들은 이런 두려움을 각종 성급함과 조바심 그리고 공포심 같은 강력한 부정적인 느낌으로 생각하기도 한다. 이는 곧 기기를 잃어버리는 행동이 분노와 다른 사람에 대한 적대감마저 발생하게 됨을 의미한다.

나는 당신이 전자기기들에 의존을 줄이는 데 도움이 되는 방법들을 조사해 모아 놓았다. 우선 당신은 스스로 불안함을 겪을 때를 의식적으로 알아차릴 수 있어야 한다. 또한 당신이 속해 있는 온라인 사회망의 정도를 조절할 수 있어야 한다. 아메리칸대학의 나오미 배런(Naomi Baron)은 우리가 실제로 어떻게 기기로부터 '듣고 싶은' 정도를 조절할 수 있는지에 대해 설명했다.[25] 예를 들자면, 소셜네트워크 사이트에는 모든 이벤트에 대한 알림을 받을 것인지 아니면 단지 선택된 이벤트에 대해서만 알림을 받을 것인지를 당신이 선택할 수 있게 되어 있다. 후자를 택한다면, 당신은 노출되는 정보의 양을 줄일 수 있게 되고, 아마도 'FOMO'의 악순환에서 벗어날 수 있을 것이다.

또한 과학과 기술 저널리스트인 다니엘 지그버그(Daniel Sigberg)의 충고를 고려해 볼 수도 있다. 그는 당신이 과도하게 기술에 파묻혀 있을 때, 다시 사람과의 물리적 접촉을 바탕으로 한 생활을 당신 인생에 불러 들여올 4단계 프로그램으로 제시해 주었다. 이 프로그램은 다시 생각하고, 다시 시작하고, 다시 연결하고, 다시 활성화하는 4가지 단계로 진행되는 것이다. 첫 단계는 '다시 생각하기'로, 당신은 그동안 자신이 전자기기에 할애한 시간을 가늠하고 평가해야 한다. 아마 문자와 이메일을 보내며 쓴 시간을 1년 단위로 합해 보면 엄청날 것이다. 2010년에 일반적인 미국인들은 하루에 2.5시간 정도 온라인 상에 있다고 조사됐다.[26] 이 수치를 365일 단위로 환산하면 약 912.5시간이 나온다! 두 번째 단계인 '다시 시작하기'로 넘어가면, 당신은 우선 어느 정도 시간을 갖고서 쓰고 있던 모든 기기와 소프트웨어 프로그램들을 끊어야 한다. 다음 세 번째 단계인 '다시 연결하기'에서는 점진적으로 아주 조금씩 당신의 인생에 다시 그 전자기기들을 들여오면 된다. 드디어 마지막 '다시 활성화하기'의 단계에서는 당신은 최대한 인간적인 접촉을 기계적인 접촉보다 우선시해야만 한다.[27] 만약 기기에 관련한 심각한 불안감이 발생될 것 같거나 전문가의 소견이 필요하다고 느껴진다면, 반드시 심리 상담가나 정신과 의사를 찾아가 보는 것을 고려해 보라.

〈표 3.5〉는 당신의 기술에 관한 생활방식에 변화가 필요한지 혹은 그러한 변화를 줄 때 전문적인 도움이 필요한지를 결정하는 것을 도와줄 체크 리스트이다. 혹여나 당신 스스로 문제가 있는지 고민하

고 있었다면, 동시에 어떻게 변화를 주어야 하는지도 고민했을 것이
다. 그리고 만약 당신이 기기를 사용하며 하는 행동들이 일상생활에
서 주변 사람들에게 좋지 않은 영향을 미친다고 느꼈다면, 생활양식
전반에 변화를 주는 것을 반드시 고려해 보아야 할 것이다. 아래 확
인 목록은 본 장에서 설명된 행동들을 포함하고 있다.

〈표 3.5〉 기술과 미디어에 관련된 불안감 문제를 위한 확인 목록

항목	예	아니오
1. 나는 내 기기 사용량이 통제 불가능 수준이라고 생각한다.	☐	☐
2. 기기에 대한 사용을 통제해보려 했으나 실패했다.	☐	☐
3. 난 나의 전자기기 사용 빈도수에 대해 걱정된다.	☐	☐
4. 매일매일 할 일을 하는 데 나의 전자기기 활용은 방해가 된다.	☐	☐
5. 사회적 관계를 유지하는 데 나의 전자기기 활용은 방해가 된다.	☐	☐
6. 가족, 친구, 직장동료들이 나에게 전자기기에 대한 애착문제가 있다고 말한다.	☐	☐
7. 전자기기가 내 주변에 없으면 심각하게 '무언가를 놓치게 되는 것에 대한 두려움'을 느낀다.	☐	☐
8. 난 가짜 진동을 느낀 적이 있다.	☐	☐
9. 전자기기가 내 주변에 없으면 예민해진다.	☐	☐
10. 핸드폰이나 이메일을 확인할 수 없는 휴가는 떠날 수 없다.	☐	☐
11. 전자기기 사용을 못하게 된 경우, 가족이나 친구들과 논쟁을 벌인 적이 있다.	☐	☐
12. 문자, 전화, SNS를 확인하지 못할 때, 심한 불안감을 느낀다.	☐	☐
13. 온라인을 활용하거나, 핸드폰을 사용할 때 긴장감을 느끼고 불안하다.	☐	☐

당신은 아마도 체크리스트 상의 몇몇 항목은, 다른 항목에 비해 다소 심각한 내용을 담고 있다는 것을 눈치챘을 것이다. 따라서 결과를 해석할 때에는 단순히 '예스(yes)'라고 대답한 항목의 개수가 아니라 '어떤 항목을 체크했는지'가 중요하게 작용한다. 만약 당신이 가지고 있는 불안감이 친구나 가족 또는 업무상의 의무에 방해된다는 항목에 체크했다면, 특히 심각하게 걱정해 보아야 한다. 또한 세 개 이상의 항목에 체크했다면, 생활양식에 변화를 주는 것을 고려해 보아야 할 것이다.

강박장애(OCD)와 같이 불안함과 관련된 문제들은 우리가 전자기술과 기기들에게 갖는 애착이 커질수록 심각해지는 듯하다. 이러한 문제들은 사람과의 관계들을 방해하고 우리의 사고를 흐려놓으며, 심할 경우 부정적 감정들을 유발한다. 이러한 형태의 아이디스오더들은 아마도 당신에게 문제를 일으킬 수 있을 것이다. 위의 체크 리스트를 가이드로 삼아 활용하고, 심리적으로 불안한 것을 통제할 수 없을 것 같다고 느껴진다면, 반드시 전문가의 도움을 받길 바란다.

제4장

하이테크놀로지가 동반한 것들

스마트폰·소셜미디어·텍스트 중독

나는 중독됐다. 나는 술, 코카인 혹은 어떠한 여타 탈선적인 형태의 사회적인 위악을 욕망하지 않는다…… 미디어가 마약이고, 이것이 없으면 나는 모든 것을 잃어버린다

_ 한 학생이 기술 기반의 기기 없이 하루를 어떻게 보내는지를 물었다.[1]

만약에 내적인 강함과 의존적인 것을 피할 수 있는 자유를 유지하면서 당신의 삶을 보다 편하게 하는 무엇인가를 만들 수 있다면, 당신은 마이스터입니다. 만약 내적인 강함과 자유를 계발하지 못한다면, 당신은 노예가 될 것입니다.

_ 켄트대학 심리학과 교수 울리히 베거(Ulrich Weger)[2]

컴퓨터회사 매니저인 32살의 짐(Jim)은 블랙베리 휴대폰을 두고 방 밖으로 떠날 수 없다. 그는 하루에 최소 3~4번 이상 주머니에 스마트폰이 있는지 확인하고, 하루 종일 스마트폰을 들여다본다. 아내와 딸과 함께하는 저녁식사 자리에서도 테이블에 앞에 블랙베리 핸드폰을 내려놓고, 스마트폰 스크린을 응시한 채로 대부분의 시간을 보낸다.

제인(Jane)은 소셜미디어에 중독되어 있다. 아침에 침대에서 일어나기 전에 전등용 탁자에 놓인 아이폰을 들고서 친구들이 보내온 메시지 상황부터 확인한다. 페이스북을 하루 종일 확인하는 것은 제인이 사교모임과 계속 연락하고 지내는 주된 방법이다. 그녀는 친구들에게 무슨 일이 일어났는지를 알기 위해 전화 통화를 하는 것을 싫어한다.

리크(Rick)는 70세의 할아버지인데 스마트폰으로 사진을 찍고 그

것을 인터넷에 올리는 것을 좋아한다. 특히 가족사진을 찍는 것을 좋아하고, 먼 친척까지 그 사진을 볼 수 있도록 인터넷에 올린다. 그는 공개된 장소에 사진을 올리는 것에 대해 가족들한테서 몇 번의 불평을 들었지만, 찍은 사진을 인터넷에 올리는 것을 가족들한테서 허락을 받지 않는다.

당신은 인터넷에 중독됐다고 주장하는 친구들에 대한 얘기를 들어왔고, 당신이 혹시 중독인지 아닌지에 대해서 궁금했을 것이다. 과학자들은 이런 광적인 중독자들에 대한 논의가 수면 밖으로 떠오른 1990년대 중반에 인터넷과 기술 중독을 측정하기 위한 도구들을 개발하기 시작했다. 대개 이러한 측정 도구들은 정신과 의사들과 심리학자들의 약물 남용과 병적 도박[3]을 설명하고 이해하기 위해 개발한 핵심 개념들에 기초하고 있다.

물론 강박적인 사용은 인터넷 중독의 핵심이다. '중독자'는 인터넷이나 휴대폰, 다른 전자기기들을 비정상적으로 과다하게 사용한다. 그러나 과다 사용은 기술 중독의 중요한 부분이며 중독의 특징을 정의하는 데도 매우 중요하다. 중독자들은 대인관계 혹은 건강문제, 시간관리 문제와 관련해서 금단현상과 내성을 경험한다. 하지만 우리 모두 매일 전자기기를 사용하는 환경에서 어떻게 이러한 경험들을 측정할 수 있을까?[4]

금단현상의 증상은 전자기기나 컴퓨터로부터 멀리 떨어졌을 때 느끼는 불안, 우울, 분노, 근심을 포함한다. 이러한 심리적인 증상들은 빠른 심장박동, 경직된 어깨와 호흡곤란 등의 육체적인 증상으로 변한다. 그리고 다른 중독현상처럼 전자기기 중독은 습관화와 내성의 문제가 나타난다. 내성이란 중독자들이 전자기기 사용으로부터 받는 '더 많은 자극'에 점점 더 익숙해지고, 그렇기 때문에 똑같은 '더 많은 자극'을 얻기 위해 다음번에는 더 극한의 무언가를 해야만 한다는 것이다. 예를 들어, 비디오게임 중독자들은 특정한 게임을 즐기고 나서, 그 다음번에는 더욱 도전적이고, 폭력적이고, 상호적인 게임을 해야만 똑같은 정도의 만족을 느낄 수 있다.

대부분의 아이디스오더들처럼, 전자기기 중독에 내재한 중요한 측면은 이것이 정상적인 삶의 활동들을 방해한다는 점이다. 즉 단순히 비디오게임을 많이 하는 것이 나쁜 것이 아니라, 그것이 대인관계와 위생적인 행위, 직장, 집안일에 방해가 된다는 것이 나쁜 것이다.

마지막으로 중독자들은 너무 쉽게 계획한 것보다 더 많은 시간을 전자기기에 기초하는 활동을 하며 보낼 수 있다는 것이다. 이것은 중독자들이 잠을 자지 않고, 직장이나 학교에 늦도록 하며, 얼굴을 보고 마주하는 대면적인 사회적 활동들을 하지 못하게 만든다.

무엇에 중독됐는가?

인터넷 중독은 가장 많이 알려진 기술(전자기기) 중독의 형태지만, 여타 다른 관련된 중독들은 과학자들이 가정하는 것들이다. 몇몇 과학자들은 TV 중독을 제시했고,[5] 몇몇은 비디오게임 중독[6]을 제시했다.

영국 노팅햄 트렌트대학의 마크 그리피스(Mark Griffiths)는 컴퓨터 기반의 기술(전자기기)에 모두 적용할 수 있는 전자기기 중독을 총칭하는 개념을 정의했다.[7] 그가 정의한 전자기기 중독은 인간과 기계의 상호작용을 포함하는 비화학적인 (행위) 중독이다. 그에 따르면, 이러한 중독은 수동적(TV)이거나 활동적(컴퓨터 게임)이기도 하다.[8] 몇몇 심리학자들은 전자기기나 인터넷 중독의 개념이 너무 넓고 일반적이기 때문에 재정립될 필요성이 있다고 문제를 제기하고 있다. 예를 들어, 세인트보나벤투라대학의 교수이자 『웹에서 나타나는 혼란(Tangled in Web)』의 저자인 킴벌리 영(Kimberly Young) 박사는 컴퓨터의 특정한 어플리케이션에 중독되기 시작한 중독자들을 제시했다.[9]

내가 일상에 만나는 사람들에게 일어나는 일을 생각해 보자. 예를 들어, 다양한 심리학 프로젝트를 진행하는 내 연구 실험실에서 함께 일하는 학생인 리처드(Richard)의 사례를 보자. 그는 똑똑하고 영리하며, 우리 실험실의 토론에도 자주 참여한다. 그러나 어떤 날에는 기분 변화가 매우 심하고, 건방진 태도를 보이기도 한다. 리처드와 함께한 첫 번째 작업에서, 나는 이러한 변덕스러움이 그가 갖고 있는 인성 중 일부라고 생각했지만, 그를 알면 알수록 이러한 변덕스러움이 직장에 오기 전날에 밤샘으로 인한 부작용 때문인 것을 알게 됐다. 무엇이 그를 밤을 새도록 만들었는가? 그것은 그가 좋아하는 비디오게임으로, 가상 세계에서 군인을 이용해 가상 전쟁을 벌이는 게임인 '할로(Halo)'였다.

전자기기 중독으로 인한 다른 특징들은 돌출적인 모습, 기분 변화, 재발병 행위 등을 포함한다.[10] 돌출적인 모습은 전자기기 기반의 활동에 사로잡혀 있는 것을 뜻한다. 사람들이 전자기기로부터 떨어져 있어도 항상 전자기기 기반의 활동에 대해 항상 생각한다. 기분 변화는 전자기기, 소프트웨어 혹은 기기를 사용하는 것의 결과로 나타난다. 기분 변화는 긍정적으로 일어날 수도, 부정적으로 일어날 수도 있다. 예를 들면, 어떤 사람이 마음이 울적할 때, 온라인에 자신의 상태를 소셜네트워크에 업데이트하는 것은 그 사람의 기분을 좋게 할 수 있다. 친구들이 자신의 상태 업데이트에 누르는 '좋아요'를 보면서 그들의 기분은 한층 더 나아질 수 있다. 병의 재발은 중독이 잠시 중단됐던, 문제가 있던 활동을 다시 재개토록 할 수 있다는 개념이다. 과학자들이 만들어낸 인터넷 중독 측정은 이러한 모든 개념 혹은 개념들의 일정한 부분을 포함한다. 예를 들어, 'CIAS(Chen Internet Addiction Scale)'는 중국 청소년들의 인터넷 중독을 측정하기 위해 개발됐다. 현재 전자기기 중독은 아시아 국가에서 굉장히 큰 문제이며, 서구 국가들보다 그 정도가 심각한 것으로 알려지고 있다.[11] 'CIAS'는 강박적 사용, 금단증상, 내성, 대인관계와 건강문제, 시간관리 문제를 측정했다.[12]

〈표 4.1〉은[13] 킴벌리 영이 개발한 인터넷 중독 측정표이다. 모든 질문에 예, 아니오로 대답한다. 영 박사는 5개 이상 예라고 대답한 사람들을 인터넷에 중독된 것으로 간주했다. 그리고 마니아의 행동으로 간주되지 않는다면 중독자로 취급했다.

〈표 4.1〉 인터넷 사용 중독에 대한 측정 도구

항목	예	아니오
1. 인터넷에 사로잡혀 있다고 느끼는가?(과거에 있었던 온라인 활동 혹은 미래에 할 예상인 온라인 활동에 대해 생각하는 것)	☐	☐
2. 당신은 만족을 얻기 위해서 인터넷을 사용하는 시간을 더 늘려야 한다고 느끼는가?	☐	☐
3. 당신은 인터넷 사용을 멈추거나, 줄이거나, 통제하기 위한 노력에서 반복적으로 실패한 적이 있는가?	☐	☐
4. 당신은 인터넷 사용을 줄이거나 멈추려는 시도를 할 때, 안절부절 못하거나 갑작스러운 감정의 변화, 우울, 짜증스러움을 느끼는가?	☐	☐
5. 당신은 원래 의도했던 것보다 더 오래 인터넷을 사용하는가?	☐	☐
6. 당신은 인터넷으로 인해서 중요한 관계, 직업, 교육적 혹은 직업적 기회를 비롯한 중요한 것이 위태롭거나 그것을 잃을 위험에 처한 적이 있는가?	☐	☐
7. 당신은 당신의 가족이나 치료사 혹은 다른 사람들에게 인터넷 사용의 연장을 숨기기 위해 거짓말 한 적이 있는가?	☐	☐
8. 당신은 인터넷을 문제로부터 벗어나거나 불쾌한 기분(무력감, 죄책감, 근심, 우울과 같은 기분)을 덜어주기 위한 방법으로 이용하는가?	☐	☐

놀랄 것도 없이, 현재 핸드폰 중독은 확인이 되고 있으며, 이에 대한 연구가 진행 중에 있다. 크리스티나 지나로(Cristina Jenaro)와 함께 연구하는 스페인 살라마나대학 동료들은 많은 학생들이 핸드폰 중독자인데 샘플 가운데 10%가 문제가 될 만큼 과도한 핸드폰 사용량을 보였으며, 게다가 3.9%의 학생은 문제가 될 정도로 핸드폰 사용량과 인터넷의 사용량이 과도하다는 것을 알아냈다. 게다가 연구자들

은 과도하게 핸드폰을 사용하는 학생들은 신체적인 이상, 불면증, 사회적 기능장애, 불안증 그리고 우울증을 훨씬 더 잘 나타낸다는 것을 알아냈다.

당신은 스스로 핸드폰 중독이라고 생각하는가? 당신은 지나로와 그녀의 동료들이 개발한 '핸드폰 중독 정도'의 질문 항목도 풀어볼 수 있다(⟨표 4.2⟩ 참조).[14] 질문에 응답할 때는 다음과 같은 반응척도를 사용하라. '1=전혀 아니다', '2=거의 아니다', '3=가끔 그렇다', '4=종종 그렇다', '5=거의 항상 그렇다', '6=항상 그렇다.' 답변에 따른 당신의 총점이 높을수록 당신은 강박적인 핸드폰 중독자일 가능성이 높다.

몇몇 연구자들은 핸드폰 중독의 하위조사로 '문자 의존도'에 대해 연구를 해왔는데 이는 주로 아시아 지역에서 연구되어 왔다. 문자 의존도는 핸드폰을 통해 전해지는 문자뿐만 아니라 핸드폰을 통해 전해지는 이메일까지 적용된다. 예를 들어, 문자 의존도를 보이는 일본의 한 아이는 문자를 놓치지 않기 위해 잘 때만 핸드폰을 손에서 놓는 것으로 관찰됐다. 이것은 수면에 방해가 될 수가 있다. 또한 문자 의존도를 보이는 아이는 핸드폰을 지니고 있지 않을 때 불안 증세를 보인다.[15]

〈표 4.2〉 '핸드폰 중독 정도'의 질문 예시

질문	응답					
	전혀 아니다	거의 아니다	가끔 그렇다	종종 그렇다	거의 항상 그렇다	항상 그렇다
당신은 혹시 올 수 있는 전화나 문자에 대해 몰두하거나 혹은 당신의 핸드폰이 꺼졌을 때 이것을 생각하는가?	①	②	③	④	⑤	⑥
당신은 얼마나 자주 또 핸드폰을 사용하고 싶어 하는가?	①	②	③	④	⑤	⑥
당신은 만족을 위해 핸드폰을 보다 더 많이 사용해야겠다고 생각하는가?	①	②	③	④	⑤	⑥
당신은 얼마나 자주 핸드폰을 쓰는 시간을 줄여 보려고 하는가?	①	②	③	④	⑤	⑥
당신은 핸드폰을 너무 많이 쓴다고 생각해서 사용을 제한해 본 적이 있는가?	①	②	③	④	⑤	⑥
당신은 사람들이 핸드폰 사용을 방해했을 때 얼마나 자주 화가 나거나 혹은 소리 지르는가?	①	②	③	④	⑤	⑥
당신은 당신의 문제로부터 벗어나기 위해 핸드폰을 사용하는가?	①	②	③	④	⑤	⑥
당신의 당신이 핸드폰을 얼마나 자주 사용하고 얼마나 쓰는지에 대해 친척이나 친구에게 거짓말을 하는가?	①	②	③	④	⑤	⑥
당신은 핸드폰 사용 때문에 중요한 관계, 직업, 학업적인 기회 혹은 직장에서의 기회에 피해를 입힌 적이 있는가?	①	②	③	④	⑤	⑥
당신은 더 많이 핸드폰을 쓰기 위해 친구들과 나가서 노는 것을 피하는가?	①	②	③	④	⑤	⑥

인터넷(혹은 다른 기술)을 많이 사용하는 것에는 어떤 문제가 있는가?

기술 중독은 매우 심각한 결과들을 초래할 수 있다. 학자들은 기술 중독의 결과가 약이나 술과 같은 화학 중독의 결과와 비슷하고 금전 문제, 실직, 관계 악화 등의 결과를 가져올 수 있다는 것을 알아냈다.[16] 킴벌리 영은 중독의 결과로 나타날 수 있는 금전 문제, 관계 문제에 관한 예시를 제시했다.

영 박사의 환자 중 조(Jo)라고 불리는 환자는 처음에는 자신이 컴퓨터 문맹이었으나 시간이 지나면서 컴퓨터 사용(특히 소셜채팅)에 매혹됐다고 했다. 그녀는 온라인에 접속해 있지 않을 때 우울해지기 시작했고, 이를 피하기 위해 보다 더 많은 시간을 컴퓨터에 투자했다. 그녀는 약속을 취소했고, 실제 친구들을 부르는 것을 그만뒀다. 매우 심각한 가족 문제도 발견됐다. 딸은 자신이 무시당한다고 느꼈으며, 지속적인 온라인 행동으로 인한 비용 문제로 남편은 불평을 했다. 그 결과 딸과 멀어졌고 남편과도 별거하게 됐다.[17]

수면 패턴도 기술 중독으로 인해 총체적인 방해를 받는다. 기술 중독자들은 그들의 기기나 인터넷을 1주일에 40~80시간 동안 사용하며, 한 번 사용할 때 20시간이나 그 이상을 사용하는 '인터넷 폭식가'가 되기도 한다. 일주일에 168시간밖에 없다는 것을 감안했을 때 이만큼 기술을 사용하는 것은 거의 대부분 수면 방해로 이어진다. 부족한 수면은 학업이나 일에 지장을 줄 수 있고, 사람의 면역체계를 약화시킬 수도 있다. 게다가, 오랜 시간 동안 컴퓨터 앞이나 소파에 앉아 있는 것은 운동량의 부족으로 이어지고, 손목 골절 증후군의 위험성이 있으며, 눈 그리고 척추에 부담이 된다.[18]

　예를 들어, 일본의 베네세교육학회(Benesse Institute of Education in Japan)의 연구에 의하면 핸드폰을 과도하게 사용하는 일본 젊은이들은 집에 자정이 넘어서야 돌아가고, 새벽 한 시가 넘어서야 잠에 들 가능성이 높다는 것을 알 수 있다. 그들은 또한 핸드폰을 덜 사용하는 다른 학생들에 비해 학교나 수업에 늦을 확률이 높았다.[19] 그리고 일본 젊은이들과 핸드폰 사용에 관한 차후 연구에서 초등학교를 겨우 마친 8학년 아이들의 1/3이상이 핸드폰 사용 때문에 일상생활에 문제가 있다는 것에 동의했다고 한다.[20]

사용자들은 어떻게 기술에 중독되는가?

연구자들은 중독자가 될 가능성이 높은 어떤 개인적인 특성이 있다는 것을 알아냈다. 기술 중독적인 성격으로 제시된 특징에는 충동성, 감각 추구 경향, 정신증적 불완전성(psychoticism), 사회적 일탈 등이 있다.[21] 다른 말로 중독의 경향을 보이는 사람들은 이미 많이 생각하지 않고 행동을 취하는 경향이 있으며(충동성), 강렬하거나 혹은 극도로 즐거운 자극을 추구하고(감각 추구 경향), 공격적이며(정신증적 경향성/불안전성) 그리고 규율에 따르기를 거부한다(사회적 일탈). 충동성과

감각 추구는 서로 연관되어 있고, 감각 추구는 충동성의 한 형태로 보인다.[22]

인터넷 중독에 관련된 감각 추구와 충동성의 연구 결과에서 인터넷 의존도를 보이거나 과도하게 인터넷을 사용하는 사람들은 감각 추구의 경향을 보였다.[23] 치홍고(Chih-Hung Ko)와 타이완 카오슝의과대학 동료 연구자들은 청소년에 대한 연구에서 선천적으로 새로운 것을 추구하는 아이들은 인터넷 활동에 특히 더 끌린다는 것을 알아냈다. 새로움을 추구하는 아이들은 쉽게 질리고 새로운 자극이 생기기를 바란다. 온라인 게임은 계속적으로 바뀌는 시나리오와 피드백으로 다양한 환경을 제공하기 때문[24]에 이러한 아이들의 필요를 만족시킨다.

고 박사는 '해로운 것에서의 회피'라고 불리는 인터넷 중독과 관련된 또 다른 성격 유형을 발견했다. 이것은 아이들이 불편한 상황을 피하기 위해 자신들이 하고 싶은 대로 하는 생각을 반영한 것이다. 고 박사와 동료 연구자들은 온라인 세계가 실제 세상보다 책임감을 덜 요구하고 덜 손해를 입히는 것으로 청소년들에게 종종 인식된다고 추측했다. 게다가 '탈억제효과'[25]라는 것이 있는데, 이것은 온라인상에 있고 '스크린 뒤에 있는 것'이 아이들에게 자신들의 행동을 덜 조심하게 한다는 것이다.[26] 따라서 온라인 세상은 아이들을 인터넷 중독에 취약하게 만들고, 강한 손해 회피 현상을 보이게 할 수 있다는 것이다.

고 박사와 동료 연구자들이 연구한 또 다른 추가적인 성격 유형은 바로 '보상 의존도(reward dependence, RD)'다. 이것은 아이들이 보상과 같은 기분 좋은 자극에 얼마나 잘 반응하는가에 대한 것이다. 놀랍게도 낮은 보상 의존도를 보이는 아이들은 인터넷 중독의 기준에 더 부합하는 것으로 나타났다. 학자들은 보상 의존도에 대해서 다음과 같이 설명했다.

낮은 보상 의존도를 가진 청소년들은 언어 승인에 대한 대응성과 사회성 강화 부분에서 약한 모습을 보이며, 인내성 또한 부족하다. 그들은 예상치 못한 좌절에 대해 적은 인내심을 보였다. 이로 인해 즉각적이고 예측 가능한 성취들, 즉 온라인 게임 같은 예측 불가능한 좌절이 없는 인터넷 활동들을 통해서만 그들은 참신함을 느끼고 그것에 대한 존중을 보였다.[27]

인간의 자연스러운 행동이 기술 중독에 반응하는 민감성에 영향을 끼친다. 예를 들면 놀라운 것을 찾는 것이나 위험을 피하는 것이나 보상 심리가 있는데, 이것들이 당신이 중독될 가능성에 영향을 끼치는 세 가지 증거이다. 이는 얼마나 생명공학적인 현상인가?

기술 중독의 생물학적 기반은 무엇인가?

과학자들은 최근 들어 기술 중독을 초래하는 뇌 구조와 기능이 고전적 약물 중독의 그것과 똑같다고 간주하기 시작했다. 약물 중독은 도파민[28]이나 세로토닌[29]처럼 뇌의 화학작용 변화로 인한 보상 시스템의 변화를 증거로 지목한다.[30] 최근 비물질적 혹은 행동적 중독에 관한 보고서들은 뇌의 회로망과 화학적인 부분이 약물로 남용된 뇌의 체계와 겹치는 것을 발견했다.[31]

행동 중독은 도박 중독과 같이 잘 연구된 것부터 시작해 설탕 중독이나 포르노 중독처럼 잘 연구가 되지 못한 것까지 모든 범위를 포함한다.[32] 최근의 연구 결과에 따르면, 인터넷 중독으로 고민하고 있는 청소년들의 뇌를 연구한 결과, 중독된 사람과 중독되지 않은 사람의 뇌 구조는 확연히 다르다는 사실이 드러났다. 연구자들은 회백질[33]과 백질[34]에서 확연히 차이가 드러나는 현상을 중독된 청소년과 그에 반대되는 '건강한' 청소년들에게서 발견할 수 있었다.[35]

기술 중독

기술 중독은 단지 개인의 특성이나 뇌의 화학적 작용으로부터 오는 것이 아닐 수 있다. 기술 그 자체는 우리가 그것을 매우 긴 시간 동안 사용하도록 현혹시킨다. 심지어 사람들은 온라인상이 아니라도 그들이 온라인상에 있다고 여길 때가 있다. 내 친척 로브(Rob)는 세 명의 아들을 가진 52세의 가장이다. 그는 가상 축구게임에 빠져있다. 국제적인 컴퓨터 컨설팅 회사에서 영업 매니저로 매우 바쁜 직업을 갖고 있는 로브는 우리에게 기술 중독의 좋은 예가 될 수 있다. 프로축구 시즌이 시작되면 로브는 그의 가상 축구팀을 경영하는 데 중독적인 모습을 보이기 시작한다. 축구는 (실제든 가상이든) 거의 주말에만 개최되지만, 가상 축구게임은 일하는 주중에도 접속할 수 있도록 사용자들에게 다양한 흥미를 제공한다. 실제 프로축구의 실상을 반영하며 어떤 선수가 선택되어야 하는지 축구 전문가의 조언을 담은 포스팅이 매시간 단위나 혹은 더 짧은 단위로다양한 온라인 관리 툴과 함께 올라오고, 가상축구팀의 구단주들(게임 유저들) 사이에서 어떤 선수가 제일 좋은 선수인지 실시간 토론이 벌어진다. 즉, 온라인 세계에서는 흥미로운 무언가가 항상 존재한다. 특히 무료로 인터넷에 접속할 수 있게 해주는 회사 업무용 단말기인 블랙베리를 갖고 있는 축구 마니아 로브에게 어떻게 주중 근무시간에 규칙적으로 게임에 참여하는 것을 막을 수 있을까?

로브의 가상 축구게임에 대한 중독의 확증을 위해서, 킴벌리 영은 인터넷 의존도가 상호적 프로그램과 소프트웨어와 관련이 있다는 것을 알아냈다. 그녀가 상호적 프로그램에서 중요하다고 보았던 것은 인터넷 채팅프로그램과 멀티유저도메인(MUDs)이다. 멀티유저도메인은 다양한 감각의 정보(소리와 영상)를 제공해 주고, 가상 환경이 실제 환경처럼 잘 묘사되어 있으며, 다른 유저들과 실시간으로 상호작용할 수 있기 때문에 더 중독적이다.

당신은 '월드 오브 워크래프트(World Of Warcraft)'를 해본 적이 있는가? 2010년도 기준으로 천이백만 명이 넘은 사용자들이 플레이한 게임 안 가상 세계에서 퀘스트를 수행해 볼 수 있는 좋은 기회이다.[36] 실제로 이것은 '월드 오브 워크택(World of Warcrack)'이라고 불릴 만큼 중독적이다.

이와 대조적으로, 영 박사의 연구에 따르면 실시간으로 이루어지지 않는 정보수집이나 이메일 같은 프로그램은 기술 중독과는 거리가 먼 인터넷에 의존적이지 않은 사람들과 연결이 된다. 다시 말해, 상호교환적인 타입의 프로그램과 어플리케이션은 매우 유혹적이고 중독적인 어떠한 특징을 가지고 있을 수 있다는 것이다.[37] 이것은 중요한 사항이다. 왜냐하면 많은 웹사이트나 온라인 활동 같이 소셜네트워킹은 상호작용이기 때문이다. 실제로 컴퓨터와 기술 환경은 많은 요소들이 중독을 장려하도록 만드는 경향이 있다. 사람들은 이러한 특별한 프로그램이나 어플리케이션뿐 아니라 동시에 컴퓨터나 장치에서 일어나는 커뮤니케이션 방법인 타이핑 행위, 온라인으로 접근 가능한 정보인 면대면 커뮤니케이션 회피 혹은 게임에 중독될 수 있다. 무수히 많은 정보와 많은 활동들이 온라인상에서 가능하다는 사실이 사람으로 하여금 인터넷상에 접속해 있도록 만드는 중독적인 특징을 강화시킨다.[38]

적은 비용 그리고 인터넷과 기술의 경험에 의한 잠재적인 심리적 이익은 어떻게 이 기술들이 중독적인 행동을 유발시키는지에 대한 단면을 보여준다. 예를 들어, 인터넷, 특히 소셜네트워크는 최소한의 시간과 비용으로 우리들이 우리와 관심사를 나누고 싶은 사람들과 상호연락이 가능하게 해주고, 절대 만날 일이 없을 것 같았던 사람들을 만나게 해주며, 즐거움을 제공하는 게임 같은 소프트웨어를 다운 받게도 해주고, 친구들과 연락을 가능케 해준다. 심리적으로 우리가 얻는 이득은 우리가 트렌드에 대한 감각을 얻는 것과 함께, 남들에게 내가 주목받고 있다는 생각, 내 필요에 의해 내 프로필을 자유롭게 조정할 수 있고, 내 가족과 친구들은 매우 지루하게 여길 수도 있는 나의 관심사에 대해 계속 활동할 수 있다는 점이 있다.[39]

그리고 우리는 이런 흥미를 유발시키거나 재미를 주는 프로그램 과 어플리케이션들이 회사 그리고 개발자들에 의해 디자인된다는 것 을 잊어선 안 된다. 우리의 기술 이용에 대한 열망이나 의지에 영향 을 주는 중요한 요소들 중의 하나는 기술 뒤에 있는 프로그램의 상호 교환성이다. 사람들이 비디오게임을 하면서 얻을 수 있는 심리적 보 상들 또한 소프트웨어 디자이너들에 의해 프로그램에서 디자인되는 중요한 요소이다.[40] 몇몇 연구자들은 인터넷 사용에 의한 감각의 흥 분 상태에 대해, 게임 중독 현상을 도박 중독이 느끼게 하는 '고조된 흥분 상태'에 비유해 설명한다.[41] 핸드폰 이용 관점에서 봤을 때, 핸드 폰의 과도한 사용(특히, 문자를 주고받는 것)은 다른 친구로부터의 인정 을 받는 것에 대한 욕구에 기인한다.[42]

또 다른 가능성은 인터넷과 과학기술 중독이 1930년대 라디오의 도입 당시부터 이어져온 기술 집착의 패턴 중 일부라는 것이다. 라디 오에서 사람들은 정보를 얻고 기술 매개체를 통한 준 사회활동에 참 여하기 시작했다. 가족들은 최신 쇼를 접하거나 정보를 얻기 위해 저 녁 식사 이후에 라디오 수신기 앞에 다함께 모였다. 텔레비전은 그

트렌드를 계승했고, 언제 어디서든 우리를 접속가능하게 해주는 개인 기기인 스마트폰과 더불어, 가장 최신 전자 장비로서 인터넷이 그 트렌드를 이어가고 있다.[43]

중독을 끌어내는 생각

일반적으로 말해서, 중독적인 행동은 낮은 자아 존중감과 연결되어 있다. 낮은 자아 존중감을 가진 사람에게는 부정적인 자기 평가나 칭찬에 대한 의심 같은 여러 가지 생각 과정이 일어난다. 다시 말해서, 자아 존중감이 낮은 사람은 '내가 그렇게 가치 있는 사람이 아닌데 사람들은 어떻게 나에 대해 좋은 이야기를 하지? 분명 무슨 속셈이 있을 거야.'라고 생각한다.

라이네테 암스트롱(Lynette Armstrong) 박사와 동료들은 자아 존중감이 일주일 동안 인터넷을 사용하는 시간을 결정하는 예측 변수라는 것을 발견했다. 또한 이것은 인터넷 중독의 강력한 예측 변수이다.[44] 낮은 자아 존중감은 사람들이 상대적으로 적은 보상, 예를 들어 일반적인 것보다 게임에서 높은 점수를 얻는 것에 더 흥미를 가지는 것을 통해 고조된 흥분 상태를 증가시킨다. 이것은 또한 현실 세계의 보상보다 매력적으로 느껴질 수 있다. 하지만 이 연구는 낮은 자존감에 대해, 그것은 인터넷 중독의 결과이고 인터넷 중독의 원인이라고 경고한다.

부정적인 생각이나 감정은 낮은 자아 존중감과 연결되어 있을 뿐 아니라 다른 정신질환과도 관련이 있다. 우울증과 사회불안 또한 이에 포함되는데, 특히 이것들은 생각장애와 관련이 있다.[45] 낮은 사회적 기술과 외로움도 부정적인 생각을 가지게 한다.[46] 중독적인 물질, 이 경우에는 기술, 인터넷 그리고 스마트폰이 이런 고통스러운 생각들로부터 탈출하게 한다.[47] 예를 들면, 사람들은 유치한 유튜브 비디오를 보면서 자신의 생각을 다른 곳으로 돌린다. 게다가 인터넷에서 가능한 익명성은 개인들이 (가상으로) 자신의 무능함(약점)을 극복하게 한다.[48] 중독을 심화시키는 데 영향을 미치는 요소 또한 있다. 예를 들어, 영 박사는 직업 불만, 질환, 실업, 학업에 대한 불안 같은 부정적인 사건들은 중독의 계기가 된다고 말했다. 온라인에서 익명성과 인터넷상에서 이루어지는 보상의 질은 이러한 개인들이 고통을 피하도록 도와준다.[49]

어떻게 치료를 받을 수 있을까?

인터넷 중독은 심각한 문제이며, DSM의 새로운 버전에 포함시키는 것을 심각하게 고려하고 있다. 표준 심리치료의 접근 방법을 인터넷에 중독된 개인에게 적용시키려는 몇몇 시도가 있었지만 어떤 사람도 충분한 모습을 보여주지 못했다.[50]

기술 중독에 영향을 미치는 성격의 요소는 문제가 발생한 개인들을 치료하는 데 필요한 몇 가지 접근 방법을 제안한다. 첫째, 인터넷 기반이나 기술 기반인 활동 대신에 소설 읽기나 흥미로운 자극 같은 건강한 활동이 고려되어야 한다. 외출을 하거나 또는 운동을 하는 것은 좋은 대체 활동이 될 수 있다. 둘째, 심리적인 만족 보상을 제공하는 행위는 인터넷 기반 활동을 대체할 수 있다. 좋은 책을 읽고, 신문을 숙독하고, 카드놀이를 하는 것 등이다.[51]

영 박사는 문제가 되는 기술사용을 처리하는 몇 가지 실용적인 접근 방법을 제공했디.

— 온라인 상태일 때 오프라인 상태가 되라.

— 일(또는 학교)을 가야 하거나 로그오프 해야 하는 시간을 알 수 있도록 알람을 맞춘다.

— 온라인과 오프라인 시간을 정한다.

— 온라인 채팅과 같은 문제가 있는 어플리케이션은 피한다.

— 인터넷의 좋은 점과 나쁜 점을 스스로 새긴다.

— 과도한 인터넷 사용 때문에 어떤 활동을 놓쳤는지 검토한다.

— 필요하다면 가족요법이나 지지그룹을 이용한다.[52]

기술 중독은 아이디스오더와 같은 심각한 문제가 될 수 있는 현상이다. 인터넷 중독이 기술 중독의 형태 가운데 가장 널리 알려진 형태지만, 다른 형태로는 텍스트 메시지, 소셜네트워킹, 핸드폰 중독이 있다. 중독은 강박석인 사용뿐만 아니라 금단, 재발 그리고 다른 증상도 일으킨다. 몇몇 성격 유형은 기술 중독이 되기 쉽다. 흥미롭게도, 기술 중독의 기저는 약물 중독의 기저와 같을 수 있다. 만약 당신이 중독자이거나 잠재적으로 중독적인 성향을 가지고 있다는 것을 알게 됐다면, 위에 말했던 방법을 사용해서 강박적인 기술사용을 줄이도록 노력해야 한다.

제5장

사이버 세상의
긍정적이거나 부정적인 일상들

십대들 사이의 소셜네트워킹은 '페이스북 우울증'을 야기할 수 있다.

_ 케피, 클라크 피어슨 그리고 커뮤니케이션과 미디어 위원회[1]

35세 환자 네이든(Nathan)은 급속 순환 양극성 장애를 앓고 있다. 지난 6개월 동안 나는 그의 정신과 주치의였고, 마침내 효과를 보이는 명상법을 발견했다. 치료를 진행하며 우리는 그가 기본적인 일상생활에서 직면하는 것에 중점을 두었고, 이 방식은 꽤나 효과적이었다. 몇 달 전에 나는 그를 만나기 위해 대기실로 갔었는데, 그곳에서 부스스한 차림새에 몹시 화난 듯한 모습으로 새 아이패드에 무엇인가를 입력하는 그의 모습을 보게 됐다. 그는 스크린의 페이지를 앞뒤로 넘기고 있었다. 마치 마지막으로 만났던 지난 주 이후로 한숨도 자지 못한 것처럼 보였다. 우리 조는 거의 한 달 혹은 두 달 내내, 그의 광적인 온라인 행동을 치료하기 위해 힘썼다. 인지행동 기술을 통해 나는 인터넷이 인간의 광적인 기질을 강화시킬 수 있는지 이해하는 데 매우 성공적으로 접근했다고 생각했다. 그리고 다음번 상담에서 대기실에 앉아 아이패드를 보고 흐느끼고 있는 그를 발견했다. 이런 행동으로 보건대, 이전에도 그를 광적으로 자극했던 온라인 세계가 이제는 우울증을 만들어 내는 가능성까지도 있다는 사실을 깨닫게 됐다.

_ 익명의 정신과 의사의 개인 면담에서 발췌

1995년 로버트 크라우트(Robert Kraut)와 그의 동료들은 93개의 가구를 대상으로 그들의 온라인 사용 시간을 추적했다. 이 연구는 '홈네트 프로젝트(HomeNet Project)'로 명명됐다.[2] 크라우트는 각각의 가구에 컴퓨터 한 대와 인터넷을 설치했고, 조심스럽게 그 사용 양상과 가족 구성원의 정신건강 상태를 관찰했다. 첫 번째 「홈네트 보고서」(첫해 혹은 1년 반 동안의 인터넷 사용 관찰 결과 보고)에서, 그는 "인터넷 사용량이 많을수록 외로움과 우울증 증상이 더욱 증가한다."고 결론지었다.[3] 하지만 시간이 지나 인터넷 사용 기간이 3년 이상이 된 후부터는 외로움과 우울증의 증상이 사라졌다는 것을 발견했다.[4] 이 보고서는 밀레니엄 시대가 도래하기 이전, 즉 유비쿼터스 인터넷과 소셜 네트워크 서비스가 광범위하게 사용되기 전에 이뤄진 것이었다.

사실이 이와 같다면, 정보와 커뮤니케이션 세계에 자유롭게 접근할 수 있게 된 것이 우리를 더욱 우울하게 만들었는가? 아니면 이것은 우리의 슬픔과 외로움을 표현하는 수단이 됐는가?

미국 국립정신건강보건연구원(NIMH)에 따르면,[5] 오늘날 성인 5명 중 1명 정도가 평생 동안 어떠한 형식—심각한 수준이거나 약한 수준—으로든 우울증을 겪게 될 것이라고 예상했다. 이 가운데 4%의 성인은 우울증과 조울증을 함께 겪는 양극성 장애를 겪게 될 것이다. 게다가 약 11%의 아이들과 청소년도 우울증을 겪게 될 것이다. 심각한 우울증과 실망감, 조울증 등 각각의 감정 장애는 독특하고 구별되는 증상을 지니고 있다. 그리고 이것은 우리가 기술, 미디어와 가지는 관계를 통해 표출될 수 있다. 이 장에서 나는 이 세 유형의 장애를 조사하고 왜 기술이 종종 감정 장애를 촉진하거나 발생시키는 데 중요한 역할을 한다고 생각하는지 논의할 것이다.

미국 소아학회의 공식 저널인 『피디래트릭스(Pediartics)』에 게재된 한 논문은 "연구자들은 '페이스북 우울증'이라는 새로운 현상을 제안했다. 연구자들은 이것을 아동이나 10대들이 너무 많은 시간을 페이스북과 같은 소셜미디어 사이트에서 보냈을 때 발생하는 것으로 정의했다. 그리고 그들은 전형적인 우울증 증상들을 보였다."고 밝혔다.[6] 실제로 페이스북 우울증의 고통이 있는지 또는 없던지 간에 이는 매우 논쟁적인 것이다.[7] 하지만 우리가 기술과 상호작용을 하는 과정이 우리를 우울하게 하거나 조울증(정신이상)에 빠지게 하거나 둘 모두를 포함하는 상태를 나타나게 한다는 것은 의심할 여지가 없다.

먼저 우울증과 조울증의 결합부터 살펴본다. 양극성 장애는 종종 조울증을 나타내는 우울증(manic depression)으로 부르기도 한다. 이 증상을 지닌 환자는 평균 25세이고, 약 4%의 인구가 해당된다. 양극성 장애는 우울한 감정 파동과 흥분된 감정 파동의 결합이다. 이 파동들은 매우 빨리 진행되는데, 하나의 우울 감정 파동이 흥분된 감정의 파동을 바로 뒤따라온다. 그렇지 않으면 매우 천천히 우울한 감정에서 흥분된 감정으로 그 흐름이 순환한다. 국립정신건강보건연구원 웹사이트에서 정의한 양극성 장애는 다음과 같다.

양극성 장애는 기분, 에너지, 활동의 정도 그리고 하루 일과를 처리할 수 있는 능력에 있어 비정상적인 변화를 일으키는 뇌장애이다. 이것의 증상은 매우 심각하다. 양극성 장애 환자들은 일반인들이 때때로 겪는 보통의 기분 변화와는 다른 체험을 한다. 양극성 장애의 증상은 사람들과의 부정적 관계, 직업생활 또는 학교생활의 어려움, 심지어 자살을 유발하기도 한다. 환자들은 '무드 에피소드(mood episode)'라 불리는 극한 감정의 상태를 경험한다. 이때 과도하게 기쁘거나 흥분된 상태를 '조증 에피소드(manic episode)'라 부르고, 극한 슬픔이나 좌절의 상태를 '우울증 에피소드(depressive episode)'라 한다. 이렇게 무드 에피소드는 조증과 울증을 모두 포함하고, 혼합된 상태로 지칭된다. 이 시기 환자들은 감정이 폭발적이거나 짜증나는 상태를 겪는다.[8]

국립정신건강보건연구원은 조울증 상태를 다음과 같이 정의했다.

(1) 조증 에피소드(극도로 기쁘고 흥분한 상태) 증상
— 오랜 기간 느끼는 들뜬 혹은 과하게 행복한 기분, 밝은 기분
— 극도의 짜증 상태, 불안 및 동요 느낌, 뛰고 싶거나 이상한 기분
— 말을 매우 빨리함, 하나의 생각에서 다른 생각으로 뛰어넘어 감, 끊임없는 생각
— 쉽게 주의력을 잃음
— 목적 지향적인 행동의 증가, 예를 들어 새 프로젝트에 돌입함
— 쉬지 않음
— 거의 잠을 자지 않음
— 누군가의 능력에 대한 비현실적인 믿음을 가짐

— 충동적으로 행동하고 높은 위험요소를 지닌 쾌락적 행동을 함, 예를 들어 흥청망청 돈 쓰기, 즉흥적 성관계나 비즈니스 투자

양극성 장애의 다른 쪽인 우울증에 대해서는 다음과 같이 설명했다.

(2) 우울증 에피소드(극도로 슬프고 희망이 없는 상태) 증상
— 오랜 기간 느끼는 걱정과 텅 빈 듯한 기분
— 한때는 즐겼던 행동에 대한 흥미 상실(성관계 포함)
— 피곤함을 느끼거나 기력이 쇠함
— 집중하기, 기억하기, 결정 내리기 등에 문제를 겪음
— 쉬지 못하거나 짜증을 느낌
— 식사, 수면 혹은 다른 행동에 있어서 변화가 나타남
— 죽음, 자살 혹은 살인에 대한 생각

양극성 장애의 종류에 따라 아마 사람들은 그 사건의 상태가 유지되는 기간이 다를 것이다. 우울증에서 조울증으로 바뀌는 것이 일주일이 걸릴 수도 있고 심지어 하루 내에 모든 것이 반복될 수 있다.

만약 당신이 네이든(Nathan)의 담당 의사의 설명을 들었다면, 조증과 우울증을 넘나드는 사람들을 연상할 수 있었을 것이다. 하지만 그 상태를 유발하는 계기는 인터넷과 관련되어 있는 것처럼 보인다. 정신과 의사는 이와 같은 감정변화에 미치는 인터넷의 역할에 대해 이야기하고 싶어 했다. 비록 나는 네이든을 만나본 적이 없지만 많은 성인

과 10대 청소년들이 네이든과 같은 증세를 갖고 있고, 감정의 상승과 하락을 반복하는 것을 알고 있다. 이것이 유전적인 요인 때문인지 혹은 생물학적으로 심리적 요인과 관련된 장애인지는 아직 확실하게 알 수 없다. 하지만 이 연구가 기술이 이러한 감정 변화의 도화선이 될 수 있다는 것을 보여줄 것이다. 이것이 정확한 아이디스오더의 정의이다.

감정의 기복과 온라인 이용

지난 10여 년 간 심리학자들의 기술과 연관된 기분 장애 연구는 우울한 감정에만 초점이 맞춰졌었다. 미국 국립정신건강보건연구원에 따르면, 미국 성인의 약 17%가 일생 동안 한 번쯤은 우울증을 진단 받을 것이며, 약 3%는 불안 장애(우울증 증상은 아니지만, 최소 2년 정도 우울감을 지속적으로 느끼는 상태)를 가질 것이다. 게다가 또 다른 4%는 조울증 진단을 받을 것이다. 또 이 통계는 어린이와 청소년 7명 중 1명이 기분 장애 진단을 받을 것이라는 것을 보여준다.[9]

연구자들은 주요 우울증 환자의 평균 나이는 32세이며,[10] 불안 장애 환자는 평균 31세임을 밝혔다.[11] 인터넷이 미국인에게 삶의 일부분이 됐을 때 태어난 Net세대와 X세대가 현재 이 나이쯤 됐다. 1장에서 제시했듯이, 이 세대들은 매우 많은 시간을 온라인에서 보냈고 또 우울감 형성에 주요 원인이 된 다양한 기술들을 사용했다. 1장에서 제시된 심리적인 질병에 대한 연구에서 나타나듯, 다양한 기술의 사용, 태도, 행동들을 우울증, 기분부전증(dysthymia), 마니아(mania) 증상들과 비교했을 때 어떠한 관계가 있을지 보았고, 우리는 다음과 같은 흥미로운 결과를 얻어낼 수 있었다. 〈표 5.1〉은 여러 가지 중요한 인구통계학적 변수를 통제한 후에 통계적으로 유효한 상호관계성을 제시해 주고 있다.[12]

〈표 5.1〉 특정 기분 장애와 연관된 기술과 미디어 사용,
기술에 대한 신념과 태도 그리고 행동

질문	장애		
	우울증	불안장애	조울증
정신질환과 가장 관련 있는 기술과 미디어 사용	– 과도한 실시간 메시지 사용 – 끊임없는 문자주고 받기 – 잦은 비디오게임 – 많은 TV시청	– 과도한 실시간 메시지 사용 – 끊임없는 문자주고 받기 – 잦은 비디오게임 – 많은 TV시청 – 음악 끊임없이 듣기	– 과도한 실시간 메시지 사용 – 끊임없는 문자 주고 받기 – 잦은 비디오게임 – 많은 TV시청 – 음악 끊임없이 듣기 – 매일 많은 미디어와 기술 사용 – 잦은 페이스북 접속
정신질환과 가장 관련 있는 기술 관련 행동들	– 문자, 전화, 페이스북을 확인 못할 때 불안함을 느낌 – 음성메세지나 이메일을 확인 못할 때 불안함을 느낌 – 멀티태스킹을 선호함	– 지속적인 음성 메시지, 이메일 확인 – 음성 메시지나 이메일을 확인 못할 때 불안함을 느낌	– 지속적인 문자, 전화, 페이스북 확인 – 지속적인 음성 메시지, 이메일 확인 – 문자, 전화, 페이스북을 확인 못할 때 불안함을 느낌 – 멀티태스킹을 선호함
기술에 대한 신념과 태도	– 기술은 사회적으로 부정적인 영향을 준다고 믿음 – 온라인으로부터 감정적인 지지를 받는다고 믿음	– 기술은 사회적으로 부정적인 영향을 준다고 믿음 – 온라인으로부터 감정적인 지지를 받는다고 믿음	– 기술은 사회적으로 부정적인 영향을 준다고 믿음 – 기술은 사회적으로 긍정적 영향을 준다고 믿음

〈표 5.1〉의 두 번째 행에서 제시한 우울증과 불안 장애의 증상을 검증해 보면,[13] 그 사이에는 공통점과 차이점이 모두 있다는 점을 분명히 알 수 있다. 예를 들어, 특정 기술들, 즉 실시간 메신저, 문자, 비디오 게임, TV시청은 두 가지 질환에 모두 연관성이 있었지만, 오랜 시간 음악 듣기의 경우는 오직 불안 장애와만 연관이 있다. 다음에 보이는 35세의 건설 노동자 미첼(Mitchell)은 우울증에서 빠져 나올 능력이 없는 사람인데, 그의 상황은 우리 연구에서 좋은 사례가 된다.

그는 건설회사에서 일을 한다. 큰 빌딩에 있는 사무실에서 약 1년 간 일해 왔으며, 일을 할 때 거의 종일 아이패드로 음악을 듣는다. 주로 듣는 음악은 헤비메탈 장르로 죽음이나 파괴와 같은 어두운 가사이다. 집에 돌아와서 아이들과 아내에게 인사도 하지 않고 지하 방으로가 비디오 게임을 즐긴다. 답답한 아내는 의사에게 가보라고 권유한다. 결국 아내 손에 이끌려 TV를 보러 나와서도 그는 전쟁 영화만 보려고 한다. 그의 이런 행동으로 인해 아이들이 그에게 이상하게 반응하고, 아내가 잠잘 때 몰래 우는 것을 보고, 그는 병원에 가기로 결정한다. 의사는 우울증 진단을 내리고 몇 가지 요법을 통해 치료했지만 좋아질 기미가 보이지 않았다. 아내는 그가 항상 우울한 음악을 듣고, 사람을 죽이는 게임이나 TV 프로그램을 보기 때문이라고 이야기했다.

미첼의 문제를 이해하기 위해 우리는 코넬대학의 핸콕(Hancock) 박사가 주도한 프로젝트 '네가 슬프면 나도 슬프다'를 참조

할 수 있다. 핸콕크와 그 동료 연구자들은 우울한 영화나 음악을 들을 때가 그렇지 않은 영화나 음악을 들을 때보다 수용자에게 부정적 영향을 줄 수 있다는 사실을 발견했다.[14] 그는 우울한 감정은 다른 사람에게로 전염될 수 있다고 말하며, 이를 '감정전이(感情轉移, emotional contagion)'라고 명명했다. 배우나 가수의 경우와 같이 이러한 사람들의 분위기는 다른 사람의 분위기에 드라마틱한 영향을 줄 수 있다.

감정전이를 설명하기 위해 하나의 실험을 했다. 실험 참가자에게 5분 동안의 슬픈 영화를 보여준 후, 15분간의 실시간 메시지 과제를 전달했다. 참가자들은 메신저를 통해 이전에 만난 적이 없는 인스턴트 메시지 상대와 함께 문제 풀기를 요청 받았다. 메시지를 서로 나누며 참가자들은 어렵거나 풀 수 없는 수수께끼에 매달렸고 좌절감도 느끼는 듯했다. 그들은 슬픈 영화를 보지 않은 사람들이 동일한 과제를 수행하는 것보다 훨씬 더 많은 시간을 들여야 했다.

또한 중립적인 조건에 있는 다른 상대와 비교했을 때, 음악을 듣지 않거나, 영화를 보지 않거나, 수수께끼를 풀지 못한 이들은 덜 긍정적인 언어를 사용했다. 이것이 바로 일을 할 때의 '감정전이'다. 온종일 슬픈 이미지를 보고, 슬픈 음악을 들은 미첼이 이러한 영향을 많이 받은 것은 당연한 일이다.

이제 태어나서 처음으로 집을 떠나서 살게 된 19살 대학생 브랜든(Brandon)의 경우를 살펴보자. 그는 두 명의 룸메이트와 기숙사에서 살고 있고, 학교는 집에서 오백 마일 떨어진 곳에 위치해 있다. 그는 평소에도 끊임없이 문자를 보내며(6,359건의 문자들을 주고받은 통신

요즘 통지서를 내게 보여줬다), 현재 졸업반으로 고향의 같은 고등학교에 다녔던 여자 친구와 집 근처 전문대학에 다니고 있는 제일 친한 친구와 밤새도록 문자로 대화를 나눠왔다. 그는 학기가 시작된 지 겨우 5주밖에 지나지 않았는데도 신청한 수업 중 네 과목을 제대로 듣지 않고 있고, 심지어 그 중에서 두 과목은 교재조차 읽어 보지 않았다. 아침엔 침대에서 잘 일어나지도 못했고, 매일매일 무거운 짐을 지고 있는 것 같은 기분이라고 한다. 그는 이렇게 얘기했다.

"아마 저는 지금 대학과 잘 맞지 않는지도 몰라요. 제가 잘하고 있는 것 같지 않아요. 계속 벽을 쳐다보면서 침대에 누워 있고 아침에 수업을 들으러 가야 하는데 일어나지도 못해요. 심지어 밤에 충분히 잠을 잔 날에도 아무것도 하고 싶은 생각이 들지 않아요. 좋아하는 정치학 수업을 듣기 위해 책을 읽으려고 노력했지만 전부 혼란스러웠고, 교재나 교수님 강의를 따라가지도 못해요. 그냥 집에 가고 싶어요."

브랜든의 증상은 심각한 우울증의 잠재적 케이스와 같아 보인다. 흥미 부족과 무기력함을 과학기술의 문제 때문이라고 직접적으로 탓할 수 없지만, 그는 친구들과 계속 가깝게 연락하기 위해 전자 커뮤니케이션 속으로 파고드는 것 같아 보인다. 그에게 평소 하고 있는 문자와 온라인 채팅에 관해 물어봤을 때 그는 이렇게 대답했다.

"제가 친구들과 하는 의사소통의 거의 대부분은 '쓰레기 같은 기분을 느끼냐?'라고 물어 보는 것이거나 삶의 불만을 터뜨리는 것들이에요. 저는 여자 친구와 계속해서 온라인 채팅과 문자 메시지를 하며 싸워요. 그녀는 저한테 정신과 의사와 만나보라고 권하지만, 저는 그냥 집에 가고 싶을 뿐이에요. 그녀가 저랑 헤어지고 싶어 하는 것 같아요. 그리고 그건 제 기분을 더 나쁘게 만들어요. 물론 제가 그녀의 삶에서 중요한 진정제 역할을 한다는 걸 알긴 하지만요."

　몇몇 연구는 미디어 사용과 우울증 사이에서 비슷한 연결점을 발견했다. 그 중 1994년부터 2002년 사이에 수집된 데이터를 사용한 '국가 청소년 건강에 대한 종적 연구'라는 이름의 프로젝트에서, 공부를 시작할 때 우울증에 관한 징후가 없는 중학생과 고등학생 4,142명 중, 현재 텔레비전을 더 많이 보고, 온라인에서 시간을 더 보내는 아이들이 8년 후 우울증에 더 빠지기 쉽다는 결과를 발견했다.[15] 연구자들은 미디어 활동이 수면을 대신한다는 것과 수면 부족이 우울증의 원인으로 알려져 있다는 사실을 포함한 몇 가지 유발 요인을 탐구했다. 나아가 다른 원인들도 핸코크의 감정 전이 연구에서처럼, 미디어 사용 빈도가 높은 청소년들의 활동 내용이 부정적이며, 체형[16]과 지능을 비교한 결과를 통해서도 그들이 친구나 가족과 서로 소통하는 데 시간을 덜 보낼 것이라는 사실을 내포하고 있었다. 어쨌든 이 연구는 현재 미디어가 어떠한 형태로든 청소년들의 엄청난 시간을 소비로 인해 그들을 우울증에 빠지게 한다는 데 영향을 미친다는 것으로 확장됐다.

〈도표 5.1〉의 가운데 부분을 다시 살펴본다면, 특정한 기분 장애를 나타낼지도 모르는 몇몇 추가적인 기술과 관련된 행동적 징후에 대한 암시를 볼 수 있을 것이다. 예를 들어, 심각한 우울증이나 기분 변화로 고통 받는 사람들은 그들이 이메일이나 음성메일을 체크하지 못할 때 불안해한다. 좀 더 심각한 우울증을 앓는 사람들 역시 문자, 전화, 페이스북과 관련된 전자 커뮤니케이션 활동 중 어느 하나라도 체크하지 못할 때 불안해한다. 마지막으로, 조증으로 고통 받는 사람들은 멀티태스킹이나 태스크 스위치를 선호한다. 이것은 더 이상 놀라운 일도 아니다. 그들은 끊임없이 커뮤니케이션 도구의 모든 부분을 체크한다. 조증을 앓고 있는 사람이 자신의 공간이나 사회적 네트워크에 접근하지 못하면, 그 장애와 관련된 더 많은 증상을 나타내는 경향이 있다.

〈도표 5.1〉의 아래 부분에 나타난 연구 결과 또한 다른 기분 장애 증상을 증명하는 경우를 밝히는 몇 가지 다른 문제들을 강조한다. 여기에는 비슷한 점들도 있고 각각의 장애를 포착하는 꽤 의미 있는 차이도 있다고 보인다. 예를 들어, 세 가지 기분 장애 모두를 앓고 있는 사람들은 과학기술이 사회에 부정적인 영향을 미쳤다고 믿는 반면, 우울한 증상을 갖고 있는 사람들은 온라인 세상에서 감정적인 지지를 얻을 수 있다고 믿는다. 조증을 앓는 사람들은 그러한 믿음을 갖지 않지만, 대신에 과학기술이 접근-회피 갈등과 비슷한 조증의 증상을 촉진하는 환경을 만들어내는 긍정적인 면과 부정적인 면을 사회에 미친다고 본다. 마치 매력적이고 호감이 가지만 부정적인 영향을 미치는 무언가를 선택해야만 하는 사람처럼 말이다. 우리는 더 나아

가 본장의 마지막 부분에서, 당신이나 당신을 아는 누군가가 과학기술 사용을 통해 드러나는 기분장애 증상을 보일 때 도울 수 있는 전략에 대해 탐구할 것이다.

소셜네트워크가 당신을 우울하게 만들 수 있는가?

최근 통계에 따르면 전 세계에서 8억 명 이상의 사람들이 페이스북을 사용하고 있다. 이는 미국인의 48%와 호주, 뉴질랜드, 남태평양 국민의 36%, 유럽인의 26%, 라틴아메리카인의 21%를 포함하고 있는 수치이다. 전체적으로 세계 인구의 10%가 페이스북을 사용하고 있고, 그 가운데 단지 30%만이 미국인들이다.[17] 페이스북 서비스가 지배적인 소셜네트워크이든 아니든 인터넷이 사회화의 장소, 친구와 낯선 이들과 소통하는 장소가 된 것만은 분명하다. 당신이 원할 때면 언제나 전 세계 어디에서든 접근을 가능하게 만드는 모바일 장치를 통해 우리는 항상 다른 세계 사회와 연결된다.

질문은 여기서 시작된다. 책상 위에 있는 큰 것이든 손바닥 위의 작은 것이든 상관없이 당신이 컴퓨터 스크린의 안전성 뒤에 있을 때 우리는 언어학자들이 말하는 언어의 실용성,[18] 그 진정한 원동력을 이해할 수 있는가?

만약 누군가와 얼굴을 맞대고 직접적으로 소통할 때 기분을 상하게 만드는 말을 한다면, 그들은 대부분 화나고 슬프다는 표현을 단어와 몸짓, 얼굴 표정, 눈물과 같은 비언어적 신호를 통해 반응할 것이다. 대부분의 경우 당신은 아픈 감정을 유발한 사람으로서, 이러한 신호들을 알아챌 것이고, 그들에게 사과나 위로, 공감의 말들로 대답할 것이다.

이와 달리 누군가의 감정을 다치게 했지만, 그들이 당신과 같은 물리 공간에 있지 않기 때문에 반응을 볼 수 없는 경우엔 무슨 일이 일어날까? 온라인상의 사회적 네트워크 세계에서 감정을 즉각 표현할 수 있는 유일한 장치는 단어뿐이다. 화났다는 표시로 얼굴을 찌푸리는 이모티콘을 보내는 걸 그 예로 들 수 있겠다. 여기서 더 나아간다면, 자신의 감정을 비디오로 찍고 그걸 직접 페이스북에 올리는 정도랄까. 그러나 전자 커뮤니케이션 속의 사람과 사람 사이, 대개 타인의 감정 상태를 바로 이해하기 위해 사용하는 신호가 거의 없는 상태에서, 우리는 고작 단순한 '이차원적' 단어들을 모니터 한 페이지 정도에 담아 사용하며 서로를 이해시킬 뿐이다.

2006년 미주리 주에 살고 있던 10대 소녀 메건 마이어(Megan Meier)는 마이스페이스에서 조쉬(Josh)라는 한 소년과 커뮤니케이션을 시작했다. 그 소년은 처음에는 별다른 나쁜 말없이 그녀를 배려하는 모습을 보이다 나중에 불쾌한 말을 시작했고, 그녀에게 나쁜 사람이라며 자살하라고 말하기까지도 했다. 메건은 조쉬가 사실 자신을 괴롭혔던 예전 친구의 엄마라는 사실을 몰랐고, 슬프게도 그녀는 정말 스스로 목을 맸다. 그녀는 온라인에서 이차원적 단어들이 가질 수 있는 위험한 영향을 직접 받은 상징적인 인물이 돼버렸다.

메건은 단지 누군가가 담벼락에 써놓은 무엇 때문에 우울해지는 10대 청소년이 아니다. 소셜네트워크를 수반하는 우울증과 자살에는 많은 경우가 있다. 뉴질랜드 빅토리아대학의 티옹티예 고(Tiong-Thye Goh)와 옌-페이 후앙(Yen-Pei Huang)은 호주, 뉴질랜드, 영국에서 마이스페이스를 이용하는 15,107명의 10대 청소년들에 대한 종합적인 연구를 했다. 연구자들은 우울증과 자살 관념과의 관계를 나타내는 키워드를 찾기 위한 컴퓨터 프로그램을 사용했다. 그들은 연구 대상자 여섯 명 중 한 명이 부정적인 생각을 했디는 사실과, 우울승과 잠재적 자살 가능성이 있다는 사실이 눈에 띄었다.[19] 물론 이 연구를 통해 마이스페이스 활동이 10대 청소년들을 더 우울하게 하는 것인지, 더 우울한 아이들이 마이스페이스를 사용한 것인지는 밝혀질 수 없다. 그러나 어쨌든 소셜네트워크 사이트가 우울한 사고를 반영한다는 것은 분명하다.

이 연구가 잠재적 자살을 가리키는 키워드에 집중한 것은 사실이지만, 그 결과가 소셜네트워크 친구 중 누군가가 우울해 할 때 이를 조기에 경고할 수 있는 분명한 대안을 제시하고 있는가?

이 질문은 흥미로운 결과를 낳은 세 가지의 광범위한 연구 주제였다. 조앤 다빌라(Joanne Davila) 박사와 스토니브룩대학의 동료들은 거의 4천 명의 소셜네트워크 이용자들에 대해 연구했다. 그 결과 소셜네트워크를 사용하는 시간의 양 때문이 아니라 온라인 상호작용의 질적인 문제로 인해 발생하는 우울증의 증상을 정리했다.[20] 사이트를 많이 이용하는지, 적게 이용하는지에 관계없이 페이스북이나 마이스페이스에서 좀 더 부정적인 상호작용을 한 학생들은 더 우울해질 가능성이 높았다.

또한 흥미롭게도 다빌라 박사는 10대 청소년에게 중요한 의사소통 수단인 문자 메시지와 온라인 채팅에서도 비슷한 결과를 발견했다. 그러나 그보다 중요한 것은, 온라인상의 우울한 접촉에 대해 계속 곱씹고, 오랜 시간 이에 대해 이야기하는 어린 청소년들이 보다 더 우울하게 지낼 가능성이 있다는 사실이다. 그들은 온라인상의 사회적 상호작용과 실제 세계에서 일어나는 상호작용이 질적으로 같다는 사실을 증명했다. 대면하는 상황에서든 페이스북을 통해서든 관계없이, 부정적인 상호작용은 더욱 자주 우울한 증상을 환기시킨다. 다빌라 박사는 "소셜네트워크는 문제가 많은 관계가 우울증에 영향을 미칠 수 있는 또 다른 핵심적인 장소다."[21]라고 말했다.

또 다른 접근 방법을 살펴보면, 위스콘신대학의 메간 모레노(Megan Moreno) 교수는 잠재적인 우울증의 증세를 검증하려 했다.[22] 그는 상태 업데이트를 점검하기 위해 200개 대학 학생들의 페이스북 프로필을 조사했다. 모레논 교수와 동료들은 그 중에서 4분의 1이 우울증 증상을 갖고 있다는 사실과 그 중 2.5%는 심각한 우울증의 단계로 범주화될 수 있다는 사실을 발견했다. 더욱 중요한 것은 자신의 상태 업데이트에 대해 적어도 하나의 코멘트를 받은 학생들이 자신의 우울증 증상을 페이스북에 공개적으로 논의할 가능성이 더 높다는 사실이었다. 네덜란드의 한 연구팀은 이와 같은 양상을 통해 사용자가 긍정적인 영향을 받을 수 있는 한 가지 방법을 찾아냈다. 바로 소셜네트워크 프로필에서 긍정적인 피드백을 받은 청소년의 자존감과 행복감이 증가했다는 사실이다.[23] 모레논 교수는 자신의 결론과 네덜란드 연구팀의 결론을 통합해 다음과 같이 정리했다.

> "공적인 프로필에서 우울증 증상의 빈도가 드러난다고 고려하면, 소셜네트워크 사이트는 정신 건강 상태를 둘러싸고 있는 오명을 방지하기 위한, 그리고 우울증이라는 위험에 놓인 학생들을 발견하기 위한 획기적인 방안이 될 수 있습니다."

페이스북이 우울증을 감지할 수 있는 방법을 제공할 수 있다는 모레노의 말과 함께, 애리조나의 한 대학에 있는 섀넌 홀러란(Shannon Holleran)이 쓴 흥미로운 박사학위 논문도 발견할 수 있었다. 그녀는 소셜네트워크 사이트가 대학생들의 우울증을 초기에 감지하는 데 사용될 수 있는지 밝히고자 했던 사람이다.[24] 소셜네트워크 포스팅의 공공성, 인지된 익명성, 스크린 뒤에 숨어 보이지 않는다는 점을 고려해, 그녀는 사람들이 인상 관리에 덜 관여할지도 모르며 따라서 더욱 우울증의 신호와 증상을 제공할 가능성이 높다고 밝혔다. 일련의 세 연구들에서, 홀러란 박사는 다른 대학의 학생들에게 마이스페이스 페이지 전체, 페이스북 페이지 전체, 또는 페이스북 페이지의 일부분들을 읽고 우울한 단어들을 쓰고 있는 사람이 실제로 우울해하는지를 알아봐 달라고 요청했다. 독립적으로 제대로 연구된 우울증 측정 도구를 사용해서, 홀러란 박사는 소셜네트워크 사용의 특성과 페이스북 또는 마이스페이스 사용자들에게서 나타나는 우울증의 실제 정도를 관련지을 수 있었다.

흥미롭게도 심사위원들은 개인의 생각 그리고 다른 사람들과의 상호작용 모두를 포함하는 마이스페이스 페이지 또는 페이스북 페이지 전체를 살피면서 우울증의 징후를 정확히 알아낼 수 있었다. 반면, 오직 개인의 페이스북 상태 업데이트만을 읽은 사람들은 그들보다 덜 알아낼 수 있었다. 그러나 심사위원들에게 현재의 페이스북 페이지에서부터 3개월을 거슬러 올라가 우울증의 수준을 예측해 달라고 요청했을 때, 페이스북상에서 사람 대 사람의 상호작용은 도움이 됐다. 왜냐하면 심사위원들로 하여금 상호간 교환의 질적인 면과 양적인 면 모두에서 변화를 감지할 수 있었기 때문이다.

나아가 홀러란은 상태 업데이트에서 사용된 정확한 단어들을 조사하면서 더 우울한 사람들이 덜 긍정적인 감정 단어들, 즉 죽음과 연관된 단어들, 종교적인 단어들, 형이상학적인 단어들(예컨대, 신념, 도덕적인), 욕설이나 부정적인 감정 단어들(예컨대, 가치 없는, 슬픈)을 더 사용했다는 사실을 발견했다.

그렇다면 페이스북 우울증 또는 소셜네트워크를 사용함으로써 유발되는 우울증이라는 것이 정말 있는 것인가? 이 질문에 대한 답은 『허핑턴 포스트』의 존경받는 저널리스트이자, 과학기술이 미친 영향에 대해 오랫동안 해설자 역할을 했던 래리 매지드(Larry Magid)에 의해 가장 잘 요약됐다. 그는 이렇게 썼다.

"분명히, 페이스북을 쓰는 사람들 중에 우울해하는 사람이 있습니다. 하지만 페이스북 사용자들이 페이스북을 사용하지 않는 사람들에 비해 더 우울할 가능성이 높은지는 확실하지 않습니다. 그리고 설령 그것이 사실이라고 해도, 페이스북이 우울증을 야기하기 때문인지 아니면 우울한 사람들이 우울증을 해결하기 위해 페이스북을 할 가능성이 높은 것인지도 분명치 않습니다. 그 연구를 다 끝내지는 않았지만, 정기적인 검사를 제외하고 소아과 의사를 찾은 아이들이 소아과에 방문하지 않은 아이들보다 더 아플 가능성이 높다고 꽤 확신합니다. 이렇다고 해서 이 확신이 소아과 의사들이 병을 유발한다는 것을 의미하나요? 당연히 아닙니다."[25]

미디어로부터 유발되는 우울증의 더 많은 예

앞서 언급된 핸코크 박사의 연구 『네가 슬프면 나도 슬프다(I'm Sad You're Sad)』에서, 우리는 개인의 기분이 감정적인 전이를 통해 다른 사람들의 기분에 영향을 준다는 것을 알 수 있었다. 개인의 감정은 텔레비전, 음악 그리고 인터넷을 포함한 모든 전자 미디어를 통해 표현될 수 있다. 그렇다면 마찬가지로 그러한 전자 미디어들도 우울증의 증상을 유도할까? 정답은 당연히 '그렇다'이다. 〈표 5.1〉에서 볼수 있었듯이 우울증과 조울증 모두 채팅, 문자 보내기, 비디오 게임, 장시간 텔레비전 시청 그리고 음악 듣는 것을 포함하는 다양한 형태의 전자기기를 통한 소통과 관련이 있다. 물론 이러한 결과를 통해 다음에 제시된 문제에 답하는 것은 역부족이다. 바로 테크놀로지가 감정 장애 증상을 유발하는가? 아니면 우울증을 앓는 사람들이 테크놀로지를 더 이용하는 경향이 있는가?

미디어와 테크놀로지가 우울증에 미치는 영향을 부분적으로라도 규명하기 위해서, 우리는 다시 한 번 다양한 연구 결과들에 주목했다. 예를 들어, 「미국 국가 청년기 건강 추적조사(The National Longitudinal Study of Adolescent Health)」에서는 일일 미디어 사용량, 텔레비전 시청이 우울증의 원인이라고 했지만,[26] 비디오 게임, 라디오 청취 그리고 텔레비전으로 영화를 시청하는 행위를 통해 피실험자들의 우울증 증상이 심화되는 것을 발견하지는 못했다. 케이스웨스턴대학의 스코트 프랭크(Scott Frank) 박사는 4천 명의 고등학생을 조사해 우울증 증상이 하이퍼-네트워킹(Hyper-networking, 평일 하루에 소셜미디어를 세 시간 이상 사용하는 것)과 하이퍼-텍스팅(hyper-texting, 평일 하루에 120건 이상의 문자 메시지를 하는 것)과 밀접한 관계가 있다는 것을 밝혀냈다.[27] 이와 유사하게 타이완의 대학생활에 관한 국가 연구 결과는 온라인 게임이나 채팅 혹은 정보 검색에 시간을 더 투자한 남녀 학생들이 더 쉽게 우울해질 수 있다는 사실을 밝혀냈다.[28] 마지막으로 네덜란드[29]를 비롯한 많은 세계의 학자들[30]은 청소년의 우울증과 인터넷 사용, 채팅, 이메일 송수신 사이에 연관성이 있음을 찾아냈고, 이외에도 비디오 게임과 우울증과의 밀접한 연관성이 밝혀졌다. 한 연구는 어린이와 청소년이 2년 이상 비디오 게임을 사용한다면 우울증에 걸리기 더 쉽다는 사실을 입증했다.[31] 전반적으로 보았을 때, 단순하게 특정 전자 기술이나 미디어가 우울 증상의 원인이라고 여겨질 수는 없다.

결과적으로, 내가 수행한 연구결과는 어떻게 다양한 종류의 미디어나 전자 기술이 우울증 증세를 유발할 수 있는지 보여준다. 9장에 더욱 자세히 소개되겠지만, 우리는 개인의 인구학적 내력이나 식습관, 운동 습관과 관계없이, 미디어나 기술의 사용과 건강과의 관계에 대해서 검증했다. 그에 따르면, 일일 미디어 사용시간이 더 많은 어린 이들이 더 나쁜 정신건강 상태를 보였디. 10·12세 아동들 억시 같은 결과를 보였는데, 이들의 경우에는 우울증의 잠재적 원인으로 비디오 게임이 추가적으로 언급됐다. 마찬가지로 청소년들에게서도 비디오 게임과 미디어의 과도한 사용으로 인한 우울증과 정신적인 질병 증세가 발견됐다. 모든 연구 결과를 종합해 보았을 때, 어떤 형식의 미디어라도 과도하게 사용하는 경우에는 우울증 증상과 밀접한 관련이 있다는 것을 증명한다.

왜 우울증 증상을 보이는 사람들은 미디어를 더 사용할까? 아니면 왜 미디어는 사람들을 더 우울하게 만들까?

심리학자들은 우울증과 미디어의 연관성에 대해 많은 이론적 설명을 해왔다. 인지행동학자들은 현재 사이버 공간의 상태를, 규칙도 없

으며 무슨 일이든 허용되기 때문에 '황량한 서부'에 비유하곤 했다.[32]
그들은 우리가 미디어를 사용함으로써 끊임없이 모니터 뒤에서 얼굴
없이 존재하며, 상대의 감정을 배려하지 않고 도덕적 가책 없이 아무
말이나 서슴없이 말할 수 있는 자들의 반응을 끌어낸다고 주장한다.
우리가 페이스북에 올리는 사진은 친구들로부터 몇 개의 '좋아요'를
받는 반면에, 타인의 불쾌하고 부정적인 댓글 하나 때문에 머리에 돌
을 맞는 듯한 기분을 느낄 수도 있다. 우리는 알 수 없는 사람으로부
터 단 하나의 즉흥적이고 생각 없는 댓글 하나에 매우 괴로워한다.
프로필 사진과 인사말 정도로만 알 수 있는, 인터넷 상의 모르는 사
람이 생각 없이 쓴 공격적인 댓글이 우리의 감정을 말 그대로 뒤흔들
어 놓는다. 하버드대학의 최근 연구 결과[33]는 이러한 부정적인 반응
들이 우리의 피드백과 관련된 부정적 감정을 담당하는 뇌세포를 자
극한다고 한다.

초기 행동학자들은 어떠한 내용의 댓글이라도 감정을 이끌어 내는
데 직접적으로 연결되어 있다고 주장했다. 스탠포드대학의 앨버트 반
두라(Albert Bandura) 교수는 이 이론에 '사회적 인지'라는 사회학적인
설명을 덧붙였다. 반두라 교수의 이론은 우리가 어떻게 사회적 상호작
용을 통해 자기 효율성(self-efficiency)[34]을 배우는가를 설명한다. 긍정
적인 상호작용은 좋은 감정을 느끼게 하는 반면, 부정적 상호작용은
우리의 대처능력에 위기를 가져다준다. 만약 우리가 이미 우울 증상으
로 고통 받고 있다면, 페이스북의 조롱하는 댓글 등과 같은 부정적인
평가는 자기 평가에 엄청난 영향을 미치고, 결과적으로 우울증을 악화

시킨다. 많은 연구결과들은 우울증을 겪는 사람들이 긍정적인 댓글보다 부정적인 댓글에 훨씬 더 선택적 주의를 기울이는 경향이 있으며, 부정적인 댓글이 더욱 오래 지속되고 사람들의 주의를 끈다는 것을 밝혔다.[35] 그렇기 때문에 수십 개의 댓글 중의 단 하나의 부정적인 댓글일지라도 우리를 오랜 시간 힘들게 하는 것은 당연하다.

우울 증상을 보이는 사람들은 긍정적인 평가를 놓치고, 부정적인 평가를 과대 해석하는 경향이 있다. 말하자면 우울증을 겪는 사람에게는—그것이 아무리 경미할지라도—일반 사람들보다 부정적인 커뮤니케이션에 더 큰 영향을 받는다. 게다가 이 '황량한 서부' 같은 인터넷상에서 우리는 타인에게 부정적인 평가를 받는 경우가 많다는 사실을 기억해야 한다.

우울증 혹은 조울증을 앓는 사람을 어떻게 알아낼 수 있을까?

우울증 증상은 분명하다. 바로 지치거나 피로를 느낀다. 집중력과 기억력에 문제가 있다. 울고 싶거나 울기 직전이다. 평소보다 더 잔다. 죽음에 대해서 생각한다. 식욕을 잃는다. 즐거운 활동에 대한 의욕을 잃는다. 정상적인 일상생활 기능을 변경한다.

마찬가지로 조울증의 증상 역시 분명하다. 바로 쉽게 주의가 산만해진다. 빠른 속도로 이야기한다. 생각이 넘쳐난다. 늘 지쳐 있다. 충동적으로 행동한다. 위험성이 높은 활동을 한다. 더 짧은 수면 주기, 길어진 활동 주기 등과 같은 수면 습관에 변화가 있다.

조울증과 우울증 혹은 그 둘의 결합된 증상을 판단하기 위한 검증된 설문은 많다. 아래 〈표 5.2〉의 질문을 활용해 간단히 당신의 감정 장애 정도를 측정해 보아라. 같은 방법으로 다른 사람의 감정 장애 여부를 평가할 수도 있다. 아홉 가지 질문에 모두 답한 후에, 당신의 우울증 스코어를 나타내는 각각의 점수를 더하라. 다양한 진단에 따른 다양한 판단 기준이 사용된다 할지라도, 일반적으로는 〈표 5.3〉의 모습으로 나타난다.[36]

만약 당신의 문제가 조증과 관련 있다고 의심된다면, 이반 골드버그(Ivan Goldberg) 박사가 고안한 「골드버그 조울증 검사 설문지(Goldberg Bipolar Screening Quiz)」를 활용할 수도 있다.[37]

〈표 5.2〉 환자의 우울증 정도를 측정하기 위한 건강 설문

환자의 건강 설문지(PHQ-9)				
	전혀 아니다	수일에 한 번	이틀에 한 번	거의 매일
무언가를 하는 데에 관심이나 즐거움이 없다.	0	1	2	3
우울하거나 희망이 없다고 생각한다.	0	1	2	3
잠들기가 어렵거나 과도하게 잔다.	0	1	2	3
식욕이 없거나 과식을 한다.	0	1	2	3

스스로에 대해서 부정적이다. 혹은 스스로가 가족을 실망시키거나 실패작이라 생각한다.	0	1	2	3
신문 읽기나 텔레비전 시청하기 등에 집중하기가 어렵다.	0	1	2	3
움직이거나 말하는 것이 너무 느리다. 혹은 잠시도 가만히 있지 못한다.	0	1	2	3
죽는 게 낫다고 생각하거나 자해에 대해 생각해본 적이 있다.	0	1	2	3
점수 (각 열의 점수를 더함)	0	1	2	3
전체 점수 (모든 점수를 더함)				

〈표 5.3〉 우울증 평가표

점수	우울증 심각도
1~4	아주 적은 우울 증세
5~9	가벼운 우울 증세
10~14	중간 정도의 우울 증세
15~19	적당히 심한 우울 증세
20~27	심각한 우울 증세

우울증, 조울증 극복하기

설문을 통해 스스로의 우울증 단계와 잠재적 조울증 증상을 파악했

으리라 믿는다. 모든 감정 장애는 심각한 문제이며, 가까운 지인이 우울 증세나 조울증 증세를 보인다면 즉시 전문의와 상담을 받도록 해야 한다. 치료는 보통 우울증을 치료하는 데 효과가 있다고 증명된 여러 가지 연구결과를 바탕으로 한 여러 종류의 치료와 약물을 통해 이루어진다.[38] 그러나 누군가가 아이디스오더를 겪고 있다면 다음 제시된 방법을 통해 도움을 얻을 수 있다.

균형 맞추기

우리의 연구를 포함해 많은 학자들의 연구 결과는 과도한 미디어의 사용이 감정 장애와 관련이 있다고 주장한다. 당신이 끊임없이 글자를 읽어야 하는 상황에 직면한다면, 당신은 아마도 그 이차원적인 문자 사이에 존재하는 함축된 감정을 읽어내지 못할 것이다. 당신의 모든 것은 단순히 이차원적 문자들로 구성될 것이며, 모든 글자들은 그것이 친한 친구, 가족 혹은 페이스북의 누군가가 한 말이든지 상관없이 모두 같은 의미만을 가질 것이다. 다음을 실제 상황처럼 생각하며 읽어 보아라.

■ 한 주 동안, 당신이 사용한 다양한 기술과 미디어를 기록해 보라. 이때 필자 스스로 사용 패턴을 기록한 〈표 5.4〉를 참고하라. 나는 오전 8시에 기상한다. 그 즉시 내 핸드폰으로 이메일, 음성 메시지, 문자 등을 확인한다. 나는 보통 하루 종일 핸드폰을 가지고 다니며, 이 활동은 잠자리에 들기 전에 비로소 끝난다. 하루 동안 나는 핸드폰, 노트북 그리고 태블릿을 사용했다. 텔레비전 뉴스도 시청했기 때문에,

목록에 텔레비전도 추가했다. 모두 기록한 후에 몇 가지 측면에서 이 목록을 검토해 보라.

● 첫째, 전자기기를 사용한 시간은 얼마인가? 더 많은 시간을 전자기기를 사용하는 데 할애할수록 우울증이나 조울증 증상을 보이기 쉽다. 이 목록을 지침으로 당신의 미디어와 전자기기 사용 시간을 조절해 보라.

● 둘째, 사람들과 소통한 시간은 얼마인가? 전자기기를 통해서 소통하는가? 직접 소통하는 시간은 충분한가? 우리가 전자기기를 통해서 소통할 때에는 완벽한 소통을 위해 필요한 필수적 신호들을 알아차리기 어렵기 때문에 이것을 인지하는 것은 매우 중요하다.

● 셋째, 당신이 하나의 전자기기를 사용한 후, 또 다른 전자기기를 쓰기 전까지의 시간을 측정해 보라. 업무를 수행할 때 전자기기를 더 자주 바꿔 쓰는 사람이 조울증 증상을 보일 가능성이 높다는 것을 명심하라.

〈표 5.4〉 미디어와 기기 사용 사례 예시

기기/미디어 사용	시작 시간	종료 시간	총 시간	이 시간 동안 누구와 의사소통을 했습니까?
휴대전화	오전 8시	오후 11시	15시간	• 메시지: 아들, 딸, 동료 • E-Mail: 수신 18, 송신 3
랩탑	오전 9시	오후 6시	9시간	• E-Mail: 수신 53, 송신 17 • 인트턴트 메시지: 아들 • 페이스북: 좋아요 2, 상태 업데이트 1, 세 개의 담벼락에 댓글, 내 담벼락에 다섯 개의 포스트

태블릿	오후 10시	오후 11시 반	1.5시간	없음—읽기만
TV	오후 10시	오전 12시 반	2.5시간	없음—보기만

■ 한 주 동안 당신이 받은 모든 의사소통 목록과 그것이 당신의 감정을 어떻게 만들었는지 '-10(끔찍한, 언짢은)'부터 '+10(환상적인, 매우 좋은)'까지의 등급으로 보관하라. 나는 〈표 5.5〉와 같은 간단한 차트를 사용할 것을 추천한다. 나는 이른 아침에만 의사소통할 것을 계획했고, 내가 본 유일한 불편한 의사소통은 내가 간신히 아는 JS라는 사람의 페이스북이었다. 그리고 한 가지 커뮤니케이션의 영향이 '-10~+10' 기준에서 '-7'로 상당히 부정적이었다면 더 주목하라. 만약 내가 우울한 기분을 느껴 왔다면, 이 하나의 페이스북 글이 나에게 아주 강한 영향을 미쳤다는 사실은 매우 중요한 정보이다. 나는 이것에 기초해 묻고 싶다. "내가 알지 못하는 누군가가 쓴 페이스북 담벼락의 글은 왜 내 기분에 중요한 영향을 주는가? JS는 누구이고, 왜 이 사람은 나에게 큰 영향을 주는가?"

■ 또한 나는 당신이 의사소통 기준의 다른 한쪽에 주의를 기울이는 것을 추천한다. 내 '기분'이 그들이 어떻게 내가 느끼는가에서 긍정적인 것임을 나타낼 때, 왜 나의 동료로부터의 긍정적인 커뮤니케이션은 '+4'밖에 안 되며 MM으로부터의 이메일은 '+3'인가? 부정적인 정보가 긍정적인 정보와 비교했을 때 당신의 기분에 미치는 영향에 더 무겁게 차지할 때, 그것은 우울의 신호이다. 이것이 내가 부정적인 커

뮤니케이션과 긍정적인 커뮤니케이션의 영향을 직접적으로 비교하기 위해서 '-10~+10' 기준을 사용하는 것을 좋아하는 이유이다.

〈표 5.5〉 전자커뮤니케이션이 어떻게 당신의 기분에 영향을 미치는지 가늠하기 위한 차트

커뮤니케이션 상대	방식	당신과의 관계	당신의 기분은 어땠는가?	얼마나 당신의 기분에 영향을 미쳤는가? (−10부터 +10까지)
CW	인스턴트 메시지	아들	매우 좋음! 연락이 닿아서 좋음	ㅣ10
KW	다수의 문자메시지	딸	신남	+10
MC	휴대전화	동료	책에 관한 토론하는 생산적인 작업 시간	+4
JS	페이스북	친구의 친구	불편했음 —버릇없고 형편없음	−7
MM	E-mail	East Coast 동료	긍정적—나의 최근 글에 대한 토론과 피드백은 공정하고 긍정적이었다.	+3

감정의 전염을 방지하자

미디어를 통한 타인의 감정에 징서적으로 영향을 받는다는 핸코크 박사의 말을 기억하라. 이는 당신이 다양한 미디어로부터 받는 메시지들에 주의를 기울여야 한다는 것을 암시한다.

■ 당신은 어떤 TV쇼를 보는가? 그것들은 우울한가? 그것들은 인간의 고통이나 불행을 보여주고 있는가? 만약 그렇다면, 당신은 시청 프로그램을 바꿔야 한다. 똑같은 사고는 하루 동안 당신의 마음으로 들어가는 음악과 어떤 미디어의 형태에도 적용된다. 중립적이거나 긍정적인 메시지들만 들으려고 시도하라.

■ 같은 맥락에서, 부정적인 커뮤니케이션은 감정적으로 전이될 수 있다. 당신이 연락하는 사람은 누구이며 당신에게 우울한 증상을 퍼뜨리는 사람들은 누구인가? 당신은 삶에서 특정한 사람들을 제거할 수 없고 가족의 유대관계와 교우관계를 유지하는 것은 중요하다. 그러나 누군가가 온라인 친구라는 이유로 당신이 그들의 불행함이나 불평, 열변을 토하는 모든 글들을 읽어야 하진 않는다. 감정적으로 전이될 수 있는 누군가는 숨겨라. 만약 그들이 당신에게 닿는 일이 필요하다면, 휴대전화나 이메일이 항상 있다.

■ 홀러란(Holleran) 박사의 연구에서, 그녀는 더 우울한 사람들이 긍정적인 감정의 단어들을 덜 사용하고, 죽음과 연관된 단어들, 종교적인 단어들, 형이상학적 단어들, 욕설, 부정적인 단어들을 더 사용한다는 사실을 발견했다. 당신의 글쓰기에서 이러한 단어들의 사용과 우울한 사람이라는 신호를 줄 수 있는 단어의 사용에 주목하라.

사회적 보상

연구는 사람들이 종종 실제 세계에서 나타나는 덜 만족스러운 교우관계를 보상받기 위해 인터넷 커뮤니케이션을 사용한다는 것을 보여준다.[39] 온라인으로만 알게 된 사람들과 실제로 친구가 될 수 없다고 주장하는 사람들이 있겠지만, 그와 반대로 느끼는 사람들이 많다. 이는 소셜네트워크를 사용하는 사람들이 사용하지 않는 사람들보다 가까운 친구들이 많고 사회적 지지를 더 얻는다는 것을 보여주는 연구들이 뒷받침하는 바와 같다.[40]

■ 기분이 안 좋거나 화가 난 것에 대해 말할 수 있는, 충분히 좋은 친구라고 생각하는 사람들의 목록을 (가족들을 포함해서) 만들어라. 각각의 목록은 당신이 일주일에 얼마나 많은 시간을 그들과 온라인과 실제 세계에서 보내는지 가리킨다. 이제 당신이 지인이라고 생각하는 사람들의 목록을 만들어라. 이 목록은 또한 당신이 온라인과 (혹은) 오프라인에서 그들과 얼마나 시간을 보내는지 보여준다. 만약 당신이 우울하다면 첫 번째 목록을 보고 두 번째 목록에 있는 사람들보다 더 많은 시간을 그들과 보내도록 하라. 또한 당신의 좋은 친구들과 어떻게 연락할지 신경 써라. 그 방법이 당신의 기분을 지지하는 데 가장 좋을 것이다. 당신의 목록에 온라인에서 더 연락할 좋은 친구들이 있다면 걱정하지 말라. 곧 보게 되겠지만, 당신은 가상의 세계에서 공감을 얻을 수 있다.

가상 공감은 진짜다(그리고 잠정적으로 가치가 있다)

심리학과 4학년생 알렉산더 스프라들린(Alexander Spradlin)과 존 분세(John Bunce) 그리고 내 연구실의 동료들이 행한 최근의 연구는 사람들이 도움과 공감을 얻기 위해 가는 곳과 관련해 매우 중요한 메시지에 주목했다. 스프라들린과 분세는 약 1,400명의 젊은 성인들을 대상으로 실제 세계에서 보이는 공감, 온라인에서 보이는 가상 공감, 사회적 지지 그리고 사람들이 일상생활에서 사용하는 매체의 성격에 관한 상세하고 다양한 질문들을 조사하기 위해 익명의 온라인 설문조사를 실시했다. 실제 세계의 공감이 긍정적인 느낌과 더 강하게 연결되어 있음에도 불구하고 가상 공감은 실제적 개념일 뿐만 아니라 사회적 지지의 느낌과도 연결이 되어 있다[41]는, 즉 당신이 온라인에서 공감을 받는 것보다 실제로 공감을 얻을 때 당신은 더 지지를 얻는 느낌을 받는다는 사실을 포함해 여러 흥미로운 결과들을 찾았다. 이 토론을 위한 더 흥미로운 결과들이 있다.

● 소셜네트워크에서 더 많은 시간을 보내는 사람들과 인스턴트 메시지를 많이 사용하는 사람들은 가상 공감과 사회적 지지를 나누는 데 최고였다. 그러므로 당신이 슬프고 외로운 감정들에 대해 털어 놓을, 이런 성격을 가진 '친구들'을 찾아라. 〈표 5.6〉에서 당신은 가상 공감이 소셜네트워크에서 얼마나 나누어질 수 있는지에 대한 짧은 사례를 볼 수 있다. 라우린(Lauryn)은 어머니의 수술에 관해 스트레스를 받고 속상한데, 여러 친구들은 그녀에게 좋은 말을 남겼다. 라우린은 기분이 나아져 하나의 댓글에 백허그와 키스를, 다른 하나에는 크게 '땡큐(Thank uuuu)!!!!!!'라고 남겼다. 그녀의 기분을 좋게 만드는 것은 단지 메를리니(Marlene), 젠나(Jennah), 아담(Adam), 니구엔(Nguyen) 그

리고 마블(Mavel)의 댓글만이 아니다. 그녀의 글에 '좋아요'를 누르는 11명의 페이스북 친구들도 또한 그렇다. 이것은 '나는 당신을 생각하고 있다'를 말하는 새로운 방식이고, 글과 '좋아요' 모두는 라우린이 공감을 얻는 느낌을 받도록 만든다.

〈표 5.6〉 가상 공감의 사례

Lauryn
Wish I could have the surgery tomorrow so my mom didn't have to. :/ screw you cancer. You suck. Your getting cut the hell outta my mom's kidney tomorrow!!!!!!! buh-bye! So long! Good riddance!
8 hours ago via iPhone · Like · Comment

👍 Lauryn   and 11 others like this.

Marlene   prayers her way ♥
8 hours ago · Like

Jennah   Send her my love pls, she is in my thoughts!!!:) xoxo
8 hours ago · Like

Adam   cancer,
8 hours ago · Like · 👍 1 person

Nguyen   *hugs* for you and your mama!
8 hours ago · Like

Lauryn   Xoxoxoxoxo!!!!!!
8 hours ago · Like

Lauryn   Thank uuuu!! ♥
8 hours ago · Like

Mavel   I hope all goes well :) be strong
8 hours ago · Like

유아기 우울증 신호에 주목하라

어린이와 청소년 9명 중 1명은 심한 우울증을 한차례 경험할 것이다. 이것은 부모로서, 조부모로서, 이모로서, 삼촌으로서, 형제자매로서 혹은 심지어 가족 같은 친구로서 우리는 아이들과 그들의 온라인 행동들에 바짝 경계할 필요가 있다는 것을 의미한다. 이 제안들이 유아기 우울증을 방지하는 데 특별하지 않더라도, 이것은 어린이, 10대 초반 청소년과 후반 청소년들이 정신적으로 건강하길 바라는 부모에게 도움이 될 것이다. 다른 연구들을 발견한 내 연구실에서 진행한 연구가 다른 세대에서 나약한 심리적 건강을 예측했다는 것을 기억하는가? 이것은 세 가지 제안을 이끌어낸다.

■ 아이들을 위해 모든 기계와 미디어의 사용을 관찰하라. 이것은 아이들이 TV를 보지 못하게 하거나, 컴퓨터를 가지고 놀지 못하게 하거나, 심지어 스마트폰조차 사용하지 못하게 하는 것을 의미하지 않는다. 이것이 의미하는 것은 부모가 아이들이 미디어를 사용하는 특정 활동들을 유심히 살펴봐야 한다는 것이다. 당신의 아이들이 미디어를 이용하는 활동에 참여하거나 아이들이 그 활동을 하는 내내 당신이 관찰할 수 있는 '같이 보기'[42]를 연습하라. 당신의 어린 아이들이 침실에서 조용히 기계를 가지고 놀려는 유혹에 저항하라.

■ 우리의 연구에서 일반적으로 더 많은 기계를 사용하고 더 많은 비디오 게임을 하는 10대 초반 청소년들은 더 우울했다. 단지 아이들만큼, 가능한 한 많은 기계의 사용을 관찰하고 같이 보기를 연습하라. 비디오 게임과 관련되는 한 적극적으로 주도하는 부모가 되어라. 대부분의 비디오 게임 시스템은 사람들이 인터넷에서 다른 사람들과 함께 하도록 하고, 이는 당신의 10대 초반 자녀가 우울해질 수 있는 위험에 놓여 있다면 문제가 될 수 있다. 이러한 게임들의 온라인 대화는

격렬하고 속상하게 만들 수 있고, 그러므로 당신이 자녀에게 다른 사람들과 게임하도록 허락한다면 적절한 안내를 해주어라.

■ 심리적으로 가장 부정적인 영향을 받는 것으로 나타나는 10대들은 온라인 상태에 있고, 소셜네트워크를 사용하고, 비디오 게임을 포함한 모든 종류의 기계를 더 많이 사용한다. 당신의 10대 자녀와 같이 보기를 연습하는 것이 어려울지라도 그들의 경험을 의논하는 것은 여전히 중요하다. 이것은 가족의 저녁식사와 가족회의와 함께 이루어지는 것이 가장 좋다. 연구는 일주일에 세 번 이상 함께 저녁을 먹는 가족들이 더 건강한 아이들과 높은 기능을 하는 가족 시스템을 가지고 있음을 보여준다.[43] 여기에 이것을 활용할 수 있는 방법이 있다. 가족 식사는 신성불가침할 필요가 있다. 가족과 함께하는 식사가 의무적이고 모든 가족 구성원이 자신의 전자기기를 멈춘다. 그 시간은 저녁과 대화를 위한 것이 되어야 한다는 것을 의미한다. 여기에 가족 식사를 효율적으로 진행하기 위한 나만의 설명이 있다.

● 식사는 45분 이상 지속되어서는 안 된다. 이는 어린이나 10대들에게 집중하기에 긴 시간이고, 당신은 이 식사가 혐오스러움이 아닌 긍정적이길 원해야 한다.

● 랩탑, TV 그리고 가장 어렵고 논란의 여지가 많은 물건인 휴대전화와 스마트폰을 포함한 모든 기계는 식사를 시작할 때 끼아 한나. 엄마와 아빠의 휴대전화 또한 꺼야 한다!

● 부모는 그들의 아이들에게 기계 사용에 대해 질문해야 하고 대답

을 듣는다. 이것은 훈육하거나 비판하기 위한 것이 아니라 정보를 모으는 시간이다. 아이들이 온라인에서 특히 소셜네트워크 사이트나 다른 공동 인터넷 활동을 하는 동안 사람들과 어떻게 상호작용하는지에 대해 물어 보아라. 또한 부모는 사회적 의무를 유지하고 일하는 도구로서 기술과 어떻게 상호작용하는지에 대한 몇 가지 예를 공유해야 한다.

● 만약 당신의 아이들이 휴대폰 없이 견딜 수 없다는 걸 안다면, 아이들이 이로 인한 문제를 가지고 있을 수 있으니 저녁 식사를 통해'기술 휴식'을 취하는 방법을 시작하라. 기술 휴식은 테이블에 앉은 모든 사람이 자신의 전자기기를 1~2분 정도 확인하고 끈 뒤에, 방해 받는 것 없이 가족의 대화에 참여하는 시간이다.[44]

● 아이들과 청소년들은 온라인이든 직접 대화를 나누든 대화의 실용성에 대해 배울 필요가 있다. 기계 너머에는 사람이 있다는 것과 의사소통에서 상대방 반응을 볼 수 없다는 것이 강하고 부정적이고 공격적인 반응이 없다는 게 아니라는 것을 그들에게 가르쳐라. 아이들이 이 스크린 뒤의 역동성을 더 이해할수록 실용성을 이해하지 못하고 의도적으로 공격적인 사람들과 더 잘 어울릴 수 있다.

우울함의 신호가 인지될 때를 주목하라

인지 요법의 창시자인 아론 베크(Aaron Beck) 박사는 우울의 원인이 극단적인 사고("난 취직을 못 했고 앞으로도 절대 취직 못 할 거야."), 과잉 일반화("존이 나에게 패배자라고 했어, 다른 사람들도 나를 그렇게 생각할 거야."), 확대 해석("진(Jean)이 내 친구가 되려고 하지 않았어, 누구도 날 좋아하지 않고 난 친구가 없어.")등과 같이, 다른 인식 왜곡들 가운데 잘못된 생각을 통한 개인의 사고의 왜곡으로부터 직접적으로 밝혀질 수 있다고 말한다. 당신과 주변 사람들의 이러한 사고에 주의하라. 뇌는 놀라운 기관이나, 그것은 우울의 징후학을 반영하는 틀에 갇힐 수도 있다. 당신이 이러한 왜곡된 표현 중 어느 것이라도 사용하는 자신이나 지인을 본다면, 베크 박사는 당신에게 감정이 아닌 표현 뒤의 말하는 방식에 냉정히게 접근하고, 논리적 추론으로 거짓을 떨치라고 조언할 것이다.

다중처리능력과 조울증은 깊은 관련이 있다

우리는 모두 한 가지 일에서 다른 일로 우리의 시선을 옮긴다. 이것은 인류로서 우리가 계발시킨 능력이다. 하지만, 연구는 이 업무전환의 습성(다르게 말하면, 다중처리능력)이 건강하거나 유익하지 않을 수 있다는 것을 보여준다. 더욱 나쁜 것은, 컴퓨터, 인터넷, 스마트폰을 포함해 우리가 매일 누리는 정밀한 기술들은 우리의 시각과 청각의 범위에 있는 다중자각의 환경을 제공함으로써 업무 전환을 조장한다. 울리는 휴대폰은 업무의 중요성과 상관없이 단지 누가 메시지를 보냈는가를 확인하기 위해서 하고 있는 일로부터 우리의 신경을 분산시킨다. 유튜브 비디오 팝업은 적절한 때가 아님에도 그것을 보도록 유도한다. 우리가 수행한 가장 최근의 연구는 업무 전환을 더 선호하는 사람이 조울증의 신호를 보이는 사람이라는 것을 보여준다.

이에 대한 하나의 제안은 당신만의 '기술 휴식'을 도입하는 것이다. 말하자면, 15분 동안 업무 전환 없이 일에 집중하는 시간을 가지고, 1~2분 정도 기기를 체크할 수 있도록 허락한 후 다시 15분 동안 일에 집중하는 시간으로 돌아오는 것이다. 이것은 당신이 사람의 마음을 끌면서 깜빡거리는 웹사이트를 삭제하고 휴대폰을 무음으로 설정해야 효과가 있다.

조광치료

네덜란드에서 이루어진 최근 연구는 분위기를 조절하는 데 빛의 중요한 역할을 확인했다. 리트샐트 리버스(Ritsaelt Lieverse) 박사와 동료들은 심각한 우울증을 겪고 있는 노인들에게서 3주간의 부가적인 밝은 빛이 우울 정도를 크게 개선했다는 사실을 발견했다.[45] 다른 연구들은 밝은 빛이 우울증을 감소시키는 데만 좋은 것이 아니라 정신집중에도 효과적이라는 것을 보여주었다.[46] 나는 여기서 밝은 빛은 당신이 컴퓨터 화면에 가까이 앉아 있는 것을 의미하지 않는다는 것을 언급한다. 밝은 빛은 특별한 빛 상자나 햇빛으로부터 얻을 수 있다.

당신이 스스로 특정 기술이나 미디어의 사용과 관련된 우울 증세를 보이거나, 다른 사람을 발견한다면, 위의 제안들 가운데 몇 가지를 실행해 보라. 하지만 결론은 능력 있는 심리학자나 정신건강 전문가의 관심을 필요로 한다는 것이다. 다음으로 우리는 지난 수십 년간 많은 논평과 연구 결과를 쌓은 주의력결핍과잉행동장애(ADHD)와 같은 아주 중요한 심리적 장애를 논하려 한다.

회의에 참석하지 못해서 죄송합니다…, 제가 이메일을 확인했을 때는 이미 두 시간이 지난 후였어요

주의력결핍과잉행동장애(ADHD)는 의학적 문제이며 뇌의 문제이기도 하다. 우리는 뇌의 적응과 변화가 반복적으로 노출되는 환경적 자극에 기반한다는 것을 알고 있다. 그러므로 담배와 같은 환경적 자극이 암에 대한 위험을 증가시킬 수 있는 것과 같이, 환경적 자극이 ADHD와 같은 질병에 대한 위험을 높일 수 있다는 점은 신빙성이 있다.[1]

_ 아이오와주립대학 심리학과 부교수 더글라스 젠틸(Douglas Gentile)

콜비(Colby)는 실직하지 않기 위해 고군분투하는 29살 미혼의 보험 세일즈맨이다. 그의 상사는 콜비의 업무를 마지막으로 평가하면서 과도한 지각, 회의 결석, 서류의 완성도 부족 등이 기준에 못 미치며, 따라서 일을 올바르게 수행할 수 없을 것이라고 기록했다. 만약 그가 이러한 점들을 빠른 시간 내에 고치지 않는다면, 회사에서 다시 쫓겨나게 될 것이다. 2009년에도 같은 이유로 경리 업무를 그만두었다. 콜비는 미국 남부의 한 대학에서 마케팅 학사 학위를 받았지만, 교수들로부터 대부분 C학점을 받으며 고군분투했다. 그의 가장 큰 문제는 일을 끝까지 마무리하는 데 어려움을 느낀다는 것과, 주의력 결핍 때문에 중요한 미팅이나 회의에 참석하는 것이 힘들었다는 것이다.

콜비는 항상 집중하는 데 문제가 있었다. 그는 공식적으로 주의력결핍행동장애(ADHD)로 진단받지는 않았지만, 행동은 동일한 증상들을 보여주었다. 콜비는 성인이지만, 하루 종일 문자를 하는 것에서부터 자신이 가장 좋아하는 스포츠 팀의 기록을 ESPN(미국의 스포츠 전문 채널)을 통해 10분마다 확인을 하는 것에 이르기까지 모든 온라인 세계의 유혹에 저항할 수 없었다. 그는 페이스북 페이지와 CNN(미국의 뉴스·보도 전문 채널)을 규칙적으로 켜고 끄는 것을 반복했다. 콜비는 현대 젊은 성인의 전형적인 모습을 보여주고 있다. 콜비는 아침이 될 때까지 비디오 게임을 하면서 자랐고, 그 때문에 1학년 때부터 학교생활에 적응하는 데 문제가 있었다. 콜비의 경우, ADHD 증상은 아마 과도한 게임으로 인해 악화된 것일지도 모른다.

ADHD는 사람들로 하여금 집중력을 떨어트리고 충동 조절을 어렵게 만드는, 일반적이고 잠재적인 파괴력이 강한 질병이며, 이로 고생하는 사람들은 직장이나 학교에서 문제를 일으킨다. 질병대책센터에 따르면, 5백만2천 명의 3~17세 사이의 미국 어린이들이 ADHD를 앓고 있고, 그 중 8.4%가 ADHD로 진단을 받는다. ADHD로 진단받은 3~17세 사이의 남자 아이들의 비율은 11.2%로 나타났고,[2] 같은 연령대의 여자 아이들 또한 5.5%가 ADHD로 진단받았다. 22~45세 사이의 성인들의 약 1%, 즉 8백만 명은 ADHD로 인해 약을 복용하고 있지만, 미국의 불안장애 협회에 따르면, 실제로 ADHD를 앓고 있는 사람들 중 20%도 안 되는 인원만 치료를 받고 있다.[3] ADHD를 앓고 있는 약 60%의 아이들은 성인이 되어서도 계속 ADHD의 증상이 계속된다.[4]

ADHD로 진단 받은 아이들의 비율은 90년대 후반부터 2008년까지 33%가 증가했는데, 이 시기에 3~17세의 아이들 중 천만 명이 발달장애 진단을 받았다.[5] 지난 10년 동안 ADHD를 앓고 있는 아이들이 30%나 증가한 것이다.[6] 몇몇 사람들은 그러한 증가가 더 정교화된 진단 테스트 때문이라고 말하기도 하지만, ADHD로 진단받은 아이들이 그렇게 급속하게 증가한 것은 명백히 큰 문제이다. 아마도 기술과 미디어 이용과 같은 다른 관련된 원인들이 이러한 아이디스오더를 만들었을 것이다.

인구의 일정 비율이 이러한 장애를 갖고 있는 것으로 진단됐지만, 우리의 기술에 대한 의존도, 인터넷의 항시 이용 가능성 그리고 기계의 지속적인 사용은 마치 우리 모두가 ADHD에 걸린 것처럼 행동하게 만든다.

생각해 보면, 우리는 모든 것이 플러그로 연결된 세계에 살고 있다. 우리는 전자기기와 무선기기를 통해 소통하고, 이어폰을 통해 음악을 듣고, 엄청난 양의 정보에 접근할 수 있게 해주는 소형 컴퓨터를 들고 다닌다. 그리고 종종 '진짜 인간'이 근무하는 회사 안에 있으면서도, 우리는 이 모든 것을 동시에 하고 있다. 대부분의 젊은 사람들은 노트북에 여러 화면을 띄워 놓고, 동시에 TV를 보고, 음악을 듣고, 자신의 페이스북을 업데이트한다. 이 기기들은 우리로 하여금 한 가지 일에 오랫동안 집중하고 전념하는 것을 불가능하게 만든다. 심지어 유아들에게서도 텔레비전의 빠른 장면 전환과 밝고, 화려하고, 움직이는 이미지들로 인해 ADHD 아이디스오더가 어느 정도 나타나기 시작한다.[7]

심리학자에 따르면, ADHD의 고전적인 증상은 다음과 같다.

1. 숙제, 일 또는 다른 활동에서 부주의한 실수를 저지른다.

2. 세부적인 사항에 주의를 기울이지 않는다.

3. 일에 집중하는 것에 어려움을 겪는다.

4. 이야기를 할 때 잘 듣지 않는다.

5. 지시를 따르지 않고 일을 완성하지 못한다.

6. 활동을 체계화하는 것에 어려움을 느낀다.

7. 장시간 정신적 노력이 필요한 활동은 피하고, 싫어하고, 거부한다.

8. 일을 완료하는 데 필요한 도구들을 잃어버린다.

9. 쉽게 산만해진다.

10. 일상생활에서 건망증이 심해진다.

11. 과잉행동 및 충동적 행동을 보인다(말을 불쑥 내뱉거나, 방해한다).

이렇게 많은 증상들이 SNS 활동, 비디오 게임, 스마트폰 사용 등의 지속적인 미디어와 기술 이용의 결과로 나타난다는 것은 과장이 아니다. 많은 이들은 이것이 단지 하나의 기기나 웹사이트를 이용하기 때문이 아니라, 이러한 여러 가지 것들을 동시에 이용하려는 경향 때문이라 주장한다. 그럼 첫 번째로 멀티태스킹(다중 작업)이라는 혼란스러운 문제를 탐구해 보자.

멀티태스킹 광란

대중적인 유행어 중 하나는 멀티태스킹인데, 이는 종종 우리가 설명하는 ADHD와 같은 증상이라고 비난을 받는다.[8] 이는 동시에 여러 가지 일을 한다는 개념이다. 그러나 진보된 기술이 주는 매력적이고 산만한 소리와 화면의 지원으로 더 많은 작업을 하게 될수록, 우리의 뇌는 더 많은 스트레스를 받고 과부하가 걸리며, 심지어는 하나도 제대로 처리하지 못할 수 있다. 한 연구 결과는 우리가 동시에 많은 일을 할 수 있는 멀티태스킹과 같은 개념은 없다고 말한다. 다시 말해 사람들은 동시에 두 가지 일에 집중할 수 있는 능력이 부족하다는 것이다. 인터넷에서 '분수대에 빠진 소녀'라고 불리는 캐씨 크루즈 마레오(Cathy Cruz Marrero)의 사례를 살펴보자. 그녀는 2011년 1월, 핸드폰에 너무 집중한 나머지 쇼핑몰 안의 분수대로 빠지고 말았다.[9]

이것은 매우 웃기는 예이지만, 기술적인 기기들의 사용은 우리가 주의를 집중하는 것을 계속 방해하고 분산시키는 매우 심각한 결과를 초래할 수도 있다. 대학생들의 문자 이용과 집중력에 관한 한 연구는, 문자를 많이 한 학생일수록 집중도가 더 낮았음을 보여준다.[10] 또한 몇몇 연구들은 숙련된 컴퓨터 이용자라도 온라인에서 글을 읽거나 하이퍼텍스트 문서를 읽을 경우에 산만해진다는 것을 보여준다.[11] 정신의학 전문가들은 멀티태스킹에는 이점보다 다음과 같은 단점들이 더 많다는 주장에 동의한다.

1. 집중력 부족

2. 의사결정 장애

3. 내용의 깊이 부족

4. 정보의 과부하

5. 인터넷 중독

6. 수면장애

7. 카페인 과다섭취

우리는 실험실에서 베이비붐세대, X세대, 인터넷세대로 명명되는 시대를 살아온 1,319명의 성인들을 대상으로 아홉 가지의 기술과 미디어 기반 활동(온라인 이용, 온라인을 이용하지 않고 컴퓨터 하기, 비디오 게임 하기, 음악 듣기, TV보기, 문자하기, 전화하기, 채팅하기, 이메일 주고받기) 및 기술과 관련되지 않은 세 가지 추가적인 일상 활동(식사, 책 읽기, 얼굴을 마주보며 이야기하기)을 포함하는 열두 가지의 전형적인 일상 활동을 그들이 어떻게 수행하는지 질문함으로써 멀티태스킹을 연구했다. 우리는 멀티태스킹의 용이함을 측정하기 위해 모두 66가지의 이중적인 작업의 조합을 검토해 보았다. 우리는 몇 가지 일의 조합들은 다른 조합에 비해 하기 쉽다는 것과 그리고 활동의 개수와 종류는 당신의 나이에 따라 달라질 수 있다는 것을 발견했다. 예를 들어, 거의 모든 연구 참가자들이 음악을 듣는 동시에 다른 활동들을 할 수 있다고 말했다. 베이비붐세대는 한 번에 여러 가지 일을 하는 데에 어려움을 겪었다. 그들에게는 TV 시청, 음악 감상, 식사가 다른 일들과 같이 가장 쉬운 활동이었던 반면, 젊은 세대들은 그들보다 더 많은 일을 동시에 쉽게 할 수 있었다. 베이비붐세대의 67%만이 한 번에 여러 가지 일 이상을 할 수 있다고 답했고, 이는 X세대의 77%, 인터넷세대의 87%가 가능하다고 답한 것과 비교되는 수치이다. 나아가 각각의 세대가 66가지의 일 조합을 수행하면서 편안함을 느끼는 정도를 살펴봤을 때, 인터넷 세대는 일 조합들의 65%를 매우 쉽다고 느꼈고, 이에 반해 베이비붐세대는 23%에 그쳤다. 주로 30~40대에 해당하는 X세대는 42%정두가 쉽다고 느끼며 중간에 머물렀다.[12] 그러나 모든 세대에게 있어서, 문자하기, 책 읽기, 비디오 게임하기는 다른 일들과 같이 하기에 가장 어려운 일이었다.

미디어 이용에 관한 통계수치에 따르면, 우리는 사람들이 미디어를 이용해 멀티태스킹을 한다는 것을 알고 있다. 미디어 이용에 관한 가장 최근의 조사에서, 닐슨은 2010년 마지막 분기 동안 청소년들이 매달 3,705건의 문자를 주고받았다는 것을 발견했고, 이는 한 시간마다 약 6건에 해당하는 수치이다. 18~24세 사이의 젊은이들은 한 달에 1,630건의 문자를 주고받았고, 심지어 10대 초반의 청소년들 또한 한 달에 1,178건이라는 엄청난 양을 사용했다. 10대 후반의 젊은 사람들과 성인들 중 62%는 사진을 전송했고, 49%는 모바일 인터넷을 사용했고, 38%는 소프트웨어와 다른 어플리케이션 등을 다운받았다.[13] 이들은 이른바 '문지'라고 하는 미니어의 한 형태를 사용하며, 이는 멀티태스크하기에 어려운 기술들 중 하나인 것은 명백하다. 어린이, 청소년, 젊은 성인들은 기술로 넘쳐나는 시대에서 자라왔다. 이는 명백한 사실이지만, 2000년 이전까지만 해도 아이팟, 아이폰, 위 게임(Wii), 마이스페이스, 페이스북, 구글플러스, 링크드인, 아이튠즈, 유튜브, 판도라, 트위터, 아이패드, 엑스박스, 위성라디오, 플리커, 스카이프, 카메라폰, 킨들, 파이어폭스, 블랙베리, 3D TV, 안드로이드, 클럽 펭귄, 티보, 브로드밴드, 그루폰 중 아무것도 존재하지 않았다는 사실을 떠올려 봐라. 새로운 기술, 미디어 그리고 소프트웨어의 놀라운 조합은 시간을 소비하고 즐기며, 인간과 인간을 쉽게 연결시키는 동시에 궁극적으로 뛰어난 멀티태스커로 변화시켰다. 한 심리 실험실 연구가 이에 대해 어떤 발견을 했는지 한 번 살펴보자.

1950년대의 고전적인 연구에서, 매사추세츠공과대학의 콜린 체리(Colin Cherry)는 '양분 청취 작업(dichotic listening tasks)'이라 불리는 것을 통해 사람들이 어떻게 집중하는지에 대해 알아보았다. 실험 참가자들은 한 번은 한쪽 귀로 음성을 듣고, 그런 다음 동시에 두 사람이 얘기하는 것을 들을 수 있는지 없는지를 알아보기 위해 양쪽 귀로 음성을 들었다. 한쪽 귀에는 항상 참가자가 듣고 다시 말해야 하는, 이른바 '섀도잉(shadowing)'이라 불리는 메시지가 포함된 반면, 다른 쪽 귀에는 사람들이 말하는 것이 포함됐다. 이 실험의 핵심은 주요 메시지에 완전히 집중함과 동시에 다른 쪽 귀로 또 다른 누군가가 말하는 것을 들을 수 있는지를 확인하는 것이었다. 체리는 다른 쪽 귀로 들은 메시지가 남성, 여성의 목소리인지, 영어 또는 다른 언어인지, 심지어는 실제로 존재하는 단어로 구성됐는지에 대해 참가자들이 알지 못했다는 점을 발견했다. 다시 말해, 사람들은 동시에 두 가

지 정보를 동시에 처리할 수 없다는 것이다.[14]

그의 연구는 검증받았고, 현대 미디어 세계로 확장되어 스탠포드 대학 실험실의 흥미로운 연구로까지 이어졌다. 연구자 아이알 오피르(Eyal Ophir), 클리포드 나스(Clifford Nass), 안토니 바그너(Anthony D. Wagner)는 미디어 이용 빈도가 낮거나 높은 멀티태스커들을 비교함으로써, 사람들이 정보를 처리하는 방식에 있어서의 체계적인 차이점을 알아보고자 몇 가지 실험을 했다. 이 두 집단에게는 각각 번갈아 문자와 숫자의 조합을 부여주고, 숫자가 홀수인지 짝수인지와 문자가 자음인지 모음인지에 관해 물어보았다. 이는 굉장히 간단한 일이지만, 연구자들은 미디어를 많이 이용하는 멀티태스커들이 정확하게 대답하지 못하거나, 그 전환에 능숙하지 못하다는 것을 발견했는데, 이는 그들이 틀린 답에 대해 더 혼란을 느꼈기 때문이다. 이것이 언어 요소들(숫자, 문자)과 연관된 작업이기 때문은 아닐까 궁금했는데, 한 연구에서는 참가자들에게 각각 다른 도형과 색을 보여주고 그것을 구분하게 했을 때 같은 결과가 발견됐다.[15] 연구자들은 "미디어를 매우 많이 이용하는 멀티태스커들은 자신이 소비하는 다양한 미디어의 멀티스트림에 의해 쉽게 산만해지는 한편, 미디어를 적게 이용하는 멀티태스커들은 자신의 자유 의지로 집중을 더 효과적으로 잘했다."[16]고 결론을 내렸다.

연구자들은 또한 직장에서 이루어지는 멀티태스킹 효과에 대해 연구했고, 기술이 우리를 가장 산만하게 한다는 것을 발견했다. 예를 들어, 캘리포니아대학에서 글로리라 마크(Gloria Mark)와 동료들은 세세한 것을 중요시해야 하는 컴퓨터 프로그래머들을 3일 동안 하루에 8시간 씩 관찰했는데, 이 프로그래머들이 매 3분마다 산만해진다는 것을 발견했다.[17] 다른 연구자들은 회의 시간 동안 노트북을 사용하는 것이 매 2분마다 산만함을 가지고 온다는 것과[18] 심지어 의대생들도 학교의 컴퓨터 실험실에서 연구를 할 때 매 5분마다 산만함을 느낀다는 것을 발견했다.[19]

많은 직장에서 이루어진 연구들에서 범인은 이메일이었다. 한 연구에서, 어느 영국 회사 직원의 85%는 메일이 온 지 2분 이내에 답장을 했고, 70%는 6초 이내에 답장을 했다![20] 이는 회사에 이메일 답장 시간에 대한 내부 규칙이 존재하지 않아 각각 행동했기 때문이다. 지속적인 업무 집중 방해로, 이처럼 우리 스스로가 산만해짐을 느끼고, ADHD의 증상을 보이게 됨을 확인하는 것은 그리 어려운 일이 아니다.

연구자들은 일단 일의 집중에 방해를 받으면 다시 작업으로 돌아가는 것이 어렵다는 것도 발견했다. 컴퓨터 프로그래머들에 관한 한 연구는 재개 지연(방해받은 일로 다시 돌아가는 데 걸리는 시간)이 10,000명의 프로그래머들 중 반 이상이 5분 또는 그보다 더 길다는 것을 발견했고, 단지 6번에 1번꼴로 프로그래머들이 1분 안에 원래 일로 돌아갈 수 있었다는 것을 보여준다.[21] 글로리아 마크(Gloria Mark)가 행한 추가 연구는 더 엄청난 결과를 보여주었다. 컴퓨터 프로그래머들은 집중 방해를 받은 이후에 원래의 일로 돌아가기까지 평균적으로 25분 이상이 걸렸다.[22] 그리고 그들이 모든 작업을 마무리 할 수는 있었지만, 스스로 집중에 방해를 받은 프로그래머들은 한 가지 작업에만 집중하는 사람들보다 일을 하면서 더 많은 스트레스를 받았다.

우리가 본서에서 논의한 것처럼, 우리는 사람들이 엄청난 양의 미디어와 기술을 소비하고 있으며, 만약 멀티태스킹이나 일의 전환 없이 각각의 장치나 각각의 웹사이트만을 이용한다면 더 많은 시간이 걸릴 것이라는 것을 알고 있다. 이는 마치 지속적인 산만함이 우리를 집중하지 못하게 하고, 여러 화면과 기기를 쉽고 빠르게 옮겨 다니며 심각한 결과를 가져오는 ADHD를 가진 사람처럼 행동하게 만든다.

산만한 운전

멀티태스킹과 관련해 개인과 사회 모두에게 영향을 미치는 심각한 문제 중 하나는 산만한 운전이다. 미국 교통부에 따르면, 자동차 사고의 최대 25%와 자동차로 인한 사망자 중 18%가 산만한 운전으로 인해 발생했다고 한다.[23] 산만한 운전은 운전하는 동안 당신의 집중력을 떨어뜨리는 모든 활동을 포함하지만, 운전 중 기기 사용은 상대적으로 새로운 현상이고 그 어떤 활동보다 우리를 산만하게 만들기 때문에 가장 강력한 원인이라고 생각된다. 우리는 차에서 식사를 하고 화장을 하다가 차가 다가오는 데도 방향을 틀지 못한 사람들에 대한 이야기에 익숙하다. 그러나 이제 우리는 대부분 운전 도중 문자를 보내는 이야기를 듣는다.

남부 캘리포니아 사람들은 분명 2008년 9월에 발생한 메트로링크(Metrolink) 충돌 사고에 대해 기억할 것이다. 승객을 싣고 산페르난도 밸리(San Fernando Valley)로 향하던 기차가 화물열차를 들이받아 25명이 사망하고 135명이 다쳤다. 열차 운전자 로버트 산체스(Robert Sanchez)는 충돌 직전에도 기차광인 청소년과 문자를 하고 있었다. 그 역시 사망했다.[24] 남부 캘리포니아에서 일어난 또 다른 사건은 하나는, 2008년 8월 42세의 마틴 버트 큐흘(Martin Burt Kuehl)이 차로 행인을 들이 받아 사망케 한 것이다. 32세의 보모 마르타 오발레(Martha Ovalle)는 큐흘이 그녀를 들이받을 당시에 길을 건너고 있었다. 큐흘은 사고가 일어나기 30분 전부터 계속해서 문자를 주고받고 있었다.[25] 마지막으로, 2010년 시카고에서 운전을 하며 페이스북 페이지를 업데이트하던 여성과 관련된 사건도 있다. 70세 운전자 레이몬드 벨오즈(Raymond Veloz)는 운전 도중 페이스북에 자신의 프로필 사진을 업데이트하던 아라셀리 베아스(Araceli Beas)의 차에 치여 사망했다. 당시 그는 차에서 내려 가벼운 접촉 사고로 발생한 차체의 사고 흔적을 살펴보고 있던 중이었다.[26]

다음은 미국 정부가 사이트를 통해 공식적으로 발표한 '산만한 운전'과 관련한 통계 자료이다.[27]

● 2009년에 발생한 충돌사고의 20%는 산만한 운전으로 인한 것이었다.

● 산만한 운전으로 인한 충돌사고로 사망한 사람들 중 955명은 휴대

폰이 원인으로 조사됐다(산만한 운전으로 인한 충돌사고의 사망자 중 18%).

● 2009년에는 5,474명이 도로에서 사망했고, 약 448,000명이 산만한 운전으로 인한 오토바이 충돌사고로 부상을 입었다.

● 산만한 운전을 하는 운전자의 가장 많은 부분을 차지하는 그룹은 20대 이하의 연령대였고, 20대 이하의 모든 운전자 중 16%가 산만한 운전으로 인한 충돌사고에 개입되어 있었다.

● 휴대용 기기를 이용하는 운전자들은 심각한 충돌사고가 발생할 확률이 4배나 더 크다.

● 손에 들고 쓰는 휴대폰이던, 핸즈프리이던 간에 상관없이, 운전 중에 휴대폰을 사용하는 행위는, 혈중 알코올 농도 0.08%의 상태로 음주운전을 하는 것만큼 운전자의 반응 속도를 더디게 할 수 있다.

이러한 사례들이 매우 극단적인 건 사실이지만, 기기를 사용한다는 것이 얼마나 파괴적인지를 보여준다. 또한 다른 기술과 관련된 상황에서, 특히 아이들의 집중력에 문제를 가져오는 원인이 된다. 아이오와주립대학의 박사과정에 재학 중인 에드워드 스윙(Edward Swing)과 심리학과의 더글라스 젠틸레(Douglas Gentile) 교수는 비디오 게임과 TV 시청은 아이들의 집중력을 떨어뜨린다고 말했다. 그들은 하루 2시간 이상 TV를 보고 비디오 게임을 하는 것은 초등학생의 집중력에 문제가 생길 가능성을 약 1.5배에서 2배 정도 높인다고 언급했다.[28] 물론 모순적이게도 ADHD를 가진 아이들은 훌륭한 비디오 게임 플레이어이다. 이는 기술이 아이들을 숙제와 같은 일보다 게임에만 집중하도록 만들기 때문이다. 하지만 결론은 기술이 엄청나게 집중력을 흩트리고, 그러한 산만함의 요소들이 ADHD를 가진 사람과 똑같은 행동을 하게 만드는 사실에는 변함이 없다는 것이다.

ADHD의 뇌

우리는 ADHD가 평생 지속될 수 있다는[29] 것을 알고 있으며, 대부분의 연구자들은 유전 및 생물학적 요인들이 이 질환의 근본적인 원인이라는 것에 동의하고 있다. 기술과 미디어를 이용하는 방식이 우리로 하여금 ADHD를 가진 사람처럼 행동하게 만든다는 것을 발견했지만, 일부 연구자들은 뇌 자체가 실질적으로 사람들을 산만하게 만들 수 있다는 사실을 발견했다.

런던대학의 료타 카나이(Ryota Kanai)와 그의 동료들은 뇌의 특정 부분, 뇌의 왼쪽에 위치한 두정엽 피질이 과연 산만함에 영향을 끼치는 지 테스트했다. 연구팀은 경두개의 자기성 자극을 이용해 15명의 참가자들의 특정한 뇌의 기능을 일시적으로 방해했다. 『사이언스 뉴스』의 라우라 샌더스(Laura Sanders)는 이 실험에 대해, "카나이가 '왈도(Waldo)를 찾아라'의 심리학자 버전이라고 부르는 것에서 사람들은 순환을 찾고, 산만함을 주는 빨간 다이아몬드 같은 관련 없는 세부사항들은 걸러낸다. 왼쪽의 우성 두정엽 피질에서 뇌의 활동이 약화되면, 뇌의 활동이 약화되지 않았을 때보다 목표물을 찾는 데 더 많은 시간이 소요되는데, 이는 뇌의 영역이 집중력에 영향을 미친다는 것을 암시한다. 관련이 없는 영역에서의 뇌의 활동이 저하된 경우는 어떤 영향도 미치지 않았다."[30]라고 말했다.

연구원들은 쉽게 산만해지는 사람들의 뇌와 그들보다 집중을 더 잘하는 사람들의 뇌를 비교해, 쉽게 산만해지는 사람들이 더 많은 신경 세포를 지닌 빽빽한 뇌 조직을 가지고 있다는 사실을 발견했다. 카나이는 이러한 직관에 어긋나는 결과를 '뇌가 너무 많은' 또는 더 많은 뉴런 연결을 가진 회백질의 대용량이라고 일컫는다. 카나이는 그것이 우리가 어른이 되어감에 따라 신경 세포들이 효율적으로 기능하기 위해 회백질이 제거되는 것과 관련이 있을 것이라고 추측한다.[31] 이는 대부분의 ADHD 증후가 어린이들과 10대들에게서 나타나는지 설명한다. 뇌는 20대 중후반 또는 심지어 30대 초반의 젊은 성인이 될 때까지 완벽하게 다 자라지 않는 전전두엽 피질(의사 결정을 통제하는 부분)에서 좋은 뉴런 연결들을 강화하고 필요 없는 부분들은 없앰으로써 계속해서 발달하고 성숙해지기 때문이다.

어린이들의 뇌가 완전히 성장한 것이 아니라는 또 다른 증거는 조지타운대학 의료센터의 신경과학자인 스튜어트 워싱턴(Stuart Washington)의 최근 연구에서도 찾을 수 있다. '디폴트 모드 네트워크(default mode network)'(과학자들이 사람들이 세상을 버리보고, 신념을 형성하고, 주의를 조정하는 방법을 통제한다고 믿는 뇌의 다섯 부분의 세트)라 불리는 것에 대한 연구에서, 그는 6살 어린이와 27살 젊은이에게 MRI 기계 속에서 업무를 수행하게 했고, 어린이와 젊은이가 그 일을 끝내고 난 뒤에 일어나는 뇌의 활동을 조사했다. 디폴트 모드 네트워크에서 움직임이 더 활발했던 참가자는 젊은이였고, 그의 뇌 활동은 세상을 바라볼 때 필수적으로 조직화된 신경 활동을 보여주었다.

사람들이 이해할 수 없는 점은 ADHD에 걸린 많은 사람들이 매우 흥미로운 소재에 집중하는 데에 문제가 거의 없다는 것이다. 예를 들면, 세 아이의 엄마인 미시(Missy)는 학교 상담교사로부터 그녀의 8살짜리 아들 덱스터(Dexter)가 교실에서 자리에 가만히 앉아 있지 못하고 자기 일에 집중을 하지 못해 ADHD 검사를 받을 필요가 있다는 이야기를 들었다. 미시는 혼란스러웠다. "덱스터는 한자리에서 몇 시간이나 비디오 게임에 빠져 있는데 어떻게 ADHD일 수가 있단 말인가요? 그의 집중력은 훌륭하다고요!"[32]

이를 통해 비디오 게임은 학교 공부에 요구되는 것과는 다른 종류의 집중력을 필요로 한다는 것이 드러난다. 비디오 게임에서 플레이어는 끊임없이 보상을 받는다. 그리고 이것은 뇌가 도파민이라고 불리는 신경전달물질을 발산하게끔 자극한다. 학교 공부는 절대로 지속적인 보상을 제공하지 않는다. 사실상 그것은 간헐적인 강화 또는 보상의 과정에 더 근거하지, 도파민이 얼마나 발생하는 지에는 거의 근거를 두지 않는다. 뇌의 중심이 끊임없이 활성화되어 있는 것에 대한 보상 또한 아니다.

학업에 대한 집중과 비디오 게임 시의 집중 사이에는 또 다른 중요한 차이점이 있다. 학교는 속도가 유지되는 교육과 함께 '느리게'

움직이지만, 비디오 게임 그리고 텔레비전이나 인터넷 같은 다른 기술들은 빠른 장면 전환과 눈부신 색깔, 모양, 종류를 이용해 '빠르게' 움직인다. 워싱턴대학 의과대학의 소아과 의사인 디미트리 크리스타키스(Dimitri Christakis) 박사에 따르면, "만약 아이의 뇌가 어떤 속도에 계속해서 반응하고, 그것을 이기기 위해 요구되는 속도와 극도의 민첩함에 길들여진다면, 아마 그 아이는 결국 전혀 감동스럽지 않고 자극적이지 않은 세상의 현실을 발견하게 될 것이다."[33]

뇌 연구는 우리에게 어떻게 사람들이 기술에 사로잡혀 집중력이 믿어지지 않을 만큼 좋아지는가를 이해할 수 있게 해 주었고, 동시에 기술적 장치와 웹사이트에 관여되어 주의가 산만해지는 것은 어떤 일이든 끝내려는 고려 없이 빠른 작업 전환만을 조장할 수 있다는 사실 또한 이해시켜 주었다.

직장과 학교에서 나타나는 문제점

ADHD의 증상을 보이는 것은 일과 가정생활에 엄청난 부정적 영향을 줄 수 있다. 덱스터 같은 아이들은 학교생활에서 문제가 생길 소지가 다분하다. 이는 또한 아이 스스로 자신이 유능하지 못하고 학업에 소질이 없다고 믿게 만들 수조차 있다. 어른에게 미치는 영향은 더 심각할 수도 있다. ADHD에 걸린 사람은 줄어든 생산성 때문에 1년 중에 약 3주를 놓치게 된다.[34] 그들은 회의를 놓치고, 기억력 문제를 겪으며, 하나의 일에 오랫동안 집중할 수 없다.[35]

사람들은 직업적 목적뿐만 아니라 페이스북 친구를 확인하고 게임을 하고 온라인에 접속할 때에도 기기들을 사용한다.[36] 사실 한 연구에서는 직장에서 컴퓨터를 이용한 작업 전환의 76%가 '주의를 산만하게 하는 활동들'에 초점이 맞춰져 있는 반면, 단지 13%만이 일과 관련된 활동에 초점을 맞추고 있다.[37] 앞서 언급됐듯이, 많은 연구 결과들은 컴퓨터 프로그래머들이 한 번에 오직 3분 동안만 자기 작업에 온전히 머무를 수 있고, 그 외에는 집중을 방해하는 대부분의 것들이 기술적으로 유도된다는 사실을 보여주었다. 더구나 기기들은 주의가 산만해진 작업자들이 일을 다시 시작하는 데에도 추가적인 시간이 들도록 했다. 한 번 집중력이 흐트러지면 그 사이 집중을 방해하는 더 많은 것들에 직면했기 때문이다.

　캘리포니아대학의 글로리아 마크(Gloria Mark)와 베를린 훔볼트대학의 동료들은 방해의 종류(예를 들어, 수화기를 드는 것, 인스턴트 메시지에 답하는 것)가 근무 실적에 차이를 만드는 지에 대해 조사했다. 연구자들은 방해의 맥락이 성과에 영향을 미치지 않는다는 사실을 발견했다. 하지만 그들이 놀랐던 점은 참가자들이 방해를 받지 않은 그룹보다 더 짧은 시간 안에 방해 받은 일을 질적인 차이 없이 끝마쳤지만, 끊임없이 바뀌는 일의 결과에는 영향을 받았다는 사실이다. 그들은 "사람들은 일을 빨리 처리함으로써 방해를 보상받지만, 이는 더 많은 스트레스와 높은 좌절감, 시간의 압박과 수고를 대가로 치른다."고 결론을 내렸다.[38]

　캘리포니아대학의 우리 연구소는 대학교, 고등학교 그리고 중학교 학생들이 자연스러운 학습 환경에서 15분 동안 공부하는 것을 관찰하는 연구를 했다. 숙련된 관찰자들은 공부하는 학생의 뒤에 드러나지 않게 앉아서 공부시간에 일어나는 모든 활동을 매 분마다 관찰했다. 글로리아 마크의 프로그래머들의 작업에서처럼, 이 학생들은 3분마다 집중력을 잃는 모습을 보였다. 그리고 집중이 방해된 주된 원인 중 하나는 컴퓨터 스크린에 띄워놓은 열린 창의 개수였다. 학생들은 8분에서 11분 정도부터 가장 낮은 집중도를 보였고 이는 정확히 열린 창의 수가 가장 많을 때였다. 좋은 성과에 대한 예측 변수는 학생들이 얼마나 일에 집중할 수 있는지 그리고 그들이 공부 전략을 미리 개발했는지를 포함했고, 나쁜 성과에 대한 예측 변수는 일의 전환과 새로운 것으로 옮기기 전에 하나의 일을 끝내는 것 중의 선호도, 일상적인 미디어 소비 그리고 그들이 15분의 공부 시간 동안 딱 한 번 페이스북 페이지를 확인했는지를 포함했다. 미디어, 멀티태스킹 그리고 소셜네트워킹은 학생들의 주의를 엄청나게 흐트러뜨리는 것으로 나타났다.

또 다른 관찰 연구에서 우리는 강의에 집중을 해야 하는 학생들이 무엇을 하는지 엿듣고 보기 위해 학생 연구원들을 대학교와 고등학교 교실에 보냈다. 아래 〈표 6.1〉을 보면 알 수 있듯이, 진행되는 강의와 관련 없는 많은 활동들이 행해지고 있었다. 예를 들면, 대학교 학생들의 5분의 1이 강의 중에 휴대폰을 책상 위에 올려놓고, 그들 중 4분의 1은 수업 중에 문자를 하고 있었다. 비록 자료가 고등학교 교실에서는 집중을 항해하는 요소들이 더 적다고 보여주지만, 여전히 7명 중 1명의 학생은 수업 중에 문자를 보내고 있었다. 심지어 일부 학생은 선생님의 강의 도중에 아이팟 이어버드를 끼고 노래를 듣고 있었다.

〈표 6.1〉 대학교 강의실 또는 고등학교 교실에서의 전자기기 사용에 대한 관찰 연구

기계 사용	대학교 강의실	고등학교 교실
노트북	11%	2%
책상 위에서 휴대폰	22%	7%
무릎 위에서 휴대폰	10%	12%
수업 중 문자 주고받기	24%	15%
아이팟 이어버드	2%	4%

교실에서 집중을 방해하는 이러한 기술들의 잠재적인 부정적 영향을 알아내기 위한 노력으로, 우리는 수업 중에 문자를 하는 것이 시험 성적에 어떤 영향을 미치는지 알아보기 위한 연구를 수행했다. 연구에 앞서 우리는 네 개의 심리학 교실의 학생들로부터 휴대폰 연락처를 받았다. 우리는 각각의 교실에서 학생들을 세 그룹 중 하나로 무작위 배정했다. 한 그룹은 강의 중에 실험자로부터 문자 메시지를 받지 않았고, 다른 한 그룹은 4개의 문자 메시지를 받았고, 마지막 그룹은 8개의 문자 메시지를 받았다. 각각의 교실은 실험자들이 문자 메시지를

보내는 동안 비디오테이프에 녹화된 30분짜리 강의를 보았다.

이 연구의 두 가지 특징은 결과를 이해하는 데에 있어서 중요하다. 첫 번째로, 학생들은 우리의 문자 메시지(예를 들어, "당신의 대학 전공은 무엇이며 왜 그 전공을 선택했습니까?")에 답장을 보내도록 요구받았다. 그리고 실제로 그들은 약 아홉 개의 단어들로 된 전형적인 답장을 보내왔다. 두 번째로, 그 문자 메시지들은 강의 바로 다음에 있는 시험에 나오는 정보가 비디오테이프 강의에 나오는 시간과 같은 시간에 도착하도록 설정됐다.

예상했던 것처럼, 우리는 8개의 문자 메시지를 받고 답장을 보낸 학생들이 문자를 아예 받지 않거나 4개를 받은 학생들보다 시험에서 크게 낮은 점수를 받았다(한 등급 정도)는 것을 발견했다. 하지만 놀랍게도, 30분 동안 메시지를 '4개만' 받은 그룹은 시험에 지장을 받지 않았다. 하지만 자료를 좀 더 면밀히 봤을 때, 우리의 지시 사항이 약간 모호했다는 것을 알게 됐다. 우리는 학생들에게 문자 메시지에 "답장을 보낼 것"이라고만 요구했지 언제 보내라고는 말하지 않았다. 즉시 답하지 않고 1분이나 2분 정도 기다렸던 학생들은 문자를 받지 않은 학생들만큼 잘 했던 것으로 밝혀졌다. 사실, 만약 그들이 3분이나 4분을 기다렸다면, 즉시 답장을 한 학생들보다 두 등급 더 높은 성적을 받았을 것이다.[39] 이것은 뜻밖이면서 놀라웠다. 그리고 이 부분은 주의 산만을 줄이는 것에 두움이 되는 전략 측면으로, 이후의 장에서 논의될 것이다.

우리는 같은 연구에서 문자를 보내는 것과 그 밖의 다른 기술 관런 행동에 대한 학생들의 의견을 포함한 후속 설문도 행했다. 〈표 6.2〉는 교실에서 어느 정도의 방해가 되는 습관들은 받아들일 수 있다는 것에 동의하는 학생들의 비율을 보여준다. 어마어마하게 많은 수의 학생들이 문자 메시지를 보내고 받는 것이 공부 능력을 해친다는 것에 동의했고, 3분의 1은 개인적으로 누군가가 수업 중에 문자를 받거나 보내는 것에 의해서 주의가 산만해진다고 했음에도 불구하고, 학생의 절반은 여전히 수업 중에 문자를 하는 것이 용인될 수 있다고 느꼈다.

〈표 6.2〉 수업 중 문자하는 행동

질문	강하게 동의하거나, 동의한 사람의 비율
수업 중 문자하는 것은 괜찮다.	49%
문자 메시지를 받는 것은 나의 배움 능력에 안 좋은 영향을 끼친다.	77%
문자 메시지를 보내는 것은 나의 배움 능력에 안 좋은 영향을 끼친다.	72%
나는 누군가 수업 중 문자를 받으면 집중력이 떨어진다.	37%
나는 누군가 수업 중 문자를 보내면 집중력이 떨어진다	32%

왜 기술과 미디어가 ADHD 아이디스오더의 증상들을 발생시키고 있는지를 설명해 줄 수 있는 또 하나의 단서는 우리 실험실 연구

에서 찾아볼 수 있다. 졸업생 줄리 펠트(Julie Felt)와 나는 미디어와 기술 사이의 잠재적인 관계에 대한 정보를 얻기 위해 1000명 이상의 부모님들을 대상으로 익명의 온라인 설문조사를 실시했다. 우리가 발견한, 대부분의 아이들이 가까이에 하고 있는 기술의 종류는 꽤 놀랍고 기대하지 못했던 것들이었다. 〈표 6.3〉은 자기 방에서 다양한 기술들을 사용하고 있는 어린이, 10대 초반, 중반, 청소년들의 비율을 보여주는 것이다. 보다시피, 심지어 가장 어린 아이들의 대다수가 자신의 방에 텔레비전은 물론이고, 비디오 게임 콘솔까지 가지고 있었다. 게다가 모든 청소년들은 자기의 방에서 벗어나지 않은 채 손가락으로만 다양한 기술들을 사용하고 있었다.

대부분의 연구자들은 방에 텔레비전을 놔두는 것이 어린이[40]와 청소년들[41]에게 이롭지 못하다는 것에 동의하고, 내 실험실에서 이루어진 최근 연구는 자신의 방에 컴퓨터를 가지고 있는 10대들은 관대하거나 태만한 부모를 가질 가능성이 높은 것을 발견했는데, 이 두 종류의 양육 방식은 청소년들의 행동적, 심리적 문제와 관련이 있다. 만약 '정상적인' 어린이와 청소년들이 자기 방에서 기술을 이용하는 것으로 문제를 가지게 된다면, ADHD를 앓고 있는 아이들은 그보다 더 위험에 빠지게 될 것이 분명하다.[42] 시각적으로 자극적이고 다양한 음성 수준을 가지고 있는 기술 기반 콘텐츠는 책이나 비전자 장난감과 같은 비기술적인 것들에 비해 더 매력적이고 더 집중력을 떨어뜨린다. 이와 관련 없이, 어린이와 청소년들이 집에서 가장 시간을 많이 보내는 장소에 이용할 수 있는 미디어가 있다는 것은 이러한 형태의 아이디스오더를 발생시키는 원인이 될 수 있다.

〈표 6.3〉 유아, 아동, 10대 초반 청소년, 10대 후반 청소년이 이용 가능한
개인적인 기기들

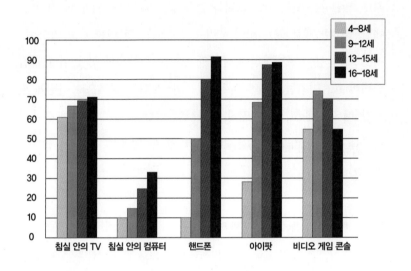

주의력 결핍 아이디스오더에서
벗어나는 데 도움을 주는 방법

이 장에서는 주의를 끌어내는 기술 세계가 사람들을 둘러싸고 있는
동안, 사람들이 한 가지에 집중하게 되면서 나타나는 문제점들을 논

의해 보았다. 그리고 이와 같은 논의들은 고해상도와 3D상의 움직이는 이미지, 고음질의 음향, 주요 업무 중 다른 것으로 주의를 돌리게 해주는 만족스러운 정서적 보상과 함께 꽤 매력적이다. 나는 멀티태스킹 또는 단순한 일의 변경을 의미하는 인지된 멀티태스킹과 관련한 심리 연구에 대해서도 이야기해 보았다. 우리는 사람이 집중력을 자주 전환하는 것이 좋지 않다는 것을 알고 있고, 한 번에 한 가지 일에만 집중한 채로 있는 것이 우리에게 좋다는 것 또한 알고 있다. 하지만 이와 같이 경쟁적인 자극들의 신성한 집합체와 함께 어떻게 집중력이 흐트러지는 것을 막을 수 있을까? 보다 본질적으로 어떻게 필요할 때 집중하고, 하는 일에 부정적인 영향을 끼치지 않는 선에서 자유롭게 일을 바꾸는 것을 가능하게 할 수 있을까? 여기에 단계별 계획이 있다.

● 단계 1: 우선순위가 매겨진 일 목록을 갖고 시작하라. 우리는 모두 예외 없이 바쁜 삶을 살고, 언제나 많은 일들 중 하나를 하게 될 수 있다. 지금 당장 나는 글을 쓸 수 있지만, 저녁 요리할 수도 있고, 영화를 보러 가기 위해 차려입을 수도 있고, 점심 먹은 그릇을 설거지 할 수도 있고, 빨래를 할 수도 있다. 이런 식으로 목록은 계속될 수 있다. 한 장의 종이를 꺼내서 당신이 생각하기에 해야 하는 일 또는 할 수도 있는 모든 일들의 목록을 만늘어라. 오락적인 항목들뿐만 아니라 일과 관련된 항목도 리스트에 포함시키는 것을 명심하고, 집안일과 가족으로서의 의무를 포함시키는 것을 잊지 마라. 이제 각각의 항목 옆

에 이 항목을 하는 것이 지금 당장 얼마나 중요한 것인지를 나타내기 위한 숫자를 적어라. 나는 3단계의 중요도를 표시하기 위해 1, 2, 3만을 표시했지만, 당신은 당신만의 체계를 가질 수 있을 것이다. 이제 일이 많아 보이는 것은 알지만, '1'이라고 표시된 모든 항목들을 중요한 순서대로 또 다른 페이지에 다시 옮겨 적어라. 이는 당신이 맨 윗부분에 있는 가장 중요한 일들만을 보게 해주기 때문에, 집중이 흐트러질 가능성을 최소화해 준다.

● 단계 2: 산만함을 최소화할 가능성이 있는 장소를 신중하게 선택해라. 우리가 학생들이 공부하는 것을 관찰했던 연구에서 더 많은 컴퓨터 창이 열려 있을 때 그들의 집중력이 가장 흐트러졌다는 사실과 글로리아 마크 외 다수가 이메일과 다른 컴퓨터 활동이 집중을 방해한다는 것을 발견했음을 상기해라. 그러니까 당신의 작업 환경에 산만함의 요인들을 최소화해라. TV를 끄고, 컴퓨터 화면을 끄고, 휴대폰을 손에 닿지 않는 곳에 놔둬라. 걱정하지 마라. 이는 다음 단계에서 체크할 수 있을 것이다.

● 단계 3: 기술을 피해서 쉬는 시간을 만들어라. 뇌는 멋진 기관이지만 여러 가지 일들을 효율적으로 처리하기에는 한계가 있다. 확실히 우리는 여러 가지 일을 하면서 일을 변경하는 것이 가능하지만, 기술, 특히 연결하고 소통하기 위한 수단인 기술에 빠져 있는 사람의 뇌에서 어떤 일이 일어나게 될지 생각해 봐라. fMRI는 산소의 흐름을 측

정한다(이는 뉴런의 활동에 직접적으로 연결되어 있다). 그렇게 끊임없이 사고하는 뇌를 상상해 봐라. '나는 앞으로 지난 몇 분간 누가 나에게 문자를 보냈는지 궁금하다.' 또는 '나는 누군가 나의 SNS 게시물에 댓글을 달았는지가 궁금하다.' 산소는 이러한 소통에 대해 걱정하는 영역으로 투입되고, 어느 때든지 산소의 양과 활동은 한정적이기 때문에 뇌는 지속적으로 그 사람이 무엇을 놓쳤는지에 대해 걱정하는 것에서부터 가까이에 있는 일에 이르기까지 끊임없이 전환하고, 또다시 돌아온다. 이는 당신이 일을 하거나, 학교에서 공부를 하거나, 수업에 집중하거나, 심지어 회의에서 집중하는 것에도 뇌가 그렇게 많이 사용되지 않는다는 것을 의미한다. 한편, 이 과정은 젊은 사람일수록 더 어려워지는데, 이는 뇌의 어느 영역을 활성화시키고 무시할 것인지와 관련한 결정이 20대가 될 때까지 완전히 발달하지 않는 전전두엽 피질에서 나오기 때문이다. 10대는 계속해서 자신의 SNS에 대해 생각하고 있기 때문에, 공부에 집중할 수 없다. 이는 학생들이 공부하면서 15분에 한 번씩 페이스북을 확인하면 그들의 성적이 떨어진다는 사실을 발견했을 때 놀랄 만큼 명백해졌다. 이와 같은 일의 변경에 대한 해결책은 '기술 휴식'이다. 특히 기술과 미디어에 의해 제공된 대단히 매력적이고 감각적인 경험들의 세계에서 우리의 마음은 헤맬 것이기 때문에, 그것들에 대한 계획을 세워야 한다. 깨끗한 작업 환경에서 시작해라. 모든 기술과 관련한 것들을 끄고 세거해라. 15분마다 한 번씩 당신 스스로에게 당신의 SNS, 휴대폰, 무엇이든지 집중해야 하는 것들을 확인하기 위해 1분의 '기술 휴식'을 가져라. 당신의 쉬는 시간의 시작과 끝을 상기하기 위해 알람을 맞춰 놓아라. 당신의 두 번째 휴식을 위해 다시 맞춰라. 이 개념에 대해서는 이 책의 마지막 장에서 다시 한 번 설명을 하겠지만, 이 방법은 효과가 있다!

● 단계 4: 무엇이 당신의 마음을 산만하게 하는지를 알아라. 모든 사람은 다 자신만의 산만함의 요인들을 가지고 있고, 무엇이 당신의 집중력을 계속해서 흐트러지게 하는지를 명확히 아는 것이 중요하다. 당신이 다른 일을 하고 있을 때와 다른 시간에 각각 산만하게 하는 다른 요인들을 발견하는 것이 중요하다. 대학교를 다닐 때, 나에게는 음식이 가장 큰 산만함의 요인이었다. 시험공부를 하려 하면 배가 불평하기 시작했고, 남은 피자가 냉장고에서 나를 부르기 시작하는 느낌이 들었다. 10대들이 공부할 때, 기술과 관련한 것들이 그들을 부른다. 사람들은 그들이 어떻게 가장 잘 배우고, 어떻게 집중력이 흐트러질 수 있는지를 아는 것이 필요하다. 그러면 그들은 그 산만함의 요인들을 제거하는 것과 그것들을 기술 휴식에 활용하는 것에 집중할 수 있다. 이는 심리학자들이 부르는 '인지적 행동에 대한 통제'라는 개념이고, 당신의 뇌가 어떻게 작동하는지 또 무엇이 작동하지 않게 만드는지에 대해 아는 것을 의미한다.

● 단계 5: 당신의 스트레스에 주의를 기울여라. 산만함의 요인들은 당신들로 하여금 집중력을 흐트러뜨리고, 그 흐트러진 집중력은 종종 완성하지 못한 일에서부터 오는 스트레스로 이어진다. 방해 요소

들을 제거하면서 스트레스를 줄여라.한 연구는 스트레스를 줄이는 것이 더 장수하고 더 행복한 삶을 살 수 있게 한다는 것을 보여준다. 압도적인 일 변경자에게 방해 요소들을 없애는 것은 스트레스를 완화하는 가장 좋은 방법일 수 있다. 당신과 소통하는 사람들에게 어떤 특정한 시간에는 안 된다고 규칙적으로 말해라. 이메일이나 음성 메시지에 1시간, 몇 시간 혹은 하루 동안 연락이 되지 않는다고 설명하는 메시지를 남겨라. 이 책의 마지막 장에서 스트레스를 막고 줄이는 것의 본질적인 역할에 대해 더 설명하겠시만, 간략히 말하자면, 이 연구는 15분 동안만이라도 평화로운 환경에 있는 것이 당신의 뇌를 쉬게 하며 스트레스를 줄여준다 것을 보여준다. 단지 자연 사진들을 보는 것만으로도 같은 효과를 얻을 수 있다. 당신이 가장 좋아하는 자연 사진을 두고, 그 사진들을 당신의 뇌를 진정시키고 끊이지 않는 일 변경으로부터 벗어나기 위해 활용해라.

ADHD의 증세를 보여주는 모든 사람들이 이 같은 장애를 가지고 있지는 않다. 하지만 나는 과도한 기술로 인한 정신없는 업무 전환이 당신이 노력하면 없앨 수 있는, 또 다른 형태의 아이디스오더라고 확신한다.

제7장

커뮤니케이션의 기초

스크린 뒤에서의 안전과 교육

당신은 그들을 볼 필요가 없고 그들도 이메일로 통해선 당신의 얼굴 표현을 볼 수 없죠. 면대면으로 이야기하는 것은 참 힘든 것 같아요. 왜냐하면 언제나 눈 맞춤에 주의해야 하고 그들에게 관심을 주어야 하니까요…… 적절한 휴식이 있으면 잘 얘기할 수 있어요.

_ 라이언(Ryan), 23살, 면대면으로 얼굴을 맞대고 하는 커뮤니케이션보다 전자기기로 하는 커뮤니케이션을 선호하는 이유에 답하며[1]

저는 고등학교를 들어갈 때부터 가장 구석자리에 앉았고 매우 낯을 가렸어요. 제가 만약 누군가와 점심시간에 이야기를 하려 하거나 함께 시간을 보내면 말을 더듬게 되고 얼굴이 빨개지면서 식은땀을 흘리고, 뭔가 멍청이같이 보여요. 그래서 늘 혼자서 먹고 혼자서 집까지 걸어갔죠. 그래서 저는 저만의 공간을 발견했어요. 이곳에선 제가 누군가에게 말을 잘하지 못해도 온라인으로 소통할 수 있었죠. 저는 이런 방법을 통해서 이미 저와 비슷한 처지인 친구 4명을 사귀게 됐고, 이젠 매일 같이 점심도 먹고 주말에 같이 놀기도 한답니다. 이런 공간을 주셔서 정말 하나님께 감사드려요.

_ 요란다(Yolanda), 14세

제 남편과 저는 주말마다 친구들과 같이 영화를 보러 가거나 외식을 자주 했었지요. 지금 남편은 외출하기를 꺼려하고 계속 집에서 저와 함께 있고 싶다 하네요. 하지만 그는 실제로 아이들이나 저와 무엇을 하지는 않습니다. 대신 늘 컴퓨터 앞에 앉아서 자신의 상태를 업데이트하고 그가 읽은 문장이나 그가 팔로우하고 있는 온라인 그룹에 댓글을 달고는 하지요. 이 짧은 시간에 그는 '미스터 사회성'에서 '미스터 온라인'으로 되어 버렸어요.

_ 젠(Jan), 42세, 두 10대 청소년의 어머니

많은 사람들은 전자적으로 '이야기하는 것'을 사람과 직접 이야기하는 것보다 선호한다. 앞에 언급된 라이언을 그 예로 들 수 있다. 일부 사람들은 수줍음과 어색함으로 인해 자신의 컴퓨터와 스마트폰의 화면 뒤에 숨어버리고, 그 중 일부는 실제로 현실세계에 있는 사람들과 의사소통 하는 방법을 습득하지 않으려 한다. 한편, 요란다와 같은 이들은 스크린의 안전성을 이용해 그들이 대면하는 의사소통 능력을 발견했다. 또 어떤 이들은 젠의 남편처럼 현실세계의 연결고리에서 멀어지려 하며, 사이버 세계의 커뮤니케이션에 잠식된 케이스도 있다. 말 그대로 '기술 보호막(TechnoCocoons)' 뒤로 숨은 것이다.[2]

처음 1대 1의 기술적 소통을 이루는 통신 장비인 전화가 등장했을 때, 이것은 우리의 소통 방법을 확실하게 바꿔주었다. 그러나 이 장치가 사회에 침투하기까지 무려 20년이 걸렸다.[3] 즉, 전화를 어떻게 사용하는지에 관해 이해하고 학습하는 것에만 해도 상당히 많은 시간이 소요됐다. 이제는 어떤 새로운 미디어 전자 커뮤니케이션의 형식이 있으며, 그것이 어떻게 사회에 빨리 적용될지에 대해서도 고려돼야 한다. 월드와이드웹은 4년이 걸렸지만, 휴대폰은 무려 12년이나 걸렸다. 인스턴트 메신저 또한 4년이 걸렸고, 블로그는 3년, 소셜네트워킹은 더 적은 시간으로 우리가 흔히 사용하는 커뮤니케이션 수단이 됐다. 소셜네트워킹과 같은 하나의 기술이 터져 나와 커뮤니케이션의 주요 수단의 하나가 되면, 더 짧은 시간에 이를 더욱 효율적으로 통합해 학습하게 된다. 커뮤니케이션 도구가 그 자체로 매력적일수록 더욱 많은 문제들을 일으킨다. 새로운 속성들이 우리 세계에 나타나 침투하면서 또한 새로운 정신적인 커뮤니케이션 장애들이 나타나기 때문이다.

커뮤니케이션 문제가 주요 증상으로 나타나는 정신과적 질환은 다양하다. 이들 중에 한 가지는 마치 라이언과 요란다와 같은 사람에게 적합한 모습이나 증상들로 나타나기도 한다. 『정신질환 편람』에서 '사회공포증'⁴이라 부르고, 그 극단적인 형태로서 '사회불안장애'라고 불리는 이것은 사회생활에서의 괴로움과 일상생활에서의 극심한 두려움을 그 특징으로 짓는다. 사회공포증 환자는 끊임없이 보호를 원한다. 그들은 다른 사람에게 징죄당하는 것을 두려워하고, 창피를 당할까 걱정하며, 자신의 행동으로 인해 굴욕을 당할까 걱정한다. 사회공포증 환자는 심각한 공황 상태에 빠지면, 멀쩡하다가도 갑자기 심각한 반응을 보이기도 한다.

비록 이러한 문제는 일반적으로 타인에게는 심각하게 느껴지지 않을 수 있지만, 그 때문에 고민하는 사람들에게는 심각한 문제이다. 사회공포증을 가진 사람들은 다른 이들과 대면 소통이 어렵고, 자기 성전(聖殿)인 집 안에만 머무는 것이나 온라인 기술을 더 선호한다. 똑같은 기술을 사용해서 반사회적 인격을 지닌 사람들은 다른 사람들에게 언어적 폭력을 가하기도 한다. 우선 사회공포증을 가진 사람들에 대해서 살펴보고, 그들의 커뮤니케이션에서의 장애 증상을 관찰해보자.

존(John)은 비디오 게임 개발 회사에서 일하며, 훌륭하게 생계를 꾸려 나가는 27세의 그래픽 디자이너이다. 사무실에서 존은 몹시 부끄러움을 탄다. 그의 회사는 그에게 융통성 있는 스케줄을 허용했지만, 적어도 일주일에 이틀은 사무실에 와야 한다고 요구했다. 집에 있을 때 존은 이메일을 통해서 커뮤니케이션을 하고 있으며, 그가 보낸 메일은 정확하고 깔끔했다. 심지어 재미있기도 했다. 적어도 이메일을 통해서는 부끄러움이나 '관계상의 무능함'이 전혀 나타나지 않았다. 그러나 존이 사무실에 있을 때, 그는 거의 아무하고도 얘기하지 않고 자신의 좁은 칸막이 뒤에 숨어 있었다. 회의 중에 그는 자신의 손가락을 안절부절 못하며 움직이고, 끊임없이 휴대전화를 체크하며, 한 마디를 부탁해도 말하는 중에는 거의 눈 맞춤을 하지 않으려 한다. 그의 말은 자꾸 끊어지고, 머뭇거리는 표현이 가득하며, 긴 시간 중간에 멈추기도 한다.

그러나 이러한 사례가 존 혼자만의 일이 아니다. 많은 사람들이 다른 이들과 관계를 맺는 것을 어려워한다. 기술에 대한 과한 의존은 이런 전형적인 문제들을 이미 유발했거나 존재하고 있는 문제들을 더욱 강화시킬 수 있다.

공감 2.0: 가상의 감정이입

공감을 표현하지 못하는 것은 심각한 대인기술의 결여, 엉망진창인 커뮤니케이션 기술 그리고 반복적인 행동과 함께 커뮤니케이션 장애의 대표적인 증상 가운데 하나이다. 아이와 즐겁게 놀고 있는 부모를 생각해보자. 갑자기 전화 한 통이 그들 사이를 방해했고, 그 전화는 부모를 슬프게 하고 눈물을 흘리도록 만들었다. 만약 서너 살 먹은 어린아이가 그 즉시 일어나서 부모의 품에 앉아 가장 좋아하는 장난감을 쥐어 주며 부모를 위로하려고 한다면, 그것은 초기 단계의 공감에 대한 표현이라고 할 수 있다. 그러나 두 살만 어렸어도 이 아이들은 부모가 보이는 모습을 무시하거나, 관심을 끌기 위해 부모를 때렸을 것이다.

이것은 심리학자들이 마음이론(Theory of Mind, ToM)[5] 혹은 타인의 반응과 감정을 이해할 수 있는 능력이라고 부르는 것이다. 누군가가 이 능력을 얻는다면, 그들은 상대방의 감정들을 흉내 낼 수 있으며 공감할 수 있다. 의사소통 장애를 가지고 있는 아동들은 정상 아동들에 비해 종종 이 능력의 발달이 상당히 지체된다.[6]

공감은 세 가지 주요 구성 요소를 갖는다. (1) 사람들에게 타인의 내적 정신 상태를 상상할 수 있도록 하는 인지적인 메커니즘, (2) 타인의 감정과 맞출 수 있는 정서적 부분 그리고 (3) 두 구성 요소를 포함하는 신경학적 부분이다. 뇌는 '거울 뉴런'[7]이라고 알려진 것을 통해 적절히 뉴런의 활동과 상호작용을 한다. 이때 궤도전두피질과 편도체에서 일어나는 활동으로 구성된 '공감 회로'가 작동한다.[8] 각각의 구성 요소들은 타인의 동기, 감정과 느낌을 이해하는 능력을 발달시키는 데 필수적인 것으로 간주된다.

몇몇 저자들은 기술이 타인과 공감할 수 있는 능력을 저하시킨다고 추측해 왔다. 일례로, 미시간대학의 사라 콘라스(Sara Konrath) 박사와 동료들은 1979년부터 2009년까지 13,700명 이상의 대학생들의 공감 능력을 측정하는 72개의 연구들—온라인상의 공감이 아닌 현실 세계에서의 공감—을 분석했다. 그 결과 '공감적 관심(예를 들어, "나는 종종 나보다 운이 없는 사람들에게 인정을 베푼다.")'과 '조망 수용(예를 들어, "나는 때때로 그들의 관점에서 어떻게 보일지를 상상함으로써 친구들을 이해하려고 노력한다.")'에서 큰 감소가 있음을 발견했다. 강력하게 장기적인 추세를 반영하는 것으로 여겨지는 공격성과 폭력적 비디오 게임의 관계 그리고 젊은이들 사이에서 장기적인 자아도취 증상의 증가는 모두 생각보다 규모가 훨씬 컸다.[9] 콘라스 박사와 동료들은 이렇게 결론지었다.

결론적으로 우리는 감소하는 공감 능력에 영향을 줄 수 있는 것 중 하나가 일상생활에서의 퍼스널 테크놀로지와 미디어 사용의 증가라고 추측한다. 명확하게 이러한 변화는 그들에게 접근할 수 있는 모든 이들의 삶에 근본적으로 영향을 주고 있다. 현실에서보다 온라인상에서 타인과 교류하는 시간이 매우 많기에, 공감과 같은 대인관계의 역할은 확실히 바뀔 것이다. 예를 들어, 온라인에서 친구관계를 형성하는 것은 아마 쉬울지도 모르지만, 이러한 기술이 현실세계에서의 원활한 대인관계를 의미하지는 않을 수도 있다. 사람들이 포함된 조직이나 모임의 수와 보통의 가족 식사와 친선 방문의 수는 급격히 감소해 왔다. 실제로 요즘 사람들에게 사적인 감정을 표현할 수 있는 친밀한 이들의 수는 매우 적다. 대신 이러한 테크놀로지의 편안함과 속도는 일이 계획대로 되지 않았을 때 더 적은 감정 이입에 입각한 소통을 유발하며 사람들이 더 쉽게 좌절감을 느끼거나 지루해지도록 할 수 있다. 나아가 개인의 필요와 자기표현을 중심으로 삼는 기술이 만연한 사회

에서, 사람들은 타인을 향해 나아가고 공감을 표하는 시간이 없는 것일지도 모른다.[10]

또한 콘라스 박사와 동료들은 공감 능력이 심각하게 부족한 리얼리티 TV쇼 프로그램의 증가를 지적하기도 했다.

일반적으로 젊은이들이 화난 얼굴보다 행복한 얼굴을 식별하는 데 더 민첩하지만, 식별 과제 전에 폭력적 비디오 게임을 한 경우에는 행복한 표정을 인식하는 것이 훨씬 느려진다. 이 결과를 밝혀낸 스티븐 키르시(Steven Kirsh) 박사의 2007년도 연구가 제시한 것처럼, 다른 테크놀로지들 역시 공감적 반응을 제한하는 역할을 할 수 있다.[11]

5장에서 필자는 타인의 감정에 대한 이해 반응이 일어날 수 있는 조건을 가늠하기 위해 내연구실에서 우리가 '가상 공감'이라고 부르는 것에 대해 어떻게 연구해 왔는지를 설명했다.[12] 우리 학생인 알렉산더 스프래들린(Alexander Spradlin)과 존 번스(John Bunce)를 선두로, 필자와 동료들은 가상 공감은 정말로 진실이고, 관계에 실질적인 영향을 준다는 것을 밝혀냈다. 흥미롭게도 이러한 형태의 관심을 더 보일 수 있는 잠재적 예측변수들의 범위 밖에, 소셜네트워킹과 인스턴트 메세징이라는 두 가지 인터넷 활동이 선두로 떠올랐다.[13] 게다가 같은 연구에서 우리는 현실세계에서의 공감을 측정했고, 가상 공감을 더 잘 표현할 수 있는 사람이 현실세계의 공감 역시 더 잘 표현할 수 있음을 알아냈다. 통계적 모델을 적용해, 우리는 가상 공감에 대한 연습을 통해 실제로 면대면 공감이 더 수월해질 수 있다는 사실을 보여주었다. 이러한 결과를 염두에 두고, 소통에 어려움을 겪는 사람들이 사회화와 소통 능력을 배울 수 있도록 돕는, 소셜네트워킹의 떠오르는 역할을 살펴보자.

인터넷 상에서는 아무도 당신이 개라는 것을 모른다

잡지 『뉴욕커(New Yorker)』의 1993년 7월호[14]에 개 한 마리가 동료 개들에게 "인터넷 상에서는 아무도 당신이 개라는 것을 모른다."라고 말하며 컴퓨터 자판을 두드리고 있는 유명한 만화가 실렸다. 이 만화는 인터넷이 어느 누구든지, 어떻게 생겼든지, 심지어 인간과 관계 맺는 데 어떤 어려움이 있든지, 소통할 수 있는 대단한 장소임을 말해준다.

앞서 말했듯이, 인터넷의 핵심적인 구성 요소는 익명성과 많은 유리 스크린 중 하나의 뒤에 숨어서 느낄 수 있는 안전함이다. 당신은 상대방을 보지 않고 문자 메시지나 이메일을 보내거나 소셜네트워킹 사이트 혹은 블로그에 글을 쓸 수 있다. 그 외에도 당신은 물리적으로 소통 상대와 떨어져서도 어떤 방식의 의사소통에든 참여할 수 있다. 맥마스터대학의 폴 부르네트(Paul Brunet)와 루이스 슈미트(Louis Schmidt)는 젊은 여성 둘을 짝지어 둘 중 하나의 조건 하에서 10분간 자유로운 대화에 참여하도록 했다. 그들은 문자를 기반으로 한 채팅을 하거나 실시간 웹캠을 이용했다. 웹캠 앞에서 수줍음이 많은 여성들은 그렇지 않은 여성보다 자신을 덜 드러냈다. 하지만 서로를 볼 수 없는 문자 채팅에서, 수줍음은 자아 개방과 관련이 없었다. 서로를 볼 수 없는 조건인 한에서, 수줍음이 많은 사람과 외향적인 사람은 동등하게 자신을 드러냈다.[15] 이 결과는 계속해 반복됐다. 온라인에서 '익명성'을 더 많이 느낄수록, 사람들은 자신에 대한 정보를 더욱 기꺼이 공유했다.

스크린 뒤에 자신을 숨기는 능력은 효과적인 대면 소통을 할 수 없는 사람들에게 중요한 것으로 입증된다. 이는 종종 '기차에서 낯선 사람 효과(Strangers on a Train Effect)[16]—사람들이 다시는 마주칠 일 없는 낯선 이와 쉽게 정보를 공유하는 것 '라고 불리는데, 이 현상은 사람들이 대면 접촉 시보다 온라인에서 자신의 사적인 이야기를 더 잘 공개하는 것으로 확장됐다.[17] 이 효과의 강력함은, 심지어 스크린 반대편의 사람을 잘 알고 있다 하더라도, 여전히 자유롭고 거리낌 없이 이야기를 공유한다는 데 있다. 이처럼 온라인상의 소통은 누구든지 자신의 감정을 쉽게 타인에게 분출시키는 대단한 장래성을 가지고 있다.

인터넷 조사자 제프리 핸코크(Jeffrey Hancock)와 그의 동료들은 이러한 효과가 개인의 정체성을 표현하는 데에서 더더욱 깊어진다는 것을 보여주었다. "조사는 인터넷 사용자들이 온라인상에서 자기를 표현할 때 이상화된 자아를 표현하는 기술적인 행동 유도 차원에 있어서 이점을 보인다는 것을 입증했다." 핸코크는 "온라인상으로 제시된 이상화된 자아는 아마도 간접적 상호작용과는 무관한 '실제' 자아에 대한 지각을 강화한다."고 제안했다. 다시 말해, 사람들은 온라인 익명성을 통해 자신의 새로운 면을 발견할 뿐만 아니라, 인터넷의 공적인 환경에서 이상화된 자아의 개념에 대해 깨닫는 데서도 이익을 볼 수 있다.[18] 핸코크는 요란다에게 어떤 일이 일어났는지 완벽하게 설명했다. 스크린 너머에서 이루어지는 커뮤니케이션에 대한 지원을 받고, 요란다는 그녀의 동료와 '대화' 연습을 할 수 있었으며, 스스로에 대한 지각을 굳건히 할 수 있었고, 면대면으로 어떻게 소통을 하는지 아는 한 사람으로서 실제 세계에 모습을 드러낼 수 있었다.

사회 네트워크는 인터넷 기반의 환경에 의해 스크린 뒤에서 행해진다. 그 사례로서, 페이스북과 구글 플러스는 오늘날 정신 건강 차원에서 장단점을 연구 중인 심리학자들에게 주목받고 있다.

윈저대학의 에밀리 오르(Emily Orr)와 그녀의 동료 연구자들은 수줍음 많은 대학생들이 그렇지 않은 학생들에 비해 페이스북에 더 많은 시간을 할애하는 대신, 친구는 더 적다는 사실을 발견했다.[19] 여기에 더해 멜버른 RMIT대학의 트래시 라이안(Tracii Ryan)과 소피아 제노스(Sophia Xenos)는 1,158명의 페이스북 유저와 166명의 비유저에게 그들 성격의 특징에 대해 묻기 위해, '빅 파이브 인벤토리(big five inventory)—다섯 가지 성격을 측정하는 심리학적 도구: 외향성, 쾌활함, 성실성, 신경질 그리고 경험에 대한 개방성—'을 이용한 연구를 했다.[20] 앞 장에서 언급한 바와 같이, 라이안과 제노스는 소셜미디어 사용자들은 좀 더 자아도취하는 경향을 보인다는 것을 발견했다. 더욱 중요한 것은, 그들은 또한 사회적으로 덜 외로워하는 경향이 있다는 점인데, 이를 오르의 연구 결과와 연계하면, 소셜네트워크는 수줍은 많은 사람들이 친구들과 대화를 하고 그들이 스스로 사회적 의사소통의 어려움을 정복하는 것을 돕기 위해 커뮤니케이션 기술을 발전시키는 데에 완벽한 장소가 될 수 있다는 점을 제안한다.

베를린 조형대학의 교수인 팀 블루머(Tim Blumer)는 왜 수줍음 많은 사람들이 소셜네트워크와 같은 간접적 환경에서 큰 진보를 이루어내는지에 대해 설명하는 흥미로운 모형을 만들어냈다. 〈그림 7.1〉[21]에 묘사된 모델은 심리학적 만족감 이론에 기초해, 사회적 네트워킹 사이트들은 수줍음 많은 사람들이 그들의 환경과 공유하고 싶어 하는 정보를 조종하고, 실제 세계의 온라인 상대를 알더라도 익명 상태를 유지하며, 그들의 사회적 자아 감지에 중요한 지인과 친구들을 만들 수 있도록 한다는 점을 제안했다. 비록 블루머가 소셜네트워킹이 잠재적인 사생활, 조종력, 익명성을 잃을 위험 때문에 수줍음이 많은 사람들에게 최적의 환경을 제공할 수는 없다고 말했지만, 이에 대해 말하기는 너무 이르고 아마 소셜네트워킹 사이트에서 늘어난 친구를 찾는 조건은 개인을 표현함으로서 발생하는 조종력의 상실을 초월할 것이라는 점을 인정했다. 최근 공개된 연구에서, 테네시대학의 레비 베이커(Levi Baker)는 이렇게 말했다. "타인에 대해 배우고 개인적인 정보를 밝히는 것이 종종 더 큰 친밀감으로 이어진다는 사실을 고려할 때, 개인적 정보의 교환을 가능하게 하는 소셜네트워킹 서비스를 이용하는 것은 관계의 발전을 가능하게 한다."[22]

흥미롭게도, 미국과 다른 국가들에서 2000년대 중후반에 행해진 일련의 실험들은 부끄러움이 많고 사회적으로 외토운 사람들이 소셜네트워킹으로부터 정확히 무엇을 얻게 될지 이해하는 데에 도움을 준다. 연구들은 소셜네트워킹이 어떻게 그들의 능력과 자부심을 실제 세계에서 발전시키고, 성공의 기회까지 의사소통 능력을 상승시키는지 설명해 준다. 한 실험에서 암스테르담대학의 패티 발켄버그(Patti Valkenburg)와 그녀의 연구 동료들은 어린이와 청소년의 온라인 커뮤니케이션의 패턴과 원인을 분석하고 이것이 사회적 보충 가설을 뒷받침한다는 결론을 내렸는데, 그 수줍음 많고 외로운 개인들이 간접적인(스크린 너머의) 커뮤니케이션 수단을 그들의 부끄러움과 타인과 면대면으로 소통해야만 할 때의 긴장을 보충하는 방법으로 사용한다는 것이다. 그들의 연구에서, 3분의 1 이상의 어린이와 청소년들이 인터넷이 면대면 의사소통보다 친밀한 주제에 대해 이야기 하는데에 있어 더 효과적이라고 믿었다.[23]

〈그림 7. 1〉 심리학적 보충을 통해, 성격적 특성이 컴퓨터
-간접 환경에 어떻게 영향을 미치는가 보여주는 모형[24]

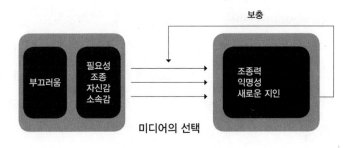

몇 가지 후속 연구에서(모두 현재의 사회적 네트워킹 열풍에 앞서 행해졌다), 발켄버그와 그녀의 동료들은 온라인 커뮤니케이션 도구가 수줍음이 많은 사람들에게는 면대면 의사소통보다 더 많은 자기 개방

을 촉진시킨다는 사실 때문에, 사회적으로 불안한 어린이들과 청소년들이 더더욱 자주 온라인에서 자기 성격의 일부(실제 세계에서 의사소통했다면 숨겼을 것들까지)를 밝히는 정체 실험—다른 사람인 것처럼 행세하는 것—을 행하는 경향이 있다고 말했다.[25] 여기에 더해 이스라엘 학자들[26]은 온라인에서의 자아 개방은 다른 사람으로부터의 상호간 개방 역시 증가시켰으며, 수줍음 많고, 외롭고, 사회적으로 불안정한 청소년들과 젊은 성인들이 자기감정을 논하고 공감하는 완벽한 환경을 가지게 된다고 언급했다.

의사소통에 어려움을 갖는 사람들을 위해 최근 발생한 선택지로서 소셜네트워킹에 대한 마지막 의견은 의사소통의 '화용론'[27]이라 알려진 것과 관련되어 있다. 이 개념은 스크린 뒤의 사람들은 서로의 반응과 감정에 대해 잘 알지 못한다는 사실에 대해 이야기할 때, 제시한 바 있다. 화용론은 또한 의사소통의 문제가 있는 사람들에 대해 문제를 제기하지만, 이는 다른 이유에서이다.

의사소통에 어려움을 지니고 있을 때—심리적 질병을 가지고 있든, 그저 수줍을 뿐이든—란 의사소통의 요소들에 대한 이해가 부족할 때이다(엄마의 눈물을 달래기 위해 그가 가장 좋아하는 장난감을 갖다 주는 아이를 기억하는가?). 예를 들어, 대부분의 어린이와 10대 그리고 젊은 어른들이 말을 할 때에는 교대하는 것이나 평범한 대화의 속도를 조절하는 것, 심지어 사람들과의 짧은 대화와 같은 의사소통의 미묘한 뉘앙스를 배우는 반면, 사회적 공포증이나 불안감을 가지고 있는 사람들은 그러한 전략을 내면화시키지 않는 경향이 있다. 가상의 순서 바꾸기(turn-taking)[28] 환경에서 반응을 고려하는 것이 가능한 소셜네트워크상에 있는 것은, 커뮤니케이션 장애가 있는 사람들을 위해 거의 공평한 경쟁의 장을 제공한다.

기술적 문제에 기인한 우울증[29]에 관한 고전적인 홈넷(HomeNet) 연구를 실행한 카네기멜론대학의 로버트 크라우트(Robert Kraut) 교수는 컴퓨터의 사회적 사용이 자폐증 환자들에게 주는 효용에 관심을 가진다. 24세의 존에 대한 연구에서 그는 다음과 같이 말했다. "나와 온라인으로 대화한 사람이 말하기를, '이건 존이 아니야. 존은 말을 더듬고 말이 빨랐지. 이건 존이라고 할 수 없어.'라고 했다. 온라인에서는, 그가 존이라고는 믿지 못할 정도로, 총명하고 분명하게 말하고 있었다."[30] 적어도 온라인에서는 존은 유능했고, 그를 아는 사람도 그 글을 쓰고 있는 사람이라고 알아보지 못할 정도로 그의 의사소통 방식은 완전히 변했다. 이건 아마 언어 화용론을 배운 사람일 것이다. 그리고 일대일의 환경은, 영화나 록밴드, TV 쇼 등, 어떤 주제에 관심이 있어서 소통하는 사람들의 집단에 의해서만 커진다. 공유된 관심은 그들에게 마치 어린아이가 말을 배우듯 하나의 화용론을 가르친다.

사회적 거절에서 오는 '진짜' 고통

의사소통의 장애를 피하기 위한 방법에 대해서 이야기하기 전에, 최근 『과학 논문집(Proceedings of the National Academy of Science)』에[31] 발표된 한 흥미로운 연구에 대해서 살펴보는 것이 중요하다. 이 연구에서 에탄 크로스(Ethan Kross) 교수는 최근 연인과 헤어져 마음이 상한 사람들을 실험 대상으로 선정했다. MRI로 그들의 뇌를 감시하고 제어하면서 크로스 교수는 전 연인과 함께했던 긍정적인 경험과 관련된 사진을 보여주었다. 또한 온도 제어장치를 통해 맨손에 뜨거운 커피가 담긴 잔을 쥔 듯한 고통을 주었다.

이 연구의 결론에 따르면, "……강력하게 유도된 거절에 대한 경험이 신체적인 고통과 관련 있는 두뇌의 영역을 활성화시켰다. 이 부분은 감정에 대한 신경 촬영을 통한 연구에서도 드물게 반응을 보인 곳이다. 이러한 발견은 사회적 거절의 경험이나 일반적으로 물리적 고통과 연관된 확연한 감정적 경험을 묘사토록 한다." 이 연구는 커뮤니케이션 장애에서 오는 감정적 고통이 확실히 강력하고 위협적임을 보여준다.

커뮤니케이션 장애를 위한 도움

커뮤니케이션 이슈와 관련된 장애는 사회공포증과 반사회적 인격 장애부터 부끄러움 때문에 사람들과 관계 맺는 것에 어려움이 있는 사람까지 다양하다. 이유야 어찌됐든, 그 모든 것은 면대면 커뮤니케이션 환경에서의 어려움과 관련이 있다. 성공적인 커뮤니케이션을 위한 능력을 측정하는 방법은 다양하다.

가장 흔하게 사용되는 방법은 심리학적인 것으로, 대인 커뮤니케이션 테스트(Interpersonal Communication Test)라고 불리는 것이다. 이것은 25가지 질문으로 구성된 것과 짧게 10가지 질문으로 구성된 것, 두 가지 버전이 있다. 두 가지 모두 온라인에서 사용 가능하며, 대부분의 웹사이트들이 작성된 답안을 기반으로 짧은 리포트를 제공하고 있으며, 소액 결제를 통해서 더 자세한 내용을 확인할 수 있다. 대부분의 경우 짧은 리포트만으로 충분하며, 25가지 질문으로 구성된 버전이 당신의 커뮤니케이션 기술에 대해 평가하는 데 가장 적합하다.[32]

어떤 사람이 커뮤니케이션 장애로 고통 받을 때 가장 중요한 문제는 '어떻게 다시 커뮤니케이션하기를 배우는가'이다. 이것은 사회적 언어 사용에 대해 우리가 어렸을 때부터 배웠던 모든 세세한 것까지 먼저 이해할 필요가 있음을 의미한다. 두 번째로는 새롭게 얻은 기술을 연습하는 장소가 필요하다. 연습하는 것은 사람들을 스크린 뒤에 숨을 수 있게 만들어 준 커뮤니케이션 장비의 발달로 인해서 더욱더 쉬워졌다. 이러한 맥락에서, 나는 커뮤니케이션을 두 가지 차원으로 구분해 정리하고자 한다. 첫 번째로 전달자들이 얻을 수 있는 언어적, 음성적 혹은 표정을 통해서 표현되는 정보들의 수에 의해서. 그리고 두 번째로는 커뮤니케이션의 동시 발생성, 다시 말해 메시지의 발신과 송신 사이의 시간적 간격에 따라서 구분해 보고자 한다.

정보에 대해서 말하자면, 먼저 친구나 친척에게서 옛날 방식으로 쓰인 편지를 받는 것을 상상해보자. 단순한 언어적 표현을 넘어서,

메시지 뒤에 숨겨져 있는 '감정'과 '맥락'을 이해하도록 도와주는 정보는 어떤 것이 있을까? 예를 들어, 친구가 "나 오늘 슬퍼."라고 편지를 썼다고 생각해보자. 만약 친구가 바로 앞에서 있어서 슬프다고 이야기하는 경우, 얼굴 표정이나 눈물, 몸짓, 아니면 그녀의 어조 등, 그녀의 분노를 나타내는 다양한 정보들을 얻을 수 있다. 그러나 당신이 가진 편지 한 장은, 말 그대로, 2차원적인 단어들 이외에는 아무런 정보도 없다(얼룩진 눈물이나 평소보다 떨리는 글씨체도 있을 수 있지만, 그것들에서 유추해 내기란 쉽지 않다).

두 번째 의사소통의 차원은 '동시발생'이다. 혹은 받은 메시지를 보내고, 받고, 읽는 과정 사이의 시간적 간극을 말한다. 만약 당신이 편지의 소인을 보고 그것이 지난주에 보낸 것임을 깨달았다고 해보자. 친구가 여전히 화가 나 있다고 말할 수 있는가? 시간이 경과하면서 친구는 감정이나 기분을 바꿨을지도 모른다. 이러한 일은 비동시적 의사소통에서 자주 일어나는 일이다.

〈그림 7.2〉에 나타난 표는 다양한 커뮤니케이션의 도구들이 이러한 두 가지 차원을 통해서 나누어질 수 있음을 보여준다. 수신자에게 필요한 정보들을 더 많이 제공하는 커뮤니케이션 양식은 표의 윗부분에, 반대로 적은 정보를 제공하는 양식은 표의 아랫부분에 위치하고 있는 것을 알 수 있다. 두 번째 차원인 동시발생의 문제는 얼마나 '일반적인' 응답이 빠르게 도착하는지를 표를 통해 보여준다. 예를 들어, 표의 오른쪽 상단에서는 면대면 커뮤니케이션을 찾을 수 있다. 이 커뮤니케이션 양식은 가장 많은 정보를 제공하며(가장 위쪽에

가까움), 가장 동시발생적이다(가장 오른쪽에 있음). 왼쪽 하단에서는 손 편지를 찾을 수 있다. 손 편지는 가장 적은 정보를 제공하며(가장 아래 쪽에 있음), 가장 비동시발생적이다(가장 왼쪽에 있음). 사실, 나와 당신 이 얼굴을 직접 보면서 이야기를 할 때, 나는 당신이 제공하는 모든 정보들(청각, 시각, 촉각, 움직임 그리고 후각)을 파악할 수 있다. 그리고 나는 당신의 메시지를 당신이 보내는 순간, 동시에 그 메시지를 받을 수 있다. 반면에, 편지는 2차원적인 단어들만을 가지고 있고, 일주일 전의 소식만을 전해준다.

〈그림 7.2〉 의사소통 형식의 2차원적 구분

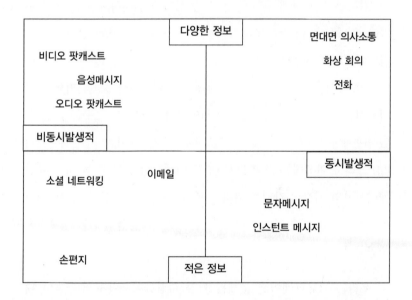

오른쪽 상단에는 세 가지 커뮤니케이션 양식이 있다. 살펴보면, 면대면 커뮤니케이션(가장 많은 정보와 가장 동시발생적임), 화상통신(물리적으로 같은 장소에 있을 때 얻을 수 있는 정보들을 제거하지만 동시발생성은 유지할 수 있음) 그리고 전화(시각적인 정보들을 제거하지만 청각적인 정보와 동시발생성은 유지함)가 있다. 왼쪽 상단 사분면에는 2가지 커뮤니케이션 방식, 오디오 팟캐스트와 음성 메시지, 즉 2차원적인 언어를 청각을 통한 정보로 제공하는 방식이 있다. 이 둘은 어느 정도의 정보는 제공하지만 동시발생적이라고는 할 수 없다. 물론 어떤 사람이 음성 메시지를 남겼을 때 바로 듣는다면 동시발생적이라고 할 수 있겠다. 다만 메시지가 실시간으로 송신되어야 할 것이다. 비디오 팟캐스트의 경우, 오디오 팟캐스트보다는 약간 상단에 위치하고 있음을 알 수 있다. 왜냐하면 비디오 팟캐스트는 똑같은 음성 정보와 언어적 정보 이외에도 시각적인 정보를 커뮤니케이션 과정에서 제공하기 때문이다. 왼쪽 오른쪽 하단을 보면, 문자메시지나 인스턴트 메시지와 같이 비교적 동시발생적인, 좀 더 일반적인 커뮤니케이션 도구들을 볼 수 있다(만약 당신이 내 친구처럼 네 시간 뒤에나 답장을 보내지만 않는다면 말이다!) 그리고 왼쪽에는 소셜네트워킹과 이메일이 있는데, 둘 다 커뮤니케이션간의 시간적 간격에 따라서 좀 더 동시발생적일 수도 있고, 덜 동시발생적일 수도 있다. 그리고 일반적으로, 2차원적 언어 정보만을 제공한다.

우리는 커뮤니케이션 문제를 가진 사람들이—단지 수줍음이 많든 아니면 사회공포증이 있던 간에—언어를 구상할 때 올바른 단어를 찾는 데에 어려움을 겪고, 응답하기 전에 생각할 시간을 더 필요로 한다는 것을 안다. 이는 더 비동시적인 도구들—정확히 표의 왼쪽에 있는 도구들—이 그들이 다른 사람들과 소통을 연습할 때 사용하기에 가장 좋을 것이라는 것을 뜻한다. 이는 다른 사람들 혹은 심지어 세계와 공유하기 전에 단어를 생각하고 수정할 시간을 준다. 커뮤니케이션에 어려움을 겪는 사람들에게 인터넷 등 다양한 비동시적인 커뮤니케이션을 사용하라 권한다. 하지만 누군가를 알게 된 그 시점부터 커뮤니케이션을 더 동시적이고 빠른 반응 속도를 가진 표의 오른쪽에 있는 도구들로 전환하는 것이 중요해진다. 물론 궁극적인 목표는 커뮤니케이션의 대부분이 확고히 주입된 표의 오른쪽 윗부분에서 친밀함을 더욱 발전시키는 것이다. 이러한 도구들을 사용 시 커뮤니케이션 장애로 고통 받는 사람들을 포함한 사람들이 실용주의 커뮤니케이션을 배워야 한다는 점을 유념해야 한다.

다른 흥미로운 전략들

커뮤니케이션에 어려움을 겪는 사람들이 가지고 있는 문제들 중 하나는, 다른 사람과 정보를 교환하는 것이다. 펜실베이니아대학 와튼스쿨의 요나 버거(Jonah Berger) 교수가 진행한 흥미로운 연구에 따르면, 정보교환에는 신체적이고 감정적인 각성이 동시에 일어난다고 한다. 한 연구에서는 그는 실험 대상을 네 그룹으로 나누었다. 두 그룹은 매우 자극적인 재미나 걱정을 유발하는 영화를 보도록 했고, 다른 한 그룹은 편안함이나 잔잔한 슬픔을 유발하도록 제작된 잔잔한 감성의 영화를 보도록 했다. 영화 관람을 마친 바로 직후에, 피실험자들은 두 번째 실험에 참여했다. 그 실험에서 그들은 기사나 비디오를 보고 다른 친구들과 그것에 대해서 나누는 시간을 가졌다. 그 교수의 연구 결과에 따르면, 매우 자극적이고 걱정적인 상황이 피실험자들의 대화를 활발하게 했음을 알 수 있다. 그는 똑같은 실험을 반복했고, 다만 자극적인 영화를 조깅을 하면서 보도록 해보았다. 결과는 여전히 똑같았다. 감정적이나 신체적인 자극은 사람들로 하여금 다른 사람과의 대화를 활발하게 만들었다. 비록 버거 교수의 관심은 마케팅적인 문제였었고, 회사가 어떻게 그들의 상품을 더 사람들로 하여금 나눌 수 있게 하는가에 대한 연구였지만, 연구에서 나타난 결과들은 커뮤니케이션에 어려움을 겪는 사람들이 자신에게 신체적 혹은 감정적 자극을 주는 것을 통해서 다른 사람들과의 대화를 시작할 수 있음을 알려주었다.[33]

그 외에도 커뮤니케이션에 문제가 있는 사람들을 도울 수 있는 많은 도구들이 존재한다. 어떤 연구자들은 감성적인(감정적으로 격한) 비디오 게임들은 동일한 문제를 가진 10대들이 문제를 해결할 수 있게끔 도울 수 있다고 말하기도 한다.[34] 어떤 연구자들은 온라인과 오프라인을 통해 인지행동 치료를 실험해본 결과, 온라인 치료가 효과적이지 않을 경우 대면 치료를 실행하는 것이 좋다고 말하기도 한다.[35] 결국, 온라인 웹 2.0 장비들을 이용한 커뮤니케이션 기술 향상에 대한 독창적인 몇몇 연구들이 진행되고 있음을 알 수 있다. 어떤 사람은 협상 과정에서 온라인 비디오 게임이나 세컨드 라이프와 같은 가상 증강현실 속의 매력적인 아바타를 이용한다면[36] 사회적으로 더 친밀하고 개방적으로 변하며, 키가 큰 아바타를 이용한다면 더 자신감을 가지게 된다고 말한다.[37] 비록 대부분의 사람들이 사이버 공간의 대변자로서 아바타를 사용하고 있지는 않지만, 이 연구에 따르면 키가 크고 매력적인 아바타는 커뮤니케이션 장애를 치료하는 데 심리학적인 장점이 있음을 알려준다.

이제 나는 아이디스오더에 관련한 두 가지 중요한 점을 정리하고자 한다. 첫째는, 우리가 커뮤니케이션을 위해서 더 많은 기술을 쓰고 면대면 커뮤니케이션에는 더 적은 시간을 쓴다면, 우리는 온라인 세계에만 머물게 되는 치명적인 문제를 겪게 될 것이다. 온라인 커뮤니케이션의 쉬운 접근성은, 처음 언급했던 잔의 남편과 같은 사람들에게 온라인 커뮤니케이션이 실생활에서의 커뮤니케이션보다 더 중요하게 만들었다. 잔의 남편의 사례와 같이 온라인 커뮤니케이션은 다른 가족들에게는 사회적 고립과 현실에서의 심각한 문제를 가져왔다. 방금 제시한 전략들과 책에서 나오는 다른 전략들은 자신을 현실에서 지우기로 결심한 사람들에게 실행하기에 적합하다.

둘째로, 부끄러움 때문에 자신을 스크린 뒤로 숨기는 사람들은 온라인 커뮤니케이션을 통해서 연습할 수 있는 기회를 얻게 됐다. 다만 그들은 온라인과 오프라인 모두에서 사람들을 대하는 방법을 연습할 수 있어야 할 것이다. 적어도 대화 주제가 떨어진 비동시적인 상황에서는 당신이 쓰러지지 않도록 지탱해줄 수 있을 것이다. 대화가 끝나고 자기 자신과 자신이 한 말에 대해서 평가할 수 있을 것이다. 면대면 커뮤니케이션에서는 다른 기술들이 필요하다. 그러나 두 커뮤니케이션은 모두 중요하다. 자신을 스크린 뒤에 숨기고 훌륭한 사이버 전달자가 될 수는 없다. 안전한 환경에서 좋은 온라인 기술을 배우는 것은 좋은 생각이지만, 아이디스오더는 당신이 그 기술을 현실에 적용할 수 있을 때까지 여전히 남아 있을 것이다.

제8장

작은 고통일 뿐인데도
스스로 죽어간다고 생각한다

내 동료 타미(Tammy)는 항상 나한테 자신이 갖고 있는 건강문제들에 관해 얘기했다. 나와 이야기할 때마다 그녀는 어떤 새로운 건강문제가 있는 듯했나. 그녀의 최근 질병은 하지불안증후군인데, 그 질병은 그녀가 잠을 못 이루게 할 정도였다. 이제 그녀는 잠을 자도록 하는 약과 그녀의 다리를 진정시키는 다른 약을 복용한다. 그녀는 또한 그녀가 섬유근육통과 주의력결핍증(ADD)이 있다고 믿는데, 그 주의력결핍증이 그녀로 하여금 일에 집중하지 못하게 한다고 주장한다. 그녀는 나날을 질병으로 보내며, 많은 시간을 건강 웹사이트에서 자신의 증세를 살펴보는 것으로 쓴다. 개인적으로 나는 그녀가 건강 염려증 환자라고 생각한다. 그녀는 그저 더 잘 먹고 운동해야 할 필요가 있고, 컴퓨터에서 떨어져야 한다!

_ 젠(Jan), 35세, 토렌스, 캘리포니아

타미는 건강과 관련된 모든 것에 대한 해답을 미디어에서 찾는 수많은 사람들 중 한 사람이다.[1] 타미는 찾아야 하는 정보가 건강 관련 사이트인 웹엠디(WebMD)든 늦은 밤에 방송되는 상업적인 방송이든 어디에 있든 간에, 건강에 관련된 전문가들보다 이러한 미디어를 통해서 건강 관련 예방법이나 해답을 찾는 21세기형 사람이다. 이런 정보들 가운데 몇 가지는 의사를 찾아가서 설명을 할 때 도움이 되는 측면도 있지만, 실제로 자신이 가진 질병보다 자신의 상태를 안 좋게 생각하도록 하는 부작용도 초래한다. 예를 들면, 예전에 타미는 자신에 몸에서 나타나는 질병상태를 보고 그것이 신경근육통(몸에 신경계에 문제가 생기는 질병)이리고 핀딘했다. 타미는 신경근육통에 대한 증상을 단순히 TV에서 보았고 그것을 토대로 판단을 하고, 바로 병원을 가는 대신에 관련 웹 사이트에 접속해 신경근육통인지 아니면 더 심각한 문제인지 확인을 하였다. 하지만 웹 사이트에서 보여준 증상은 자신이 생각한 신경근육통 증상과 맞지 않았고, 끝내 타미는 엉뚱하게도 맹장염이라는 판단을 내렸다. 웹 사이트에서는 맹장염에 대해서 빠르게 대처하지 않으면 생명에 위협을 줄 수 있다고 적혀 있었고, 타미는 급하게 의사에게 와달라고 도움을 청했다. 의사가 오는 동안 타미는 자신의 증상이 맹장염이 아니라 무거운 짐을 들어서 온 단순 근육통이라는 것을 알았다. 그러나 타미는 이러한 정보에 대해서 확신하지 못했고 계속해서 인터넷에서 증상에 대한 정보를 찾았다. 이러한 과정에서 무언가 그녀에게 심각한 문제가 있다는 것을 알 수 있다.

건강에 대한 염려 혹은 건강염려증(hypochondriasis)은 정신적인 공황으로 자신에게 있지도 않은 질병이 있다고 믿는 정신적 질병이다. 정신장애분류체계(DSM)[2]에 따르면 건강염려증에 대한 증상은 다음과 같다.[3]

1. 있지도 않은 질병에 대한 고집스러운 믿음. 그리고 이러한 믿음을 뒷받침하기 위해서 없는 증상을 찾는 것
2. 스스로 건강에 대한 염려가 과도하다고 인지하지 못하는 것

건강염려증이 있는 사람들은 자신이 진짜 병에 걸렸다고 믿지만, 사실 이것을 입증할만한 증상이 나타나지 않는다. 심지어 의사가 아무런 문제가 없다고 판단을 하여도 자신은 병이 있다고 지속적으로

믿는다. 건강염려증을 정신장애분류체계에서는 신체적 장애 중 하나로 분류하며, 이러한 믿음이 6개월 이상 지속된다고 한다. 신체적 장애 또는 신체적 증상을 통한 고통의 표현은 건강 진료에서 가장 핵심적인 문제가 된다.[4] 치료를 목적으로 방문한 환자들의 26% 이상이 몇 가지 신체적인 증상을 보여준다. 대부분 자신의 정서적인 상태를 저하시키고, 행동이나 사고를 늦도록 하는 고통이나 저림을 걱정하면서 불평을 한다. 즉, 신체적인 증상이 몸 상태에 이상이 있다는 생각을 하게끔 만드는 것이다.[5]

인터넷 붐과 오늘날의 미디어 환경에서 가능해진 건강 정보의 활용 가능성으로 인해, 어떤 이가 어떻게 이러한 믿음을 갖게 되는지 그리고 그들이 찾은 정보로 어떻게 강화된 믿음들을 갖게 되는지를 아는 것은 쉽다. 건강염려증은 예전에도 존재한 증상이지만, 정보 획득의 편의성과 속도가 건강염려증을 더 대중적인 신체장애로 만들어 놓았다. 예전에는 사람들이 자신의 신체적인 증상에 대해서 의사에게 조언을 구하는 것이 전부였다면, 이제는 미디어에서 건강 관련 정보들을 수집하는 것이 매우 수월해지고, 가능해졌다. 하지만 이런 정보 수집은 검증되지 않은 정보가 궁극적으로 올바른 치료에 방해가 되거나 혹은 더 심각한 질병으로 발전되도록 만들 수 있기 때문에 심각한 문제로 자리 잡을 수 있다. 비용에 대한 문제로 인해서 사람들은 의사를 직접 방문하는 대신 인터넷을 통해 정보를 얻고 진단을 내리는 모습을 많이 보인다.

건강에 대한 염려를 연구한 캐나다 마니토바대학의 연구자들에 따르면,[6] 이러한 장애는 일상에서 얻어지는 증상에 대한 경험이나(심장이 갑자기 빠르게 뛰거나 두통 또는 질병에 관련된 증상들) 유방종괴[7]를 발견하거나 미디어에서 제공하는 건강에 관련된 문제들을 보는 위협적인 경험들에 의해 나타난다고 한다. 건강공포증은 아마도 사람들이 가지고 있는 증상에 대해서 엄격하게 진짜인지 가짜인지 따짐으로써 완화시킬 수 있을 것이다.

건강염려증과 관련된 독일의 대규모 연구 프로젝트[8]에서 연구자들은, 의학적으로 설명되지 않는 흔한 고통을 호소하는 증상들이 존재하는데, 30%정도는 그것이 등에서 나타나는 고통이고, 25%는 관절에서, 20%는 사지에서, 19%는 두통, 5%는 가슴통이라는 것을 밝혀냈다. 위장에 관련된 증상들 역시 흔했는데 13%정도의 표본에서는 고창증(위의 팽창으로 발생하는 고통), 11%는 음식물 알레르기이며, 마지막으로 11%는 그 외적인 신경성 위통인 것으로 밝혀졌다. 마지막 항목은 심혈관 증상이었고, 11%는 심계항진이라는 보고도 있었다. 이 증상은 보통 45세 이상의 사람들한테서 많이 나타났다. 많은 참가자들은 건강에 대한 불안함을 토로했고, 17%는 심각한 병에 걸릴까 걱정하고, 29%는 종종 건강을 걱정한다고 말했다. 미국의 한 연구도 많은 사람들이 건강에 대해 불안감을 가지고 있다는 것을 밝혀냈다.[9]

나아가 연구자들은 장애를 가지고 있는 사람들은 건강한 사람들이 통증과 아픔이 아예 없다고 생각한다는 것을 발견했다. 그 사람들은 자신의 몸에 과도하게 신경을 쓰거나[10] 어떠한 증상이 생길 때마다 의사에게 진단을 받으러 갔다. 그리고 그들은 운동이 신체 질병을 악화시킨다고 믿어 대체로 신체 활동을 하지 않았다. 하지만 그렇게 하는 것은 의사의 조언과는 정확하게 반대의 모습을 하는 것이다.

건강염려증은 미디어 사용과 미디어콘텐츠 때문에 유발되었을 가능성이 있다. 특히 건강 정보 웹사이트를 과도하게 찾아본다거나, 특정한 텔레비전 프로그램을 본다거나, 약을 광고하는 것을 본다거나 하는 것에서 유발될 수 있다. 이번 장에서는 미디어와 관련된 활동이 어떻게 건강염려증을 유발하거나 악화시키는지 탐구하려 한다.

사이버콘드리아(Cyberchondriacs)[11]

예전에 내 이웃사촌은 10개월 된 남자 아이가 매우 위험한 증상인 자폐증을 앓고 있다고 확신했다. 다른 아이들처럼 흔히 웃거나 미소 짓지 않고, 대부분 뿌루퉁하고 짜증을 많이 부렸다. 그녀는 나에게 건강 정보 사이트를 통해 아이의 증상이 자폐증 증상과 비슷한 점이 많다고 말했다. 그녀는 걱정이 많았다. 전에 미디어에서 어떤 예방접종이 자폐증과 연관이 있다고 하는 것을 본적이 있었고, 그 즈음에 아기가 주사를 맞았었는데, 그것 때문에 아이한테서 이상한 증상들이 나타났다고 생각했다. 그녀는 아기를 의사에게 데리고 갔고, 의사는 아이가 위장 문제 때문에 표정이 안 좋았을 거라고 말을 했다. 하지만 그녀는 의사 말을 믿지 않았다. 자폐증이 심각한 장애이긴 하지만, 일찍

치료하면 행복하고 건강한 아이로 키울 수 있다. 하지만 그녀가 몰랐던 사실은, 자폐증은 10개월 된 아이처럼 유아를 대상으로 진단하는 것이 불가능하다는 점이었다. 자폐증은 사회행동과 학습장애 평가를 통해 진단되어야 하며, 10개월 된 아이는 그런 평가가 불가능하기 때문이다. 의사는 그녀에게 몇 년 후에 아이를 다시 전문가에게 데리고 가라고 했다.

'더 퓨 인터넷 앤드 아메리칸 라이프 프로젝트(The Pew Internet & American Life Project)'는 사람들의 기술 이용에 대한 통계 조사, 기사 그리고 기본 정보를 보고한다. 그에 따르면, 인터넷으로 건강 정보를 찾는 것이 다른 인터넷 사용보다 훨씬 인기가 많다. 이메일과 다른 기본적인 인터넷 사용을 제외하고 건강 정보 웹사이트를 이용하는 자의 80~89%가 건강 정보를 찾는 것이 세 번째로 제일 인기가 많은 활동으로 나타났다.[12] 건강 정보를 찾는 것은 블로그를 읽는 것, 핸드폰 번호나 주소를 찾는 것, 인터넷 결제를 할 수 있는 것들과 같이 대등하게 인기가 많았다. 보통 사람들은 인터넷으로 건강 정보를 찾는 것을 의사를 직접 찾아가는 것보다 많이 하는 것으로 나타났다.[13]

다행스럽게도 사람들이 건강 정보를 온라인상으로 찾는 게 점점 드물어지고 있다. 전문 학술지 『뉴잉글랜드 의학 저널(New England Journal of Medicine)』[14]에 게재된 최근 연구에서, 7년 동안 16,000명을 대상으로 설문조사를 했는데, 사람들의 의사에 대한 신뢰감이 인터넷 때문에 더 높아졌다는 것을 발견했다. 이 연구는 사람들은 보통 인터넷으로 자료를 찾은 후, 그 자료를 가지고 의사에게 진단을 받으러 간다는 것을 알아냈다. 상기 프로젝트 센터의 부소장인 수잔나 폭스(Susannah Fox)는 "이 연구는 인터넷이 사람들의 건강과 관련하여 의사의 역할을 대체하지 않는다는 과거의 연구와 일치합니다."라고 말했다.[15] 그러나 문제는 여전히 많은 사람들이 의사의 도움을 받지 않고 웹사이트가 말하는 것을 믿는다는 것이다. 신체형 장애 전문가인 의사 마크 펠드만(Marc Feldman)은 그런 사람들을 사이버콘드리아라고 부른다.

신기하게도, 고소득자들이 서소득자들보다 인터넷으로 건강 정보를 더 많이 찾는다. 추측컨대 이것은 컴퓨터에 대한 접근성이 높기 때문이며,[16] 보다 많은 교육을 받았기에 자기 의사 결정에 큰 자신감을 갖기 때문인 것으로 보인다. 이들은 또한 치료 방법과 같은 정보도 온라인에서 찾아볼 것이며 검사 결과에 따른 자료를 얻을 가능성이 높다고 제시하였다.

의사 오즈(OZ)가 이렇게 말했어요.

온라인상으로 찾는 것 외에도 사람들은 건강 정보를 의료 드라마, 다큐멘터리 또는 토크쇼에서 많이 얻는다. 예를 들면, 「하우스(House)」, 「닥터 오즈 쇼(The Dr. Oz Show)」 그리고 「그레이 아나토미(Grey's Anatomy)」 같은 의료 드라마에서는 병원 수술이나, 다양한 질병을 과장하여 설명하고, 과도하게 단순화된 방식으로 묘사한다. 이런 드라마를 많이 보는 사람들은 수술하는 장면과 진단 그리고 여타 다른 건강 관련 이슈를 시청하면서 자신의 건강에 연관시킬 가능성이 높다. 한 연구는 우리의 세계관은 우리가 TV에서 시청한 내용의 축적에 근간한다는 배양이론적 관점(cultivation perspective)[17]에서부터 여타 관련 이론까지 뒷받침한다. 배양이론은 TV프로그램을 보는 사람들이 왜 본 것을 자신의 삶에 적용하거나, 자신이 TV를 통해 본 것이 현실을 반영한다고 믿는지를 설명한다.

얀 반 덴 벌크(Jan Van den Bulk)는 벨기에 르뷩매스컴대학의 교수이며 사람들의 생각과 기대에 텔레비전이 어떻게 영향을 미치는지를 연구하는 선두 주자이다. 전문 학술지인『유럽 응급의학 저널 (European Journal of Emergency Medicine)』에 게재한 논문에서 그는 만약 심장마비에 걸린 사람이 있다면, 과연 심폐소생술을 통해 다시 살아날 확률에 대해, 의료 드라마를 보는 일반인과 병원에 일하는 사람들이 어떻게 평가하는지 그 관계를 연구했다. 그는 무작위로 820명의 3~4 학년 대학생들 상대로 텔레비전 시청 행태, 심폐소생술에 대한 지식과 병원에서 심폐소생술을 한 후에 생존할 확률을 평가해 달라고 질문을 했다. 결과는 충격적이었다. 의료 드라마를 더 많이 본 학생들은 심폐소생술을 통해 생존할 것이라는 확률이 훨씬 높았다. 그는 의료 드라마를 많이 시청한 사람들이 심폐소생술을 통해 심장마비에 걸린 사람이 다시 생존할 것이라는 확률을 너무 과대평가한다고 결론 내렸다. 심폐소생술의 실용적 기초적인 기술 지식도 작용할 테지만, 텔레비전의 영향도 빼놓을 수 없는 것이다.[18]

전례가 없을 정도로 수많은 건강 관련 이슈가 텔레비전 프로그램에 등장하고 있다.[19] 매일 방영되는 「닥터 오즈 쇼(The Dr. Oz Show)」에서는 한두 개의 건강 관련 문제를 조사하고, 요약하여 깔끔하게 포장한 뒤 한 시간 동안 토크쇼로 진행된다. 쇼 호스트는 관중들에게 무엇을 먹어야 하는지부터 또 어떻게 그것을 통해 10파운드의 살도 뺄 수 있는지 해결법과 조언을 제공한다. 그 결과를 주고 또 조언을 해준다. 그 웹사이트에는 의료, 심리, 생리 그리고 성 심리의 정보와 조언들로 가득 차 있다. 최근에 접속했을 때도 난소암에 대한 걱정, 유섬유종의 고통부터 암을 피할 수 있는 음식까지 주제들이 다양했다. 웹사이트의 내용은 대부분 미국사람들의 생각 위주로 토픽을 골라 놓았다. 그 쇼 호스트는 사람들이 다 따라 할 수 없을 만큼의 조언들을 제공한다.

하지만 이것은 왜 이렇게 많은 미국인들이 건강염려증 환자가 되는지 설명해 준다. 건강에 대해 이렇게 하라 또는 하지 말라고 의사 오즈가 조언을 하거나 하지 않는다면, 그 걱정은 나중에 점점 커지고 결과적으로 아주 큰 걱정이 된다. 사람들은 의사 오즈와 같은 전문가에게 조언 받은 것을 모두 따라 하지 못하는 것에 죄책감을 느낄 수도 있지만, 진짜로 더 믿을만한 병원으로 가서 의사와 상담조차 해보지 않고, 텔레비전에서 요약하고 진술한 내용에 더 의지한다. 공정하게 보아, 이 프로그램의 하나의 장점은 예전에는 그냥 지나쳤던 건강 문제를 환기시키는 측면 정도다.

이런 텔레비전 프로그램뿐만 아니라, 지난 15년 동안 처방약과 여타 보조제의 광고는 유행이 되었다. 약 광고가 미국에서 불법이 되거나 금지된 적은 없지만, 미연방 식품의약국(FDA)에 따르면 1980년도 중반 제약사들의 판매 방식은 의사의 사무실 위주에서 의사가 직접 고객에게 판매하는 방송 광고 형태로 바뀌었다. 약 광고는 이제 텔레비전, 인터넷, 잡지, 신문 그리고 빌보드차트에까지 나온다. 식품의약국이 이 약 광고들을 검토하지는 않지만, 제약사들은 정직하게 광고해야 한다. 처방된 약과 의사들이 사용하는 유명 브랜드의 약에 대한 한 메타분석의 연구에서, 제약회사는 의사가 처방한 약의 75% 정도에 영향에 준다는 사실을 발견했다.[20] 이처럼 오랜 기간 공부한 의사가 처방하는 약에 회사 광고 같은 것이 큰 영향을 끼친다면, 의료 교육을 받지 못한 사람들은 의학적인 조언의 맹공에 어떻게 살아남을 것인가?

밥(Bob)은 늦은 밤까지 범죄 드라마를 시청하는 것을 좋아하는 사람이다. 2009년도에 30년 동안 함께 살아온 아내가 세상을 떠난 이후로 다소 사회적으로 고립되어 있다. 혼자 보내는 시간이 많고, 아내의 죽음 때문에 우울증에 시달리고 있다. 밤늦게 텔레비전을 시청하면서 그는 자연스럽게 약 광고를 많이 보게 되었다. 거기서는 다양한 증상에 따라 다양한 약들이 소개되고 있었다. 그는 동네에 있는 건강 클리닉을 한 달에 한 번씩 가는데, 그때마다 새로운 건강 문제에 대해 불평을 하고, 그 증상을 치료할 특별한 약을 달라고 요구한다. 밥은 같은 의사를 거의 두 번 보지 않는다. 이러한 행동이 1년 반 정도 반복된 뒤, 병원의 수간호사가 밥의 수상한 행동 패턴을 파악하고 의사들에게 알렸다. 그가 등의 고통을 호소할 때, 의사는 처방전 대신 그를 심리 치료사에게 데려갈 수밖에 없었다. 사람들은 왜 밤늦게 하는 TV 광고를 보고, 인터넷이 그들에게 올바른 의학적 조언을 해줄 거라고 믿는 것일까? 바로 사람들이 TV와 인터넷을 믿고 있기 때문이다.

신뢰에 대한 모든 것

사람들은 자신이 찾는 정보가 건강에 대해 갖고 있는 믿음을 강화시켜 주기 때문에 건강염려증이라는 증상을 보일 수 있다. 신뢰는 어떤 것을 믿도록 하는 데 필요한 중요한 요소다. 우리는 조언을 구하기 위해 인터넷을 검색하는 사람들을 연구했고, 쉽게 믿음을 갖는 사람들이 인터넷 정보를 믿는 경향도 크다는 것을 알아냈다.[21] 우리는 인터넷을 더 자주 이용하는 사람들이 증명되지 않은 정보를 사용하는 경향이 크다는 것을 알아냈다

　믿을 수 없는 웹사이트들과 중요하지 않은 정보를 보고서에 쓴 우리 학생들을 관찰한 후, 우리는 어떻게 그리고 왜 사람들이 정보를 찾기 위해 웹사이트를 찾는지 그리고 그 정보를 얼마나 믿는지 연구하기로 했다. 또한 우리는 사람들이 인터넷을 찾을 때, 어떠한 상황에서 동료의 조언을 듣고 전문가의 조언을 듣는지 밝혀내려 했다. 우리는 '결정의 맥락(현재의 경우 웹사이트)'에 따라 사람들이 전문가와 동

료들의 의견에 비중을 두는 정도가 다르다는 결론을 내렸다. 어떠한 서비스나 상품에 관한 객관적인 정보는 전문가의 의견에, 주관적인 정보는 동료들의 의견에 더욱 큰 비중을 둔다는 것을 발견했다.[22] 다른 학자들은 사람들이 위키피디아, 소셜네트워크, 대중의 리뷰와 같은 사용자가 만들어 낸 정보들보다 건강 관련의 온라인 정보를 믿는다는 것을 발견했다.[23] 건강 관련 웹사이트들이 주로 전문가들이 작성한 객관적 정보라는 것에 비추어 볼 때, 왜 사람들이 그 사이트들을 이용하는지 쉽게 이해할 수 있다.

연구는 '신뢰'가 온라인 정보의 사용에 긍정적으로 연관되었다는 것을 보여주었다.[24] 즉, 신뢰는 해당 웹사이트에 오래 머무를 수 있도록 하는 핵심 정보이며, 무엇인가를 잘 믿는 사람들이 인터넷 정보를 보다 쉽게 믿도록 만든다.[25] 이미 다수의 웹사이트들이 오래전부터 있어 왔지만, 특정 사이트가 진짜 의사들을 고용해 정보를 작성하기 때문에, 건강 관련 정보를 찾은 사람들은 바로 그 사이트를 신뢰한다.

스페인의 자라고자대학에 있는 루이스 카살로(Luis Casalo)와 그의 동료는 신뢰에 대해 정직함, 자비로움 그리고 역량이라고 정의했다. 정직함이란 어떤 이가 자신의 말에 대한 책임을 질 것이라는 '믿음'이다. 자비로움이란 그 집단이 다른 사람들의 행복을 바랄 것이라는 '믿음'이다.[26] 역량은 웹사이트의 정보가 진실일 것이라 인식, 즉 '믿음'과 연관되어 있다. 웹사이트를 믿기 위해선 그 사이트의 권위나 신뢰도에 대한 인정이 있어야 한다.[27] 카살로와 그의 동료들[28]은 믿음에 관한 사람들의 정도가 웹사이트에 관한 헌신의 정도를 결정한다는 것을 알아냈다. 더 많이 믿는 사람들이 더 오래 그 사이트를 방문한다는 것이다.

옥스퍼드대학의 윌리엄 더튼(William Dutton) 교수는 인터넷 신뢰—그가 사이버 신뢰라고 명명한—가 경험과 교육을 포함한 몇 개의 요소들에 의해 영향을 받는다고 말했다. 더튼과 그의 동료 아드리안 셰퍼드(Adrian Shepherd)는 사람들이 위험을 인지하거나 신뢰를 잃었을 때 웹사이트를 더 이상 이용하지 않는다는 것을 알았다. 그 웹사이트에서 위험을 인지한 사람들은 다른 사이트를 사용할 것이다.[29]

명확성에 대해선 어떨까? 사람들은 자신이 찾는 정보가 명확하지 않다는 것에 대해선 신경 쓰지 않을까? 믿을 수 있는 온라인 정보원이란 편견 없이 정확한 정보들을 공급하고 신뢰할 수 있는 전문가들에 의해 작성된 정보를 포함하는 것으로 정의된다.[30] 본 장의 앞부분에서 논했던 대중 대(對) 전문가의 조언에 관한 연구에서, 우리는 사람들이 대중의 의견보다는 전문가의 의견을 따른다는 것을 발견했다. 그 위상과 외모에 의한 신뢰—이것을 '정보원에 대한 신뢰성'이라 부른다—가 결정에 똑같이 중요한 영향을 미치는 것이다. 네바다의 레노대학 레이놀드언론학교에 재직 중인 제니퍼 그리어(Jennifer Greer) 교수는 인터넷 정보원의 신뢰성에 대한 연구를 진행했다. 그녀는 "전문지식을 많이 갖고 있는 정보원들의 정보가 이용자들의 행동 변화에 커다란 영향을 미친다. 전문지식이 별로 없는 정보원들은 보통 행동 변화에 영향을 미치지 못한다."고 말한다.[31] 대중은 온라인 정보들이 다양한 차원의 신뢰성을 갖고 있다는 것을 안다. 정보원에 대한 믿음을 갖고 있는 사람들은 정보원이 제공하는 정보에 믿음을 가질 것이다. 의학 웹사이트들이 정보원 신뢰성을 보유함으로써 사람들은 그곳의 정보를 신뢰하고, 비록 신뢰도에 차이가 있을지언정, 정확한 정보들이라고 여기는 이유가 여기에 있다.

정보에 대한 인지는 사람들이 웹사이트에 높은 신뢰도를 갖고 있는지 낮은 신뢰도를 갖고 있는지 파악하는 데도 중요하다. 이라크 전쟁 관련 정보에 관한 연구에서 한국 광운대학교 최준호 교수와 레니셀러폴리테크연구소의 제임스 와트와 마이클 린치(James Watt and Michael Lynch)는 이라크 전쟁에 반대하는 사람들이 중립적, 긍정적 입장인 사람들보다 인터넷 소스를 더 믿는다는 것을 알아냈다.[32] 이처럼 의학적인 조언을 듣기 위해 의사들을 대신해 웹사이트로 돌아서는 몇 가지 이유를 꼽아 보면 다음과 같다.

1. 즉각성: 의사를 기다릴 대기 시간이 필요 없다. 웹사이트들은 즉각적으로 정보를 제공한다.

2. 자택의 편안함: 파자마를 입고 정보를 찾을 수도 있다. 의사의 사무실에서 기다리지 않아도 되고, 몸이 안 좋을 때 불편함을 감수할 필요가 없다.

3. 비용: 거의 모든 웹사이트들은 무료로 정보를 제공한다.

4. 사용의 편리함: 온라인 건강 관련 웹사이트들을 사용하는 것은 매우 쉽다. 게다가 '증상 체크'도 할 수 있는데, 선택을 통해 당신에게 다양한 진단을 내릴 것이다.

내적인 필요성

건강염려증 증상을 설명하는 하나의 예로 언론학자들이 '이용과 충족(Uses and Gratifications) 이론'[33]이라고 부르는 것이 있다. 이용과 충족 이론은 미디어와 미디어 콘텐츠에 대한 내적 욕구를 설명한다. 이 이론은 사람들이 특정한 미디어나 기술을 사용하는 것은 그 콘텐츠나 시스템이 그들의 기분이나 가치관 그리고 믿음이나 욕구에 맞기 때문이라는 것이다. 남부 캘리포니아대학 박사과정 재학생인 누푸르 터스틴(Nupur Tustin)은 건강 관련 웹사이트들을 사용하는 것과 그 만족감에 대한 연구를 진행했다.[34] 그녀는 150명이 넘는 암 환자들을 통해 자신의 의사에 불만족하는 사람들이 온라인 건강 정보를 사용할 가능성이 높다는 것을 알아냈다. 의사들의 공감 능력과 그들이 환자들과 보낸 시간은 온라인 행동의 부정적인 변수이다. 다시 말해서, 매너가 안 좋은 의사의 환자들이 건강 정보를 인터넷에서 더 많이 찾는다.

미디어를 통해 건강 염려증을 보이는 사람들에 대한 또 다른 설명은 '만일의 사태 강화'라 불리는 것이다. 이는 불안을 강화하거나 유지시킨다. 이러한 '만일의 사태에 대한 걱정'은 그들이 사랑하는 사람들이나 지인에게서 도움을 받도록 만들고, 하기 싫은 일들이나 운동을 하지 않도록 만든다. 이것은 '아픈 적'이라고도 불린다. 한 개인이 이득을 취하기 위해 아픈 사람인 양 행동하는 것이다. 누군가는 설령 아프지 않더라도 인터넷에 항상 자신의 병에 대해 올리고 공감하고 위로하는 댓글을 받는다. 그리고 이러한 행동은 반복되고 심화된다. 기술의 발전이 한 사람의 질병에 관해 이야기를 들어줄 사람들을 더 쉽게 찾도록 만드는 악순환을 낳는 셈이다.

혼자 벌어서 두 아이를 키우는 38살의 제니스(Janice)는 인터뷰를 하는 동안 의사가 자신의 목 부위의 혹에 관해 잘못 진단했다고 말했다. 그녀는 조직 검사를 통해 그 혹이 단순한 혹이라는 것을 확인했는데도 '암'일 것이라고 믿고 있었다. 의사가 그녀를 안심시키기 위해 혹을 떼자는 제안도 했지만, 그녀는 거절했다. 그녀는 두 자녀에게 보살핌을 받고 있었는데, 그렇게 계속 아픈 척하는 것이 그녀의 걱정을 덜어주는 것이라 생각했다. 어느 날 그녀의 동료가 혹에 대해 말을 걸었지만, 제니스는 이것이 종양이고 의사가 그녀에게 살날이 얼마 안 남았다고 말을 했다고 거짓말을 하였다. 회사 동료들이 많은 위로를 해줬고, 이것은 그녀에게 큰 안도감을 주었다. 그녀는 계속해서 거짓말을 했고 의사가 방문을 한다거나 방사선 치료때문에 회사를 빠져야 한다는 거짓말을 계속했다. 시간이 가면서 제니스의 거짓말은 밝혀지고 결국 회사를 그만두게 되었다.

제니스처럼 아픈 척하는 사람들은 고전적인 건강염려증이라고 말할 수는 없다. 물론 그들의 행동이 그런 식으로 시작하긴 했지만 말이다. 마크 펠드만(Marc Feldman) 박사는 인터넷으로 인한 뮌하우젠(Munchausen by Internet, MBI)이라 부르는 증후군을 다루는 전문가이다. 인터넷으로 인한 뮌하우젠 증후군 환자들은 병에 걸린 척하며 채팅방에서 실제로 도움을 받기를 바란다.[35] 사람들은 관심과 동정을 구하거나 다른 사람을 조종하기 위해 거짓된 질병을 이용한다. 그는 "뮌하우젠 증후군을 앓고 있는 사람은 중요한 부분에서 지속적으로 자신의 증상을 웹사이트에서 확인하는 사이버콘드리아와 다르다."고 말했다. 뮌하우젠 증후군의 경우는 자신이 아프지 않다는 것을 알면서도 아픈 척하는 것이고, 반면 사이버콘드리아는 자신이 실제로 아프다고 믿는다.

뮌하우젠 증후군의 경우에는 자신이 실제로 위기에 처하지 않았다는 것을 안다. 반대로 사이버콘드리아는 자신이 아프고 진단이나 치료가 필요하다고 믿는다. 모순에 부딪쳤을 때, 대부분의 뮌하우젠 증후군 환자들이나 가해자들은 자신이 속한 그룹에서 갑자기 사라졌다. 그 가운데 온라인에서 행한 자신의 행동을 터놓고 검토하는 사람은 거의 없었다. 하지만 그들은 다른 방식으로는 얻을 수 없다고 생각한 유효성 검사, 관심, 염려에 대한 절실한 필요를 말한다. 종종 그들에게 좋은 결과를 가져오는 친사회적 행동으로 필요를 충족시키기보다는 자기 패배적인 행동을 하도록 만드는 성격장애를 가지고 있다.

이제 우리는 미디어의 사용으로 인해 생기는 비슷하면서도 구별되는 두 개의 상태를 보았다. 하나는 인터넷을 사용할 때 나타나는 것으로 사용자의 신체형 장애를 지지하고 강화하며, 또 다른 하나는 사람들이 인터넷의 정보를 사용할 때 나타나는 것으로 잘못된 조건을 유지하고 그러한 피드백을 얻기 위해 사용한다는 것이다.

사이버콘드리아의 치료와 인터넷으로 인한
뮌하우젠 증후군의 치료

건강염려증은 우울과 지속적인 긴장을 일으켜 심리적인 피해를 준다. 신체에 집중된 긴장과 다른 신체적 상태는 이상적인 미디어의 이미지[36]와 미디어, 기술 남용, 기준 이하의 의료 서비스 제공자에 의해 생긴다. 또한 웹사이트와 텔레비전 콘텐츠에 과도하게 의존하고 이를 신뢰하기 때문이기도 하다. 이러한 장애에 대하여 가장 널리 받아들여지고 선호되는 치료는 인지행동치료인데, 환자들이 토론과 교육을 통해 그들의 질병에 맞서도록 (주로 공감능력이 뛰어난 치료사들에게) 훈련을 받는 것이다.[37] 몇몇 관련된 접근 방법들은 아래의 것들을 포함하면서 훌륭한 성과를 보여주고 있다.[38]

— 사람들이 강의를 듣고, 설명하는 비디오를 보고, 토론에 참여하는 심리 교육이다. 사람들은 또한 (1) 모니터링하고 생각을 비판하고, (2) 피해야 할 행동들을 인지하고, (3) 매일 일어나는 귀찮은 일들을 보는 활동들을 한다. 이 같은 치료 형태는 중증 건강염려증세를 나타내는 사람보다 건강에 대한 욕망이 낮은 증세를 보이는 사람들에게 적합하다.

— 의사가 환자의 질병을 검사하고 그 결과를 보여주어 환자들이 자신에게 신체적으로 문제가 없다고 설득하는 이유를 밝히는 설명적 치료이다. 믿음이 지속된다면 아마 의사들은 긴장을 완화시키는 약을

처방할 것이다.

― 환자들이 병원에 가서 의사에게 상담을 받는 악성적인 노출을 포함하는, 노출과 반응예방이다. 급격한 심박동수를 증가시키는 운동 등 자연적인 신체감각에 대한 노출과 같은 체내적인 노출이다. 또한 환자들이 스스로 병에 걸렸다고 생각하는 상상적인 노출이 있다. "이 노출은 환자들이 신체검사를 통해 검사를 받고 의학적 안심을 갈구하는 것을 자제하거나 지연토록 하는 반응적인 예방과 결합된다."[39]

장기적인 인지행동치료는 극심한 우울증을 완화시키면서 건강염려증을 앓는 사람들에 잘 맞는 경향이 있다. 어떤 치료가 더 빨리 효과를 낼 것인지를 보여주는 것은 없다. 만약 당신 자신이나 당신이 아는 누군가가 건강염려증을 앓고 있다고 생각된다면, 가장 많이 사용되는 화이트레이 인덱스(Whiteley Index)[40] 검사로 이것을 알아낼 수 있을 것이다. 모든 검사가 그렇듯 결과는 조심스럽게 해석되어야 한다. 높은 점수가 나왔다면 의사와 상의할 것을 권한다. 아래는 건강염려증 증상에 대한 완화법이다.

1. 첫 번째 방법은 장애가 있다고 인지하는 것이다. 심리치료사에게 당신이 그러한 상태인지 묻는 것이 최선의 방법이다. 아니면 당신이 갖고 있는 증상들이 장애와 관련되었는지 살피기 위해 화이트레이인 덱스를 사용하라. 건강염려증을 앓고 있는 것을 인지하는 것은 자신의 증상이 실제로 의학적인 문제가 아니라는 것을 이해하게 해준다.

2. 건강 관련 웹사이트보다는 의사에게 조언을 구하라. 웹엠디 (WebMD)와 다른 의학적 사이트들은 이미 의사들에게 진단 받은 상태를 이해하는 데 유용한 도구이지만, 초기 상태를 진단하는 데는 효과적이지 못하다. 신체적 질병이 있는지 알아보기 위해선 의사에게 묻는 것이 최선이다. 만약 의사의 진단이 마음에 들지 않는다면 다른 의사를 찾아라.

3. 건강 관련 웹사이트의 신뢰를 어떻게 평가할 수 있는지를 이해하라. 건강 관련 웹사이트를 이용한다면, 전문가가 아닌 타인이나 동료가 쓴 정보와 신뢰감 있고 사실적이며 잘 조사된 의사의 정보를 어떻게 선별적으로 선택할 것인지를 배워라. 항상 정보 제공자의 신용도를 살펴라.[41]

4. 상업적인 주장을 피하라. 의약품 회사는 건강염려증 환자들에게 의존한다. 만약 당신이 광고가 말하는 것을 의사의 조언보다 믿는다면, 상태의 진전에는 거의 효과가 없고 다른 불안, 스트레스, 진짜 건강 문제를 일으키는 해로운 약을 먹는 결과가 일어날 것 이다.

5. 긴장을 줄여라. 실제로 아프지 않은 곳도 긴장 때문에 더욱 아프게 느껴질 것이다. 설득 치료, 약물 치료, 업무 줄이기, 인터넷으로 건강 체크하지 않기는 긴장을 줄여 과도한 신체적 고통을 줄일 수 있다.

6. 운동해라. 운동은 스트레스를 줄이는 최선의 방법이다. 또한 운동에 사용되는 시간이 온라인이나 다른 미디어에서 쓰이는, 혹은 다른 미디어와 관련해서 쓰이는 시간을 대체할 것이다.

7. 플러그를 뽑아라. 다른 장에서 말했듯, 한동안 일상에서 벗어나고

자연 속에 있는 것이 미디어 사용으로 인한 심리적 장애 증상을 줄이는 데 최선의 방법이다. 의도적으로 휴대폰을 확인하는 것, 온라인에 접속하는 것, 광고와 다른 방해물을 포함하는 텔레비전 과 다른 미디어에 노출되는 것을 피하라.

신체적 증상의 감지를 통해 내부적인 심리 전쟁을 만들어 내는 신체형 장애는 전 세계 사람들의 25%가 겪고 있다. 이러한 장애는 기술과 미디어 사용으로 널리 퍼지게 되었으며, 이로 인해 엄청 많은 돈이 필요치 않은 병원 방문에 쓰였고, 질병과 실제로 있지도 않은 병에 대한 걱정으로 시간이 과도하게 낭비되었다. 실험을 통해 우리는 건강염려증, 멀티태스킹 선호, 부재중 전화 걱정, 페이스북과 메신저 이용과 같은 특정 활동이 신체형 장애와 관련이 있다는 것을 발견했다.[42] 다음 장에서는 다른 신체형 장애와 타인들은 동의하지 않으나 환자들은 자신의 외모에 결함이 있다고 믿는 신체변형장애에 대해 검토할 것이다.

제9장

프로필 사진이
나보다 뚱뚱해 보이나요?

뉴미디어와 외모의 관계

"뚱뚱해지느니 차라리 죽겠어요."
_ 익명의 여배우

사람들은 절 보지 않아요. 아무도요. 뚱뚱한 것처럼 말이죠. 아무도 당신을 진지하
게 생각해 주지 않아요. 당신은 그냥 존재하지 않는 거에요. 당신은 엄청 클 뿐, 그
냥 존재하지 않아요.
_ 섭식장애를 가진 익명의 사람[1]

우리는 말라깽이를 여신처럼 생각하며, 그들이 마치 우리에게 이럴 필요가 없다고
가르쳐 주는 듯이 쳐다봅니다.
_ 『겨울 소녀들(Winter girls)』의 저자 로리 할스 앤더슨(Laurie Halse Anderson)[2]

브리트니(Brittany)는 행정학 학위를 받기 위해서 12학기 동안 공부했
다. 서빙 아르바이트를 하면서 작은 투룸 아파트에서 룸메이트와 함
께 살고 있으며, 늦게까지 과제하고 시험공부를 하느라 잠도 못자는
매우 평범한 21살 대학생이다. 그녀는 또한 미디어 마니아인데, 항상
아이팟 이어폰을 꽂고 다니고, 하루 종일 페이스북, 유튜브 그리고 스
마트폰을 보면서 시간을 보낸다. 그리고 집에 있을 때는 항상 TV와
함께한다. 그녀의 룸메이트 샤이나(Shayna)에 따르면, 종종 친구들에
게 드라마 「크리미널 마인드(Criminal Minds)」에 나오는 캐릭터인 바비
인형 같은 모습의 금발 FBI 요원과 닮아야만 예전 남자 친구가 돌아
올 수 있다고 얘기했고, 그러기 위해서는 휴일에 집에 가기 전에 '몇
파운드의 살'을 뺄 필요가 있다고 말했다고 한다. 그녀는 TV프로그
램과 자신이 좋아하는 캐릭터에 완전히 사로잡혀 있다. 모든 에피소

드를 녹화할 뿐만 아니라 반복해서 그것을 시청한다. 그녀는 온라인 토론 그룹을 통해 프로그램을 추종하고, 텔레비전 네트워크 사이트에 접속하며, 심지어 배우들의 트위터도 팔로우한다. 거기서 그녀는 몸무게를 유지하는 게 얼마나 어려운지 사람들과 얘기를 나눈다.

어느 날 밤 샤이나가 일을 끝내고 돌아왔을 대, 그녀는 쓰레기통이 과자봉지로 가득 찬 것을 발견한다. 그래서 브리트니에게 그 과자봉지들에 대해 물었는데 중간고사 동안 공부하면서 과자를 달고 살았다는 말을 들었다. 약 일주일 후에 샤이나가 집에 돌아왔을 때 부엌에는 빈 과자 봉지와 포장지로 가득 찬 쓰레기봉투가 있었고 과자로 가득 찼던 서랍은 어느새 텅 비어 있었다. 그녀는 침실로 가다가 브리트니가 화장실에서 구토하는 소리를 듣고 고민했지만 결국 꼬치꼬치 캐묻기 싫어서 무슨 일인지 물어보지 않기로 했다. 다만 샤이나는 그녀를 돕기 위해 학교의 간호사에게 전화했다. 간호사는 브리트니가 섭식장애인 것 같으니 도움이 필요하다고 말한다.

브리트니는 미국 정신과협회에서 폭식증이라 명명한 질병을 앓고 있었는데, 정신장애분류체계(DSM)에 따르면, 그것은 사람에게 치명적인 질병 중의 하나로 분류되어 있다. 폭식증은 주로 어린 여성에게 많이 나타나지만, 남자와 여자 모든 연령대에서 고루 발견된다. 이 질병은 거식증과 함께 약 7천만 명의 세계 인구에 영향을 주고 있고, 미국에서만도 환자 수가 2천5백만 명에 달한다.[3] 섭식장애는 10대 소녀의 주요 사망 원인 중 하나로, 거식증에 걸린 환자의 20%는 질병과 관련된 합병증으로 죽는다. 1950년대 이래로 우리는 15~24세의 젊은 여성들 사이에서 섭식장애 환자가 크게 증가했음을 발견했고, 최근의 연구는 그 숫자가 10만 명 중 300명에 달하는 것을 보여주고 있다.[4]

특히 젊은 여성 사이에서 이 질병이 증가한 것은 미디어와 과학기술 사용의 증가와 관련이 있다. 섭식장애에 대한 연구를 30년 전부터[5] 시작하면서 동시에 우리는 과학기술이 심리학적, 생리학적, 사회과학적으로 어떤 영향을 끼치는지 조사했다.[6] 이 분야에 종사하는 대부분의 학자들은 기술의 진보나 미디어의 발전이 아름다움과 체중 감량(다이어트)에 계속 초점을 맞추어 왔고, 결과적으로 섭식장애 환자의 증가에 큰 영향을 끼쳤을 것이라 말한다. 미용 상품 혹은 우리의 몸을 가꾸도록 만드는 상품 광고로 가득한 TV는 이러한 현상의 주요 범인으로 알려져 있다. 하지만 인터넷과 전문가들이 뉴미디어라고 부르는 기술은 혜성처럼 나타나 매순간 우리에게 미적 이미지를 제공하고 있다. 이것은 틀림없이 이 문제를 악화시킨다. 브리트니의 생활 습관, 미디어와 기술과의 건강하지 않은 관계 그리고 텔레비전에 나오는 캐릭터 중 한 명과 닮아야 한다는 강한 의지는 분명히 섭식장애의 기본적인 증후군 중 하나인 폭식과 비워내는 습관을 만들었을 것이다.

섭식 장애

섭식장애를 가진 사람들은 뚱뚱해지는 것 혹은 과체중이 되는 것에 대해 병적으로 걱정하고, 자신의 신체에 대해 왜곡된 생각을 가지고 있으며 건강한 몸무게를 유지하기 위한 음식 조절도 하지 못한다. 또한 그들은 현재 자신의 몸 크기, 모양, 무게에 극도로 민감해 자신이 생각하는 신체 모습은 위의 기준에 따라 크게 변한다.[7] 정신장애분류체계(DSM)는 3가지 섭식장애의 특징을 이렇게 정의한다.

1. 거식증 : 음식 섭취를 하지 않으면서 만들어 내는 식욕의 상실
2. 폭식증 : 일반적인 식욕을 충족시키는 데 필요한 양을 넘어선 과도한 섭취
3. 배출 : 관장이나 설사약을 이용해서 장을 비우거나 구토로 위를 비워내는 것[8]

섭식장애에는 브리트니가 겪고 있는 폭식증과 거식증이라는 두 가지 주된 유형이 있다. 거식증을 앓고 있는 사람은 먹으려 하지 않고, 몸무게를 키와 나이에 맞는 최소 몸무게보다 낮추려 노력한다. 거식증 환자는 이러한 목표를 위해 폭식한 뒤 구토를 하거나 설사, 관장을 통해 비워낸다. 때로는 목표 달성을 위해 그냥 음식을 아예 먹지 않기도 한다. 폭식증은 빈번한 폭식이 그 특징이다. 한 번 폭식할 때마다 폭식증 환자는 대부분의 사람들이 먹는 것보다 상당히 많은

양의 음식을 먹고, 그 폭식의 순간마다 자기 스스로를 통제할 수 없어진다. 이러한 폭식은 보통 비위내기를 수반한다.

섭식과 자아상(Self-image)의 장애는 그것을 가진 개인에게만 영향을 끼치는 것이 아니다. 국립정신보건연구원과 이 장애를 조사하는 다른 주요 건강기관에 따르면, 섭식장애와 그것이 연관되어 있는 여러 질병, 예를 들어 자살충동, 우울 그리고 다른 정신적 질병의 유행은 중요한 공적 의료 관심사로 깊이 다루어야 할 필요가 있다. 섭식장애를 앓고 있는 많은 사람들이 치료를 받지 않거나 수치스러워하고 사랑하는 이들에게 이 문제를 숨기거나 아예 자신이 이 질병을 앓고 있다는 것을 모르고 넘어가기 때문에 섭식장애는 특히 중요하게 다루어져야한다.[9] 전 세계적인 연구를 통해 우리가 알게 된 통계는 아래와 같다.

- 섭식장애를 앓고 있는 사람 10명 중 오직 한 명만 치료를 받는다.[10]
- 치료를 받는 섭식장애 환자의 35%만이 전문시설에서 치료를 받는다.[11]
- 섭식장애를 앓는 엄마나 자매를 가진 여성들은 섭식장애가 발병할 확률이 2~3배 더 높다.[12]
- 섭식장애는 1970년에 처음 진단됐는데, 이는 TV가 가정에서 주요한 역할을 차지하게 된 시기와 동일하다.[13]
- 섭식장애와 신체변형질환을 앓는 사람은 자존감이 낮다.[14]

갈수록 미디어와 기술에 대한 의존도가 높아감에 따라 매순간 다양한 기기들을 통해 미디어 이미지들은 우리 삶에 침투한다. 그리고 이 여파는 종합적으로 뒤섞여 섭식장애와 같은 질병을 만들어 내고 유지시킨다.

미디어가 거식증을 초래할 수 있다

미디어가 어떻게 섭식장애를 유발하는지 보여주는 한 유명한 연구에서 앤 베커(Anne Becker)는 텔레비전이 등장함에 따라 어떻게 사람들이 행동하는지 알아보기 위해 멀리 떨어져 있는 남태평양 섬의 여자아이들을 연구했다. 베커는 텔레비전이 등장하기 바로 직전인 1995년 피지에 있는 아주 작은 마을인 나드로가(Nadroga)를 방문했고, 그 후로 3년이 지나 다시 그 섬을 방문했다. 2004년 논문[15]에서 베커는 '왕성한 식욕과 몸매'를 지지하는 사회적 분위기 때문에 피지 섬을 선정했다고 말했다. 피지 섬에 사는 사람들에게 큰 체격을 가진 여성의 몸은 사회적 지지도를 상징하며, 그들은 힘든 일도 할 수 있다고 믿어지고 있었다.

베커가 처음 방문하기 전에는 피지 섬에서 섭식장애라곤 찾아볼 수 없었고, 섭식장애라는 단어도 존재하지 않았다. 텔레비전이 등장하기 전에는 체중을 감량하려고 구토를 하는 여자아이들이 보고된 사례가 단지 3%밖에 되지 않았다. 놀랍게도 베커는 텔레비전이 등장하고 난 이후 약 15%의 소녀들이 이러한 행동을 보인 사실을 발견했다.

베커가 발견한 것은 이뿐만이 아니었다. 두 번째 방문했을 때에는 섬에 있는 소녀의 75%가 스스로 '너무 뚱뚱하거나 비대하다'고 생각했다. 일주일에 적어도 3일 이상 텔레비전을 시청하는 소녀의 50% 이상이 텔레비전을 본 이후에 자신이 더 뚱뚱하다고 느꼈으며, 3분의 1은 다이어트를 하려고 했다. 텔레비전의 등장과 함께 텔레비전에 나오는 여배우들의 마른 몸매는 피지 소녀들이 확실히 스스로의 몸매에 더욱 관심을 갖게 했다. 그리고 베커의 연구를 통해 텔레비전이 그 여자아이들 일부를 거식증 환자로 만들었을 것이라는 주장도 제기됐다. 1990년대 중반에 있었던 피지에서의 실험은 새로운 미디어와 기술의 물결이 사회에 덮쳐올 때 나타나는 좋지 않은 조짐이었다.

섭식장애에 대한 특정 원인은 아직 확인된 바가 없으나 연구자들은 미디어 소비와 이러한 질병 사이에 강력한 연결 고리가 있을 것이라고 생각했다. 그 증상과 강도는 개인에 따라 천차만별이지만, 모든 섭식장애는 자신의 몸무게와 몸매에 대한 부정적인 평가와 그것에 대한 저항에 의해 발생한다.[16] 비정상적으로 마른 바비인형과 같은 외모의 유명한 여배우가 등장하는 미디어 이미지를 자주 접하는 것은 사람들로 하여금 그들이 본 그 여배우처럼 자기도 보이도록 하거나 행동하도록 이끌 수 있다. 그리고 이러한 이미지들은 전통적인 미디어인 텔레비전과 영화는 물론이고 소셜네트워크나 온라인 비디오 사이트에 이르기까지 모든 시각매체를 통해서 끊임없이 노출된다.

텔레비전이 미디어의 대세였던 30년 전에는 개인은 시청 습관을 바꿈으로써 머릿속에 있는 이미지를 급변시킬 수 있었다. 하지만 요즘 텔레비전은 어디에서든지 원하는 시간에 여러 전자기기를 통해서 볼 수 있게 되었고, 이 상황은 이제 우리의 통제를 벗어났다. 하지만 여전히 문제가 되는 것은 텔레비전에 국한되는 것이 아니다. 메시지는 우리의 주변 어디에든 침투해있다. 예를 들어 인터넷에서 새로운 다이어트 방법에 대해 어떤 토론이 오가는지 알기 위해 '몸무게 줄이기(weight loss)'라는 단어를 검색했다고 가정해 보자. 이 기록은 인터넷에 흔적을 남긴다. 다음에 '몸'이란 내용으로 검색을 하려고 할 때, 이전과는 완전히 다른 내용을 검색하려 했다 할지라도, 검색엔진(예를 들어, 구글 검색)은 검색어 자동완성 기능에 따라 또 다시 '몸무게 줄이기'를 검색어로 '추천'하고, 이로 인해 당신은 몸무게 줄이기에 대해 다시 생각하게 된다. 설상가상으로 인터넷상의 광고들은 당신의 검색 습관에 따라 변화한다. 다이어트에 관해 검색하면 다이어트에 대한 광고들이 창에 뜨는 것이다. 다이어트라는 단어를 앱스토어에 입력하면 이용자들의 몸이 얼마나 상하는지에 대해서는 외면한 채, 단지 당신의 목표 체중을 이룰 수 있게 도와주는 수백 개의 핸드폰 앱들이 제공된다. 몸무게를 줄이는 것에 대한 온라인 토론에 당신이 코멘트를 달면 바로 다른 사람의 새로운 코멘트를 이메일로 받아볼 수도 있을 것이다.

신체와 섭취 메뉴에 대한 관심을 끊임없이 상기시키는 것들로부터 우리는 어떻게 벗어날 수 있을까? 당신이 이런 것들을 완벽히 무시한다 해도, 차를 타고 네비게이션을 켜는 순간, 창에는 곧바로 패스트푸드 쿠폰 광고가 팝업으로 뜬다. 이미지들은 우리가 매일 접하는 미디어를 통해서 우리의 관심을 사로잡으면서 매혹적인 모습으로 다가온다. 우리는 항상 이미지에 의해 괴롭힘을 당하고, 그저 화면을 끄는 것만으로 도저히 이를 막을 수가 없다.

신체변형장애

거식증, 폭식증과 연관된 신체변형장애는 일반적으로 덜 심각한 질병이다. 하지만 심리 건강에는 심각한 영향을 줄 수 있다. 이 장애는 성별을 가리지 않는다. 이 장애에 걸린 여성들은 대게 체중을 줄일 필요가 있고 뭔가 결함을 고칠 필요가 있다고 느끼는 반면, 남성들은 자신이 너무 작아 덩치를 키워야 하거나 다른 신체적 결함이 있다고 생각한다. 몇몇 검사에서는 정상으로 나오지만, 변형장애를 가진 사람들은 지나치게 외모에 민감하고 항상 자신이 무언가 부족하다고 걱정한다. 정신장애분류체계(DSM)에 따른 신체변형장애의 증상들은 다음과 같다.

1. 존재하지 않는 외모적 결함에 대한 집착
2. 직업적, 사회적 혹은 다른 중요한 기능적 분야에서 발생하는 심각한 고통과 장애

3. 누군가의 시선에 대한 지나친 집착

4. 사회와 가족에게서 도망치는 증상

5. 망상적 사고와 그것에 대한 믿음

6. 자살충동

7. 낮은 자존감

8. 사회적 상황에서의 남의 시선을 과하게 의식하는 것

9. 다른 사람들이 자신의 결함을 조롱할 것이라는 믿음

10. 알코올을 이용한 자기 치료

11. 반복행동(화장, 거울로 외모 확인, 운동)

12. 완벽주의

　신체변형장애를 가진 사람들은 자신의 외모에 지나치게 치중하는 것이 문제의 원인이다. 달리 말하면 그들이 생각하는 정체성은 외적인 모습에 지나치게 많은 영향을 받으며, 성격과 지적 능력 등 대부분의 사람들이 외모보다 중요하게 생각하는 특징에 영향을 크게 받지 않는다. 오랜 기간의 연구를 통해서 신체변형장애가 있는 사람들은 외모, 완벽주의 사회적 인정, 젊음과 균형미의 중요성을 과도하게 평가하는 반면, 자신의 몸에 대해서는 부정적인 인식과 판단을 내린다는 것을 발견했다.[17] 이러한 가치들은 자신들이 미적 '대상'이거나 사회적 상황에서는 그저 사회적 '대상'에 불과하다는 생각을 더 강화시킨다.[18] 이러한 이상화된 가치들은 신체변형장애를 가진 사람과 '못'생겼지만 자신의 외모를 수용하고 높은 자존감을

가진 사람을 구별한다.

준(June)은 석사학위 소지자로, 홍보회사를 경영하며 해안가 오두막에 산다. 준은 친구들의 부러움을 한 몸에 받는 삶을 살고 있다. 그녀가 몸담고 있는 세계에서는 패션과 매력적인 것이 상당히 중요하다. 물론 그것이 전부는 아니지만, 적어도 많은 홍보 전문가들 사이에서 회자되는 생각은 그렇다.

준은 또한 잠재적인 고객들을 끌어들이고, 현재 같이 일을 하고 있는 사람들과 더 수월하게 소통하기 위해 페이스북을 운영하고 있다. 준의 외모에 대한 문제는 중학교 시절부터 시작됐는데, 그때로 거슬러 올라가 보면 학교에 짓궂은 친구들이 그녀의 주걱턱을 보고는 '사악한 마녀'라고 놀려대곤 했다. 그래서 그녀는 어떻게 하면 「오즈의 마법사」에 나오는 악당처럼 보이지 않을까 헤어스타일을 바꿔가며 몇 시간씩 거울을 쳐다보며 고민했다. 하지만 10대가 되면서 턱은 점점 더 부각되기 시작했다. 그녀는 엄마에게 투정을 부렸지만 엄마는 걱정할 것이 아니라고 했고, 크면 더 이상 걱정하지 않게 될 것이라고 했다. 하지만 그것은 사실이 아니었다. 준은 여전히 그 뾰족하게 튀어나온 턱을 콤플렉스라고 생각했고, 그걸 감추기 위해서 뭐든지 했다. 그녀의 페이스북에 있는 모든 사진은 턱을 둥글게 보이려고 모두 머리를 뒤로 젖히고 찍은 사진들뿐이다.

지난여름에 준은 '자신을 감춘' 사진으로 지원한 네트워킹 이벤트에 회사의 주요 고객인 비영리단체의 몇몇 대표들과 참석했다. 다음날 누군가가 전날 밤 그녀가 자연스럽게 찍힌 사진을 태그(tag)해서 올렸다. 준은 굴욕감을 느꼈다. 그녀가 머리를 낮추고 어느 단체의 대표와 함께 웃으면서 찍은 사진이었다. 그녀가 느끼기에 자신의 턱이 무척 튀어나와 보였다. 그녀는 즉시 태그를 지우고 사진을 페이지에서 지웠으며, 그 사진을 올린 사람의 페이스북에 심한 댓글을 달았다. 아무도 그녀의 턱에 신경을 쓰지 않았지만, 그녀는 그것에 너무 집착한 나머지 마치 이성을 잃은 것처럼 행동했다. 끝내 그녀의 집착은 극으로 치달았고, 턱 수술을 받기 위해 성형외과를 찾았다.

안타깝게도 준은 상상 속의 못된 마녀처럼 턱이 나온 인터넷 상의 모든 사진들을 지울 수는 없다. 대략적으로 매달 30억 장 이상의 사진들이 인터넷상에 업로드된다.[19] 만약 당신이 3천만 장 이상의 사진이 탑재돼 있는 것으로 추정되는 네 가지 유명한 사진 공유 사이트(Flickr, Picasa, ImageShick, Photobucket)에 사진을 올린다면, 개인이 잘 안 나온 사진들을 완전히 지운다는 것은 불가능하다. 심지어 개인이 올린 사진들을 모아 보여주는 다양한 사이트들도 인터넷 상에 존재한다. 요점은 한번 인터넷에 사진이 올라가면, 이상 유무에 상관없이 그 사진은 재등록되거나 다양한 다른 공간에 나타나게 된다는 것이다. 준이나 다른 신체변형장애를 가진 사람들, 특히나 사진 찍을 일이 많아 남들에게 주목을 받는 직업을 가진 사람들에게 이러한 사이트들은 장애를 더욱 심각하게 만들 뿐이다.

이상적인 날씬함에 대한 생각

지난 몇 십 년 간 행해진 연구들 중에 가장 큰 부분을 차지하는 것은 젊은 여성들 사이에서 크게 증가한 섭식장애 환자와 미디어에 등장한 이상적인 여성 몸매간의 관계를 살펴보는 것이다. 일반적으로 미디어는 미의 한 기준으로 날씬함의 정도를 삼는다.[20] 과거에 우리는 드라마, 리얼리티 쇼, 토크 쇼, 광고에 나오는 이러한 이미지들이 마른 여성과 멋진 남성이 보통 사람보다 완벽에 가깝다고 말하는 것을 보았지만, 이제는 유튜브나 소셜네트워크 광고 등 새로운 미디어 기술을 통해 그러한 이미지들을 보고 있다. 예를 들어 거의 대부분의 새로운 비디오 게임에서 사용자는 아바타를 고를 수 있었는데 대부분의 아바타들은 날씬하고 매력적인 모습으로 만들어져 있다.

이런 이미지들을 보는 것은 아주 파괴적인 결과를 낳을 수 있다. 30년간 미국 여성의 평균적인 신체는 점차 커졌는데 미디어에 나오는 여성들은 이러한 현실에서의 변화를 담아내지 않고 있다.[21] 미국 의료협회에 따르면 평균적인 여성의 몸은 건강 차원에서 추천하는 정도보다 약간 더 몸무게가 나가지만, 배우나 모델의 몸은 20% 이상이나 덜 나가는 것으로 밝혀졌다. 우리는 화면을 통해 행복하고 성공한 마른 여성을 보면서 스스로를 깡마른 아바타로 대변하려 하지만, 실제로는 이런 희망에 과반도 미치지 못하고 있는 것이다.[22] 이러한 미(美)의 규범에 도달하려고 하는 여성들은 더 운동하고 다이어트 하지만 그럴수록 더 실패하고,[23] 이는 그들로 하여금 걱정과 절망을 느끼게 한다.

사회적 자아로부터 도망갈 수 없다

사람은 집단, 사람들, 상황과 생각들을 통해 자신을 규정하려는 사회적 존재이다. 인간성의 한 측면으로 우리는 의식적이든 무의식적이든 자신을 다른 사람들과 비교하려고 한다. 가끔 우리는 주변에 신경 쓰지 않고 홀로 살고 싶어 하지만, 사실 아무도 결국 그러지는 못한다. 대신 우리는 적응해 함께 있도록 압박하는 사회에서 살고 있다. 심리학자와 미디어 전문가들은 우리가 왜 이런 식으로 행동하는지를 밝히기 위해 몇몇 이론들을 제시하고 테스트했다.

먼저 사회적 정체성 이론(Social identity theory)[24]에 따르면, 소속감에 대한 동경은 우리가 동일시하는 집단의 규범이 무엇이든 간에 그것을 따르려고 한다는 것이다. 이 이론에 따르면, 우리가 왜 사회화된 사람이나 또는 상황에 끌리고, 우리를 그러한 상태로 바꾸려고 하는지 쉽게 이해할 수 있다.

예컨대 소셜네트워킹의 힘에 대해 생각해 보라! 당신은 항상 지루하고 재미없다고 느낀다. 그런데 매일 자신의 활동이나 상태를 업로드하는 친구가 있고, 당신은 그것이 굉장히 재미있어 보인다. 그리고 당신은 이러한 생각을 갖게 된다. "댄(Dan)은 정말 친구가 많다…… 그 친구들은 댄에게 매우 친절하고…… 언제나 어울려 논다…… 그는 언제나 행복해 보인다…… 댄은 잘생기고 옷도 잘 입고…… 왜 그녀석이 나를 끼워주지 않는 거지? 나도 댄처럼 친구가 많았으면 좋겠다…… 내가 댄처럼 보인다면 좋겠다. 내 인생이 댄의 인생처럼 행복했으면 좋겠다." 분명 댄은 건강하고 몸이 멋진 친구일 것이다. 그리고 이러한 이미지는 지인들이 부러움을 갖고, 댄의 삶과 자신의 삶을 비교하도록 한다. 이러한 관점에서 댄은 매우 신나고 흥미로운 삶을 살며, 친구들은 댄이 속한 사회적 집단과 어울리기를 원하며, 이것이 자신에게 이득이 될 것이라고 생각한다. 또한 신체적인 매력이 보상을 불러오기 때문에 댄의 페이스북 페이지를 보는 것은 자기 자신에 대한 시각을 완전히 바꾸는 계기가 될 수 있다.

함께 어울리려는 욕망을 설명하는 또 다른 이론은 스탠포드대학의 알버트 밴드라(Albert Bandura) 교수가 개발한 사회적 학습(Social Learning)이다. 사회적 학습 이론은 다른 사람들이 보여준 행동에 대한 긍정적 혹은 부정적 보상을 보면서 개인이 사회화된다고 설명한다.[25] 긍정적인 행동이 보상을 받으면 사람들은 한 집단의 성공적인 구성원이 된다. 이러한 과정을 지켜본 다른 사람은 그 행동을 그대로 따라하고, 따라서 더 받아들이고 궁극적으로 만족할 수 있다.[26] 사회적 학습을 통해 사람들은 스타나 소셜네트워크에 있는 실존하는 사람들뿐만 아니라, 가상 캐릭터의 행동까지도 모델로 닮으려고 한다. 강력한 자아 존중감이나 가족 혹은 동료로부터의 영향이 없다면, 이렇게 만들어진 현실은 그들이 스스로 생각하고 믿는 데 기준이 될 것이다.[27]

걱정거리는 바로 알 수 없는 원인

이 장에서 우리는 미디어를 통해 나타난 특정한 이미지가 섭식장애나 신체변형장애를 야기할 수 있다는 것을 밝혔다. 완전한 균형과 깡마른 남성, 여성 배우, 모델 등을 통해 형성된 이상적인 미는 우리의 자존감을 부셔버리고 심리적 손상을 불러일으킬 수 있는 자기 평가로 이끈다. 다른 긍정적인 영향력이나 강한 자존감 없이는 미디어에 나오는 사람들이 완벽한 외모 때문에 성공했다고 믿게 되고, 이를 얻기 위해 노력을 투자하게 될 것이다. 불행하게도 우리는 대체로 미디어가 보여주는 이상향에 도달할 수 없다는 데 걱정과 절망을 느낀다. 섭식장애에 대한 연구만으로도 이상화된 이미지의 반복적인 노출이 잠재적으로는 부정적인 영향력을 끼칠 것이라는 것을 증명한다. 1970년대까지만 해도 섭식장애가 진단되지 않았다는 점은 미디어에서 표현하는 완벽한 신체형태의 등장과 섭식장애가 서로 연관이 있다는 점을 밝혀준다.

우리가 신체변형장애나 섭식장애 환자의 특성이나 생각, 행동을 안다 할지라도 반세기 동안 그 이유를 밝혀내는 데는 실패해 왔다. 하지만 뇌 연구에서 우리는 새로운 희망을 찾을 수 있었다. 한 실험에서 연구자는 여성 폭식증 환자가 다른 평범한 여성과는 다르게 뇌가 기능하는 것을 발견했다. 콜롬비아대학의 레이첼 마쉬(Rachel Marsh)와 그녀의 동료들은 섭식장애 여성들이 컴퓨터 스크린에 나타나는 화살표 방향을 맞추는 실험에서 더 충동적이고, 따라서 더 자주 실수를 범한다는 것을 밝혀냈다.[28] 그들의 뇌 활동의 패턴 역시 달랐는데, fMRI[29]를 통해 알아본 결과, 폭식증 환자는 자기 규제와 관련된 뇌의 부분이 거의 활동하지 않았다. 이러한 점은 충동 규제 문제와 연관돼 폭식이나 여타의 충동 행위들을 설명할 수 있다는 가능성을 제시했다. 레이첼 마쉬는 "변화된 뇌 활동 패턴은 폭식증 환자의 약화된 자기 규제와 충동 규제 문제를 발생시키는 근본적인 원인이 될 수 있다. 이러한 연구 결과는 폭식에 대한 이해를 돕고 보다 더 맞춤형 치료를 가능하게 할 수 있다."고 말했다.[30]

미디어가 신체변형장애와 섭식장애를 유발하는 것을 어떻게 막을 것인가?

먼저 아이들의 경우에서부터 시작하자. 아이들에게 미치는 미디어의 영향을 완화하고 섭식장애를 막도록 우리는 무엇을 해줄 수 있을까? 당연히 아이들의 식습관과 운동 상태를 점검해야 한다. 하지만 다이어트와 패스트푸드를 동시에 강요하는 수많은 미디어 메시지들에 둘러싸인 이 상황에 어떻게 대처해야 하는가? 몇 가지 전략은 다음과 같다.

1. 10살 이전의 아이들은 부모의 감독 없이는 미디어를 소비하지 않도록 해야 한다. '함께 보기'를 실행해라.[31] 아이들이 비디오 게임, TV

시청, 심지어 인터넷 서핑을 할 때에 부모가 아이들과 함께 시간을 보낸다. 함께 봄으로써 아이들이 보는 광고나 소셜네트워크에서 사람들이 얘기하는 것들에 대해 함께 이야기할 수 있다. 이러한 기회를 통해 아이들에게 사회적 학습에 도움이 되는 긍정적인 면을 바라보고, 섭식장애를 야기할 수 있는 부정적인 측면에 대해서는 주목하지 못하도록 가르쳐라.

2. 어린 아이들이 장난감과 인형을 가지고 논다. 우리가 봐 온대로 이러한 인형들은 지나치게 마른 몸을 강조하고, 사람으로서 불가능한 몸을 보여준다. 당신의 딸한테 바비 인형이 현실세계에서 얼마나 비정상적이고 켄(캐릭터)의 근육 역시 그런지 보여줘라. 좋은 놀이 중 하나는 큰 종이를 벽에 붙여놓고 자신들이 생각하는 신체를 그리도록 하고, 그 뒤에 실제로 자신의 몸을 종이에 댄 다음에 자신의 진짜 몸에 따라 종이에 선을 긋도록 한다. 아이들이 성장해 나가면서 이러한 방법을 이용하고 몸매가 얼마나 다양한지에 대한 기준으로 사용토록 하라. 그들이 모두 정상이며 어딘가 '고칠' 필요가 없다는 것을 알려주어라.

3. 당신의 아이가 10대가 되어갈 때쯤 아홉 살 정도부터 비디오 게임을 급격히 많이 하고[32] 비디오 게임의 이미지가 섭식장애를 유발할 수 있다는 것을 알아야 한다.[33] 게임에서 여성 캐릭터는 믿을 수 없을 정도로 마르고 볼륨감 있게 보인다. 이상화된 남성 캐릭터는 지나

치게 근육질로 묘사된다. 당신의 자녀가 10대 이전에 이용하는 게임에 대해서 확인하고 거기에 나오는 몸매가 얼마나 비현실적인지 이야기를 나눠야 한다. 모든 종류의 미디어 사용이 건강을 해칠 수 있다는 것을 잊지 마라. 미디어를 자주 사용하는 사람들이야 말로 섭식장애의 주요 고객이다.

4. 몸매에 대한 문제는 특히 10대 때 엄청나다고 할 수 있다. 예쁘거나 멋진 몸매에 대한, 감지하기 어렵고 때론 숨겨져 있는 압박은 모든 미디어에서 발견할 수 있으며, 10대들은 그러한 메시지들에 영향을 받는다. 당신의 10대 자녀들과 시간을 같이 보내면서 그들이 일상적으로 사용하는 미디어들에 대해 감시하라. 인터넷 웹서핑과 비디오 게임 모두 건강 문제와 관련되어 있다는 것을 기억하고, 그것들에 감시의 초점을 맞추고 나머지는 그 다음에 해결하라. 그들이 좋아하는 텔레비전 쇼나 게임 캐릭터가 말하는 메시지가 무엇인지 명확히 이해하게 하고, 그러한 이미지와 현실이 어떻게 다른지 지적해라. 아이가 어릴 때부터 몸과 건강한 식단에 관한 이야기를 해주어야 하며, 그 후 아이들이 10대가 되면 그들이 속해 있는 미디어에 잠재되어 있는 메시지를 당신에게 기꺼이 말해줄 것이다.

5. 자녀의 나이에 관계없이 당신은 다음 사항을 고려해야 한다.
― 사람들의 몸무게나 몸매에 대해 평가하는 것을 피하고, 사람들의 외모를 조롱하고 놀리지 않음으로써 긍정적인 신체상을 만들어 주어라.

— 그들이 방문하는 사이트를 모니터링해라. 대부분의 웹사이트는 식욕 부진 및 기타 섭식장애에 대해 논의한다. 그들 중 일부는 훌륭하지만 다른 것들은 더 좋게 보이도록 강요할 수 있다.[34]

— 자존감은 유년기에 아주 섬세하다. 그리고 앞서 언급했듯이 자존감이 약하면 섭식장애가 올 확률이 높다. 아이의 행동에 대해 긍정적 강화를 사용하고 그들의 외모를 강조하지 않음으로써 좋은 육아법을 연습해라. 성장해가면서 아이들이 자신의 신체에 대해 부정적인 메시지를 접하게 될 지도 모르지만, 확고한 자존감은 그러한 메시지들의 충격을 잘 통제하도록 도와줄 것이다.

6. 만약 자녀가 섭식장애의 징후를 보이는 경우, 심리적 치료나 의학적 방법을 찾아보는 것이 굉장히 중요하다. 섭식장애는 아주 치명적일 수 있으며, 이러한 위기를 치료할 수 있는 좋은 프로그램들이 있기 때문이다. 당신 지역의 병원이나 심리상담 단체에 문의하고 기존의 프로그램을 이용하라.

이제, 당신의 차례이다. 당신이 가장 먼저 해야 할 일은 미디어와의 관계를 평가하는 것이다. 다음과 같은 질문을 자신에게 제기해야 한다.

1. 때때로 내가 너무 많은 미디어를 사용하고 있다고 느끼는가?
2. TV를 너무 오래 시청하거나 소셜네트워크에 너무 많은 시간을 보

내는 것에 대해 죄책감을 느끼는가?

3. 당신이 TV를 볼 때 광고나 드라마 이미지에 대해서 기분 나빴던 적이 있는가?

4. 당신은 자주 영화나 유튜브, 텔레비전 속의 사람들과 자신을 비교하는가?

5. 당신은 당신이 보고 있는 캐릭터보다 당신이 매력적으로 보이지 않을까 걱정하는가?

6. 당신이 정체성은 주로 외모와 밀접히 연결되어 있다고 평가하는가?

당신이 이 질문에 예라고 대답한다면, 다음 단계는 자신이 미디어의 영향을 얼마나 강력하게 받았는지 인식하는 단계다. 이러한 반응을 보인 원인을 파악하고, 미디어가 어떻게 당신에게 영향을 주었는지 원인을 알아내야 한다. 이런 이미지에 자신이 반응한다는 걸 알고 있는 것이 미디어의 영향을 감소시킬 수 있는 강력한 첫 번째 단계일 수 있다. 당신이 만약 미디어 메시지에 조작당하는 느낌을 받거나, 당신의 식습관이나 행동을 스스로 멈출 수 없다면, 당신은 전문가의 도움이 필요하다.

치료

    섭식장애는 치료를 필요로 하는 심각한 질병이다. 따라서 대부분의 전문가들은 거식증과 폭식증을 치료하기 위해서 복수의 방법이 필요하고, 심각할 경우 병원에 입원이 필요하다고 말한다. 집단치료, 요리치료 그리고 변증법적 행동치료와 더불어 인지행동치료는 환자에게 고통과 감정을 촉발시키는 장애와 맞서기 위해 새로운 방법을 가르쳐 주며, 이러한 장애를 해결하기 위한 흔한 방법 중 하나이다.[35]

    우리가 이 책에서 논했듯이, 문화적 규범과 인공적인 이상을 만들어 내는 미디어의 능력은 미디어 사용자들, 특히 가장 취약한 인구 가운데 어린이들이나 마음이 여린 사람들에게 충격적일 수 있다. 섭식장애와 신체변형장애를 앓게 하는 원인 중 가장 만연한 것은 텔레비전 이미지뿐 만 아니라 잡지·인터넷 광고나 소셜네트워크를 통해서도 만들어진다. 이 책에서 언급된 모든 장애들 가운데 섭식장애는 죽음을 포함한 심각한 신체적, 정신적 문제로 이어질 수 있기 때문에 가장 해로운 것일 수 있다.

제10장

망상, 환각과 사회적 회피

기술은 우리를 '정신분열증 환자'로 만드는가?

계속 전화벨 소리가 들리는데, 핸드폰을 확인해 보면 아무 연락도 오지 않았어. 나는 다른 사람들이 나와 같은 전화벨을 사용하는 게 너무 싫어. 누군가가 나에게 연락을 하려 한다고 생각해. 그것이 나를 미치게 만들어.

_『살바도로(Salvador), 18세

이러한 인물들을 떠올려 보자. 잭 니콜슨(Jack Nicholson) 주연의 영화 「더샤이닝(The Shining)」에서 망각으로 인해 가족을 죽이는 '잭 토란스(Jack Torrance)', 영화 「파이트 클럽(Fight Club)」에서 이름 없는 주인공인 영화배우 에드워드 노턴(Edward Norton)은 또 다른 자신의 자아가 지하 권투클럽을 가도록 명령하면서 불면증과 환상의 고통을 오래동안 겪는다. 영화 「뷰티풀 마인드(A Beautiful Mind)」에서 러셀 크로우(Russel Crowe)가 연기한 노벨상 수상자인 수학자 존 내쉬(John Nash)는 정신분열증 때문에 자기가 정부를 위해 비밀 임무를 수행하고 있다고 생각한다. 그러나 정신분열증은 실제로 심신을 매우 약화시키는 장애의 한 형태로, 그 신가성에 따라 항상 약을 필요로 하는 경우와 그 증상을 약화시키기 위해 치료가 필요한 경우로 나뉜다.

만약에 누군가가 정신분열증을 겪어 다른 사람과 일하거나 상호작용을 하는 데 문제가 있다면, 그는 종종 자신을 돌봐 줄 가족이나 기관에 의존하게 된다. 전형적인 증상은 망상, 환상, 무질서한 행동이나 언어, 사회적 위축 등이다. 불안과 같은 다른 심리적 장애와는 달리, 정신분열증은 건강한 사람에게는 일반적으로 나타나지 않는다.[1] 그러나 비슷한 종류의 몇 가지 성격장애는 심신을 덜 쇠약하게 해주고, 직업을 유지할 수 있도록 해주거나 일반적인 사회적 삶의 절반 정도는 영위할 수 있도록 해준다. 감정적 냉철함, 극도의 사회적 위축으로 정의되는 정신분열적 인격장애(schizoid personality disorder) 그리고 특이한 말과 사고방식, 마술과 같은 사고와 망상을 보이는 정신분열형 인격장애(schizotypal personality disorder)는 좀 더 일반적인 두 가지의 장애라 할 수 있다.

나는 기술에 대한 우리의 완전한 의존이 그러한 장애들을 겪거나 혹은 심지어 우리가 경험하는 작은 사건들을 야기한다고 믿는다. 각각의 장애를 개별적으로 보는 것보다 기술의 사용이 어떻게 '정신분열증 환자' 집단에 중복되어 나타난 다양한 증상들과 연관되어 있는지를 검토할 것이다. 그러므로 나는 종종 '정신분열장애(schizo-disorder)'라는 용어를 이와 관련된 증상을 설명하는 일반적인 용어로 사용한다. 다음은 정신분열적 인격장애와 정신분열형 인격장애에 관한 증상을 정리한 것이다.

1. 정신분열적 인격장애의 증상[2]
— 거의 항상 혼자 하는 활동들을 선택함

— 어떤 것이든, 다른 사람들과 물리적인 관계를 가지는 것에 무관심함

— 거의 활동하지 않는 것에 즐거워함

— 가족 이외에 친한 친구들이 거의 없음

— 타인에게 감정적으로 냉정하며 무관심함을 보임

2. 정신분열형 인격장애의 증상[3]

— 행동에 영향을 주는 이상한 것과 환상적인 생각을 믿으며, 하위문화의 규범과 모순이 되는 것을 믿음(예를 들어, 텔레파시, 미신, 신통력 등)

— 거기에 있지도 않는 사람의 등장과 같은 비정상적인 지각적 경험들을 겪음

— 기이한 생각과 말을 함

— 의심이나 혹은 피해망상적인 생각을 보임

— 이상하고 기이하고 괴상한 방식으로 행동하고, 가족 이외에 친한 친구들이 거의 없음

— 친근함으로 극복되지 않는, 극도로 과도한 사회적 불안을 경험하고, 자신에 대한 부정적인 생각보다는 남이 자신에게 피해를 입힐 것 같은 피해망상적인 두려움에 사로잡히는 경향을 보임

— 다른 사람의 칭찬이나 비판에 무관심함

사회적 위축

앨런은 20년 이상 집에서 일을 한 48세의 컴퓨터 프로그래머이다. 앨런은 어릴 적 친구들이 많았고, 골목에서 이웃 아이들과 축구하는 것을 좋아하며, 학교에서 매우 사교성이 좋은 아이였다. 하지만 고등학교 시절부터 조금씩 내성적으로 변해 갔고, 많은 시간 혼자 있기를 좋아했다. 그는 방과 후에 학교 프로그램, 스포츠 혹은 그룹 프로젝트와 같은 것에 아무것도 등록하지 않았고 항상 교실 뒤에 혼자 앉아 있었다. 대학교 2학년 때 컴퓨터를 처음 알게 됐고, 그것을 고치는 재주를 발견하게 됐다. 대학 졸업 후, 컴퓨터 회사에서 일하기 시작했고, 그 무렵 인터넷을 알게 됐다.

앨런은 컴퓨터 이슈에 대해 다른 프로그래머들과 논의하는 온라인 게시판과 채팅방에 처음으로 가입한 사람들 가운데 한 사람이었다. 몇 년이 지난 후, 앨런은 자신이 일하지 않는 대부분의 시간을 쓸 수 있는 온라인 게임 중 하나인 '월드 오브 워크래프트(World of Warcraft)'를 알게 됐다. 그는 편안한 의자와 벽 길이의 큰 책상을 샀고, 그 위에 컴퓨터와 모니터와 키보드, 무선 마우스 등을 두었다. 그는 거의 수면을 취하지도 먹지도 않을 정도로 지나치게 컴퓨터를 많이 했는데, 결국 몇 년 뒤 회사를 가는 것마저 더 이상 견딜 수 없게 됐다. 그는 주위 사람들이 짜증내는 것을 알아챘고, 관리자에게 집에서 일을 해도 되는지의 여부를 물어보았다. 회사는 승인을 했고, 앨런의 아파트에 회사 네트워크와 서버를 연결했다. 그리고 앨런은 그 이후로 집에서 근무를 하게 됐다.

직업적 특성으로 인해, 마침내 앨런은 사회적으로 배제됐다. 그로 인해 지금 그의 유일한 연락 통로는 컴퓨터가 됐다. 그는 온라인으로 계좌 입금을 확인하고, 배달되는 식사를 주문한다. 그래서 그는 동굴 같은 집을 떠날 이유가 없다. 그의 어머니와 누나들이 가끔 한 번씩 연락을 하지만, 때때로 이 같은 시도마저 무시한다. 그는 동료들과 이메일을 통해 연락하고 필수적인 회의가 아닌 이상 회사에 거의 가지 않는다. 그가 회사에 가면, 사람들은 점점 이상해지는 외모를 두고 수군거렸다. 씻지 않은 긴 머리는 역겨운 악취를 풍겼다. 그는 두꺼운 안경을 이상하게 쓰고 있다. 그의 분홍 티셔츠는 어린 시절부터 입던 옷이다. 그는 사람들이 자신에 대해서 이야기 하는 것에 전혀 신경을 쓰지 않거나 심지어는 알아채지 못하는 것처럼 보인다. 앨런의 유일한 친구는 사회적으로 고립된 온라인 게이머들과 프로그래머들이다.

앨런은 미혼이다. 그는 여성에 관심이 없고, 대학에서 유일하게 관심을 주었던 여성마저 무시했다. 앨런은 여타의 정신분열적 장애 증상을 가진 전형적인 정신분열증 인격장애 증상을 보이는 사례가 됐다. 이번 장에서 논의한 사회분열증 환자들과 관련된 장애의 몇 가지 증상은, 정신분열적 인격장애를 가진 사람들은 고립을 추구하고, 냉철함을 보이며, 다른 사람과 함께하는 것에 무관심하다는 것이다. 앨런의 경우에는 인터넷과 컴퓨터 사용이 문제를 악화시키면서 혼자 있으려는 욕망과 이상한 행동들을 야기했다.

노동부의 연구에 따르면, 혼자 일하는 사람의 60% 그리고 다른 사람들을 위해 일하는 사람들의 20%가 집에서 일을 한다고 한다.[4] 만약 우리가 지나치게 컴퓨터에 의존하고, 면대면의 상호작용이 주는 맥락적인 것과 사회화에 필요한 요소들을 포함한 건강한 생활방식의 유지에 치중하지 않는다면, '항상 연결되어 있기 위해' 컴퓨터와 다른 기기들에 의존하는 것은 심리적인 위해를 끼칠 것이다. 비록 몇몇의 연구가 인터넷의 사용이 사회적 연결을 강화시켜 준다고 하지만,[5] 우리의 연구는 그 반대를 보여준다. 미디어와 기술의 사용은 사회적 위축, 고립과 높은 연관성이 있다.[6]

잘못된 관계

이것은 단지 정신분열증 장애를 가진 것처럼 보이도록 만드는 과도한 기술 사용자들의 사회적 위축만을 의미하는 것이 아니다. 정신분열적 장애를 가진 사람들은 스스로를 자아가 없다고 설명한다. 그들은 정체정의 문제와 싸우고 때로는 타인에게 차갑고 내성적으로 보이기도 한다.[7] 그들은 자신과 타인들 사이에 더 많은 거리감을 둘수록 또는 자신의 '스크린(screen)'뒤에 숨을수록, 더 감정적인 냉철함을 보인다.

도밍고 힐스(Dominguez Hills)[8]의 캘리포니아주립대학에 있는 우리 연구소에서 우리는 심리와 미디어, 기술 간의 관계에 대해 수십 건의 실험을 수행했다. 미디어 사용과 심리적 장애 간의 최근 연구에 의하면, 더 많은 미디어의 사용과 정신분열증적 장애 간에는 중요한 상관관계가 있다. 이는 특히나 어린 세대일수록 더 강하게 나타났다. 온라인에서 많은 시간을 쓰거나 비디오 게임을 하는 것처럼, 미디어와 기술의 사용은 i세대(iGeneration : 90년대에 태어난 사람들)과 Net세대(Net Generation : 1980년대에 태어난 사람들) 모두에서 정신분열적 장애와 관련이 있다는 것을 발견했다. 미디어와 기술을 좀 더 많이 사용하며 비디오 게임과 온라인에 더 많은 시간을 할애하는 10대와 젊은이들은 정신분열적 장애의 증상과 신호를 나타내는 증거와 관련이 깊다. 이것은 미디어와 기술이 인간을 사회적으로 고립시키고 감정적 거리감을 유지시킨다는 점을 지지할 수도 있음을 시사한다.

좀 더 흥미로운 연구 결과는 문자나 메일을 자신이 원할 때 확인하지 못할 경우에 불안감을 느끼는 어린 아이들이 좀 더 높은 정신분열적 인격을 나타낸다는 것이다. 이는 우리가 디지털 기기와 연결되어 있지 못할 때, 고립감을 느낀다는 것을 의미한다. 애덤 스미스(Adam Smith)의 『심리적인 기록(Psychological Record)』에 따르면 이러하다.

> 정신분열적 장애를 가진 사람들은 사회적인 따스함을 경험하지 못하거나 다른 사람들에게 깊은 감정을 가질 수 없는 것으로 설명된다. 그들은 타인들의 칭찬과 비판에 대해 무관심해 보인다. 정신분열적 장애를 가진 사람들은 사회적 상호작용을 이해하는 데 어려움을 가지고, 또 사회적인 관습을 의도치 않게 무시한다. 그들은 자신의 생각과

감정을 소통하지 않으려는 경향이 있다. 그들은 도덕성을 이해하려 몸부림칠 줄을 모르고, 때때로는 타인에게 피해를 줄지도 모른다. 정신분열적 장애를 가진 사람들은 감정이입을 약화시킨다.[9]

감정이입과 미디어의 사용에 대한 최근의 연구에 따르면, 우리가 테스트한 모든 미디어 형태에서 단지 비디오 게임만이 낮은 현실적 감정이입과 직접적으로 연관되어 있다는 게 발견됐다.[10] 달리 말하자면, 비디오 게임을 많이 한 사람이 그렇지 않은 사람 혹은 적은 시간을 한 사람들보다 감정이입이 덜 한다는 것이다. 1인칭 시점의 슈팅 게임(자신이 총을 쏘는 사람이 되어 슈팅을 하는 게임)의 탈감각화 과정(둔감해져 가는 과정)은 화면 속 자신의 캐릭터와 실제 자신 간의 감정적인 거리를 넓힌다는 것이다.

망상적 생각, 환상 그리고 이상한 행동
: 그녀가 나에게 그렇게 하라고 말했다

정신분열형 장애를 가진 사람들의 증상으로 좀 더 알려져 있는 것은 이상한 말과 생각이다. 그들은 종종 자신에게 무엇인가를 명령하는 상상의 사람들과 이야기를 한다. 내가 쇼핑을 갈 때마다, 나는 이러한 행동을 하는 사람들을 본다. 그들은 길을 지나며, 옆에 실제로 누군가가 있다고 가정했을 때보다, 더 크게 자신에게 말을 하고, 제스처를 취하거나, 웃는다. 그리고 그들은 마치 주위에 다른 누군가가 없다는 듯이 행동한다. 물론 이어폰과 같은 핸즈프리 기기를 통해 전화를 하는 것을 알고 있다. 그러나 그들은 정신분열증 장애를 가진 사람들과 같은 증상을 보이는 것이다. 당신은 이러한 행동을 하는 사람들을 자신의 차에서, 상점에서, 우체국에서 그리고 대학교 캠퍼스에서 하루 종일 볼 수 있다. 그리고 이러한 행동은 그들이 정신적 장애가 있는 것처럼 보이도록 만든다.

정신분열형 장애이 또 다른 증상은 망상 또는 실제로는 그렇지 않지만 사람들이 타인과 관계가 있다고 생각하는 믿음들이다. 예를 들어, 실제로는 그렇지 않으나 어떤 사람들이 중요한 일로 타인에게 연락을 하려 한다거나 타인과 사랑에 빠졌다고 생각하는 것들이다.[11] 우리가 망상인 것처럼 보이도록 하는 기술 중에 하나는 우리의 항법시스템들(navigation systems)[12]이다. 범지구 위성항법시스템(GPS)이 없으면 나는 길을 잃는다. 내가 어디를 어떻게 가는지 정확히 모른다면, 차에 타서 목적지의 주소를 입력하고 GPS는 어떻게 그곳에 가는지를 알려준다. 비록 내가 길을 안다고 할지라도, GPS에 의존하게 된다. 우리는 더 이상 우리의 본능과 경험을 믿지 않고, 더 확실히 하기 위해서 컴퓨터나 다른 시스템들에 많이 의존한다. 무엇을 해야 하고, 어떻게 해야 하는지를 알려주는 그러한 장비들에 우리는 과하게 의존적이 됐다. 심지어 시스템이 틀렸더라도, 우리는 여전히 그것이 우리를 목적지로 데려다 줄 것이라고 믿는다. 그리고 그것이 그렇지 못했을 때, '그녀가 그렇게 하라고 했어.'라고 비난한다. 우리가 컴퓨터 시스템의 모든 것을 믿는다는 좀 더 많은 증거로, 2011년의 2개월 동안에 발생한 아래의 세 사건들을 들 수 있다.

— 4월 25일, GPS는 어떤 여성에게 다음 고속도로에서 돌라고 했다. '들어가지 마시오.'라는 표지판을 무시한 그녀는 다른 차와 부딪히고는, 자신은 GPS를 따랐다고 말했다.[13]

— 5월 10일, GPS가 돌라고 하는 말을 따른 44세 여성의 차는 기차와 부딪혔다. 운 좋게도 그 여자는 기차와 부딪히기 전에 차에서 나왔다. 그녀의 일은 부주의한 운전의 보기가 됐다.[14]

— 6월 14일, 워싱톤의 빌레뷰(Bellevue)를 방문한 세 명의 여자들은 보트 선착장으로 향하도록 지시한 GPS로 인해 물에 빠지게 됐다. 그들은 GPS가 하라고 말한 대로 했다고 말했다.[15]

누군가가 나한테 전화를 걸었어!

우리는 때론 핸드폰에 대해 망상적으로 생각하기도 한다. 진동증후군(Vibranxiety) 또는 진동신드롬 증상(phantom vibration syndrome)은 핸드폰이 울리지 않았을 때도 울린 것처럼 느끼고 확인하고 답장하려는 것으로, 이는 우리가 핸드폰에 매우 긴밀히 연결됐다는 것을 의미한다. 톰 어바인(Tom Irvine)의 진동 데이터에 따르면, 핸드폰에 대한 망상은 아마도 유사한 소리를 듣고 일어났거나 외부 자극 없이도 일어났을 것이다.[16] 어바인은 클리브랜드대학 병원의 행동의학 소장인 제프리 야나타(Jeffrey Janata)를 인터뷰했다. 그는 이렇게 말했다.

> 당신은 핸드폰 진동을 대변하는 감각·느낌에 집중하도록 만드는 템플릿을 갖고 있습니다. 그리고 이것은 당신으로 하여금 진동이 아닌 느낌을 가지고 핸드폰이 울리고 있다는 생각을 하도록 만듭니다. 만약 핸드폰 사용자가 정기적으로 진동과 같은 느낌을 받는다면, 그들의 뇌는 이러한 느낌에 연결되어 있는 것입니다. 진동의 느낌에 의해 만들어지고 또는 사용된 그러한 신경의 연결들은 쉽게 자극을 받습니다. 이 신경 연결들은 지나치게 굳어지고 유사한 느낌은 이러한 템플릿을 만들어 냅니다. 그것들은 결국 뇌의 습관이 되고 맙니다.

야나타는 이러한 증후군이 환경적인 변화에 반응해 새로운 연결을 형성하는 우리 뇌의 신경가소성의 결과라고 말한다. 물론 이러한 현상은 우리가 핸드폰에 연결되어 있기를 바라는 지속적인 욕구에 의해 발생한다.

플라스틱 제조 공장에서 일하는 브라이언(Brian)은 세 아이의 아버지이다. 주말에 브라이언은 아이들과 스포츠를 즐기는데 어린이 축구 리그에서 코치를 하며 아이들을 격려하고 있다. 그는 많은 전화와 문자 때문에 핸드폰을 하루 종일 방치한 적이 있었다. 그러다 최근에 그는 아무도 연락하지 않았는데도, 주머니에서 핸드폰이 울리고 있다는 느낌을 자주 받곤 했다. 체크해 보니 아무도 전화를 걸지 않았다. 휴대폰 고장이라고 생각한 그는 기기를 서비스센터에 가져 갔지만, 기기엔 문제가 없었다. 모든 문제는 그의 머리뿐이었다. 이렇 게 그의 강박적인 확인 과정을 보고 그의 가족은 그를 '답변자(answer man)'라며 놀렸다.

나는 브래드피트랑 약혼했어요

망상적인 사람들은 또한 미디어에 나오는 사람들에 홀딱 빠진다. 하 루에 수천 번도 넘게 우리에게 다가오는 유명한 얼굴들에 이미 환상 적인 생각을 갖고 있는 그들은 자신이 보는 사람들이 진짜라고 믿으 며, 자신이 배우와 개인적인 친분을 가지고 있고 혹은 유명인과 스포 츠 영웅이 그들과 사랑에 빠졌다고 실제로 여긴다.[17] 이런 유형의 망 상을 지닌 사람들은 에로토마니아(erotomania)[18]로 불리는데, 그들은 망상의 대상과 로맨틱한 영혼의 관계로 깊은 연결을 맺고 있다고 느 낀다. 정신분열적 장애망상이 있는 사람들은 주로 편지, 메일, 선물 등을 보내거나 그들에게 전화하거나 주변을 맴돌면서 유명한 사람들 과의 접촉을 시도한다. 특히 일부 남성의 경우 유명인을 어떤 종류의 '위험'으로부터 '구하려는' 행동을 하다가 체포되기도 한다.[19]

명백히 망상적인 사람이 유명인을 스토킹한 경우를 살펴보자.[20]

1. 1981년, 존 힝클레이 주니어(John Hinckley, Jr)는 여배우 조디 포스

터(Jodie Foster)에 깊이 매료되어 그녀가 사는 뉴욕으로 이사를 갔다. 그는 전화를 걸어 응답 없는 메시지를 남기곤 했다. 그리고 그녀의 관심을 얻기 위해 그녀가 어린 매춘부를 연기했던 영화 「택시 드라이버(Taxi Driver)」의 주인공을 재연해 당시 대통령인 도널드 레이건 암살을 시도했다. 재판에서 그는 정신이상자로 무죄 판결을 받았다. 2005년 그는 워싱턴에 있는 성 엘리자베스병원에서 조건부 석방을 받았다.

2. 광신도인 재 싱클레어(Zack Sinclair)는 신(神)이 배우 멜 깁슨과 함께 기도할 것을 명했다고 확신했다. 아이다호 주의 무직자였던 그는 실제로 깁슨이 교회에 있을 때 이렇게 주장하며 그를 괴롭혔다. 그는 스토킹으로 3년형을 선고받았다. 그는 환상의 피해자였던 것이 명백했다.

3. 정신분열증세가 있는 흉악범 개리 벤슨(Gary Benson)은 코미디언 제리 루이스(Jerry Lewis)를 스토킹했고, 라스베이거스에 있는 루이스의 집에 가서 그의 아내를 총으로 위협했다. 벤슨은 6년 동안 수감됐고, 출소했을 때 루이스에게 이렇게 편지를 보냈다. '제리에게, 너는 죽었어. 너의 친구 개리 벤슨으로부터.' 2001년 벤슨은 다시 루이스를 스토킹한 것으로 재판을 기다리는 중에 교도소에서 심장발작으로 죽었다.

4. 에밀리 리터만(Emily Leatherman)은 매우 망상적이었다. 그녀는 배우 존 쿠삭(John Cusack)의 주소를 적었다. 그를 만나려는 무수한 시도를 했다. 존 쿠삭의 동료들의 사무실을 방문하기도 했고, 그의 집

담장 너머로 러브레터를 던지기도 했다. 그녀는 지금도 접근 금지 상태에 있다.

5. 그레그 브로셔드(Greg Broussard)는 약혼했다고 믿으면서 여배우 할리 베리(Halle Berry)를 스토킹했다. 캘리포니아 재판부는 네이비실(미 해군 특수부대) 출신인 그에게 최소한 할리 베리한테서 100야드 이상 떨어져 있을 것과 그녀의 보디가드와도 떨어져 있으라는 명령을 받았다.

유명인들의 미디어 이미지들은 망상을 겪는 사람들에게 매우 강력할 수 있다. 심지어 유명인에 대한 스토킹을 자극하는 웹사이트도 있다. 하지만 망상은 실제로 상호작용을 하는 사람들한테도 나타난다.

42세의 한 페이퍼컴퍼니의 사회성 낮은 회계 관리인이었던 그레그(Greg)의 예를 들어보자. 그레그는 외롭고 필사적으로 상호관계 속에 있기를 원했다. 그는 바에서 여성에게 말을 거는 것을 시도할 때마다 거부당하는 전통적인 데이트 행위에 지쳤다. 동료의 부추김을 받은 후에 그는 온라인 데이트를 결심했다. 그는 초기에 멤버십을 지불하지 않고도 사람들의 프로필을 볼 수 있는 한 사이트에서 시작했다. 그의 생각은 이 사이트의 편리성을 이용해서 많은 여자들과 접촉하는 것이었다. 그가 바라는 것은 이 여성들 가운데 최소한 한 명과는 데이트하고 친해지는 것이었다. 그레그는 20년 전 대학시절 사진과 동료의 도움으로 꽤 젊어 보이는, 완전히 다른 자신의 프로필을 올렸다.

　예상대로 그는 인터넷에서 몇 명의 여성과 접촉을 했고, 그 수는 점점 더 많아졌다. 하지만 화상통화를 하면서 그는 더 이상 자신의 온라인 페르소나를 따라갈 수 없었고, 여자들은 결국 접촉을 멈췄다. 하지만 그는 필사적으로 여성들이 실제로 자신을 좋아했다고 믿으면서 지속적으로 만나려했다. 여성들이 왜 그와의 접촉을 그만두었는지 명백한 설명이 없이 그레그는 여자들이 '되게 뻐긴다고' 믿었다.

　28세의 흑갈색 머리의 헤어스타일리스트인 나탈리(Natalie)는 그런 여성 가운데 하나였다. 그레그는 그녀에게 무신경한 듯 '어떻게 지내요?(What's up?)'라며 그녀의 프로필 페이지에 글을 올리면서 접근했다. 나탈리는 그의 돋보이는 사진과 긍정적인 프로필에 강한 호기심이 일어났고 읽고 나서 답장을 보냈다.[21] '별일 없어요. 그쪽은 어떠세요? 대화하길 원하나요?' 그레그는 흥분했다. 나탈리가 그에게 접근했고, 그는 그녀의 외모에 대해 개인적인 질문을 시작했다. '청바지는 어떤 사이즈를 입어요? 벨트를 착용하나요? 나는 벨트를 착용하는 여자가 좋아요. 나는 여자가 흰 티셔츠에 청바지 입을 때 좋아하거든요. 당신은 그런 것들을 착용하나요?' 이것은 단지 그가 올린 코멘트들과 질문들이다. 처음에 나탈리는 계속해서 호기심이 생겼고 질문에 답변했다.

　그 다음날 그레그는 더 개인적인 것들도 올렸다. 나탈리가 그에게 관심을 보이며 자신과 데이트를 원한다고 믿기 시작했기 때문이다. 나탈리는 바로 그때 즉각 외모와 개성에 초점을 두지 않고 그의 질문에 응답하는 것을 멈췄다. 그들이 서로 어떤 대화나 접촉이 없었음에도 불구하고, 그레그는 나탈리와 데이트하는 망상적인 믿음이 있었고, 동료들에게 그녀의 사진을 보여주기 시작했다. 만약 실제 만남이 있었더라면, 그레그는 나탈리의 행동을 통해 그와 데이트하는 것에 관심이 없다는 것을 알았을 것이다. 면대면이라는 상호작용의 사회적인 기회가 없었기 때문에 나탈리의 마음은 변했고, 더 이상 흥미가 없었다는 것을 그레그는 깨닫지 못했다.

누군가 나를 찾을거야

편집증과 편집적인 망상은 또 다른 극심한 정신분열적 장애의 증상이다. 편집장애를 가진 개인은 다른 이들이 '자신들에게 고의적으로 문제를 일으키게 한다.'고 믿거나 다른 이들의 행동을 의심하는 경향이 있다. 그들은 또한 외부의 힘이 자신을 해치려 한다고 믿는다. 또한 「정신의학진단분류」에는 망상장애를 가진 사람이 경험하는 '특이하지 않은(non-bizarre)' 망상(예컨대, 사실상 일어날 수 있는 상황과 연관된) 장애도 있다. 반면 누군가의 행동은 망상적인 믿음을 촉발시킨다.[22] 예를 들어 우리는 지난 연구에서 소셜네트워킹 사이트를 사용하는 사람들은 더 질투가 많고 자신의 관계를 로맨틱하게 여긴다는 것을 확인했다.[23] 다른 사람들은 소셜네트워킹의 관계에 있어 질투를 초래한다고 주장한다. 왜냐하면 사람들은 현재 배우자 그리고 배우자의 예전 연인이나[24] 위협이 된다고 믿는 다른 사람들 사이에 이루어지는 커뮤니케이션을 지켜보고 분석하기 때문이다. 이처럼 사람들이 시샘에 빠지거나 더 나쁠 때, 조치를 취해야 한다. 그것은 그들로 하여금 마치 정신분열적 인격장애를 갖는 것처럼 보이도록 만든다.

캐나다 구엘프대학에서 연구하는 아미 무이제(Amy Muise)와 동료들은 젊은 사람들의 질투 수준은 소셜네트워킹 사용 수준과 관계있다고 보았고, 강력한 긍정적인 관계가 있음을 발견했다. 무이제는 다음과 같이 결론을 내렸다.

페이스북을 통해 가능해진 관계 형성과 유지 측면의 모든 긍정적인 부분들이, 사랑 또는 성적으로 즐기는 관계에 있는 사람들에게 약간의 비용을 요구할 지도 모른다. 우리의 데이터는 페이스북에 시간을 쏟고 질투와 관련된 감정과 행동을 페이스북으로 경험하는 것은 상당한 관계가 있음을 보여준다.

영국에서 발생했던, 질투와 폭력 행동으로 이어진 페이스북 망상장애 사용자들의 이야기들을 살펴보자.

— 웨일즈에 사는 브라이언 리바이스(Brian Lewis)는 4명의 자녀와 함께 살던 여자 친구 할리레이 존스(Halyley Jones)를 목 졸라 살해했다. 존스는 종종 컴퓨터를 끔으로써 그가 사이트에 접근하는 것을 막았으며, 리바이스는 그녀의 페이스북에 대한 접근이 차단당했다고 경찰

에서 주장했다. 그녀는 죽기 10일 전, 자신의 페이스북 프로필 상태를 '연애 중'에서 '싱글'로 바꾸었다.[25]

— 폴 브리스톨(Paul Bristol)은 전 연인을 칼로 살해해서 25세에 교도소에 갔다. 그녀가 페이스북에 새로운 남자친구의 사진을 올려놓은 직후였다. 2009년 4월 브리스톨이 살해한 27세의 카밀 마투레이징(Camille Mathurasingh)은 트리니다드토바고에서 IT기술자로 살았는데, 그 사진을 본 후 2주 만에 런던으로 날아갔다. 이 재판부는 명백히 말했다. '분명히 당신은 질투에 사로잡혀 있었다.'[26]

물론 극단적인 편집증과 분노의 경우가 있지만, 이런 행동들은 또한 폭력적인 방식으로 행동하지 않는 사람들한테서도 나타난다. 어느 페이스북 사용자는 나한테 자신의 고등학교 친구를 생각하면 화가 난다고 이야기를 이어간다. 왜냐하면 사이트에서 친구들이 자기에게 알리지 않고 모인 것을 알았기 때문이다.

어느 날 테리(Terry)가 제 페이스북 담벼락에 이걸 올렸어요. '왜 너희들은 네가 없어도 재밌어 하는 거야? 나는 알아, 너와 캔디와 킴이 이번 주에 뭘 했는지를. 왜 너희들은 나를 초대 안 했어? 난 재밌어!' 나는 캔디와 킴과 함께 찍은 작년 사진 몇 개를 올렸다. 테리는 그 사진이 최근 것이라고 생각한 것이 틀림없다. 너무 슬프다.

우리는 미디어 이용과 편집증적인 성격에 관한 연구에서 몇 가지 흥미로운 사실을 발견했다. 우리는 장애와 컴퓨터 사용의 관계 차원에서 (1946년~1964년 사이에 태어난) 베이비부머들을 통해 나타난 정반대의 현상을 발견했다. 편집증적인 증상을 보이는 사람보다 더 많은 수의 베이비부머들이 컴퓨터와 이메일을 덜 사용했다.[27] 하지만 우리는 충격적인 경향을 발견했다. 다양한 기술 이용 범주에서 더 많은 것을 사용할수록, 나이에 관계없이 더 정신분열적인 행동, 신호, 증상을 보인다는 것이다.[28] 온라인에서 소셜네트워킹을 사용하는 것부터 텍스트를 보내고 끊임없이 문자를 하는 것, 비디오 게임을 하고 음악을 듣는 것까지, 더 많은 사람들이 기술에 연관된 활동을 할수록, 그들은 더 많은 정신분열적인 행동을 보인다.

기억하라! 정신분열적 인격장애의 증상은 이상한 생각과 말하는 패턴, 망상적인 생각과 망상들이다. 기술이 우리를 미치게 만들었는가? 글쎄, 만약 당신이 10대나 20대라면, 아마도 심각한 장애의 증상과 연결되어 있을 수 있다. 우리가 연구에서 발견한 것은 망상이 끊임없는 메시지를 보내는 것, 비디오 게임을 하는 것, 온라인에 접속하는 것, 매일 미디어를 사용하는 것과 정(正)의 관계가 있다는 것이다. 주된 미디어 이용자인 젊은이들은 기술 사용에 따른 결과로 나이든 사람에 비해 더 망상적인 생각을 갖는다. 해결이 필요하다. 무엇보다도 미디어의 이용이 이제 24시간 언제나 우리의 삶에서 중심이 되고 있기 때문이다.

정신분열적 장애를 보이는 사람들을 위한 도움

이번 장에서 우리는 기술과 미디어 사용이 어떻게 정신분열적 장애를 일으킬 수 있는지를 논했다. 우리는 그런 증상이 미디어를 더 사용하는 어린 사람들에게 더 많이 발생한다는 것을 알고 있다. 그렇다면 그들을 돕기 위해 어떻게 해야 될까?

정신분열적 장애를 치료하지 않는 사람은 굉장히 외로운 생활을 하게 되는 경향이 있으며 학교와 일터에 가는 등의 일상생활에서 어려움을 겪는다. 이런 장애를 가진 사람들이 금전적 도움을 받기 위해 가족에게 기대는 것은 흔한 일이지만, 대부분은 결국 정신이상자 수용 시설로 가게 된다.[29]

치료는 증상을 관리하고 생활의 질을 높이는 데 도움을 줄 수 있다. 그래서 빠른 발견이 중요하다. 정신분열증과 이와 관련된 장애는 대략적으로 전 세계에서 1,000명 중 1.4명에서 4.6명 정도로 나타난다.[30] 또한 기술 사용과 관련된 작은 사례까지 포함한다면 그 숫자는 더욱더 늘어난다. 정신분열증 가운데 기술에서 유래한 증상을 가지고 있는 사람은 정신장애로 진단되지는 않지만, 그와 관련된 증상만 가지고 있다는 것을 기억해라. 지난 20년 동안 연구원들은 이러한 장애를 예방하는 데 큰 관심을 가지며 정신병을 앓게 되는 위험요소들을 밝혀내고, 조기 발견을 위한 진단 도구를 개발했다.

젊은 사람들한테서 정신분열 증상이 더 잘 나타나고 있기에, 인생 초반에 증상을 발견하는 게 얼마나 중요한지 알 필요가 있다. 만약에 정신 장애를 겪을 위험에 빠진 사람이 있으면 정신과 의사는 '조짐 기 단계(前驅段階)' 또는 '정신 위험 상태'라고 부른다. 이 단계는 정신 분열장애가 나타나기 전에 약간의 증상을 보이는 시기이다.[31] 대부분 의 학자들은 조짐기 단계라[32] 부를 수 있는 특별한 증상이 없다고 생 각하기에 알아차리기 힘들다는 것에 동의한다. 하지만 조짐기 단계 는 병이 미리 발견되면 심각하게 발전되는 것을 막을 수 있기 때문에 중요하다. 정신장애의 위험이 있는 사람들이 보이는 증상으로는 불 안감, 흥분, 무신경, 사회와 개인적인 고립, 간결한 정신장애(망상, 환 각 증상), 집중력장애, 의심과 편집증, 사고장애, 기행이 있으며, 이 모 든 증상들은 과도한 미디어와 기술 사용을 통해 올 수 있다. 이런 증 상이 나타나는 모든 사람이 정신분열증이나 다른 정신장애를 갖는 것은 아니기 때문에 진단을 더욱 어렵게 만든다. 정신과 의사는 장애 의 강도를 예상하는 대신에 이런 사람들이 단순히 정신장애를 가지 게 될 위험성이 높다고 진단했다.

조짐기 단계와 정신병 단계간의 가장 큰 차이는 과대망상증상의 강렬함과 지속시간 그리고 횟수에 있다.[33] 예를 들어 어떤 사람의 망 상증상이 한 시간이나 그 이상 지속되다가 없어지고 그것이 환상이 었다는 것을 알게 되더라도, 이것은 정신장애라고 보기에 충분하다. 만약에 망상을 두 달에 한 시간 정도 겪는다고 해도, 그것은 정신분 열적 장애로 보기에 충분하다. 다시 말하자면 증상이 길거나 자주 일 어나지 않더라도 위험신호라고 볼 수 있다. 이런 망상의 강렬함, 지 속시간, 횟수 등이 특정 기준에 도달한다면 정신장애 진단을 받을 수 있다. 정신분열적 장애 증상을 보이고 미디어와 기술 이용 비율이 높은 대부분의 사람들이 아마도 장애가 있다고 볼 수는 없을 것이다. 비록 조짐기 단계에 있다는 증상이 꾸준히 나타나거나 가끔 보이더라도 말이다.

정신과 의사의 주도 하에 정신 장애 위험을 진단하는 방법으로는 다양한 것들이 있다.[34] 만약 당신이 한 가지 이상의 정신분열장애 증상을 보이고 있다고 생각된다면 당장 도움을 요청해라. 이러한 증상들은 드물게 나타나며, 또한 다른 요인에 의해 그러한 결과가 나왔을 확률이 높다.

기술과 미디어에 의한 결과로 정신분열적 장애를 보이는 사람들은 정신분열증을 완벽히 가지고 있지는 않지만, 정신분열적 성격장애 혹은 분열형 인격장애를 가지게 될지도 모른다는 것을 명심해야 한다. 만약 당신이나 또는 주위 사람들이 환각이나 망상에 빠져 있다면 전문가의 도움을 빠르게 요청하는 것이 제일 좋다. 다음은 기술적 요인에 의해 발병했지만, 서둘러 정신분열적 장애 증상을 나타내는 사람들을 도와줄 수 있는 방법에 대해 알아본 것이다.

1. 만약 당신과 가까운 사람이 감정이 없거나 혼자 있고 싶어 한다면, 그들이 비디오 게임, 특히 일인칭 슈팅게임을 하는지 확인해 보아라. 그런 게임들은 사람들의 감정을 줄어들게 하는 경향이 있다. 만약 그 대상이 어린이거나 청소년이라면, 당신은 그들의 미디어 사용, 소셜 네트워킹 활동에 대해 이야기하면서 그들이 감정적으로 고립되어 있

는지 알아보아라.

2. 사회적 고립은 한 사람의 성격을 보여줄 수도 있다. 하지만 극단적인 고립은 보통 우울함을 의미한다. 당신은 문제를 겪고 있는 사람에게 정신과 치료와 도움을 받도록 권유해라. 약물치료는 보통 이 단계에 있는 사람들에게 적용된다.

3. 이신이나 피해망상적인 생각 그리고 미신은 과두한 TV 시청과 페이스북 보기 그리고 인터넷 서핑 등을 나타낸다. 자신의 감정에 대해 타인에게 이야기할 수 있도록 분위기를 만들어 주고, 시니컬한 것을 피하도록 그들을 도와야 한다. 그래서 본인의 의심으로 인한 생각보다는 타인의 진심을 볼 수 있도록 해야 한다.

4. 만약 그들이 활동에 기쁨을 느끼지 않는다면, 이것 또한 우울증과 지루함을 보여준다고 할 수 있다. 그들이 좋아하는 것에 대해 이야기하고, 그러한 활동을 그들의 삶속으로 결합하는 것은 중요하다. 만약에 어떤 사람이 우울하다고 느낀다면, 당신은 그들에게 정신과 의사나 심리 치료사를 만나보도록 제안해라.

　결국 미디어와 관련된 정신분열장애를 완화하는 최고의 방법은 잠시 동안 머리를 식히는 방법이다. 자연에 나가 시간을 보내고 다른 사람들과 시간을 보내며 기술에서 떠나 보는 것이다.

제11장

우리는 들여다보고 싶다

세상에는 어떤 이슈가 전혀 중요하지 않다고 생각하는 사람들이 많다. 이러한 사람들은 포르노를 본다고 해도 이것이 별로 중요한 것이라고 생각하지 않는다…… 별문제가 아니라고…… 하지만 포르노를 본다는 것은 관음증이나 포르노 중독 현상을 가진 특정 사람들에게는 중요한 문제이다. 그들이 그저 웹사이트를 탐색하거나 사진을 볼 뿐, 적극적으로 행동으로 옮기려 하지 않는다고 하더라도…… 그것은 그들의 행동이 심화되는 장이 될 수 있다.

_ 휴스턴 멘닝거병원의 존 오닐(John O'Neil) 중독치료센터 소장[1]

계속 전화벨 소리가 들리는데, 핸드폰을 확인해 보면 아무 연락도 오지 않았어. 나

사회적 관음증은 최근 인터넷이 발전함에 따라 별다른 노력 없이도, 사회에서 다른 사람들의 삶을 바라볼 수 있게 되면서 나타난 문화이다. 사회적 관음증은 사이버스토킹과 비슷하지만, 대개 사회적으로 용인되고 있다. 이러한 사회적 관음증의 일반적인 예는 타인들의 삶을 세상에 보여주는 방송 프로그램을 시청하는 것이다.

_ 댄 리바일레 쿠오라 아드민(Dan Leveille, Quora Admin)[2]

지난 해, 캘리포니아 남부에서 고등학교 수학교사로 재직하고 있는 내 친구 벤은 매우 놀라운 사건을 겪었다. 학교에서 시험을 치르는 동안에 그는 시험을 보는 학생들의 휴대폰과 스마트폰을 수거했다. 모아놓은 휴대폰들을 한데 묶어놓을 때, 그는 우연히 한 여학생의 휴대폰 화면을 보게 됐다. 그리고 그는 문자 메시지에 충격을 받았다. 이 14살짜리 여학생과 다른 남학생이, 너무나도 적나라한 성적 내용으로 문자로 나눈 것이다. 벤은 이것이 국가적으로 논란이 되고 있는 '섹스팅', 즉 메시지나 사진으로 다른 사람과 나누는 가상섹스라는 것을 알게 됐다.

그때 벤이 몰랐던 사실은, 이미 많은 연구자들이 무엇이 젊은 사람들로 하여금 개인적인 성적 판타지를 문자로 보내도록 하는가에 대한 연구를 진행하고 있다는 사실이었다. 한 연구소의 「인터넷과 미국인의 삶 프로젝트(Internet & American Life Project)」는 휴대폰을 가지고 있는 12세와 17세 사이의 10대들의 4%가 자신의 나체 혹은 나체에 가까운 사진을 메시지로 보냈으며, 15%가 그러한 사진을 한 번쯤은 받아 보았다는 사실을 밝혀냈다. 좀 더 나이가 든 17세 청소년의 8%가 그런 사진을 메시지로 보낸 적이 있으며, 터무니없게도 그 메시지를 받은 수는 30%에 육박했다. 그 연구는 휴대폰 비용을 스스로 지불하는 10대들이 그렇지 않은 10대들에 비해서 섹스팅을 더 자주 한다는 것을 밝혀냈다. 아마도 휴대폰 비용을 지불하기 위해 돈을 벌수 있는 10대들이 부모님으로부터 보다 자유롭기 때문일 것이다.

이 전국적인 조사 결과에 따르면, 섹스팅에는 세 개의 주된 시나리오가 있다. 바로 로맨틱한 관계를 갖고 있는 사랑하는 상대방과의 섹스팅, 연인 관계가 아니지만 둘 중 하나는 그런 관계를 맺고 싶어 하는 사이에서 이루어지는 섹스팅, 그리고 우리의 현재 논의와 가장 관련되어 있는 자신의 관계망 밖의 타인들과의 섹스팅이다.[3]

　벤은 그 사건이 일어난 후 약 일주일이 지난 뒤에 나한테 그 이야기를 꺼냈다. 그리고 그는 나한테 자신이 이 일에 어떻게 대처해야 할지 물었다. 그가 섹스팅을 한 아이들의 부모에게 자신이 겪은 일을 말해야만 할까? 아니면 이 모든 일을 덮어두고, 이러한 섹스팅은 사춘기와 관련된 일반적인 감정 표현이니, 자연스러운 일로 여겨야 하는 걸까? 나는 여러 개의 주요 쟁점들을 그에게 상기시켰다. 나는 그에게 섹스팅의 중대한 법적인 의미, 즉 미성년이 참여한 섹스팅은 법적으로는 아동 포르노와 같이 간주된다는 점을 상기시켜 주었다. 성적인 문자 메시지를 보낸 10대들과 그 메시지를 받은 10대들이 불법 행위를 했다는 혐의로 체포된 경우도 있었다.[4] 나는 또한 자신의 누드 사진이나 나체에 가까운 사진을 보낸다는 것은 연인 관계의 상대방—나이가 어떻든 간에—과의 친밀함을 향상시키기 위한 성적인 유희의 일부일 수도 있다는 점을 말해 주었다. 10대들을 '미성년'이라고 규정하는 법적인 사실과 그들의 머릿속에서 일어나는 짝짓기와 관련된 심리적인 과정들은 무관하다. 우리 사회는 다양한 방법으로 10대들과 10대 이진의 아이들에게 이 행동 양식에 맞게 행동하도록 권장하고 있다. 라베르네(La Verne)로스쿨의 법학 박사과정 학생인 새넌 샤프론-페레즈(Shannon Shafron-Perez)는 이와 관련된 중요한 설명을 해주었다.

'내 곡선을 맞춰봐(Name That Curve)'를 해보세요. 당신의 카메라로 몸에 있는 여러 다른 곡선—당신의 골반, 가슴, 엉덩이 등등—에 대한 힌트를 알려주는 사진을 찍어 당신의 친구에게 보여줍니다. 그리고 관련된 약간의 메모를 보내주고, 친구에게 이 사진 속의 신체가 어느 부분인지 물어봅니다. 이러한 팁은 평범한 카메라 폰이 어떻게 섹스 장난감으로 사용되는지를 설명해줍니다. 이미 이 방법은 미국에서 가장 많이 팔리고 있는 잡지 중 하나의 웹사이트인 www.cosmopolitan. com에서 사용되고 있습니다. 그리고 모든 연령(10대 이하의 여성들도 포함됩니다)의 여성들이 패션, 섹스 그리고 데이트의 조언을 얻기 위해서 이 『코스모폴리탄』 잡지의 웹사이트에서 기사를 읽고 있습니다.[5]

마지막으로, 나는 벤에게 이 사실을 다른 사람들과 공유했을 때 두 사람에게 닥칠 어마어마한 피해에 대해 생각해 보라고 말했다. 아마 당신은 신뢰할 수 있는 개인이 온라인에 올린 사진이나 동영상을 다른 수많은 사람들이 퍼뜨리고 본다는 이야기를 들어보았을 것이다. 그리고 많은 사람들은 힐튼 호텔의 상속녀인 패리스 힐튼과 남자 친구의 섹스 비디오가 인터넷에서 '센세이션'을 불러일으킨 것을 기억하고 있다. 그 비디오 혹은 그 비디오의 일부분은 대중들의 강력한 요구에 따라서 유료 결제 웹사이트에 올려졌었다.

최근에 미 하원의원인 안토니 와이너(Anthony Weiner)는 자신의 엉덩이를 찍은 사진이 인터넷에 퍼지면서 의원직을 사퇴해야만 했다.

비록 그가 자발적으로 자신의 트위터를 통해서 그 사진을 팔로워들에게 보냈다고 하더라도, 그는 대부분의 미국인이 그것을 보게 되는 것을 원하지는 않았을 것이다. 첫 번째 뉴스 기사가 터졌을 때—즉, 그의 트위터 팔로워 중 한 명이 이를 밀고한 이후—이 사진은 전국적으로 방송됐다. 수많은 온라인 웹사이트들과 재방송 뉴스에서도 이 사진들을 접할 수 있었다.

　　비밀스러운 사진들이 온라인에서 '바이러스처럼 퍼지는' 것은 아니지만, 당신의 자료가 다른 사람들의 염탐에 의해 노출될 수도 있다. 뉴욕 주 공공고용청의 변호사 윌리엄 허버트(William. A. Herbert)는 사이버 노출증(예컨대, 블로그와 소셜네트워크에 포스팅을 하는 직원들)과 사이버 관음증(예컨대, 포스팅된 개인 정보를 찾는 고용주들의 부정적 결과) 간의 갈등이 커지고 있다고 추론했다. 그는 흥미롭게도 사람들이 개인적인 자료를 온라인에 올렸을 때 일어나는 대부분의 일들이 한 문화가 사회 문제에 무관심하도록 하는 '화장실 억측(toilet assumption)'으로 전락시킨다고 추론했다.[6] 허버트는 이 화장실 억측을 사이버 노출증에 적용시켰다. 예를 들어, 무엇인가를 온라인에서 지우면 영구적으로 지워진다는 것이 바로 화장실 억측이다. 혹은 그의 표현에 의하면, '화장실에서 물을 내리는 것'과 같이 생각한다고 설명했다. 그는 이러한 갈등을 해결하기 위해 많은 방법들을 설명했다. 그는 직장에서 이메일을 통한 관음증을 예방하기 위해 회사 측에서 고용자들의 개인적인 대화를 암호화시켜 줘야 하고, 그 메시지들이 나중에는 자동으로 없어지는 방법을 제안했다.[7]

벤과의 상담 후 며칠이 지나 그는 나에게 전화를 해서 결정을 내렸다고 했다. 내 친구 벤은 처음에는 그 학생들의 부모님에게 연락을 하고 무엇이 일어났는지 말을 해야겠다고 생각했지만, 그 상황을 내버려두기로 결심했다. 물론 나는 배려에 기초한 벤의 결정을 존중하지만, 그 외설적인 문자 메시지나 사진들이 제3자에 의해서 또 다른 사람들에게 유포될 것이 걱정됐다.

이것은 단지 '임상적' 관음증이 아니다

전통적으로 관음증은 심리학 문헌에서 성적 내용 그리고 성적 흥분과 관련되어 묘사되고 있다. 그러나 관음증이 온라인과 미디어에서 자신을 드러내는 방식에는 여러 가지가 있다는 것은 명백하다. 사람들은 남의 알몸 또는 성행위 사진만 보고 싶어 하는 게 아니라, 논쟁, 감정의 붕괴 또는 기쁨 등 개인들의 사적 생활을 담은 사진과 비디오 또한 엿보고 싶어 한다.

현대 컴퓨터 관련 기술은 이 약한 형태의 관음증을 나타낼 수 있는 기회를 비약적으로 증가시켰다. 따라서 대부분의 개인들은 미국심리협회(APSD)의 진단이나 『진단통계매뉴얼(DMS)』이 정의하는 임상적 관음증에 해당하지는 않지만, 많은 사람들은 다른 형태의 관음적인 행동에 관여하고 있다.

예를 들어, 나는 크리스틴(Christine)이라는 젊은 여성을 알게 됐는

데, 그녀는 자신이 얼마나 TV 드라마 배우나 리얼리티 TV 스타들에 대해 빠져 있는지 얘기해 주었다. 크리스틴은 두 어린 아들과 두 마리의 개가 있으며, 남편이 있고, 정기적인 관리가 필요한 큰 집이 있었지만, 하루 대부분을 그녀가 제일 좋아하는 TV 프로그램을 보고, 자신이 가장 좋아하는 에피소드를 온라인에서 재감상하고, 리얼리티 TV나 드라마의 팬 웹사이트에서 온라인 토론에 참여하는 데 썼다. 그녀의 집착은 너무 심해서 때때로 중요한 가족 행사를 잊어버리곤 했다. 올해 초에 그녀는 친구들과 함께 라스베이거스에서 열린 TV 드라마 팬 이벤트에 예약을 했다. 남편은 대개 그녀의 활동을 지지해 주었지만 이 특별한 여행에 대해 알게 됐을 때 굉장히 속상해 했다. 크리스틴은 여행을 가기로 계획한 주에 아버지의 날이 있는지 깨닫지도 못했다. 관음적 행동과 이와 관련한 행동들이 일, 가족과 보내는 시간, 집안일을 하는 것 등 개인의 일상생활을 방해한다면 그것은 아이디스오더에 해당한다.

선정적인 자료는 온라인에서 실제로 거의 모든 사람에게 제공된다. 최근 한 연구에서 루이스빌대학의 로날드 M. 홈즈(Ronald M. Holmes)와 그의 동료들은 관음 행동과 관련된, 온라인상에서의 디지털 사진의 게제와 공유에 관한 내용 분석을 실시했다. 각 연구자들은 사진에 대해 10가지의 범주를 만들었다. 그것은 (1) 실제적 관음(멀리서 다른 사람 사진을 찍은 것), (2) 우발적 관음(우연히 관음적 내용을 담고 있는 우발적인 노출이나 사진), (3) 팬티/엉덩이/성기, (4) 성행위(대부분 몰래 카메라로 찍힌), (5) 그룹섹스 사진들(마찬가지로 몰래 카메라를 이용한),

(6) 화장실 시나리오, (7) 옷 입기, (8) 선탠, (9) 치어리더, (10) 근친상간 등이다.⁸ 이러한 유형의 사진들은 실질적으로 모든 사람들이 접근 가능하며 잠재적으로 파괴적인 관음 행위로 이어질 수 있는 자료를 제공한다.

관음증은 심리적 장애인 '성도착증(paraphilia)'의 하나이다. 성도착증은 비정상적이거나 일상적이지 않은 자극에 의한 흥분 행위인데, 이 경우엔 자신이 관찰되고 있다는 사실을 모르는 사람들을 관찰하는 데서 오는 성적 흥분이 해당된다. 「정신장애 진단 및 통계 편람(DSM)」의 정의에 따르면, 관음은 자신들이 관찰 당한다는 사실을 모르는 사람들의 탈의나 성행위 과정에서 그들의 나체를 관찰하는 것과 관련된 집중적인 성적 판타지, 성적 충동 등을 말하며 6개월 이상 동안 재발이 있는 경우가 해당된다. 나아가 그러한 개인들은 욕구나 충동에 따라 행동을 하거나 혹은 그런 욕구나 충동이 괴로움이나 대인관계의 어려움을 일으키는 원인이 된다.⁹

나는 미국에서 나타나는 이런 종류의 관음의 비율과 관련된 정보를 찾는 데 어려움을 겪었지만, 한 스칸디나비아 국가에서 미국에서 제시되는 비율의 추정치를 제공해 주는 연구를 찾았다. 스톡홀름의 카롤린스카대학의 니클라스 랑스트롬(Niklas Langstrom)과 캐나다 온타리오의 한 정신건강센터의 마이클 세토(Michael Seto)는 스웨덴에서 대규모로 실시된 성적 행동에 대한 설문에서 얻은 자료를 분석했다. 그들은 관음 행동에 대한 자진 보고에 참여한 사람 가운데 남성은 11.5%, 여성은 3.9%로 나타났음을 발견했다. 비교적 높은 사회경제적 지위를 가진 남성들이 관음 행위자의 대부분이었고, 심리적 문제나 낮은 삶의 만족도 그리고 정신장애를 갖고 있는 사람들이 관음적 행동을 할 가능성이 높게 나타났다.[10] 사우스플로리다대학의 패트릭 마쉬(Patrick Marsh)와 그의 동료들이 진행한 연구에서는 전체 주민 가운데 관음증의 만연에 대한 또 다른 힌트를 얻을 수 있었다. 이 연구자들은 관음증을 포함해서 정신병 치료소에 자발적으로 모인 그룹에서 성적 도착증의 비율을 관찰했다. 이들 중 8%가 관음증 형태를 나타냈다.[11]

연구자들은 관음증이 어린 나이부터 시작되며 성적 이미지가 만연한 이 온라인의 시대에 특히 그렇다고 주장했다. 뉴햄프셔대학의 미셸 이바라(Michaele Ybarra)와 킴벌리 미첼(Kimberly Mitchell)은 온라인과 오프라인 모두에서 의도적으로 포르노를 찾는 청소년들의 행위에 초점을 둔 한 연구를 완성했다. 10세부터 17세까지의 청소년들에게 전국적으로 실시된 청소년 인터넷 안전도 조사에서 추출된 샘플 데이터에 근거한 이 연구에선 남성이 여성보다 더 포르노를 찾으며, 그리고 비교적 나이가 많은 청소년들이 나이가 어린 청소년들보다 두 배나 더 포르노를 찾는 것으로 밝혀졌다. 추가적으로 온라인 포르노물을 찾는 사람들은 오프라인에서 찾는 사람들보다 3.5배나 우울 증세를 더 보였으며, 보호자와의 부실한 감성적 관계를 갖고 있을 확률이 2.4배 높은 것으로 나타났다. 연구자들은 포르노에 대한 노출이 이런 문제들의 직접적 원인은 아닐 것이라고 밝혔다.

마지막으로 연구자들은 포르노에 대한 부모의 접근 통제가 아이들이 의도적으로 포르노를 찾는 행위에 영향을 미치는지 알아보았다. 연구자들은 부모의 접근 통제에 대한 세 가지 유형을 살폈는데, 첫 째는 포르노를 보는 것을 금하는 가정 규칙을 갖는 것, 둘째는 컴퓨터에 블로킹이나 필터링 소프트웨어를 설치하는 것, 셋째는 포르노 사이트 방문에 대한 방문 기록을 확인하는 것이었다. 놀랍게도 포르노를 찾거나 찾지 않는 아이들한테서 부모의 통제가 별다른 차이가 없는 것으로 나타났다.[12] 비록 우리 가운데 임상적 의미의 관음증(숨겨진 사진을 보고 관음적 포르노를 보거나 관련된 심리적 문제를 갖고 있는)을 앓는 사람들의 비율은 매우 낮지만, 더 많은 비율의 사람들이 그보다는 약한 형태의 관음증으로 고통을 겪고 있으며 그것들은 현대 기술에 의해 더 심해지고 있다.

경증의 관음증

관음증은 기술 사용과 함께 그 요인들이 발생하고 있다. 캔자스주립대학의 학생 정문영과 펜실베니아주립대학의 학생 김향숙은 팟캐스트 사용을 추동하는 여섯 가지 동기를 발견했는데, 그 중 하나는 다른 사람의 삶을 훔쳐보는 것과 관련된 관음적 의도를 포함한 사회적 상호작용 요소였다(다른 다섯 가지 동기는 오락, 교육, 탈피, 관습 그리고 편의였다). 사실, 사회적 상호작용은 이 여섯 가지의 동기 중 통계적으로 가장 중요한 것이었다. 대학생들의 댓글을 보면서 정문영과 김숙

향은 학생들이 팟캐스트를 패션을 나타내는 것으로 마치 휴대폰으로 전화하듯이 사용한다는 것을 알아냈다. 몇몇 학생들에게 팟캐스트를 보는 것은 소셜네트워크 사이트나 리얼리티 쇼를 보면서 충족시키는 상호작용 없이 다른 사람들을 관찰하고자 하는 동일한 욕구를 충족시키는 것과 같다.[13]

웹 2.0의 핵심적 상호작용의 특성으로 부각되고 있지만, 심지어 블로그도 관음증의 기회를 제공한다. 남가주대학의 정영보와 그의 동료들은 두 부분으로 나눈 연구를 통해 한국 블로그 사이트의 사용자들을 관찰했다. 그들 연구의 첫 번째 부분에서 연구자들은 블로그를 읽는 두 가지 주요 동기 중 하나는 관음이었고, 관음적 의도가 많을수록 다른 사람들의 블로그를 읽을 확률이 높았다고 밝히고 있다. 또 다른 동기는 인상 관리로서 오프라인에서의 자신의 성격과 일치할 수도 있고 아니면 일치하지 않을 수도 있는, 자신에 대한 분명하고 의미 있는 표현을 하고자 하는 욕구였다. 연구의 두 번째 부분에서 연구자들은 다른 사람과 자신을 비교하려는 사회적 욕구가 관음증(그리고 인상 관리)을 불러일으킨다는 것을 발견했다. 달리 말해서, 자신을 타인과 비교하고 싶어 하는 사람들은 다른 사람의 블로그를 익명성을 이용해서 관찰하고, 자신의 온라인 평판을 최대화시키기 위해 온라인에서 자신을 어떻게 나타낼지 기획하면서 행동한다. 또한 온라인에서 정체불명이 되는 것(예를 들어, 자신은 온라인상 지금이 자신이 아닌 아무개라는 것인지)이 블로그에 대한 관음행위를 감시하는 데 기여한다는 것을 연구 결과를 통해 밝혀냈다.[14]

타인의 SNS의 프로필을 보거나 블로그를 보면서 어떤 식으로든 엿듣거나 엿보려는 욕구는 단순히 성적 내용에만 관계가 있는 것이 아니라, 사회적·감성적·정치적 정보와도 관계가 있다. 당신도 겪을 수 있는 관음적 성향을 스스로 평가해 보고 싶다면, 이스탄불 카디르 하스대학의 레미 바루흐(Lemi Baruh)교수의 척도(尺度) 방법을 이용한 평가 도구를 이용할 수 있다.[15] 〈표 11.1〉에서 볼 수 있는 이것은 관음증을 진단하는 데 필요한 척도를 제시하고 있다. 이 척도는 당신이 관음증이 있는 사람이 될 것인지 아닌지를 평가할 수 있는 여러 가지 시나리오를 주고 있다. 각 항의 시나리오를 읽어서 당신이 응답할 것이라고 생각하는 대답들을 선택하면 된다. 척도는 7개 정도로 나눠진다. 다만 당신이 타인의 시선과 타인에게 잘 보이려는 속셈 때문에 솔직하게 대답하지 않는다면, 이런 평가는 정확하지 않을 것이다. 남들에게 당신을 보기에 좋도록 답변하는 소위 심리학자들이 말하는 사회적 바람직성이 이 측정의 유용성을 가로막을 것이다.

〈표 11.1〉에 있는 관음증 척도는 임상적인 정의에 장애가 될 수도 있고 안 될 수도 있는 관음적인 성격을 가진 사람들을 구별해 낼 때 가장 잘 쓰일 것이다. 바루흐 교수는 자기 연구의 실험 참가자들의 전형적인 응답을 나타낸 데이터를 제시했다(〈표 11.2〉). 이것은 우리의 답변을 참고 샘플과 비교할 수 있게 해준다. '관음증적이다.'라고 여겨지는 정확한 정도는 없지만, 당신이 섹션에서 대부분 중간 정도 이상의 답변을 했다면, 관음증적인 성향을 가지고 있다고 여길 수 있다. 환언하면, 당신의 점수를 합산했을 때 19점 이상을 기록했다면,

당신은 아마 문제가 있는 관음증적 행동에 관여하고 있거나 관여할 가능성이 있는 것이다. 중요한 것은 바루흐 교수의 관음증 척도는 전문 임상실험가들이 관음증을 진단할 때 쓰는 방법과는 다르다는 것이다. 이것은 그들의 심리학적 배경을 최대한 많이 배우려는 사람들과의 세밀한 연속적인 상호작용에 따라서, 위에 언급된 DSM에서 정의한 것을 이용하는 것이다.

〈표 11.1〉 관음증 등급에 대한 개인적인 성향

당신의 반응						
다음과 같은 상황에 당신은 어떻게 반응하나요?	즉시 보기 /듣기/ 읽기를 멈춘다 (1)	(2)	(3)	(4)	(5)	(6)	최대한 보고/듣고/ 읽으려고 노력한다 (7)
만약 이웃이 커튼 닫는 것을 깜빡 해 당신이 이웃집 침실을 엿볼 수 있다면	1	2	3	4	5	6	7
만약 당신이 이웃집이 그들의 성생활에 대해 이야기 하는 걸 엿듣게 된다면	1	2	3	4	5	6	7
만약 다른 사람에게 가야 하는 메시지가 당신에게 잘못 왔고 그걸 당신이 읽을 수 있다면	1	2	3	4	5	6	7

만약 당신의 친구들이 당신과 친한 사람의 성생활에 대해 쑥덕거리고 있다면	1	2	3	4	5	6	7
만약 사진관이 실수로 당신 사진이 아닌 수영장에서의 커플 알몸 수영 사진을 보내줬다면	1	2	3	4	5	6	7
만약 당신이 옷 가게에서 쇼핑을 하는데 피팅룸 틈새로 안을 들여다 볼 수 있다면	1	2	3	4	5	6	7
만약 당신이 어떤 부부의 가정 문제에 대해 이야기 하는 걸 엿들을 수 있다면	1	2	3	4	5	6	7
만약 당신이 어떤 누군가 정신적으로 무너져 극도의 화를 내거나 슬퍼하는 모습을 보게 된다면	1	2	3	4	5	6	7

〈표 11.2〉 관음증 등급에 대한 개인적인 성향의 보통 반응

다음과 같은 상황에 당신은 어떻게 반응하나요?	전형적인 (보통의) 반응
만약 이웃이 커튼 닫는 것을 깜빡 해 당신이 이웃집 침실을 엿볼 수 있다면	2
만약 당신이 이웃집이 그들의 성생활에 대해 이야기 하는 걸 엿듣게 된다면	2
만약 다른 사람에게 가야 하는 메시지가 당신에게 잘못 왔고 그걸 당신이 읽을 수 있다면	3
만약 당신의 친구들이 당신과 친한 사람의 성생활에 대해 쑥덕거리고 있다면	3
만약 사진관이 실수로 당신 사진이 아닌 수영장에서의 커플 알몸 수영 사진을 보내줬다면	3
만약 당신이 옷 가게에서 쇼핑을 하는데 피팅룸 틈새로 안을 들여다 볼 수 있다면	1
만약 당신이 어떤 부부의 가정 문제에 대해 이야기 하는 걸 엿들을 수 있다면	2
만약 당신이 어떤 누군가 정신적으로 무너져 극도의 화를 내거나 슬퍼하는 모습을 보게 된다면	3

리얼리티 TV 쇼의 성장

관음적인 콘텐츠가 단순히 인터넷에만 존재하는 것은 아니다. TV의 본성은 리얼리티 TV 프로그램을 통해서 더욱 많은 관음적인 내용을 포함하는 콘텐츠를 볼 수 있도록 변화하고 있다. 비록 모든 연구들

이 리얼리티 TV가 이런 역할을 한다는 것에 동의를 하고 있지는 않지만, 관음적인 성향과 리얼리티 TV 사이에는 일관된 관련성이 있다. 러커스대학의 잔나 바그다사로프(Zhanna Bagdasarov)와 그의 동료들은 두 조로 나누어 연구를 수행했다. 1조는 리얼리티 TV, 상황극 코미디, 늦은 밤의 연속극 같은 다양한 장르의 텔레비전 쇼의 내용을 분석했고, 2조는 학생들의 TV 시청 습관을 조사했다. 관음적인 척도에서 높은 점수를 기록한 사람이 관음적인 텔레비전 콘텐츠를 더욱 많이 시청한다는 결과가 나왔다.[16] 템플대학의 지지 파파차리시(Zizi Papacharissi)와 앤드류 멘델슨(Andrew Mendelson)은 리얼리티 TV를 시청하는 가장 큰 두 가지 요인은 시간 보내기와 흥미 유도라는 것을 발견했다.

한편, 관음 요소 역시 비록 작지만 중요한 요소였다. 더욱 구체적으로 연구자는 복합적인 통계학적 분석을 통해서 서로 다른 요소로 인해 리얼리티 TV를 보는 시청자를 두 가지 유형으로 구별해 냈다. 첫 번째 유형의 시청자는 자유 시간에 리얼리티 TV를 통해 재미를 느끼는 유형으로 그들은 리얼리티 TV가 현실이라는 인식을 갖고 있었다. 그와는 반대로 두 번째 유형은 비교적 외부의 통제를 받는 타입으로(그들은 외부적인 요소들이 자신의 삶을 조종한다고 인식했다), 덜 활동적이고 사회적 소통을 별로 하지 않았다. 이런 시청자들의 리얼리티 TV 시청 동기는 관음증이었다. 연구자들은 두 번째 유형의 시청자들을 이렇게 표현했다. "미디어를 관음적인 호소력의 대상과 동반자라는 가치로 이용했던 시청자에게 리얼리티 TV 프로는 활동이 거의 없고, 대

인간의 상호작용적인 차원이 낮기 때문에 경험할 수 없는 다른 활동을 대체해 준다."[17] 나는 부끄럼을 타고 우울한 성격을 가진 개인들은 다른 사람들과 매일 활동하며 신체적인 접촉을 추구하는 것이 별로 없기 때문에 이와 같은 두 번째 유형이 되기 쉬울 것이라고 생각한다.

레미 바루(Lemi Baruh)의 또 다른 연구는 리얼리티 TV를 더 많이 본 사람들에게서 관음증의 척도가 더 높다는 것을 발견했다. 이런 관계는 예를 들어 사회적 비교욕망, 자아 성찰, TV 시청시간과 같은 잠재적으로 혼동하게 만드는 요인들을 고려해 이뤄지는 연구로 이어졌다. 그들의 연구를 조금 더 확장해서 몇 가지 리얼리티 TV를 분석해서 그 TV 쇼가 사람들의 관음 정도에 얼마나 기여하는지를 분석했다. 예를 들어 바루 박사는 TV쇼 '일반인'들이 팀을 구성해서 상금을 얻기 위해 세계를 돌아다니며 단서를 찾는 프로그램인 「어메이징 레이스(The Amazing Race)」를 분석했다. 시청자들은 팀원들이 성공하기 위한 기획과 관련해서 싸우고, 감정적 충돌이 있는 장면들을 보게 된다. 이런 리얼리티 TV 시청과 관음증 간의 상관관계에 대한 분석은, 시청자로 하여금 남을 몰래 관찰하게 하는 방식의 관점이 허용된 프로그램인 「어메이징 레이스」의 사적인 장면, 가십적인 내용이 포함돼 있는 장면, 노출이 포함된 장면 등 이런 모든 것들이 TV 쇼에 관음적인 호소를 만들어 낸다는 것을 의미한다.[18]

당신이 문제가 있는지를 알 수 있는 체크 목록

나는 전자 포맷에서 관음증에 관한 문헌들을 종합적으로 조사했다. 그리고 당신의 일상생활을 방해하는 문제들에 대해 가능한 조언을 아래 목록에 적어 놓았다. 이러한 행동들이 당신의 사회적 상호작용, 가정생활, 직장생활, 생산성 그리고 감정적, 정신적 상태를 방해하지 않는 한, 큰 문제는 없다는 것을 기억해라. 만약 당신이 이러한 상황에 있고, 당신 스스로 변화를 만들지 못할 것이라 느낀다면, 당신의 행동과 생각을 어떻게 통제할 수 있는지에 대해 전문적인 조언을 찾을 필요가 있다.

1. 나는 온라인상에서 사람들이 올려놓은 글이나 프로필을 보는 데 많은 시간을 보낸다.

2. 나는 리얼리티 TV 시청을 굉장히 즐긴다.

3. 온라인상에서 사람들의 정보를 보거나 리얼리티 TV를 시청하는 시간이 집안일이나 가족, 친구들과의 사교활동을 방해한다.

4. 〈표 11.1〉에서 나는 다른 사람의 개인적 정보를 보는 반응에 높은 점수를 기록했다(19점 이상).

5. 나는 '음란문자'를 받거나 보낸 적이 있다.

6. 나는 온라인상에서 예상치 못한 사람들의 나체 사진이나 옷을 벗는 과정 혹은 성행위를 하는 사진들을 보고 싶은 강한 충동을 가지고 있다.

7. 나는 가십이나 나체 그리고 개인적 혹은 개개인의 사적이거나 사적인과 유사한 어떤 것이 들어 있는 콘텐츠를 보는 것을 좋아한다.

당연히 이 체크 목록의 모든 조항들이 동등한 것은 아니다. 몇몇 조항들 특히, 3, 4, 5와 6번 조항은 다른 조항들에 비해 더 우려되며, 여타 다른 조항에 비해 더 많은 주의를 기울여야 한다. 만약 당신이 이 조항들 중 하나라도 경험한다면, 당신의 이 관음적인 행동들이 당신의 일상생활에 영향을 끼치고 있지는 않은지 생각해 보아야 한다.

앞에서, 나는 10대들이 어떻게 인터넷 포르노물에 접근하는지에 관한 통계와 연구들을 언급했다. 10대들이 관음증적 콘텐츠의 기본인 리얼리티 TV 쇼와 소셜네트워크 사이트 이용에 중독돼 있다는 것은 의심할 여지가 없다. 많은 부모들은 자녀들을 포르노 콘텐츠로부터 보호하기 위해 인터넷 방어막을 설치하는 것에 이끌린다. 하지만 아이들은 그것들을 찾기 위해 온라인을 사용하며 이 같은 가정 내의 해결책은 포르노물을 찾는 행동에 큰 영향을 주지 못한다는 연구를 잊어서는 안 된다.[19] 요령 있는 12세 이하 아이들이나 10대 청소년들—그 나이 대 아이들과 잘 어울리는—은 방어막을 피해가는 방법을 찾아낸다. 아이들과 열린 소통을 하는 것, 실천적일 뿐만 아니라 애정 어린 '권위적인' 양육스타일은 인터넷상의 관음증적 자료들에 노출되는 문제를 통제하는 하나의 해결책이 될 수 있을 것이다.[20]

변화하기 위해선 무엇을 해야 하는가?

가장 유효한 데이터는 TV에서 관음증적인 콘텐츠는 대부분 리얼리티 텔레비전 쇼, 저녁 드라마 그리고 상황 코미디에 집중되어 있다는 것을 보여준다. 물론 이런 쇼들은 온라인에서 네트플릭스(Netflix)와 같은 유명한 미디어 호스팅 웹사이트에서 이루어지는 다운로드나 직접 텔레비전 네트워크 사이트에서 다운로드를 통해 이루어지는 것에서도 마찬가지로 유효하다. 텔레비전 시트콤이 관음적인 콘텐츠를 가지고 있다고 하면 매우 놀랍게 보일 수도 있다. 하지만 쇼 캐릭터들에 대한 익명의 접근이 이런 쇼들에 들어 있는 매력의 일부라는 것도 분명한 사실이다. 수잔 손탁(Susan Songtag)은 1950년대 미국 시트콤인 「아이러브 루시(I Love Lucy)」가 갖는 매력에 대한 글에서 이러한 개념을 잘 설명했다.

> 「아이 러브 루시」의 제작자들은 시리즈 TV쇼가 시청자들에게 기존의 엔터테인먼트 방송에서는 찾아볼 수 없었던 친밀감의 환상을 불러일으키는 독특한 효과를 준다는 사실을 잘 이해하고 있는 듯했다. 이 시트콤은 시청자들이 데시의 화난 투덜거림 또는 루시의 징징거림을 놀라운 우월감의 센스로 관찰할 수 있게 한다. 이러한 용인된 관음증은 이것을 즐기는 시청자들에게 알랑거릴 수밖에 없다.[21]

이 상황에 있는 많은 사람들이 자발적으로 이런 유형의 쇼들에 대한 노출을 줄이는 것이 어렵다는 것을 깨닫는다. 그러한 쇼들을 보는 것에 대한 잠재적인 강력한 억제제는 음란물 제작의 폐해에 대해 읽는 것이다. 좀 더 구체적으로, 음란물 제작이 그 참여자들에게 미치는 부정적인 영향에 대해 예민해지는 것은 아마 도움이 될 것이다. 리얼리티 TV 스타들의 진짜 '사적인' 삶을 찾는 것은 매우 쉽다. 예를 들면, 연예 잡지를 읽거나 쇼 뒤의 그들의 삶에 대한 신문의 기사를 읽으면 된다. 많은 경우에, 연예 산업과 배우들의 사소한 분쟁은 그들의 삶에 부정적인 결과를 낳는다.

펜실베이니아주립대학의 베스 문테무로(Beth Montemurro)는 유명한 여름 TV 쇼 가운데 하나인 「빅브러더(Big Brother)」에 초점을 맞춘 웹사이트에 게시된 글을 분석해서 리얼리티 TV 시청자들의 반응을 연구했다. 그 게시물에 들어 있는 주제를 신중히 고찰하면서 리얼리티 텔레비전 쇼를 보는 기쁨의 일부는 배우들의 방송 내의 영향력이 약하다는 것과 관계가 있다는 것을 발견했다. 즉, 배우들의 모든 행동을 녹화하고 잠재적으로 청중들에게 보여주도록 한다는 것에 합의를 했다고 주장한다. 다시 말해서 배우들은 자신의 이미지 사용에 대해 통제를 할 수 없다는 것이다. 한편으로 배우를 제작자의 희생양으로 간주하는 이 시나리오는 시청자들에게 재미를 주고, 시청자는 영향력이 없는 배우들을 통제한다는 기분을 간접적으로 느낄 수 있다.[22] 리얼리티 TV 쇼를 볼 때 TV 속 사람들이 통제를 잃어버리는 것에서 기쁨을 느끼는 것은 리얼리티 TV 쇼를 너무 많이 보는 것을 그만두게 만들 만큼 역겨울 수 있다.

쇼나 관음증적 콘텐츠 뒤의 사람들의 삶에 대한 자각은 온라인이나 오프라인으로 포르노를 시청하는 것과 관련해 문제가 있는 사람들에게 큰 도움이 되는 정보를 제공할 수 있다. 로드아일랜드대학의 도나 휴즈(Donna M. Hughes)는 「온라인 성매매」라는 자신의 논문에서 온라인 포르노 시청에 대한 매우 흥미로운 반대론을 제기했다. 논문에서 그는 세 가지 중요한 점을 제시했다. 첫 번째, 인터넷 기술은 여성과 어린아이들에 대한 착취(관음증 포함)를 증가시켰다는 것이다. 두 번째, 인터넷 기술은 여성을 부당하게 이용하는 남성들의 사생활을 증대시켰다는 것이다. 세 번째, 착취는 여성의 이미지와 존엄성을 해쳤다는 것이다. 아이들에 대한 착취는 당연히 불법이다.[23] 이 세 가지 점을 인식하는 것은 누군가 관음적인 아이디스오더를 깨뜨리는 데 도움이 될 것이다.

그렇다면 당신은 리얼리티 TV나 유튜브 비디오물 혹은 온라인 포르노물을 보는 대신에 무엇을 해야 할까? 하나의 가능성은 자연 휴식을 취하는 것이다. 앞 장에서 정의한 것처럼, 자연 휴식은 꼭 문자 그대로 매우 자연적인 환경에 나가는 것을 의미하는 것이 아니다. 오히려 자연 휴식을 취하는 것은 당신의 전자기기들을 끄고 컴퓨터나 텔레비전과 떨어져서 무엇인가를 하는 것이다. 예를 들면, 책이나 신문을 읽는 것을 들 수 있다. 그러나 의심할 여지없이 육체적인 몇 가지 운동과 함께하는 휴식은 두 배의 효과를 갖도록 하는 자연 휴식이 될 수 있다. 그러면 당신의 휴식은 당신의 마음에 문제를 일으키는 미디어 콘텐츠로부터 떨어질 수 있도록 도움을 주고 동시에 육체적 건강에도 기여할 것이다. 당신은 또한 당신의 관심을 다큐멘터리나 다른 종류의 소설(텔레비전이나 온라인에서) 그리고 다른 형태의 미디어 (라디오 같은) 등 비관음적인 콘텐츠로 돌리는 것을 고려하게 될 것이다. 당신이 잠재적으로 문제가 있는 콘텐츠에 대한 노출을 줄이도록 노력하라.

관음적인 행동들에 대한 몇 가지 연구들은 '사회적 비교'와 관음증 사이의 연결고리를 찾았다. 다른 사람들이 자연스러운 환경에서 어떻게 행동하는가를 관찰하는 것은 우리가 다른 사람들과 얼마나 일치하는지를 보는 기준점을 제공한다. 다른 사람들과 비교되는 것에 대한 걱정을 낮춰 사회적 비교를 줄이면 당신의 관음적인 미디어 콘텐츠를 보는 것에 대한 욕구를 줄일 수 있다. 이러한 관음적인 상황을 피하는 것은 당신을 그대로 보다 편하게 만들어 주는 긍정적 효과를 가진다.

나는 내 자신의 행동을 바꾸는 것에 대해 상이한 접근 방법을 취하고 싶다. 나는 심리학자들이 '긍정적 강화'라고 말하는 보상에 움직인다. 나는 내가 없애고 싶은 행동들을 충분히 대체하며 보상을 주는 물건들과 행동들을 찾을 수 있다. 나한테는 음식이 강력한 보상이다. 내가 문제적 행동들을 정말 잘 피했을 때, 나는 직장에서 조금 즐기고 캠퍼스 커피하우스를 방문해서 초콜릿과 초콜릿 칩 머핀을 즐긴다. 내 친구 패트릭(Patrick)은 밖을 차단하고 책을 읽는 자유 시간을 가지면서 자신에게 보상을 준다. 당연히, 당신 자신에게 보상을 주는 것은 당신의 행동을 바꾸기 위한 일반적 전략이며, 이 책에 소개되어 있는 여타의 일반적 전략들도 효과가 있을 것이다.

제12장

모든 것은 당신의 마음에 달려 있다

"내가 지난 몇 달 동안 하고 있었던 것은, 기후 변화만큼이나 중요하고 이전에 존재하지 않았던 주제에 직면하고 있다는 사실을 사람들에게 확신시키는 것이다. 나는 이것을 '인식 변화'라고 부르는데 이 경향이 기후 변화와 유사성이 있다고 보기 때문이다. 인식 변화와 관련된 주제는 새로운 테크놀로지, 즉 새로운 환경이 인간의 인식에 어떻게 영향을 주며, 특히 젊은 세대가 생각하고 느끼는 방식을 어떻게 바꾸고 있는가이다."

_ 앤드류 메이나드(Andrew Maynard) 위험연구센터 소장[1]

위의 인용문은 테크놀로지라는 악마에 대항했던 러다이트 운동으로부터 나온 것이 아니라 옥스퍼드대학의 존경받는 신경약리학 교수인 배로니스 수잔 그린필드(Baroness Susan Greenfield)한테서 나왔다. 그린필드 교수는 마음의 과학을 연구하며 특히 페이스북, 트위터, 유튜브 그리고 비디오 게임과 같은 사회적 미디어의 이용 증가가 우리의 뇌를 변화시키는 중이라고 주장했다. 『데일리 텔레그래프(Daily Telegraph)』와의 인터뷰에서 그린필드는 높은 아이큐(IQ), 더 좋은 기억력 그리고 빠른 정보 처리를 포함한 정보 테크놀로지와 우리의 경험이 통합되고 있는 것이 '매우 좋은 것'일지라도, 차라리 우리가 주인이 될 수 있는 잠결에 걸이들이 기는 것이 더 나으며, 테크놀로지의 노예가 되지 않고 우리가 스스로 즐기고 성취감을 느낄 수 있는 방법을 활용하는 것이 더 옳다고 주장했다.[2]

나는 그린필드 교수의 의견에 동의한다. 내가 이 책에서 제시한 것처럼, 우리 가운데 상당수가 아이디스오더의 경계에 있다. 미디어 기술을 통한 우리의 일상적인 상호작용은 자기도취증, 강박장애, 중독, 우울증, 주의력 결핍증, 사회 공포증, 반사회적 인격, 건강 염려증, 신체변형장애, 정신분열적인 장애 그리고 관음증을 포함한 많은 심리학적 장애들을 나타내는 신호와 증상들로 가득 차 있기 때문이다.

그린필드의 주장에 따르면, 아이디스오더를 피하는 것은 '마음의 변화'가 관건이다. 다행히도 우리의 뇌는 우리를 위해 끊임없이 변화하고 있다. 신경과학자들은 이것을 '신경가소성'이라고 부른다. 그리고 그것은 기본적으로 우리 경험들의 기능으로서 뇌 안의 뉴런 연결을 연속적으로 강화하거나 약화하는 과정이다.[3] 우리의 뇌가 외부와 내부의 자극에 대해 반응하는 변화를 계속한다는 것은 분명한 이점이다. 이것은 우리가 새로운 기억을 만들고 오래된 기억을 회상하고 계속적으로 우리의 실제 세계 속 경험들과 내면 세계 속의 수행들을 통합하는 데 도움이 된다. 우리의 뇌에 하루 종일 자극이 범람하고 넘치게 된다고 가정해 보자. 그리고 현재 가치 있는 디지털 콘텐츠가 끊임없이 리트윗되거나 블로깅되면서 세상 모두에게 동등한 모습을 한다고 가정해 보자.[4] 이때 신경가소성은 뇌의 저장 능력을 만드는 것이 된다.

우리는 콜롬비아대학의 베스티 스패로우(Betsy Sparrow) 교수가 '구글 효과'라고 부른 것을 통해서 우리의 뇌가 어떻게 수많은 가치 있는 정보에 적응해 왔는지를 보여주는 연구를 보아 왔다. 일련의 네

가지 실험 연구를 통해서, 스패로우 교수와 동료들은 우리의 욕망에 들어맞는 재미있는 정보를 위해 끊임없이 구글 검색을 하는 습관이 특화된 외부 기억으로서 인터넷 사용 훈련을 강화시킨다는 사실을 발견했다.

예를 들어, 우리가 몇 년 전에 수염을 기른 어떤 남자와 함께 마주쳤던 저 여배우는 무슨 영화를 찍었는가 하는 식의 질문은 단지 몇 번의 마우스 클릭 또는 스마트 폰 터치로 답을 얻을 수 있다. 스패로우는 이 연구에서 만약 누군가가 자신들이 스스로 컴퓨터나 인터넷에서 정보에 접근하는 미래를 가질 것을 알았다면, 그들은 정보를 기억하려 하지 않았을 것이고, 그것이 가치 없다고 말했을 것이라고 주장했다. 그러나 그들은 비록 그 정보가 저장되어 있는 컴퓨터의 폴더에 다운받았을지라도, 어디서 이것을 잘 찾아낼 수 있는지 정확하게 회상한다.[5]

이 장에서 나는 당신이 아이디스오더에 걸리는 것을 피할 수 있게 도와주거나 이미 새로운 밀레니엄 병증의 징후를 보이고 있다면 그 문제를 당신 스스로 어떻게 없앨 수 있는지 도울 수 있는 방법을 제시한다. 이 방법은 약간의 생각과 실행 계획만 있으면 된다. 그것은 과학자들이 신경과학, 생물학, 심리학 그리고 교육과 같은 분야에서 습득한 것들을 결합한 것이다. 이 방법은 가장 최근의 심리학적 과학뿐만 아니라 뇌에 관한 가장 오래된 연구들을 통합한 것이다.

뇌를 재설정하라

사람들은 매우 다양한 스크린 앞에 앉아 하루를 보낸다. 이것이 사람들의 뇌 활동에 얼마나 큰 영향을 미치는지 깨닫는 것은 중요하다. 수년 동안 기능성 자기공명영상(fMRI)[6]을 통한 뇌 정밀검사로 끌어낸 분석을 바탕으로 나는 뇌에 대해 생각하는 것이 최선이라는 결론을 내렸다. 당신이 이러한 정밀검사를 받아 본 적이 없다고 해도, 이 검사는 특정 시점에 활성화되는 뇌의 특정 부위를 다채로운 색으로 묘사했다는 것을 알 것이다.

예를 들어, 자기 규제가 요구되는 업무를 마치는 동안 fMRI가 다식증에 걸린 여자의 뇌와 건강한 여자의 뇌 검사 사진을 비교했다. 그 방법은 매우 간단했다. 컴퓨터상의 화살표가 가리키고 있는 방향을 확인하는 것이었다. 모니터상의 화살표가 오른쪽을 가리킴과 동시에 화면 오른쪽 측면에서 화살표가 나타난다면, 정보가 일치하는 것으로 간주한다. 하지만 때때로 화살표는 오른쪽을 가리키고 있지만 화면의 왼쪽에 위치하게 되고, 이는 정보가 일치하지 않거나 혹은 갈등이 있는 것으로 간주했다.

fMRI에 붉은 부분은 갈등적인 정보를 제공했고 문제에 올바르게 대답하는 동안에 활동이 증가된다는 것을 보여 주었다. 푸른 부분은 주어진 정보가 일치해서 맞게 대답했을 때 활동의 증가를 보여주었다. 폭식증 여성에 대한 검사는 덜 붉고 더 푸른 부분을 보여주었다. 그리고 이것은 뇌 활동 검사가 뇌에서 정보가 어떻게 이해되는지 그리고 이것이 정신 장애와 어떻게 상응하는지를 연구하는 데 강력한 도구라는 것을 시사했다.

fMRI 기술을 이용한 스캐닝 기계는 뇌혈관에서 산소의 흐름을 측정한다. 산소의 흐름은 뇌에서 어떤 신경의 부분이 활성화되고 정보가 처리되는지를 나타낸다. 이 주장에 따르면, 내 유추는 당신의 뇌에서 쓸 수 있는 혈액의 양은 한계가 있으며, 이것은 주어진 시간 안에 신경이 처리할 수 있는 양에 한계가 있다는 사실과 상응한다는 것이다. 이것은 기술 사용이 어떻게 우리 뇌에 영향을 주는지 고려할 때 매우 중요하다.

비록 fMRI를 이용한 연구가 고비용이라고 할지라도—이러한 기계들이 처음으로 소개됐을 때보다는 덜 하다—현재 우리의 뇌가 어떻게 기계에 반응하는지를 보여주는 아주 매력적인 연구를 볼 수 있도록 한다. 예를 들어, UCLA의 신경과학 및 인간행동학과 교수인 캐리 스몰(Gary Small) 박사가 수행한 뇌 스캔 연구는 인터넷 사용에 이미 익숙한 어른들보다 인터넷을 전혀 사용하지 않았던 어른들의 뇌가 인터넷 사용 중 덜 활성화된다는 사실을 밝혀냈다. 〈그림 12.1〉에서 볼 수 있듯이, 스몰 박사는 단순히 책을 읽을 때보다 인터넷을 검색할 때 어른들의 뇌가 더 활성화된다는 것을 발견했다. 다른 과학자들은 인터넷 중독자,[7] 비디오 게임 사용자,[8] 영화 관객[9] 그리고 TV 시청자[10]로부터 볼 수 있는 다양한 뇌 활동들에서 비슷한 성후를 발견했다.

우리는 사람들이 사용하는 각각의 테크놀로지가 뇌에 관여한다는 것을 알고 있다. 사람이 몇 개의 테크놀로지들을 가지고 멀티태스크를 할 때, 그 뇌는 더욱 관여를 받는다. 어쩌면 신경 활동의 최대치에 근접할 정도다.[11] 그렇다면 그러한 행동들이 중단됐을 때는 무슨 일이 일어날까? 몇 가지 연구들은 비디오 게임과 같은 기술적인 활동들이 게임이 끝난 후에도 일정 시간 동안 신경에 잔여 효과를 남긴다는 것을 증명하고 있다.[12] 동시에 비디오 게임을 하고, 인터넷을 검색하고, 문자 메시지를 주고받고, 이메일을 보내고, 음악을 듣는 사람을 상상해 보라. 이 사람의 뇌는 신경학적인 활동 때문에 말 그대로 와글와글 거린다. 과부하를 제거하기 위해서는 테크놀로지의 이용을 멈춰야만 한다.

〈그림 12.1〉 나이 든 성인이 독서 중일 때(왼쪽)와
인터넷 사용 중일 때(오른쪽)의 뇌 스캔 사진

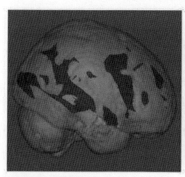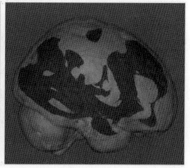

관심 회복 이론(ART)[13]에 따른 연구에 의하면, 누군가가 자연환경과 상호작용할 때, 그들의 관심은 자연에서 볼 수 있는 외부적 자극들을 진정시키고, 과부화된 뇌가 회복할 수 있도록 작동하는 '상향식

(bottom-up)' 과정에 사로잡힌다. 반면, 도시 환경들은 시각, 후각 그리고 청각을 동원해 극적으로 우리의 관심을 사로잡는 자극을 가지고 있는데, 이것은 혐오스러운 자극을 극복하기 위한 집중을 요하며, 나아가 덜 평온한 상태에서 집중할 때에는 보다 많은 뇌의 잔여 활동을 유도한다.

뇌를 초기화(resetting)한다는 것은 무슨 의미일까? 연구는 몇 분간 쉬는 등 자연에서 더 많은 시간을 보내는 것이 스트레스를 줄여주고 우리 뇌의 정보처리 능력을 향상시켜 준다는 사실을 제시했다. 흥미로운 것은 자연 속에서 이루어지는 짧은 산책, 자연 사진을 보는 것 혹은 심지어 아바타를 활용해 가상의 자연 세계를 경험하는 것 등을 통해서도 똑같은 효과를 얻을 수 있다는 것이다.[14] 비록 초기 연구가 자연 속을 걷거나, 미시건이라는 특정 도시의 시내를 걷는 사람들의 기억력을 비교한 것이지만, 미시건대학의 연구팀의 최근 조사결과에 따르면, 단지 10분 정도 자연 사진을 보는 것만으로도 동일한 회복 효과를 거둘 수 있다는 데에는 의심의 여지가 없었다.[15]

자연 경험은 뇌 활동이 점차 잦아들도록 당신의 모든 감각을 자연 환경에 집중하도록 요구한다. 최근 휴가에서 나는 물을 내뿜고, 충분한 증기와 물이 있다면 호른 같은 소리를 내며, 때로는 무지개를 만들어 내는 분수 고래공(blowhole)을 보기 위해 카우아이(Kauai) 섬으로 운전해 갔다. 내기 놀라운 자연을 관찰하는 농안, 엄마, 아빠 그리고 모두 여섯 살도 안 돼 보이는 세 아이로 이루어진 가족이 도착했다. 나는 그 아빠가 순간을 담기 위해 휴대용 비디오카메라를 이용하는 동안 엄마는 자신의 디지털카메라를 가지고 사진을 찍는 것을 보았다. 세 명의 아이들은 신이 나서 물이 파랗다고 계속 소리치고 있었고, 막내는 계속 무지개들이 나타났다고 낄낄거렸다. '저기 봐요, 엄마', '무지개에요! 예쁜 무지개요!' 여자 아이는 신이 나서 소리 쳤지만, 엄마의 대답은 '쉿! 엄마가 사진을 찍고 있잖아'였다. 그 작은 여자애는 아빠에게 말하려고 했으나, 아빠는 비디오카메라에 그 순간을 담느라 대꾸도 하지 않았다. 나는 그 부모가 후에 즐기기 위해 비디오카메라에 녹화해 두는 것이라고 생각했다. 그러나 어느 누가 그 작은 구멍을 통해 진정으로 자연을 즐길 수 있겠는가? 사진 촬영에 대한 회상만으로 완벽한 즐거움을 얻었다고 생각할 수 있을까? 카메라로 천천히 그리고 조심히 그 경험을 녹화한다는 게 정말로 그것을 즐기는 것을 의미하는가?

나는 바다가 선사하는 그 전체의 공연을 보고 즐기고 있는 아이들에 견주어, 훗날 이 사진을 보게 될지의 여부와 상관없이, 부모들은 그 완전한 즐거움을 재창조하는 것이 불가능할 것이라고 생각한다. 그들은 진정으로 그 완전한 광경을 접하지 못했을 뿐만 아니라, 그 광경을 뇌의 영역에서 처리하지도 못했기 때문이다. 나는 아이들이야말로 진정 바다를 즐겼을 것이라고 생각한다. 왜냐하면 아이들은 실제로 바다 그 자체를 보았기 때문이다. 만약 당신이 테크놀로지로 인한 뇌의 과부하를 회복시키는 치료제로 자연을 이용하려 한다면, 그 장면에서만큼은 테크놀로지로부터 완전히 벗어나도록 해야 한다.

뇌를 기술에 영향 받기 이전 상태로 복구시켜 주는 활동에는 무엇이 있을까? 한 연구에 따르면, '아름답다'고 평가 받은 음악과 미술은 즐거움을 담당하는 뇌 영역을 활성화시키는 것으로 밝혀졌다. 반면 '흉측하다'고 평가 받은 음악과 미술의 경우에는 복구와는 관련이 없는, 전혀 다른 영역을 활성화 시키는 것으로 드러났다.[16] 음악은 음식이나 성행위와 동일한 보상 회로를 활성화시킨다는 사실도 밝혀졌으며, 잠깐 음악을 듣는 것만으로도 뇌를 초기화하는 효과를 볼 수 있다는 사실도 뇌 주사 사진에서 확인할 수 있었다.[17] 또 다른 연구들에 따르면, 간단한 운동(예를 들어 빠른 속도로 10분 간 걷기)은 뇌가 최적의 상태를 유지하도록 하고,[18] 단지 뜨거운 물로 목욕을 하는 것 또한 같은 효과를 낸다[19]는 점이 밝혀졌다. 또한 몇몇 연구들은 뇌는 젊게 행동할 때[20] 더 잘 기능하며, 크게 웃는 행동은 회복 효과를 가져온다는 사실도 밝혀냈다.[21] 아래에 뇌에서 변화를 일으킬 수 있는 몇 가지 다양한 행동들을 정리해 놓았다.[22]

    — 풍부한 사회적 관계 갖기
    — 여러 가지 언어 익히기
    — 악기 연주 배우기
    — 요가하기
    — 오메가 3 섭취하기
    — 스도쿠, 십자말풀이 등 퍼즐 풀기

마지막으로, 어린이와 청소년 그리고 초기 성인의 뇌 기능에 대한 논의를 살펴보자. 아기들은 뉴런의 겉껍질이자 신경세포 간, 신체와 뇌 조직 간 신경신호를 성공적으로 전달할 수 있도록 하는 '수초(myelin)'가 없는 상태에서 태어난다. 수초가 있는 뉴런은 수초가 없는 뉴런보다 50배 빠른 속도로 정보를 전달할 수 있다.[23] 수초의 생성은 20대 중반 내지는 후반에 도달할 때까지 완성되어가는 과정에 있으며, 그 이전까지 수초는 멀티태스킹과 함께 인과추론, 의사결정을 담당하는 전두엽 조직에서 부분적으로 결핍된 상태로 있다. 이것은 어린이, 청소년 그리고 초기 성인의 뇌가 상대적으로 방해자극에 영향받기 쉬운 상태임을 의미한다. 따라서 이는 그들에게 성인보다 더 자주 뇌를 초기화(resetting)하는 과정이 필요하다는 결론을 낳는다.

주변 환경에서 산만하게 만드는 방해물 제거하기

워싱턴대학 데이비드 레비(David Levy) 교수를 포함한 몇몇 연구자들은 사람들이 전자기기를 사용한 멀티태스킹의 자극에 지나치게 익숙해진 나머지, 그들이 자극이 적은 현실 세계에서의 삶을 적절히 다루지 못하는 '팝콘 브레인(popcorn brains)'[24] 증상을 보인다는 주장을 펴왔다. 또 다른 연구자들은 멀티태스킹을 많이 하는 사람일수록 다른 사람의 감정을 잘 알아내지 못하며, 하루에 온라인에 10시간 이상 머무는 사람은 2시간 이하로 머무는 사람에 비해 뇌 내부의 회백질이 적다는 점을 들어 지나친 멀티태스킹은 뇌에 해롭다는, 레비 교수와 같은 결론을 내린다.[25] 이러한 결론들이 주는 시사점은 우리가 얼마나 멀티태스킹을 하는지에 대해 고려해 볼 필요가 있으며, 여러 방해 자극을 제한하기 위한 어떠한 환경을 구성하는 것이 중요한가 하는 점이다.

또한 연구들은 한 가지 과제에 집중하는 것이 여러 과제를 동시에 행하는 것(실제로는 여러 과제 사이에서 집중 대상을 재빠르게 바꾸는 것에 지나지 않는다)보다 훨씬 효과적이라는 것을 꽤나 명확하게 보여준다. 그러나 업무 현장에 관심을 끄는 기술 요소가 존재하는 한, 우리는 늘 자극으로부터 방해 받기 쉬운 상태에 놓여 있다. 6장에서 밝혔듯이, 컴퓨터 프로그래머와 같이 고도의 집중력을 유지해야 하는 사람들마저도 단 몇 분 이상 집중 상태를 유지하지 못하며, 그 가장 큰 이유가 바로 '기술'이다. 연구 결과 15분의 학습 중에 페이스북을 단 한 번 흘깃 본 학생이 한 번도 보지 않은 학생에 비해 성취도가 떨어진다는 점과 컴퓨터에 더 많은 작업 창을 띄워 놓는 학생일수록 학습에 대한 집중력이 떨어진다는 점을 알 수 있었다.

업무 환경에서 방해 자극을 없애기 위한 방법에는 자신만의 '디지털 식단'[26]을 짜거나 '정보 단식'을 하는 것 또는 몇 시간이나 며칠, 심지어 몇 주간 '정보 안식일'을 갖는 것 등 다양한 방식이 존재한다.[27] 물론 모든 방법이 좋은 방법이긴 하지만, 많은 사람에게는 사실상 불가능하기도 하다. 우리는 서로 늘 연결되어 있고, 또한 연결되어 있어야 한다고 믿으며 가상공간을 창조해 왔다. 그러한 사실을 의식하고 있다면, 우리는 방해 자극에 둔감해지고 집중력을 강화하기 위한 환경을 재구성할 수 있을 것이다.

사람들은 각자 다른 방식으로 작업하고, 각자 다른 방식으로 방해 자극의 영향을 받는다. 나는 책을 읽을 때는 TV를 켜놓지 못하지만, 글을 쓸 때는 작은 볼륨으로 켜 둘 수 있다. 젊은 세대들은 테크놀로지를 사용한 멀티태스킹에 더 능하다고 주장하고 실제로 일상적으로 그렇게 하고 있긴 하지만, 모든 세대가 다른 작업과 함께하는 것을 어렵게 느끼는 특정 활동, 예를 들어 책을 읽으면서 비디오 게임을 하는 것과 같은 영역이 있다는 것을 알 수 있었다. 또한 젊은 세대는 스스로를 자주 방해하는 것에 비해, 나이든 세대는 상대적으로 덜, 그리고 제한된 범위 내에서만 그러한 경향을 보였다.[28] 이에 대한 설명으로 심리학자들이 '메타인지(metacognition)'라고 부르는, 자신의 뇌가 어떻게 작용하는가를 아는 것이 있다.

메타인지란 스스로의 정신적 과정을 인식하고 있으며, 뇌와 그것이 받아들이는 정보를 처리하는 방식을 이해하는 것으로 정의된다. 즉, 메타인지를 가진 사람이란 어떤 과제가 쉽고 어려운지, 어떤 조건 하에서는 어떤 학습 전략이 효과가 있는지를 알고 있는 사람이라는 것을 뜻한다. 예를 들자면, 자신들의 메타인지적인 과정을 이해하고 있는 컴퓨터학과 학생들은 과제를 완수하는 데에 방해가 되는 메신저 창을 꺼두기를 선택한다는 것이 밝혀졌다. 이러한 학생들은 메타인지에 대한 인식이 부족하고 메신저 창을 켜두었던 학생들보다 더 좋은 과제 수행력을 보였다.[29] 나는 학생들에게 동영상 강의를 보는 동시에 많은 문자 메시지를 받게 하는 실험을 통해, 강의가 덜 중요한 내용으로 이어질 때까지 메시지를 무시한 학생들이 내용에 대한 더 좋은 기억을 보고했다는 점을 알게 됐다.[30]

따라서, 어떤 기술이 멀티태스킹을 하게 만들고, 어느 시점에 학습을 방해하는지에 대한 결정은 전적으로 자신에게 달려 있다. 내 딸은 SNS를 확인할 때 TV를 켜두는 것은 방해가 되지 않는 반면, 시험 공부를 할 때 스마트폰을 보는 것은 매우 큰 방해가 된다는 것을 깨달았다. 하지만 소위 '생각 없이 하는' 학교 과제들을 하고 있을 때는 문자 메시지를 보다 밀다 하는 것이 큰 문제가 되지 않는다고 생각한다. 만약 자신이 방해 자극에 영향 받기 쉬운 사람이라는 것을 발견했다면, 해결의 첫 단계는 어떤 조건이, 어떤 자극이 당신을 방해하는가를 구체화하는 것이다. 그리고 나서 작업 환경에서 그 방해 자극을 제거하라.

이것은 매우 그럴듯해 보이지만, 정작 당신의 뇌는 어떨까? 물론 당신은 스마트폰과 음악, TV와 이메일, 또는 다른 자극들을 꺼버릴 수 있지만, '눈에 보이지 않는' 것이 과연 '생각나지 않는' 것일까? 예상할 수 있듯이, 그렇지 않다. 실제로 많은 기술들은 뇌에 안정적으로 자리를 잡고 당면 과제에 쓰여야 할 귀중한 주의 자원을 훔치고 있다. 이러한 '내적인' 방해 자극은 실제로 전화 받기나 문자 보내기 같은 외적인 방해 자극만큼이나 뇌를 사용하게 한다.[31]

당신 자신에게 기술 휴식을 주어라

만약 당신이 스마트폰과 컴퓨터를 자주 사용한다면 당신은 아이디스오더에 노출되어 있을 것이고, 내 생각에 당신은 어떤 시간이든 업무 공간에서 방해 자극을 제거하는 데 어려움을 겪고 있을 것이다. 특히 당신이 테크놀로지를 접하며 자라 온 어린이와 청소년 또는 초기 성인 세대에 해당한다면, 당신은 잠시 동안 스마트폰을 치워두고 삶에 대한 사색을 하는 것조차 가능하지 않을 가능성이 높다.

'마시멜로(Marshmallow) 실험'이라고 불리는, 어린이와 10대 초반 학생들을 대상으로 행해졌던 실험을 생각해 보자.[32] 이 연구에 참여한 6세부터 13세의 학생들은 종이 접기 과제를 하는 동안 눈앞에 놓인 마시멜로를 먹지 않도록, 즉 만족을 지연하도록 요구 받았다. 실험 그룹의 학생들은 아무런 제한 없이 마시멜로를 먹고 과제를 시작할 수 있었던 대조 그룹보다 더 적은 수의 과제밖에 해낼 수 없었다. 다이어트 중에 가까이 둔 간식을 무시하도록 요구 받은 사람들을 대상으로 한 실험에서도 이러한 결과가 성인에게 동일하게 나타난다는 점이 보고됐으며,[33] 숫자를 세는 과제와 재미있는 영상으로 설계된 실험에서도 같은 결과가 도출됐다. 만족의 유혹을 받은 그룹은 그들이 원하는 것을 놓치고 있다는 생각에 방해를 받은 탓에 더 많은 계산 실수를 하게 된 것이다.[34]

만약 당신이 이처럼 눈에 보이지 않더라도 생각을 끊어낼 수 없는 사람이라면, SNS를 비롯한 많은 방해 자극에 대한 생각에 의미 없이 뇌를 사용하지 않기 위해 '테크놀로지 사용 휴식'을 갖는 것을 고려해 볼 수 있다. 테크놀로지 사용 휴식은 나른한 오후 에너지를 충전하기 위해 약간의 카페인이 필요하다고 느낄 때 갖는 티타임과 유사하다고 볼 수 있다. 하지만 그러기 위해서는 모든 테크놀로지에 따른 방해 자극을 치워두고 과제에만 집중하는 시간을 스스로 설정해야 한다. 계획한 시간이 지나면 알람이 울리도록 타이머를 설정하고, 그 동안에는 모든 것을 치워두고 과제에만 집중해야 한다. 타이머가 울릴 때까지 과제에 집중했다면, 그때 일종의 휴식으로서 테크놀로지 사용 휴식을 가지는 것이다. 나는 이 과정을 교사들이 수업 중에, 부모들이 저녁 식사 중에 실험해 보도록 추천했다. 15분의 과제 집중 시간 후 1분의 테크놀로지 사용 휴식을 갖는 것으로 시작해 보라.³⁵ 내가 한 학교를 방문해서 테크놀로지 사용 시간에 대한 강연을 한 이후, 한 교사가 나에게 이메일을 보냈다.

세 명의 프랑스어 학생들과 나는 지난 수요일 대단한 경험을 했다. 90분의 수업 시간은 부드럽고 빠르게 흘러갔다. 우리는 두 번의 테크놀로지 사용 휴식을 가졌고 학생들은 다시 할 일에 집중할 수 있었다. 이튿날 이 이야기를 들은 다른 학생들이 자신들도 1분간 핸드폰을 사용할 수 있을지 물었고, 나는 허락했다. 나는 학생들에게 당신의 연구 결과에 대해 설명해 주고 절차와 규칙을 전달했다. 그들은 15분간 과제에만 집중했을 경우 1분의 휴식을 얻을 수 있었고, 집중하지 못했을 경우 휴식을 가질 수 없었다. 15분에 한 번씩 자신들의 페이스북 페이지를 확인하기 위해 그들은 최선을 다해 집중 상태를 유지했다.

당신에게 테크놀로지 사용 휴식이 필요한지 어떻게 알 수 있을까? 당신이 한 과제에 얼마나 오래 집중할 수 있는지를 체크하고, 어떤 자극이 당신의 관심을 더 강하게 끄는지를 알아내면 된다. 스마트폰과 노트북 혹은 데스크탑 컴퓨터, TV, 음악 등 명백한 방해 자극들을 염두에 두고 과제에 집중해야 할 때 콧노래를 흥얼거리거나 무심코 이메일을 확인하지는 않는지 살펴라. 만약 방해가 되는 행동이 있다면, 그것을 끄고, 눈에서 보이지 않도록 치워둔 다음, 대신 스스로에게 15분에 한 번씩 테크놀로지 사용 휴식을 주어라. 당신이 나이가 들었다면 소리 또는 불빛 알람에 더 큰 방해를 받을 수 있으며,[36] 당신이 어리다면 전두엽에 수초가 완전히 갖추어지지 않았기에 방해로부터 더 큰 위험에 처해 있다는 것 또한 알아 두기 바란다.

인상 관리 2.0

누군가를 만날 때 우리는 옷을 입는 방식, 행동하는 방식, 손짓발짓의 언어 행위, 단어의 사용, 목소리의 억양과 다른 여러 가지 신호들을 통해 인상을 형성한다. 온라인에서의 소통은 단어와 그림에 한정되어 있는데, 이는 사람들이 면대면 만남에서 놓친 단서들을 채워 넣을 수 있도록 도움이 필요하다는 것을 뜻한다.

1959년 캘리포니아대학과 펜실베이니아대학의 저명한 사회학 교수인 어빙 고프만(Erving Goffman)은 이러한 과정을 설명하는 방법으로 인상 관리라는 용어를 만들었다.[37] 자신의 유명한 저서인 『일상생활에서의 자아표현(The Presentation of Self in Everyday Life)』에서 고프만은 사람들이 정보의 흐름을 총괄하면서 다른 사람들이 그들로부터 받은 인상을 어떻게 통제하고 이끄는지에 대해 말했다. 무대 공연처럼 타인이 봐주길 바라는 자신의 모습이 나타나는 앞 무대가 있다. 이것은 '의무적 자아(ought self)'라고 명명되는데, 여기엔 타인이 그 사람에게 행동하도록 기대하는 것을 그 사람이 어떻게 느끼는지가 반영된다. 그리고 그들의 '진실된 자아(true self)'를 보여줄 수 있는 뒷무대가 있다. 고프만에게 인상을 관리하는 것은 '연출된' 연기 작업이다.

우리가 직접적으로 보지 못한 사람들과 자주 소통한다고 가정해 보면, 글이나 다른 온라인 활동을 통해 다른 사람들이 당신에 대해 얻는 인상을 관리하는 것이 중요하다. 예를 들어, 2장에서 나르시시즘에 대해 이야기했고, 당신의 글쓰기 스타일(특히 'I'와 'me'와 같은 인칭대명사의 사용)뿐만 아니라 SNS상에서 선택된 사진들(대부분이 개인적인 사진)은 사람들에게 자신만 생각한다는 인상을 줄 수 있다. 반면 이를 다른 사람들의 감정을 이해하고 공유하며 가상적인 공감을 형성하는 것과 비교해 보라. 당신은 어떤 모습을 앞무대에 올리고 싶은가?

독일 두이스부르크-에센대학의 니콜레 크라머(Nicole Kramer)와 스테판 윈터(Stephan Winter)는 SNS가 온라인 인격을 형성하는 것을 돕는다는 사실을 발견했다. 크라머와 윈터는 당신이 온라인 친구를 더 많이 사귈수록, 당신의 프로필이 더 자세할수록(특히 더 재미있게 세밀할수록), 당신의 재미있는 면을 보여줄 수 있는 개인 사진들(당신이 어떤 이벤트나 파티에 있거나 다른 사람들과 함께하는 사진들)이 많을수록 자신에 대해 더 만족한다는 것(심리학 용어로 자기효능감이라고 불린다)을 발견했다.

당신이 타인의 인상을 관리하는 것만큼이나 중요한 것은 이들로부터 당신이 돌려받는 온-오프라인에서의 당신의 사회적 자본이다. 사회적 상호작용을 통해 얻어지는 자원인 사회적 자본은 온라인과 오프라인 모두에서 얻어질 수 있다. 하지만 우리가 온라인에서 보낸 시간들 덕분에 당신의 실제 세계에서 가능한 사회적 자본이 최대화될 수 있는 것이다. 건강한 사람들은 사회적 자본을 오래되거나 새로운 친구들이나 현실의 친구들 그리고 가족들을 통해 얻을 필요가 있다. SNS는 '친구 추가'를 통한 단순한 방법을 제공한다. 텍사스대학의 한 연구에 따르면, 약 2500명의 페이스북 사용자들을 조사한 결과 SNS의 사용이 사회적 자본과 실제로 연관이 있다는 것을 밝혔다.[38] 매사추세츠대학 기술 연구소에서 행한 연구 결과에 따르면, 이러한 형태의 사회적 자본은 강한 유대라기보다는 약한 유대로 구성되어 있다. 약한 유대 관계가 소셜네트워크를 유지하는 것이 쉽기 때문이다.[39] 추가적인 연구로 SNS가 오프라인 관계를 유지하고 강화시킬 수 있으며, 사회적 자본과 강하게 연관되어 있다는 것이 밝혀졌다.[40]

자신의 사회적 자본을 최대화하기 위해, 당신은 무분별하게 어떤 사람들을 자신의 SNS에 초대하고 가능한 한 많은 친구들을 끌어 모을 수 있는가? 당신은 가능한 한 많은 친구들과 대화를 시도하려 하는가?

첫 번째 질문에 대해서는 '던바의 수(Dunbar's number)'[41]에 기초해, 대부분이 '아니다'라고 대답 할 것이다. 던바의 수는 인간과 영장류의 두뇌의 신피질의 사이즈에 기초해, 사람은 온-오프라인 상에서 오직 100~200명 사이의 안정적인 관계만 유지할 수 있다고 주장한다.[42] 두 번째 질문에 대해서는 온라인 상호작용과 주관적인 웰빙과의 직접적인 관계에 관한 다양한 연구가 답을 주고 있다.[43] 그래서 핵심은 사회적 자본을 키우기 위해 당신의 SNS를 사용하는 것이다. 하지만 온라인 의사소통은 오프라인이나 실제 세계의 의사소통만큼의 강한 유대는 형성할 수 없다는 것을 인지해야 한다. 당신은 약한 유대와 강한 유대 모두를 포함하는 사회적 자본이 필요하다. 그들은 다른 기능을 제공하고, 이것은 당신의 감정적, 정신적 건강을 유지하는 데 도움이 될 것이다.

상황에 주의 기울이기

의사소통의 2차원 모델을 논할 때, 의사소통의 가장 주요한 요소는 누군가가 당신의 메시지를 받았을 때, 그 사람의 상황과 정신적, 육체적, 지리적, 감정적 상태 등을 이해하는 것이다. 비록 당신은 디지털 세계에 있는 다른 사람을 볼 수는 없지만, 그 역시 살과 피로 만들어진 감정이 있는 인간이라는 것을 기억하라. 어떤 메시지를 쓰고, 그것을 전송하기까지 5분간의 '이메일 기다림 시간(e-waiting period)'을 가져라. 5분은 당신의 메시지를 다시 생각하기에 충분한 시간이고, 메시지가 잠재적으로 덜 해로운 방법으로 순화되거나 변화될 필요가 있는지 결정하라. 만약 당신이 메시지를 보내야 할지 말아야 할지를 결정하는 능력이 없다고 생각되면, 당신은 '구글 고글스(Google Goggles)'를 이용해 볼 수 있는데, 이 도구는 당신이 어떤 메시지를 전송하기 전에 수학 문제를 풀도록 요구한다. 이것은 음주 측정 테스트에서 아이디어를 얻은 것인데, 이것은 메시지의 내용을 다시 생각해 보고 당신의 뇌를 복구할 시간을 주고 메시지를 새로운 관점으로 볼 수 있도록 뇌의 휴식을 제공하는 것이다.

당신의 진정한 사회적 자본은 당신의 소셜네트워크가 아니라 물리적인 세계에서 당신이 아는 사람으로부터 생겨난다. 당신이 실제로 친구와 대면하고 있을 때 당신은 디지털 세계와의 소통으로 인해 방해받을 수 있는데, 거슬리는 이메일 연결성을 다스릴 수 있는 규칙을 만들어야 한다. 당신은 스마트폰을 든 사람들이 레스토랑 테이블에서 누군가가 보낸 메시지, 전화, 심지어는 SNS에 포스팅된 것에까지 반응하면서 방해받고 있는 경우를 많이 볼 수 있다. 만약 이러한 사항이 중요하다면, 당신이 이러한 방해 요소들에 반응하면 안 된다는 것이 아니다. 다만 당신은 '중요한' 메시지에 대해 사전에 정의할 필요가 있고, 혼자 자리를 떠나서 확인한 후에는 다시 일행과 함께해야 한다. 어빙 고프만의 용어에 따르면, 당신이 누군가와 물리적으로 함께 있을 때조차 또한 디지털과 연결되어 있으며, 이때 당신은 두 개의 앞무대에 직면한다. 그러면 당신은 '관계가 먼 청취자(remote audience)'를 이해하기보다 '가까이 있는 청취자(local audience)'인 당신의 저녁식사 파트너를 살피는 것이 더 중요하다.[44]

뇌를 복귀시키기 위한 잠들기

기기와 미디어는 매우 유혹적이라서 잠들기 직전까지도 상호작용적인 기기를 손에서 놓을 수 없다면, 당신의 잠까지 빼앗아 갈 수 있다. 국립수면재단(National Sleep Foundation)이 행한 최근 연구[45] 는 잠에 대한 기기의 부정적인 영향에 대해 매우 놀라운 결과를 밝혀냈다. 다음은 몇 가지 결과를 예시한 것이다.

— 전문가들은 10대들에게 9시간의 수면 시간을 권장하지만, 평균 10대들의 수면 시간은 7시간 반이 채 되지 않는다.

— 전문가들은 성인들에게 8시간의 수면 시간을 권장하지만, 젊은 성인들(19-29세)의 77%는 수면 시간이 7시간이 되지 않는다.

— 눈을 감기 직전에 95%의 사람들은 일주일에 며칠 밤은 어떤 종류의 전자기기를 이용한다. 나이가 많은 사람들은 TV를 보는 경향이 있고, 젊은 사람들은 컴퓨터를 하거나 비디오 게임을 한다.

— 잠들기 전 한 시간 내에 61%의 사람은 컴퓨터를 사용한다(36%는 침실에서). 10대의 77%, 젊은 성인의 73%가 그러하다.

— 잠들기 전 한 시간 내에 38%의 사람들은 SNS를 이용한다. 10대의 70%, 젊은 성인의 63%가 그러하다.

— 39%의 사람들은 잠을 자거나 잠을 청할 때 자신의 핸드폰을 머리 맡에 둔다. 10대의 56%와 젊은 성인의 67%가 그러하다. 22%의 사람들은 자는 동안 핸드폰이 울리도록 해놓는데, 그래서 10~20명 중 1명은 자는 동안 전화나 문자로 인해 일주일에 몇 번씩 잠에서 깬다.

— 잠들기 전 한 시간 내에 반 이상의 10대들이 문자를 보낸다. 반면에 반이 약간 안 되는 젊은 성인들은 짧은 문자를 보낸다.

정리하자면, 잠은 절대적으로 필요한 것임에도 불구하고 대부분의 10대와 성인들이 충분한 수면을 취하지 못하고 있다. 뇌는 중요한 기억이나 정보를 강화하고, 중요하지 않다고 간주되는 것들을 잘라낼 시간이 필요하다. 잠자기 전에 기기를 사용하는 문제 때문에 수면량은 점점 더 요구되고 있으며, 이는 아이디스오더를 유발할 수 있다. 하버드의과대학의 찰스 체이슬러(Charles Czeisler) 박사에 의하면, 저녁 어스름과 밤에 잠드는 시간 사이에 인공적인 빛에 노출되는 것은 멜라토닌이라는 호르몬을 촉진하면서 잠의 발산을 억제하고, 민감성과 예민성을 강화시켜 생물학적 리듬을 깨트리는데, 이것이 잠드는 것을 더욱 어렵게 만든다고 한다. 이 연구는 잠들기 전 중요한 시간에 불빛을 내는 스크린이 매우 많이 사용되고 있다는 것을 밝혔다.[46]

이렇게 변화된 기술이 침실로 들어오는 것이 평소 필요량보다 수면량이 적다고 밝힌 응답자들의 수면 부족 원인 중 높은 비율을 차지했다. 최근의 연구에 따르면 컴퓨터, 인터넷, 휴대폰은 TV나 음악과 같은 수동적인 기술보다 더 주의를 기울이는 능동적인 기술이다.[47] 다음은 국립수면재단이 제시한 훌륭한 조언이다.[48]

— 당신이 아침에 일어날 시간을 계획했다면 권장되는 시간만큼 잠을 잘 수 있도록 매일 밤 잠드는 시간을 정하도록 하라.

— 해가 진 이후로는 밝은 빛을 피하도록 하라.

— 규칙적으로 운동하되 늦은 밤이나 저녁은 피하도록 하라.

— 잠들기 전에 편안하게 휴식을 취하도록 하라.

— 잠들려고 계획한 시간 이전에는 가능한 한 카페인 음료나 술을 피하고 음식을 많이 먹지 말도록 하라.

— 취침 공간에 주의를 방해할 수 있는 것을 치우도록 하라(TV는 수동적인 활동이라서 예외).

— 침실의 조명을 어둡게 유지하고 잠들기 전에는 TV나 음악 등의 수동적 기술만 사용하라.

명상과 긍정적인 심리

심리학에서 상대적으로 새로운 분야는 아이디스오더를 피하거나 제거하는 두 가지 제안을 제시한다. 명상은 불교 철학에서 유래됐고, 많은 연구 결과들은 명상을 위한 간단한 기술들이 스트레스가 없는 상태를 유지하는 데 효과가 있으며 유용하다는 것을 보여준다. 예를 들어, 한 연구에서는 삶에서 풍요를 누리는 사람들이 모든 부정적인 사건들에 대해 세 가지의 긍정적인 감정 사건을 가지고 있다는 사실을 발견해 냈다.[49] 또 다른 연구에서는 사람이 스트레스를 받았을 때 우측 전두엽 피질에서의 활동이 증진됐지만, 기분이 좋을 경우에는 좌측 전두엽 피질의 활동이 증진되는 것을 발견했다. 특정한 행동들은 이렇게 좌측 전두엽이 유리하게 작용하게 하며, 이는 아무것도 하지 않는 것, 샤워를 길게 하는 것, 개와 함께 산책하거나 명상하는 등의 행위를 포함한다.[50] 잰 코젠 베이(Jan Chozen Bay)의 저서 『명상 속에서 거친 코끼리와 모험 다루기(How to Train a Wild Elephant & Other Adventures in Mindfulness)』나, 잰 카배트-진(Jan Kabat-Zinn)의 『명상에 기초한 스트레스 줄이기(Mindfulness-Based Stress Reduction)』등 명상에 관한 훌륭한 책들 가운데 한 권을 읽어 보거나, 다음의 간단한 작업들을 시도해 보아라.

— 당신이 일상생활을 하는 동안 때때로 그 순간에 당신이 감사해 하는 것을 의식적으로 확인해 보아라. 그것은 다른 사람이 될 수도, 당신 자신이 될 수도, 당신 주변에 존재하는 어떤 것이 될 수도 있다.
— 당신의 감각들이 인지하는 모든 것들에 대해 주의를 집중하거나, 어떤 것들이 당신의 스트레스를 줄여주는지 배우는 행위를 통해 본성

과 본질을 깨우쳐라.

— 당신의 삶에서 좋았던 시절에 대한 감상에 잠겨라.[51]

— 명상하는 법을 배워라(전문가들은 샤하야(Sahaja) 요가라고도 불리는 정신 침묵 명상을 추천한다). 그것은 당신의 뇌를 더 향상시키고,[52] '나' 라는 단어를 그렇게 많이 쓰지 않아도 당신을 더 많이 웃게 한다.[53]

전통적 신리학은 어떻게 심리기 긱동하는지, 어떤 것이 심리와 어긋나는지 그리고 그것을 어떻게 고칠 수 있을지를 중요하게 다루고 있다. 그러나 긍정 심리학(Positive Psychology)으로 알려진 새로운 영역의 심리학은 기존의 심리학과 다르게 어떻게 마음을 올바르게 작동하게 할 수 있는지, 그리고 어떻게 그 경로를 유지할 수 있는지에 초점을 맞춘다. 펜실베이니아대학의 긍정 심리학 센터의 소장이자 새로운 심리학 분야의 선구자인 마틴 셀리그만(Martin Seligman) 박사는, "긍정 심리학에는 세 가지 중심적인 주요 관심사가 있다. 바로 긍정적인 경험, 긍정적인 개인의 특성, 긍정적인 제도가 그것이다. 우리가 이러한 제도에 대해 많은 것을 알 수는 없지만, 우리 센터는 삶의 경험을 긍정적이며, 부정적인 것에 대항하는 쪽으로 바꾸고 싶은 교사와 가족들을 위한 교육 프로그램과 자원을 제공하고 있다."고 말한다.[54] 긍정 심리학은 극단적인 낙천주의자가 되거나 상밋빛 인생처럼 인생의 낙관적인 전망에 대한 것이 아니다. 이것은 당신의 주요 관심사를 매사의 문제에서 매일의 성공으로 옮기는 것을 의미한다.

새로운 시대의 부모 되기

『나, 마이스페이스와 내 자신: Net세대의 부모 되기(Me, MySpace, And I: Parenting the Net Generation)』라는 책에서 나는 '디지털 이민자'인 부모가 '디지털 원주민'인 자녀들을 교육할 수 있는 모델을 연구했다. 그 모델은 '토크(TALK)'라고 불리며, 'Trust-Assess-Learn-"K" ommunicate'를 의미한다. 나도 'communicate'가 'C'로 시작하는 것은 알지만, 'TALC'는 애기들이나 탤컴파우더 (Talcum powder)[55]를 떠올리게 하는 줄임말이라 피했다.

여기서 가장 중요한 것은 믿음이고, 이것은 오로지 커뮤니케이션만을 통해서만 생성될 수 있다. 여기 내가 제안한 권고안이 있다. 당신이 아이에게 재미를 위해 스마트폰이나 태블릿 PC를 주거나 혹은 컴퓨터나 TV 앞에 앉히자마자, 당신은 가정과 세상에서 기술이 가지는 역할에 대한 토론을 매주 가져야 한다. 토론은 기본적이고 간단하다. 토론은 15분간 이뤄지며, 그를 넘지 않아야 한다. 또한 키가 큰 사람이 작은 사람보다 권력이 더 크다고 인지될 수 있기 때문에, 동등한 권력 구조를 위해 모두가 바닥에 앉은 채로 시작한다.

생산적 대화에 적합한 언어를 사용해서, 당신의 자녀에게 '내 핸드폰을 가지고 놀 때 어땠니?', '무엇이 재미있었니?'와 같은 기술에 대한 질문을 한 뒤, 당신의 자녀들이 대답하게 해보아라. 자녀들이 자라면서 질문은 주제에 더욱 집중되어야 한다. 예를 들어, '사이버 따돌림에 대한 이야기를 들었다. 혹시 너나 너의 친구가 사이버 따돌림을 당한 적이 있니? 무슨 일이 일어났니? 기분은 어땠어?'와 같은 질문을 해야 한다. 그러고 나서는 얼굴에 미소를 지은 채로, 제자리로 돌아온 뒤(믿음은 평가적이지 않은 의사소통에 의해서 더욱 잘 생성된다), 그들이 대답하게 그냥 두어라. 규칙은 부모가 1분간 말하면, 아이들이 말하는 것을 5분 동안 들어야 하는 것이다.

믿음을 증진시키는 두 번째 방법은 가족과의 식사이다. 한 연구에 따르면, 한 주에 적어도 세 번이나 네 번 가족 식사를 가지는 것은 아이들, 10대들과 가족들에게 육체적, 정신적 두 측면에 모두 도움이 된다는 것이 입증됐다.[56] 가족 식사를 위한 시간을 설정하고(만약 그들이 참석하지 않을 경우 아마 약간의 페널티가 있을 것이라고 말하며), 모든 가족 구성원들이 참석해야 한다고 주장해라. 가족들이 이 시간을 TV나 이메일, 문자 대신 토론으로 사용한다는 것을 확실히 하기 위해, 상위에서 기술 제동을 만들어라. 모두 핸드폰의 전원을 끄고, 모든 기술들로부터 멀어지는 것이다. 그 후 15분 동안 말한 뒤, 모든 사람이 1분간 기술 제동을 갖는다. 그러고 나서 다시 토론과 가족 시간으로 돌아가는 것이다.

저녁 식사 때의 토론은 가족 만남과 유사하지만, 이번에는 부모들이 더 많이 말을 한다. 그러나 여전히 아이들이 이야기하고 부모들은 듣는 쪽으로 균형을 기울여야 한다. 이 시간은 부모들이 평가적이지 않은 부모가 되기 위함과 동시에, '최근에 어떤 새로운 사이트에 접속한 적이 있니?'나 '이러이러한 것들을 하기 위해 어떻게 해야 하는지 저녁 식사 후에 나에게 보여줄 수 있겠니?'와 같은 질문을 함으로써 자녀들이 어떤 기술들을 사용하고 있는지 부모들이 가늠할 수 있는 시간이다. 이상 이 두 가지 활동은 TALK의 'A'와 'L'을 구성한다.

내가 제안하고자 하는 것은, 가족 만남과 가족 식사를 이용해 문제들이 일어나기 전에 예측하고 상황을 주도하는 권위적인 부모가 되는 것이다. 권위적인 측면은 아이들의 기술과 관련된 행동에 제한을 두는 것을 포함하지만, 여전히 부모들은 자녀들을 평가하지 않는 자세와 따뜻한 태도로 자녀들과 협의하면서 이러한 것들을 진행해야 한다. 다시 말하자면, 가족 만남과 가족 식사 두 가지 모두에 적용되는 부분이다.

만약 당신의 자녀들이 이미 기술과 관련된 문제를 가지고 있음을 안다면, 어떻게 할 것인가? 부모들이 반응적인 훈육을 시작하게 되면, 자녀들에게서 일주일 동안 비디오 게임기 '위(Wii)'의 콘솔을 뺏어둔다던가 핸드폰을 빼앗고 한 달 동안 돌려주지 않는 등의 과도한 페널티를 설정하는 경향을 보인다. 이것은 규칙을 처음 위반한 것치고는 너무 가혹한 처사이다. 당신은 첫 번째 페널티로서 '덜 제한적인 대안' 규칙을 고수해야만 하며, 그 다음에는 이를 글로 쓰고 페널티가 어떻게 강화될지에 대한 행동 관련 계약을 분명히 제시해야 한다. 따라서 만약 저녁식사를 하라고 자녀를 불렀는데, 비디오 게임에 빠져 그것을 멈추지 못해 화가 난다면, 우선 그 게임에 대한 첫 번째 제한을 그 날의 남은 시간 동안에만 부과해라. 그런 뒤 다음번에는 24시간, 그 다음에는(혹시 있을 경우) 48시간, 그 다음에는 계속 두 배씩 페널티를 부과할 것이라는 계약을 세워라. 대부분의 경우 초반의 몇 안 되는 단계로 충분할 것이며, 특히 계약이 평가적이지 않은 태도에서 만들어지고, 토론과 페널티에 대해 아이들이 참여했을 경우에는 더욱 효과적일 것이다.

생각을 마무리하며

이 책의 각 장을 읽으면서, 바라건대 우리 중 대다수가 기술과 미디어를 사용해 다양한 심리학적 장애와 일치하는 증상들을 만들어 내거나, 이미 존재하는 장애의 증후를 악화시키는 방식으로 이용하고 있음을 깨달았으면 좋겠다. 나는 기술들이 본질적으로 나쁘다고 생각하지 않기 때문에 이 주제에 대해 중립적 태도로 접근하려고 노력했다. 나는 서로 다른 다양한 기술 제품을 가지고 있으며, 항상 무언가 배운다는 것을 즐긴다. 나를 걱정시키는 것은 그 기술들을 우리가 어떻게 사용할 것인가 또는 그것들이 우리가 감정적으로 잘 지내는 것에 대해 어떤 방식으로 나쁜 영향을 미칠 수 있는가이다.

각각의 단원마다 나는 왜 심리학자들이 당신이 아이디스오더에 잠재적으로 직면하고 있다고 믿는지, 어떻게 정신건강 전문가가 당신의 건강을 유지하는 법을 제시하는지에 대해 합리적으로 풀어냈다. 내가 제시한 전략은 시행하기 어렵지도 않을뿐더러, 복잡하고 난해한 것이 아니다. 대부분 간단하며, 당신의 아이디스오더의 징후와 증상을 유발하는 것들에 대해 주로 관심을 둔다. 기술 제동이나 전자적인 기다림(e-waiting period)과 같은 것들은 단순히 당신이 기술과 함께 있는 시간을 확인하거나 메시지를 보내고 올리는 것을 기다리는 등의 시간적 제약을 설정할 것을 요구한다. 대부분 동등하게 직관적이고 적은 노력을 요구하는 것이다.

이제는 당신이 아이디스오더를 피할 시간이다. 관심을 갖는 것이 그 싸움의 반이라고 할 수 있다. 당신이 스크린 뒤에서 어떤 식으로 반응하는지 관찰하라. 당신이 사용하는 단어, 올리는 사진, 사람들과 가지는 상호작용에 관심을 집중하라. 만약 당신이 방문하는 사이트들이나 당신이 사용하는 기술들이 아이디스오더의 증상을 유발할 수 있지는 않은지 관심을 집중해야 한다. 또 공공장소에서 당신이 다른 사람들과 어떻게 상호작용하는지 인지해야 한다. 당신은 식당에서 핸드폰을 책상 위에 올려놓는가? 다른 사람과 함께 있을 때 당신은 전화를 받거나 문자에 응답하는가? 어딘가에 있을 사람들보다 바로 당신 앞에 있는 사람과 얼마만큼의 시간을 소비하고 있는지 생각해 보아라. 이것들은 모든 경이로운 기술적 발명품들에 둘러싸인 당신의 행동을 관찰하거나 인지하는 것들에 관한 것이다.

과학기술의 발전은 언제나 '양날의 검'으로 인식되어 왔다. 인류 문명의 발전과 궤적을 같이해 온 과학기술은 국가사회의 발전뿐 아니라 개인의 삶에도 엄청난 변화를 가져 왔다. 하지만 편리함만큼이나 그 부작용 또한 여러 형태로 쌓여 온 것이 사실이다. 이러한 사회적 문제들 가운데 최근 대표적인 이슈로 부상한 것이 바로 이 책의 저자가 강조하는 '아이디스오더(iDisorder)'이다.

아이디스오더는 전자기기에 대한 과도한 강박이나 집착에서 생기는 비정상적인 행동이나 반응 등을 총체적으로 일컫는 말이다. 예컨대 집을 나설 때 깜빡 잊고 스마트폰을 챙겨오지 않았을 때 하루 종일 일이 손에 잡히지 않는 불안감, 가만히 있지 못하고 계속 스마트폰을 들여다보고 싶어 하는 초조함, 빈 주머니에서 휴대폰 진동이 울리는 것 같은 착각 등, 우리가 일상에서 흔히 겪는 모든 현상을 가리킨다.

실제로 이와 같은 강박에서 자유로울 수 있는 사람이 얼마나 될까? 어쩌면 '아이디스오더'라고 일컫는 것 자체가 좀 과장된 표현일지도 모르지만, 첨단기술, 특히 인터넷 이용 인구가 83.6%에 달하며, 만 6세 이상 인구의 78%가 스마트폰을 사용하는 우리나라에서 전자기기의 사용으로 인해 유발되거나 악화되는 심리적 장애들을 단지 '스마트 시대의 특징' 정도로 인식하는 것은 지극히 제한적인 판단이다.

사람은 인정받고자 하는 본능적 욕구를 가지고 있고, 이를 충족시키기 위해 여러 가지 행동을 한다. 허풍을 늘어놓거나 거짓말을 하고, 무리해서 사치품을 산다. 이것은 합리적이지도 효율적이지도 않지만 우리의 일상생활을 지배한다. 어쩌면 인간이 예의범절을 지키는 것, 시비를 따지는 것, 심지어 고독함을 느끼는 것조차 인정받고자 하는 욕구에서 비롯되었다고 생각해 볼 수 있다.

그런데 이러한 인정 욕구가 현시대 과학기술의 대중화된 집약체인 스마트기기와 결합되면 어떻게 될까? 인정 욕구는 기본적으로 익명성을 바탕으로 하는 비대면(非對面)의 유비쿼터스 온라인 공간에서는 상당 부분 비틀어져 나타날 수 있다.

커뮤니케이션 수단으로서 스마트폰을 이용하는 것에서 더 나아가, 우리는 식사나 영화 감상 도중에도 무시로 스마트폰을 확인한다. 심지어 운전 중에 목숨을 내걸고 스마트폰을 확인하는 경우도 비일비재하다. 이렇게 우리는 '스마트폰 들여다보기'라는 일종의 중독에 빠져 있으며, 이제 그것은 강박적인 일상이 되고 말았다.

우리는 이미 스마트폰으로 SNS 등에 자신이 게재한 정보나 전송한 메시지의 피드백을 즉각 확인하지 않으면 불안해서 견딜 수가 없는 상황으로 빠져들고 있다. 그리고 이 와중에 인정 욕구는 친구나 팔로워로 명명되는 수많은 다른 이용자를 손쉽게 확보할 수 있는 온라인 공간 속에서 자신을 왜곡하고 과장해 표현하도록 만든다. 셀프 카메라로 촬영한 사진은 쉽게 편집되고 몇몇 메시지는 실제 자신보다 더 멋지고 부유하고 매력적인 사람으로 묘사한다. 그러나 이러한 허위의식이나 인정 욕구는 응석과 같아서 취약한 욕구 불만을 나타내는 증상에 불과하다. 그리고 정작 인간은 취약하면 취약할수록 그 모습을 보호하기 위해 더더욱 강박적으로 사고한다.

소위 편집과 보정이 심하게 들어간 사진과 거짓이 섞인 게시물은 많은 친구들 앞에서 자신을 현실보다 매혹적이고 흡입력이 있는 사람으로 보이게 만들지만, 현실과의 격차에서 오는 불안은 이 거짓된 상황을 들키지 않고 유지시키기 위해 더더욱 스마트 기기에 매달리게 할 뿐이다.

특히 우리 사회는 유행에 민감하며 겉으로 드러나는 것을 중시하는 경향이 있다. 이러한 상황에서 자기만족이란 '인정 받음', '비교우위'에서 나온다고 믿는 경향이 커질 수밖에 없다. 하지만 경제적 상황이나 여건이 누구에게나 풍족하지 않은 현실에서, 또한 허세나 비교우위의 욕구를 마음껏 발산할 수 있는 스마트기기가 너무나도 쉽게 보급되고 있는 현실에서 아이디스오더의 병폐는 더더욱 주의해야 할 것이다.

현대 사회의 복잡한 문제와 이슈도 사람과 사람 사이에서 발생한다. 이를 풀기 위해 다양한 방법론이 등장하지만, 결국에는 마음과 마음이 닿는 사람 간의 소통에 그 본질적인 해법이 있다. SNS를 비롯한 온라인 기반 소통이 일반화되면서 대화를 통한 소통은 점점 줄어들고, 문자 소통, 단문 소통이 일반화되면서 인간 관계의 디스오더, 소통의 디스오더가 확산되고 있다. 여기에 '아이디스오더'는 스스로 직시하지 못했던 자화상을 바로 보게 만든다.

아이디스오더로 명명된 사회적 부작용에 대한 논의는 이제 활발해져야 하며, 근본적으로 우리 사회의 몰개성화된 허위의식의 연장선에서 진단되고 논의돼야 할 것이다.

이 책을 우리말로 옮기는 과정에서 여러 학부생과 대학원생들이 토론에 참여하고 윤독하였다. 조항민 박사, 대학원 과정 중의 고두희,

최현주, 권영성, 이수연, 탁은아 등이 함께하였다. 무엇보다도 아이디 스오더에 관심을 갖도록 지적인 충동을 주신 김규 교수님, 전환성 교수님께 깊은 감사를 드린다. 이 두 분은 아이디스오더 문제를 위험 커뮤니케이션의 관점에서 탐구할 수 있는 지적인 자극을 주셨으며, 디지털 위험의 한 분야로 주제화시켜야 할 배경을 자세히 설명해 주셨다. 이 자리를 빌려 다시 감사드린다. 이러한 연구를 뒷받침해 준 한국연구재단에도 심심한 감사의 말씀을 드린다.

2015년 4월,
옮긴이

주

찾아보기

|1장|

1) 옮긴이 주 : 마이스페이스(My Space)는 1억 명이 넘는 사용자를 가지고 있던 세계 최대의 소셜네트워크 서비스였다. 한때 미국에서 가장 인기가 높았지만 가짜 사용 자 계정(Fake Account)에 대한 효과적인 통제가 이루어 지지 못하면서 서비스에 대한 품질 저하로 새로 등장한 페이스북에게 그 자리를 빼앗겼다.

2) 옮긴이 주 : 기술과 함께 숨쉬는 8~13세의 아이들을 지칭하는 개념이다. 『더 타임 스』가 2004년 영국의 18~30세 젊은이 1,004명의 의식 구조와 생활 방식을 설문 조 사해 발표했는데, 여기서 애플사의 휴대용 디지털 음악기기 아이팟(iPod)을 즐길 줄 아는 디지털 세대를 아이제너레이션(iGeneration)이라고 규정했다.

3) 옮긴이 주: 'Mobile Out-of-Office worker'를 줄인 말로 블랙베리나 랩탑 등을 이용 해 사무실 밖에서도 일을 할 수 있는 사람들을 가리킨다.

4) 옮긴이 주 : 소셜미디어 프로들이 콘텐츠에 타이틀을 붙이기 위해 심사숙고하는 과 정을 링크 낚시에 빗대어 표현한 것이다. 이를 효과적으로 만드는 몇몇 테크닉들이 여러 형태로 나타나고 있다.

5) 옮긴이 주 : 영국의 권위 있는 『체임버스 사전』이 2014년 올해의 단어로 선정한 단어다. 소셜미디어에서 '공유'를 뜻하는 'share'라는 단어와 '지나치다'라는 뜻의 'over'를 결합한 신조어로, 자신의 개인 정보를 너무 많이 공개한다는 의미이다. 최 근 자기 정보를 지나치게 많이 남과 나누려 하는 현상을 반영한다.

6) 옮긴이 주 : 지난 7년간 옥스퍼드 선정 올해의 단어는 다음과 같다.

2014년 : Vape(전자담배를 피우다)

2013년 : selfie(자신의 모습을 직접 찍은 사진, 셀카)

2012년 : omnishambles(총체적 난맥상)

2011년 : squeezed middle(쥐어 짜인 중산층)

2010년 : refudiate(사라 페일린Sarah Palin이 트위터에서 사용한 표현으로, refute(반박하다)와 repudiate(거부하다)의 합성어)

2009년 : unfriend(친구가 아닌 관계, SNS 영향의 신조어)

2008년 : hypermilling(높은 연비를 짜내기 위한 자동차 주행방법)

7) 옮긴이 주 : 웹(web)과 에피소드(episode)의 합성어로, 1996년부터 사용된 용어로 스토리를 가진 시리즈물을 웹을 통해서 공개하는 형태를 말한다. 웨비소드는 TV를 통해 방송이 되기도 하고 방송이 되지 않기도 한다.

8) 기타 사전들 또한 올해의 단어를 선정했는데 그 중 많은 단어들이 기술적인 단어이다. 예를 들어, 메리어-웹스터 영영사전은 승리나 기쁨을 나타내는 게임용어인 woot를 올해의 단어로 선정했고, 페이스북은 2위에 올랐다. 미국방언협회(American Dialect Society)는 2010년의 단어로 앱(app)을, 2009년의 단어로 트윗(tweet)을, 2000년부터 2009년까지 10년 간의 대표 단어로 구글(Google)을 선정했다. 1990년대 선정 단어는 웹(web)이었다.

9) 옮긴이 주 : 제품 수용 주기에서 가장 먼저 제품을 사는 첫 번째 소비자군을 가리킨다. 에버렛 로저스가 1995년 펴낸 『혁신의 확산Diffusion of Innovation』이란 책에서 처음 언급됐다. 이 책에서 로저스는 신제품을 채택하는 순서에 따라 인간의 유형을 '이노베이터스', '얼리 어답터스', '얼리 머저리티', '레이트 머저리티', '래거즈' 등 다섯 가지로 분류했다. 얼리 어답터들은 신기술을 적용한 제품을 빠르게 입수해, 그 기술과 관련 노하우를 자신의 것으로 습득한다. 또한 특정 제품군에 집중하는 마니아와 달리 노트북, 모형 장난감, 가전기기 등 영역을 넘나들며 물건을 구입한다.

10) http://www.nimh.nih.gov/statistics/index.shtml

11) 비고: 이 책의 후반부터는 DSM-IV-TR을 DSM으로 나타낸다.

12) 옮긴이 주 : 영어로 'Cyberphobia'라고 하며, 컴퓨터로 작업을 하는 것에 공포감을 갖는 것을 말한다.

13) Weil, M. M., & Rosen, L. D. (1998). TechnoStress: Coping with Technology @ Work@Home @Play. New York: John Wiley and Sons.

14) Ibid.

15) 내 모든 연구는 도밍게즈 힐즈에 위치한 캘리포니아주립대학 조지마쉬 응용인지 실험실(GMAC: George Marsh Applied Cognition)에서 행해졌다. 이 실험실은

4명의 박사진과 8명~10명 사이의 학부생과 대학원 조교들로 구성되어 있으며, 설문 조사 도구와 실험심리 도구를 이용하여 10개~15개 사이의 프로젝트를 항시 진행하고 있다.

16) Millon, T., Davis, R., & Millon, C. (1997). Manual for the Millon Clinical Multiaxial Inventory. III (MCMI-III) (3rd ed.). Minneapolis: National Computer Systems.

17) Rosen, L. D., Carrier, L. M., Cheever, N. A., Rab, S., Arikan, M., & Whaling, K. (unpublished manuscript). iDisorder: The Relationship between Media Use and Signs and Symptoms of Psychiatric Disorders. MCMI-III는 정신 치료를 요하는 성인을 위해 개발된 것으로, 일반 대중에게 완벽하게 적용될 수는 없다. 이 연구에서 나온 모든 결론은 정상인과 환자를 대상으로 심리학자와 정신과 의사들이 수행한 다른 연구에 의해서도 입증된 것이다.

18) Carrier, L. M., Cheever, N.A. Rosen, L.D., Benitez,S., & Chang, J. (2009) Multitasking across generations : Multitasking choices and difficulty ratings in three generations of Americans. Computers in Human Behavior, 25, 483-389.

19) MCMI-III는 청소년들에게 적합하지 않다고 경고한다. 따라서 우리가 10대 청소년과 관련된 데이터로부터 도출한 결론은 다른 학자들의 부가적인 연구와 비교, 분석을 통해 입증될 것이다.

20) Lenninghanm, M. (November 17, 2010). Global mobile penetration on track for 100%. Retrieved from http://www.totaltele.com/view.aspx?ID=460322

21) The iPass Global Mobile Workface Report. Understanding enterprise mobility trends and mobile usage. iPass, Inc, May 24, 2011.

22) Rosen, L.D. (2010) Rewired : Understanding the iFeneration and the Way They Learn. New York : Palgrave Macmillan.

23) Rosen, L.D. (2008) Me, My Space, and I : Parenting the Net Generation. New York : Palgrave Macmillan.

24) Turkle, S. (1995). Life on the Screen : Identity in the Age of the Internet. New York : Simon & Schuster.

25) 옮긴이 주 : 라틴어로 보편적으로 존재한다는 의미를 갖는다. 모든 곳에 존재하는 네트워크라는 것은 휴대전화, TV, 게임기, 휴대용 단말기, 카 네비게이터, 센서 등

PC가 아닌 모든 비 PC기기가 서로 연결되어 언제, 어디서나, 누구나 대용량의 통신망을 사용할 수 있고, 커뮤니케이션을 할 수 있는 것을 가리킨다. 유비쿼터스의 대명제는 모든 사물에 칩이 내장된다는 것이다. 책, 침대, 의자, 보일러, 차량, 냉장고 등 모든 사물을 하나의 공간 매체로 변화시키는 것을 유비쿼터스화라고 한다. 이 단어에서 중요한 알파벳으로, 'U=uiversal', 'b=brain', 'i=interaction'을 각각 의미한다고 보면, 유비쿼터스의 핵심을 잘 이해할 수 있다.

26) http://www.scottevest.com

27) 옮긴이 주 : 1811년부터 1817년 사이에 산업혁명으로 일자리를 잃은 영국의 노동자들이 벌인 반(反)자본주의 운동을 일컫는 말이다. 실업의 원인이 기계에 있다며 기계를 파괴하는 운동을 벌였다. 대표적으로는 영국의 수공업자들이 자신들의 일자리를 빼앗은 섬유기계를 파괴하는 폭동을 일으킨 사건을 말한다.

28) Me, MySpace, and I(2007)와 Rewired I 에서는 세대 차에 대한 개념과 전문가들이 한 세대를 어떤 특성에 맞춰 규정하는지에 대해 이야기한다. 그러나 한 세대에 모든 사람들이 똑같이 행동하고 같은 감정을 느낄 것이라고 추정할 수 있는 근거가 전혀 없다. 우리는 연구를 통해 한 세대 안에서의 가치관, 태도, 혹은 신념에서 놀라울 정도의 일관성과 세대 간의 큰 차이를 발견할 수 있었다. 모든 세대 연구에서는 한 시대에 태어난 사람들을 하나의 집단으로 묶고, 그 집단의 '평균' 행동, 감정, 태도를 본다는 것을 알아야 한다. 평균이란 것은 단순히 점수를 합산한 중간지점을 말한다. 그러나 집단 전체가 조직적인 트렌드를 보인다고 해서 모든 구성원이 같이 행동하고 느낀다는 것은 아니다.

29) 내 블로그 포스팅은 http://psychologytoday.com/blog/rewired-the-psychology-technology에서 찾을 수 있다.

30) http://www.psychologytoday.com/blog/rewired-the-psychology-technology/201010/
taking-virtual-break-can-you-survive-without-your-tech.

1) American psychiatric Association. (2000). Diagnostic and Statistical Manual of Mental Disorders(Revised 4th ed, text revision). Washington DC.

2) 옮긴이 주 : 스마트폰으로 자기 위치를 알리고 메모를 남김으로써 친구들과 정보를 공유하는 모바일 소셜네트워킹 서비스를 제공하는 미국 IT기업. 사용자들이 어디서 무엇을 하는지 기록하고 공유할 수 있게 해 준다. 사용자들은 자신이 즐겨 찾는 장소를 등록해 메이어(시장)가 되는데, 열심히 찍고 다니는 사람이 뒤집을 수도 있다. 이렇게 해서 많은 친구(프렌드)를 거느리면 더 멋진 배지를 달게 된다. 자신의 위치를 알리는 서비스에 일종의 게임적 요소를 결합한 것이다.

3) 옮긴이 주 : 성도착와 히니로 자기 육체에서 성적 흥분을 느끼는 현상을 말힌다. 물에 비친 자기 모습에 반해 물에 빠져 죽은 그리스신화의 미소년 나르키소스와 연관해 독일의 정신과 의사 네케가 만든 용어이다. 프로이트는 이 용어를 정신분석적 개념으로 확립해 리비도가 자기 자신에게 향해진 상태, 즉 자기 자신이 관심의 대상이 되어 있는 상태로 규정했다. 프로이트는 또 나르시시즘을 나와 남을 구별하지 못하는 유아기에 리비도가 자기 자신에게만 쏠려 있는 1차적 나르시시즘과 유아기가 지나면서 리비도의 대상이 나 아닌 남에게로 향하지만 어떤 문제에 부딪혀 남을 사랑할 수 없게 됨으로써 다시 자기 자신을 사랑하는 상태로 돌아오는 2차적 나르시시즘으로 분류했다.

4) Paulhus, D. L. (1998). Interpersonal and intrapsychic adaptiveness of trait self-enhancement: A mixed blessing? Journal of Personality and Social Psychology, 74(5), 1197-1208.

5) Kaufman, S. B. (January 22, 2010). Why are narcissists (initially) so popular? Psychology Today. Retrieved from http://www.psychologytoday.com/blog/beautiful-minds/201001/why-are-narcissists-initially-so-popular.

6) Kohut, H. (1972). Thoughts on narcissism and narcissistic rage. Psychoanalytic Studies, 27, 360-400.

7) 옮긴이 주 : 이 검사는 개인의 지각 과정을 통해 개인의 행동을 예측한다는 기본 가정 아래, 1921년 스위스의 정신과 의사 로르샤하(Rorschach)가 10개의 대칭으

로 된 잉크 반점 카드를 제작한 뒤, 임상심리학에서 지대한 관심을 불러일으키면서 광범위하게 사용됐고, 이후 수많은 연구를 자극해 온 중요한 심리진단 도구이다. 1950~60년대에는 이 검사가 임상심리학의 동의어가 될 만큼 중요해졌다. 그러나 그 방법상의 문제 때문에 1960년대 이후로 그 사용이 감소하기 시작했다. 특히 최근에는 임상심리학자의 역할이 평가에서 치료로 전환되면서, 이 검사의 교육과 복잡성 그리고 장기적 수련이 필요하다는 점에서 그 유용성이 매우 축소됐다.

8) Turkle, S. (1995). Life on the Screen: Identity in the Age of the Internet. New York: Simon and Schuster.

9) Cross, P. (1977). Not can but will college teachers be improved? New Directions for Higher Education, 17, 1-15.

10) Raskin, R., & Shaw, R. (1988). Narcissism and the use of personal pronouns. Journal of Personality, 56(2), 393-404.

11) DeWall, C. N., Buffardi, L. E., Bonser, I., & Campbell, W. K. (2011). Narcissism and implicit attention seeking: Evidence from linguistic analyses of social networking and online presentation. Personality and Individual Differences. In press.

12) Twenge, J. M., & Campbell, W. K. (2009). The Narcissism Epidemic: Living in the Age of Entitlement. New York: Free Press.

13) Twenge and Campbell's research is controversial. For further information see the following articles: Trzesniewski, K. H., & Donnellan, M. B. (2010). Rethinking "Generation Me": A study of cohort effects from 1976-2006. Psychological Science, 5(2), 58-75; Twenge, J. M., & Foster, J. D. (2010). Birth cohort increases in narcissistic personality traits among American college students, 1982-2009. Social Psychological and Personality Science, 1(1), 99-106; Donnellan, M. B., Trzesniewski, K. H., & Robins, R. W. (2009). An emerging epidemic of narcissism or much ado about nothing? Journal of Research in Personality, 43(3), 498-501.

14) DeWall, C. N., Pond, R. S., Campbell, W. K., & Twenge, J. M. (March 21, 2011). Tuning in to psychological change: Linguistic markers of psychological traits and emotions over time in popular U.S. songs. Psychology of Aesthetics,

Art, and Creativity.

15) Buffardi, L. E., & Campbell, W. K. (2008). Narcissism and social networking web sites. Personality and Social Psychology Bulletin, 34(10), 1303-1314.

16) Mehdizadeh, S. (2010). Self-presentation 2.0: Narcissism and self-esteem on Facebook. Cyberpsychology, Behavior, and Social Networking, 13(4), 357-364.

17) Ryan, T., & Xenos, S. (2011). Who uses Facebook? An investigation into the relationship between the Big Five, shyness, narcissism, loneliness, and Facebook usage. Computers in Human Behavior, 27(5), 1658-1664.

18) Thomaes, S., Reigntjes, A., Orobio de Castro, B., Bushman, B. J., Poorthuis, A., & Telch, M. J. (2010). I like me if you like me: On the interpersonal modulation and regulation of preadolescents' state self-esteem. Child Development, 81(3), 811-825.

19) Lootens, C. M. (2010). An examination of the relationships among personality traits, perceived parenting styles, and narcissism. Doctoral dissertation. The University of North Carolina.

20) Bergman, S. M., Fearrington, M. E., Davenport, S. W., & Bergman, J. Z. (2011). Millennials, narcissism, and social networking: What narcissists do on social networking sites and why. Personality and Individual Differences, 50(5), 706-711.

21) Naaman, M., Boase, J., & Lai, C. H. (2010). Is it really about me? Message content in social awareness streams. In Proceedings of Computer Supported Cooperative Work Conference, pp. 189-192.

22) Goffman, E. (1959). The Presentation of Self in Everyday Life. New York: Doubleday.

23) Rosen, L. D. (2007). Me, MySpace, and I: Parenting the Net Generation. New York: Palgrave Macmillan.

24) Li, D. (2005). Why do you blog: A Uses-and-Gratifications inquiry into bloggers' motivations. Marquette University. Retrieved from http://citeseerx.ist.psu.edu/viewdoc/download?doi=10.1.1.91.6790&rep=rep1&type=pdf.

25) Bergman, S. M., Fearrington, M. E., Davenport, S. W., & Bergman, J. Z. (2011). Millennials, narcissism, and social networking: What narcissists do on social

networking sites and why. Personality and Individual Differences, 50(5), 706-711.

26) Quan-Haase, A., & Young, A. L. (2010). Uses and gratifications of social media: A comparison of Facebook and instant messaging. Bulletin of Science, Technology & Society, 30, 309-315.

27) Raacke, J., & Bonds-Raacke, J. (2008). MySpace and Facebook: Applying the uses and gratifications theory to exploring friend-networking sites. Cyberpsychology & Behavior, 11(2), 169-174.

28) Chen, G. M. (2010). Tweet this: A uses and gratifications perspective on how active Twitter use gratifies a need to connect with others. Computers in Human Behavior, 27(2), 1-8.

29) Papacharissi, Z., & Mendelson, A. (2011). Toward a new(er) sociability: Uses, gratifications, and social capital on Facebook. In Media Perspectives for the 21st Century, Stelios Papathanassopoulos (Ed.). New York: Routledge.

30) Steinfield, C. E., Ellison, N., & Lampe, C. (May 21, 2008). Net Worth: Facebook Use and Changes in Social Capital Over Time. Paper presented at the annual meeting of the International Communication Association, Montreal, Quebec, Canada; Vitak, J., Ellison, N. B., & Steinfield, C. E. (2011). Proceedings of the 44th Hawaii International Conference on System Sciences. Retrieved from https://www.msu.edu/~nellison/VitakEllisonSteinfield2011.pdf.

31) Rosen, C. (Fall 2004/Winter 2005). The age of egocasting. The New Atlantis, 51-72.

32) DiSalvo, D. (2010). Are social networks messing with your head? Scientific American Mind, 20(7), 48-55.

33) Sheng, T., Gheytanchi, A., & Aziz-Zadeh, L. (2010). Default network deactivations are correlated with psychopathic personality traits. PLoS ONE, 5(9).

34) Amati, F., Oh, H., Kwan, V. S. Y., Jordan, K., & Keenan, J. P. (2010). Overclaiming and the medial prefrontal cortex: A transcranial magnetic stimulation study. Cognitive Neuroscience, 1(4), 268-276.

35) Kwan, V. S. Y., Barrios, V., Ganis, G., Gorman, J., Lange, C., Kumar, M.,

Shepard, A., & Keenan, J. P. (2007). Assessing the neural correlates of self-enhancement bias: A transcranial magnetic stimulation study. Experimental Brain Research, 182(3), 379-385.

36) Cacioppo, J. T., Norris, C. J., Decety, J., Monteleone, G., & Nusbaum, H. (2009). In the eye of the beholder: Individual differences in perceived social isolation predict regional brain activation to social stimuli. Journal of Cognitive Neuroscience, 21(1), 83-92.

37) 옮긴이 주 : 뇌에서 행복을 느끼도록 하는 뇌영역이다. 하전두회라 불리는 영역에 손상을 입으면 감정 조절에 문제를 일으킬 수 있다. 비쉬마 교수는 역겨움은 주로 전측뇌섬엽(앞뇌섬엽, anterior insula AI) 부위에서, 행복은 주로 복측선조체(배쪽줄무늬체, ventral striatum)에서, 분노는 주로 보조운동피질(supplementary motor cortex)에서, 슬픔은 시상하부를 포함한 많은 부위들에서 처리된다는 사실을 발견했다.

38) 옮긴이 주 : 시신경으로부터 자극을 받아들이는 대뇌피질 부분을 말한다. 1차 시각 영역은 외측 슬상핵(Lateral geniculate nucleus)과 마찬가지로 적층 구조가 나타난다.

39) 1988년 미국심리학회에서 저작권 사용을 허락받았다. 이것을 논거로 제시할 때는 반드시 다음과 같은 공식 인용 근거를 제시해야 한다. Raskin, R., & Terry, H. (1988). A principal-components analysis of the Narcissistic Personality Inventory and further evidence of its construct validity. p.894 표 1에서 인용함. Journal of Personality and social Psychology, 54(5), 890-902. doi:10.1037/0022-3514.54.5.890. 이상의 복제 또는 배포는 미국심리학회의 서면 허가 없이는 허용되지 않는다.

40) 만약 당신이 흥미가 있다면 유명한 심리학 웹사이트인 'PsychCentral'을 보라. 여기에는 자아도취적인 특성들과 맞는 자기애 인격척도(NPI)와 관련한 구체적인 항목들이 매우 많다(http://psychcentral.com/quizzes/narcissistic.htm). 여기서 높은 점수를 획득한 자아도취증이 어떻게 나타나는지 자세히 보여주고 있다

41) Berman, M. G., Jonides, J., & Kaplan, S. (2008). The cognitive benefits of interacting with nature. Psychological Science, 19(12), 1207-1212.

1) kmx (June 28, 2009). I've got more phones than fingers. Howard Forums, Mobile Community. http://www.howardforums.com/showthread.php/1534935-Why-are-some-people-so-attached-to-their-phones.

2) Hannaford, K. (May 16, 2011). Apparently one third of you open up apps before you even get out of bed. Gizmodo, the Gadget Guide (Gizmodo.com). Retrieved from http://gizmodo.com/5802142/apparently-one-third-of-you-open-apps-before-you-even-get-out-of-bed.

3) Rosen, L. D. (2010). Rewired: Understanding the iGeneration and the Way They Learn. New York: Palgrave Macmillan.

4) Rosen, L. D., Carrier, L. M., Cheever, N. A., Rab, S., Arikan, M., & Whaling, K. (unpublished manuscript). iDisorder: The Relationship between Media Use and Signs and Symptoms of Psychiatric Disorders. Manuscript submitted for publication.

5) Hannaford, K. (May 16, 2011). Apparently one third of you open up apps before you even get out of bed. Gizmodo, the Gadget Guide (Gizmodo.com). Retrieved from http://gizmodo.com/5802142/apparently-one-third-of-you-open-apps-before-you-even-getout-of-bed.

6) Rosen, L. D. (October 11, 2010). Taking a (virtual) break: Can you survive without your technology for 24 hours? I doubt it! Psychology Today (PsychologyToday.com). Retrieved from http://www.psychologytoday.com/blog/rewired-the-psychology-technology/201010/taking-virtual-break-can-you-survive-without-your-tech.

7) Harris Interactive (July 28, 2011). Americans work on their vacation: Half of those vacationing will work on their vacation, including checking emails, voicemails and taking calls. Retrieved from http://www.harrisinteractive.com/NewsRoom/HarrisPolls/tabid/447/mid/1508/articleId/843/ctl/ReadCustom%20Default/Default.aspx.

8) Gump, B. B., & Matthew, K. A. (2000). Are vacations good for your health? The 9-year mortality experience after the multiple risk factor intervention trial. Psychosomatic Medicine, 62(5), 608-612.

9) Taylor, C. (April 29, 2011). For Millennials, social media is not all fun and games. GigaOM. Retrieved from http://gigaom.com/2011/04/29/millennial-mtv-study/.

10) James, D., & Drennan, J. (December, 2005). Exploring addictive consumption of mobile phone technology. Paper presented at ANZMAC 2005. Perth, Australia.

11) Panic Disorder. (July 11, 2011). National Institute of Mental Health. Retrieved from http://www.nimh.nih.gov/health/topics/panic-disorder/index.shtml; American Psychiatric Association. (2000). Diagnostic and Statistical Manual of Mental Disorders (Revised 4th ed., text revision). Washington, DC.

12) Obsessive compulsive disorder among adults. (2010). National Institute of Mental Health. Retrieved from http://www.nimh.nih.gov/statistics/1OCD_ADULT.shtml.

13) OCD Resource Center of Florida. (2008-2011). About OCD and How It Is Diagnosed. Retrieved from http://www.ocdhope.com/obsessive-compulsive-disorder.php.

14) What's the difference between an addiction and a compulsion? (2010). Go Ask Alice!, Alice! Health Promotion Program at Columbia University (www.goaskalice.columbia.edu). Retrieved from http://www.goaskalice.columbia.edu/2947.html.

15) Brian, M. (May 26, 2011). "Lost iPhone" vigilante attacks the wrong person after GPS error. TNW: The Next Web (thenextweb.com). Retrieved from http://thenextweb.com/apple/2011/05/26/lost-iphone-vigilante-attacks-the-wrong-person-after-gpserror/?awesm=tnw.to_18YL2.

16) Alpert, L. I. (May 26, 2011). Teen girl shoots dad with arrow because he took away her cell phone: Cops. Daily News (NYDailyNews.com). Retrieved from http://www.nydailynews.com/news/national/2011/05/26/2011-05-26_dad_shot_in_head_with_arrow_by_teen_daughter_over_cell_phone_dispute.html.

17) Taylor, J. (July 27, 2009). Technology: Disconnectivity Anxiety. Psychology Today. Retrieved from http://www.psychologytoday.com/em/31388.

18) Questionnaire items from Rosen, L. D., Carrier, L. M., Cheever, N. A., Rab, S., Arikan, M., & Whaling, K. (unpublished manuscript). iDisorder: The relationship between media use and signs and symptoms of psychiatric disorders.

19) Rosen, L. D. (2007). Me, MySpace, and I: Parenting the Net Generation. New York: Palgrave Macmillan; Rosen, L. D., Carrier, L. M., & Cheever, N. A. (2010). Rewired: Understanding the iGeneration and the Way They Learn. New York: Palgrave Macmillan.

20) Ericsson ConsumerLab. (2011). From Apps to Everyday Situations. Stockholm: Ericsson AB. Retrieved from http://www.ericsson.com/res/docs/2011/silicon_valley_brochure_letter.pdf.

21) kmx (June 28, 2009). I've got more phones than fingers. Howard Forums, Mobile Community. http://www.howardforums.com/showthread.php/1534935-Why-are-somepeople-so-attached-to-their-phones.

22) Laramie, D. (2007). Emotional and behavioral aspects of mobile phone use. Doctoral dissertation. Alliant International University.

23) Rothberg, M. B., Arora, A., Hermann, J., St. Marie, P., & Visintainer, P. (2010). Phantom vibration syndrome among medical staff: A cross sectional survey. British Medical Journal, 341(12), 6914.

24) Questionnaire items from Rosen, L. D., Carrier, L. M., Cheever, N. A., Rab, S., Arikan, M., & Whaling, K. (unpublished manuscript). iDisorder: The relationship between media use and signs and symptoms of psychiatric disorders.

25) Baron, N. (2008). Adjusting the Volume: Technology and Multitasking in Discourse Control. In Handbook of Mobile Communication Studies, J. E. Katz (Ed.). Cambridge, MA: MIT Press.

26) Fredricksen, C. (December 15, 2010). Time Spent Watching TV Still Tops Internet. eMarketer: Digital Intelligence. Retrieved from http://www.emarketer.com/blog/index.php/time-spent-watching-tv-tops-internet/.

27) Sieberg, D. (June 6, 2011). Detox your digital life and choose human

connections instead. The Sydney Morning Herald. Retrieved from http://www.smh.com.au/opinion/society-and-culture/detox-your-digital-life-and-choose-human-connections-instead-20110605-1fn2w.html.

| 4장 |

1) 전자기기를 지니지 않고 하루를 보내도록 요구된 학생들을 실험 참가자로 한 연구; International Center for Media & the Public Agenda (n.d.). The world UNPLUGGED: Going 24 Hours Without Media. Retrieved at http://theworldunplugged.wordpress.com/

2) Ulrich Weger, quoted in Tobin, L. (February 14, 2011). How to beat technology addiction. The Guardian. Retrieved from http://www.guardian.co.uk/education/2011/feb/14/information-overload-research.

3) American Psychiatric Association. (2000). Diagnostic and Statistical Manual of Mental Disorders (Revised 4th ed., text revision). Washington, DC; Goldberg, I. (1996). Internet addiction disorder. Retrieved from http://www.webs.ulpgc.es/aeps/JR/Documentos/ciberadictos.doc

4) Chen, S.-H., Weng, L.-C., Su, Y.-J., Wu, H.-M., & Yang, P.-F. (2003). Development of Chinese Internet Addiction Scale and its psychometric study. Chinese Journal of Psychology, 45, 279-294; Ko, C.-H., Yen, J.-Y., Chen, C.-C., Chen, S.-H., Wu, K., & Yen, C.-F. (2006). Tridimensional personality of adolescents with Internet addiction and substance use experience. Canadian Journal of Psychiatry, 51(14), 887-894.

5) Winn, M. (1977). The Plug-in Drug. New York: Viking Penguin, Inc.

6) Griffiths, M. (1991). Amusement machine playing in childhood and adolescence: A comparative analysis of video game and fruit machines. Journal of Adolescence, 14, 53-73; Griffiths, M. (1992). Pinball wizard: The case of a pinball machine addict. Psychological Reports, 71, 161-162; Keepers, C. A. (1990). Pathological

preoccupation with video games. Journal of the American Academy of Child and Adolescent Psychiatry, 29, 49-50; Soper, B. W. (1983). Junk-time junkies: An emerging addiction among students. School Counselor, 31, 40-43.

7) Griffiths, M. (1995). Technological addictions. Clinical Psychology Forum, 71, 14-19.

8) Griffiths, M. (2000). Does Internet and computer "addiction" exist? Some case study evidence. CyberPsychology & Behavior, 3(2), 211-218.

9) Young, K. S. (1996). Psychology of computer use: XL. Addictive use of the Internet: A case that breaks the stereotype. Psychological Reports, 79, 899-902.

10) Griffiths, M. D. (1998). Internet addiction: Does it really exist? In Psychology and the Internet: Intrapersonal, Interpersonal and Transpersonal Applications, J. Gackenbach(Ed.). pp. 61-75. New York: Academic Press; Griffiths, M. (2000). Does Internet and computer "addiction" exist? Some case study evidence. CyberPsychology & Behavior, 3(2), 211-218.

11) Igarashi, T., Motoyoshi, T., Takai, J., & Toshida, T. (2008). No mobile, no life: Self-perception and text-message dependency among Japanese high school students. Computers in Human Behavior, 24, 2311-2324; Kamibeppu, K., & Sugiura, H. (2005). Impact of the mobile phone on junior high-school students' friendships in the Tokyo metropolitan area. CyberPsychology & Behavior, 8(2), 121-130.

12) Chen, S.-H., Weng, L.-C., Su, Y.-J., Wu, H.-M., & Yang, P.-F. (2003). Development of Chinese Internet Addiction Scale and its psychometric study. Chinese Journal of Psychology, 45, 279-294; Ko, C.-H., Yen, J.-Y., Chen, C.-C., Chen, S.-H., Wu, K., & Yen, C.-F. (2006). Tridimensional personality of adolescents with Internet addiction and substance use experience. Canadian Journal of Psychiatry, 51(14), 887-894.

13) Young, K. S. (1999). Internet addiction: Symptoms, evaluation, and treatment. In Innovations in Clinical Practice (Vol. 17), L. VandeCreek, & T. L. Jackson (Eds.). pp. 19-31. Sarasota, FL: Professional Resource Press. Used by permission.

14) Jenaro, C., Flores, N., Gomez-Vela, M., Gonzalez-Gil, F., & Caballo, C. (2007).

Problematic Internet and cell-phone use: Psychological, behavioral, and health correlates. Addiction Research and Theory, 15(3), 309-320. Used by permission.

15) Igarashi, T., Motoyoshi, T., Takai, J., & Toshida, T. (2008). No mobile, no life: Self-perception and text-message dependency among Japanese high school students. Computers in Human Behavior, 24, 2311-2324; Kamibeppu, K., & Sugiura, H. (2005). Impact of the mobile phone on junior high-school students' friendships in the Tokyo metropolitan area. CyberPsychology & Behavior, 8(2), 121-130.

16) Young, K. S. (1997). Internet addiction: The emergence of a new clinical disorder. Retrieved from http://www.pitt.edu/~ksy/apa.html.

17) Young, K. S. (1996). Psychology of computer use: XL. Addictive use of the Internet: A case that breaks the stereotype. Psychological Reports, 79, 899-902.

18) Young, K. S. (1999). Internet addiction: Symptoms, evaluation, and treatment. In Innovations in Clinical Practice (Vol. 17), L. VandeCreek & T. L. Jackson (Eds.), pp. 19-31. Sarasota, FL: Professional Resource Press.

19) Benesse Institute of Education, ed. (2002). Junior high school students' contact with media [in Japanese]. Monograph/Junior High School Students' World. 71. As reported by Kamibeppu, K., & Sugiura, H. (2005). Impact of the mobile phone on junior highschool students' friendships in the Tokyo metropolitan area. CyberPsychology & Behavior, 8(2), 121-130.

20) Kamibeppu, K., & Sugiura, H. (2005). Impact of the mobile phone on junior high-school students' friendships in the Tokyo metropolitan area. CyberPsychology & Behavior, 8(2), 121-130.

21) Ko, C.-H., Yen, J.-Y., Chen, C.-C., Chen, S.-H., Wu, K., & Yen, C.-F. (2006). Tridimensional personality of adolescents with Internet addiction and substance use experience. Canadian Journal of Psychiatry, 51(14), 887-894.

22) Armstrong, L., Phillips, J. G., & Saling, L. L. (2000). Potential determinants of heavier Internet usage. International Journal of Human-Computer Studies, 53, 537-550.

23) Lavin, M., Marvin, K., McLarney, A., Nola, V., & Scott, L. (1999). Sensation

seeking and collegiate vulnerability to Internet dependence. CyberPsychology & Behavior, 2, 425-430; Lin, S. S. J., & Tsai, C. C. (2002). Sensation seeking and Internet dependence of Taiwanese high school adolescents. Computers in Human Behavior, 18, 411-426.

24) Ko, C.-H., Yen, J.-Y., Chen, C.-C., Chen, S.-H., Wu, K., & Yen, C.-F. (2006). Tridimensional personality of adolescents with Internet addiction and substance use experience. Canadian Journal of Psychiatry, 51(14), 887-894.

25) 옮긴이 주 : 사람들이 현실에서보다는 인터넷과 사이버스페이스 상에서 스스로를 잘 억제하지 못하고 쉽게 공격적이 되거나 분노를 스스럼없이 표현하는 경우를 말한다.

26) Suler, J. (2004). The online disinhibition effect. CyberPsychology & Behavior, 7, 321-326.

27) Ko, C.-H., Yen, J.-Y., Chen, C.-C., Chen, S.-H., Wu, K., & Yen, C.-F. (2006). Tridimensional personality of adolescents with Internet addiction and substance use experience. Canadian Journal of Psychiatry, 51(14), 891.

28) 옮긴이 주 : 도파민(dopamine, C8H11NO2)은 카테콜아민 계열의 유기 화합물로, 다양한 동물들의 중추 신경계에서 발견되는 호르몬이나 신경전달물질이다. 호르몬으로서의 주요 기능은 뇌하수체의 전엽에서 프로락틴의 분비를 억제하는 것이다. 도파민은 심장 박동수와 혈압을 증가시키는 효과를 나타내어 교감신경계에 작용하는 정맥주사 약물로서 사용할 수 있다. 도파민 분비 조절에 이상이 발생하면 사람에게 다양한 질환이 발생한다. 도파민의 분비가 과다하거나 활발하면 조울증이나 정신 분열증을 일으키며, 도파민의 분비가 줄어들 경우 우울증을 일으킨다. 또한 도파민을 생성하는 신경세포가 손상되면 운동장애를 일으켜 파킨슨병을 유발한다. 흡연으로 인해 흡수되는 니코틴은 도파민을 활성화시켜서 쾌감을 느끼게 해준다. 마약을 통해 느끼는 환각이나 쾌락 등도 도파민의 분비를 촉진 및 활성화시켜서 얻게 되는 것이다.

29) 옮긴이 주 : 세로토닌은 편안하고 안정된 느낌을 주는 신경전달물질이다. 즐거움이나 쾌감을 느끼게 하는 도파민, 충동이나 공격성을 불러일으키는 노르아드레날린과 더불어 마음의 상태를 결정하는 대표적인 세 가지 신경전달물질의 하나이다. 공항장애에서 겪는 불안감, 공포감 같은 것을 조절해 줄 수 있는 뇌기능의 약화 역

시 세로토닌이 결핍된 결과라고 주장되고 있다. 아침의 햇빛과 아침의 운동량이 세로토빈을 분비하는 데 중요하다는 연구 결과가 있다.

30) Ko et al., 2006, Ibid.; Huang, X-q., Li, M-c., & Tao, R. (2010). Treatment of Internet addiction. Current Psychiatry Reports, 12, 462-470.

31) Frascella, J., Potenza, M. N., Brown, L. L., & Childress, A. R. (2010). Shared brain vulnerabilities open the way for nonsubstance addictions: Carving addiction at a new joint? Annals of the New York Academy of Sciences, 1187, 294-315; Holden, C. (November 6, 2001). Behavioral addictions: Do they exist? Science, 294, 980-982.

32) Grant, J. E., Brewer, J. A., & Potenza, M. N. (2006). The neurobiology of substance and behavioral addictions. CNS Spectrums: The International Journal of Neuropsychiatric Medicine, 11(12), 924-930.

33) 옮긴이 주 : 척추동물의 뇌나 척수를 이루는 물질의 하나로, 신경세포가 모여 있으며 회백색을 띤다.

34) 옮긴이 주 : 고등동물의 중추 신경계에서 하얗게 보이는, 신경 섬유의 집단을 이루는 부분. 신경 신호를 전달하는 기능을 한다. 뇌, 소뇌, 연수 따위의 수질(髓質) 부분을 이르는 것으로 척수에서는 회백질의 바깥쪽에 있다.

35) Yuan, K., Qin, W., Wang, G., Zeng, F., Zhao, L., Yang, X., Liu, P., Liu, J., Sun, J., von Deneen, K. M., Gong, Q., Liu, Y., & Tian, J. (2011). PLoS ONE, 6(6). Retrieved from http://www.plosone.org/article/info:doi/10.1371/journal.pone.0020708.

36) Nagata, T. (October 7, 2010). Blizzard ready to talk numbers again, World of Warcraft tops 12 million subscribers. Gamesradar. Retrieved from http://www.gamesradar.com/pc/world-of-warcraft/news/blizzard-ready-to-talk-numbers-again-world-of-warcraft-tops-12-million-subscribers/a-2010100718521163062/g-2005120716480781115722.

37) Young, K. S. (1997). Internet addiction: The emergence of a new clinical disorder. Retrieved from http://:www.pitt.edu/~ksy/apa.html.

38) Griffiths, M. D. (1998). Internet addiction: Does it really exist? In Psychology and the Internet: Intrapersonal, Interpersonal and Transpersonal Applications, J.

Gackenbach (Ed.). pp. 61-75. New York: Academic Press.

39) Hammersley, R. (1995). Cited in Griffiths, M. (2000). Does Internet and computer "addiction" exist? Some case study evidence. CyberPsychology & Behavior, 3(2), 211-218.

40) Griffiths, M. D. (April 7, 1995). Netties anonymous. Times Higher Educational Supplement, p. 18; Griffiths, M. (2000). Does Internet and computer "addiction" exist? Some case study evidence. CyberPsychology & Behavior, 3(2), 211-218.

41) Young, K. S. (1996). Psychology of computer use: XL. Addictive use of the Internet: A case that breaks the stereotype. Psychological Reports, 79, 899-902.

42) Igarashi, T., Motoyoshi, T., Takai, J., & Toshida, T. (2008). No mobile, no life: Self-perception and text-message dependency among Japanese high school students. Computers in Human Behavior, 24, 2311-2324.

43) Ajayi, A. (1995). Cited in Griffiths, M. (2000). Does Internet and computer "addiction" exist? Some case study evidence. CyberPsychology & Behavior, 3(2), 211-218.

44) Armstrong, L., Phillips, J. G., & Saling, L. L. (2000). Potential determinants of heavier Internet usage. International Journal of Human-Computer Studies, 53, 537-550.

45) Davis, R. A. (2001). A cognitive-behavioral model of pathological Internet use. Computers in Human Behavior, 17, 187-195.

46) Igarashi, T., Motoyoshi, T., Takai, J., & Toshida, T. (2008). No mobile, no life: Self-perception and text-message dependency among Japanese high school students. Computers in Human Behavior, 24, 2311-2324.

47) Shotton, M. A. (1991). The costs and benefits of "computer addiction." Behaviour Information and Technology, 10, 219-230.

48) Young, K. S. (1999). Internet addiction: Symptoms, evaluation, and treatment. In Innovations in Clinical Practice (Vol. 17), L. VandeCreek & T. L. Jackson (Eds.). pp. 19-31. Sarasota, FL: Professional Resource Press.

49) Ibid.

50) Huang, X-q., Li, M-c., & Tao, R. (2010). Treatment of Internet addiction.

Current Psychiatry Reports, 12, 462-470.

51) Ko, C.-H., Yen, J.-Y., Chen, C.-C., Chen, S.-H., Wu, K., & Yen, C.-F. (2006). Tridimensional personality of adolescents with Internet addiction and substance use experience. Canadian Journal of Psychiatry, 51(14), 887-894.

52) Young, K. S. (1999). Internet addiction: Symptoms, evaluation, and treatment. In Innovations in Clinical Practice (Vol. 17), L. VandeCreek & T. L. Jackson (Eds.), pp. 19-31. Sarasota, FL: Professional Resource Press.

| 5장 |

1) O'Keeffe, G. S., Clarke-Pearson, K., & Council on Communications and Media. (2011). Clinical Report: The impact of social media on children, adolescents, and families. Pediatrics, 27(4), 800-804.

2) HomeNet Project에 대한 완벽한 설명은 http://homenet.hcii.cs.cmu.edu/progress/index.html.에서 찾을 수 있다.

3) http://homenet.hcii.cs.cmu.edu/progress/index.html.

4) Kraut, R., Kiesler, S., Boneva, B., Cummings, J., Helgeson, V., & Crawford, A. (2002). Internet paradox revisited. Journal of Social Issues, 58(1), 49-74.

5) http://www.nimh.nih.gov/statistics/1BIPOLAR_ADULT.shtml.

6) O'Keeffe, G. S., Clarke-Pearson, K., & Council on Communications and Media. (2011). Clinical Report: The impact of social media on children, adolescents, and families. Pediatrics, 27(4), 800-804.

7) See this insightful report by technology journalist Larry Magid in the Huffington Post for more information about this controversy: http://www.huffingtonpost.com/larrymagid/facebook-depression-nonexistent_b_842733.html.

8) http://www.nimh.nih.gov/health/publications/bipolar-disorder/complete-index.shtml#pub1.

9) http://www.nimh.nih.gov/statistics/index.shtml.

10) http://www.nimh.nih.gov/statistics/1MDD_ADULT.shtml.

11) http://www.nimh.nih.gov/statistics/1DD_ADULT.shtml.

12) 이 연구는 전 연령대의 사람들을 대상으로 했으며, (통계적으로 연관된) 연구 외 변인인 나이, 성별, 중간소득, 자녀, 교육을 통제한 뒤의 관계를 최종으로 하였다. 통계적으로 이 변인들을 통제하는 것은 결과에 대한 대체 설명의 가능성을 막기 위한 방안이었다. 예를 들면, 만약 여자아이들이 남자아이들보다 더 우울하다고 한 다면, 성별에 대한 통제가 이 이슈를 평등화하여 이 결론에 대해 성별이 아닌 다른 가능성을 찾을 여지를 준다.

13) 이 연구에서 쓰인 방안은 Axis I(임상증후군)과 Axis II(인격장애)를 평가했다. 이 표는 세 가지 Axis II 진단에 대한 결과를 나타낸다. 이 결과들은 Axis I 우울 진 단과 동일한 결과이기 때문에 생략하였다.

14) Hancock, J. T., Gee, K., Ciaccio, K., & Mae-Hwah Lin, J. (November 8-12, 2008).

15) Primack, B. A., Swanier, B., Georgiopoulos, A. M., Land, S. R., & Fine, M. J. (2009). Association between media use in adolescence and depression in young adulthood: A longitudinal study. Archives of General Psychiatry, 66(2), 181-188.

16) See Chapter 9, which discusses body image issues for more on this form of iDisorder.

17) http://www.internetworldstats.com/facebook.htm.

18) http://www.asha.org/public/speech/development/pragmatics.htm; http://www.aligningaction.com/prgmodel.htm.

19) Goh, T. T., & Huang, Y. P. (2009). Monitoring youth depression in Web 2.0. Vine: The Journal of Information and Knowledge Management Systems, 39(3), 192-202.

20) Davila, J., Hershenberg, R., Feinstein, B. A., Gorman, K., Bhatia, V., & Starr, L. R. (2011). Frequency and quality of social networking: Associations with depressive symptoms, rumination, and co-rumination. Unpublished manuscript; Davila, J., Hershenberg, R., Feinstein, B., Starr, L. R., & Gorman, K. (November, 2010). Is use of social networking tools associated with depressive symptoms among youth? Paper presented at the 44th annual meeting of the Association for

Behavioral and Cognitive Therapies, San Francisco, CA.

21) http://news.cnet.com/8301-19518_3-20048148-238.html.

22) Moreno, M. A., Jelenchick, L. A., Egan, K. G., Cox, E., Young, H., Gannon, K. E., & Becker, T. (2011). Feeling bad on Facebook: Depression disclosures by college students on a social networking site. Depression and Anxiety, 28(6), 447-455.

23) Valkenburg, P. M., Peter, J., & Schouten, A. P. (2006). Friend networking sites and their relationship to adolescents' well-being and social self-esteem. Cyberpsychology & Behavior, 9, 584-590.

24) Holleran, S. E. (2010). The Early Detection of Depression for Social Networking Sites. Dissertation Abstracts International: Section B: The Sciences and Engineering, 71(5-B), 3401.

25) http://www.huffingtonpost.com/larry-magid/facebook-depression-nonexistent_b_842733.html.

26) Primack, B. A., Swanier, B., Georgiopoulos, A. M., Land, S. R., & Fine, M. J. (2009). Association between media use in adolescence and depression in young adulthood: A longitudinal study. Archives of General Psychiatry, 66(2), 181-188.

27) Hyper-testing and hyper-networking pose new health risks for teens. (November 9, (2010). Case Western News Release. Retrieved from http://case.edu/medicus/breakingnews/scottfrankhypertextingandteenrisks.html.

28) Chen, S. Y., & Tzeng, J. Y. (2010). College female and male heavy Internet users' profiles of practices and their academic grades and psychosocial adjustment. Cyberpsychology, Behavior, and Social Networking, 13(3), 257-262.

29) Van der Aa, N., Overbeck, G., Engels, R. C. M. E., Scholte, R. H. J., Meerkerk, G. J., & Van den Eijnden, R. J. J. M. (2009). Daily and compulsive Internet use and wellbeing in adolescence: A diathesis-stress model based on Big Five Personality traits. Journal of Youth Adolescence, 38, 765-776; Selfhout, M. H. W., Branje, S. J. T., Delsing, M., ter Bogt, T. F. M., & Meeus, W. H. J. (2009). Different types of Internet use, depression, and social anxiety: The role of perceived friendship quality. Journal of Adolescence, 32, 819-833; Van den Eijnden, R. J. J. M., Meerkerk, G. J., Vermulst, A. A., Spijkerman, R., & Engels, R. C. M. E. (2008).

Online communication, compulsive Internet use, and psychological well-being among adolescents. Developmental Psychology, 44(3), 655-665.

30) Huang, C. (2010). Internet use and psychological well-being: A meta-analysis. Cyberpsychology, Behavior and Social Networks, 13(3), 241-249; Subrahmanyam, K., & Smahel, D. (2011). Digital Youth: The Role of Media in Development. New York: Springer [NOTE: See Chapter 7 of this excellent volume, entitled "Internet Use and Well-Being: Physical and Psychological Effects]; Morrison, C. M., & Gore, H. (2010). The relationship between excessive Internet use and depression: A questionnaire-based study of 1,319 young people and adults. Psychopathology, 43, 121-126.

31) Starcevic, V., Berle, D., Porter, G., & French, P. (2010). Problem video game use and dimensions of psychopathology. International Journal of Mental Health and Addiction, 8(2), 248-256; Gentile, D. A., Choo, H., Liau, A., Sim, T., Li, D., Fung, D., & Khoo, A. (2011). Pathological video game use among youths: A two-year longitudinal study. Pediatrics. Retrieved from http://pediatrics.aappublications.org/content/127/2/e319.full.pdf+html.

32) http://www.thefreemanonline.org/featured/the-wild-west-meets-cyberspace; http://www.techdirt.com/articles/20110527/13281714462/can-we-kill-off-this-myth-that-internet-is-wild-west-that-needs-to-be-tamed.shtml; http://www.howtogeek.com/62135/geek-rants-why-the-internet-is-like-the-wild-west.

33) Santesso, D. L., Steele, K. T., Bogdan, R., Holmes, A. J., Deveney, C. M., Meites, T. M.,& Pizzagalli, D. A. (2011). Enhanced negative feedback responses in remitted depression. Neuroreport, 19(10), 1045-1048.

34) 옮긴이 주 : 자기효율성은 개인적으로 자신의 행동을 책임질 수 있고 통제할 수 있으며 긍정적인 결과를 도출할 수 있다는 믿음을 말한다.

35) Mathews, A., & MacLeod, C. (2005). Cognitive vulnerability to emotional disorders. Annual Review of Clinical Psychology, 1, 167-195.

36) http://www.cignabehavioral.com/web/basicsite/provider/treatingBehavioralConditions/PHQ9XscoringAndActionsv2.pdf.

37) The Goldberg Bipolar Screening Quiz can be found at http://psychcentral.com/

quizzes/bipolarquiz.htm.

38) The following two articles provide a good summary of the drug vs. therapy controversy for treating depression and bipolar disorder: Cuijpers, P., van Straten, A., Warmerdam, L., & Andersson, G. (2009). Psychotherapy versus the combination of psychotherapy and pharmacotherapy in the treatment of depression: A meta-analysis. Depression and Anxiety, 26(3), 279-288; Dubicka, B., Wilkinson, P., Kelvin, R. G., & Goodyer, I. M. (2010). Pharmacological treatment of depression and bipolar disorder in children and adolescents. Advances in Psychiatric Treatment, 16, 402-412.

39) Selfhout, M. H. W., Branje, S. J. T., Delsing, M., ter Bogt, T. F. M., & Meeus, W. H. J. (2009). Different types of Internet use, depression, and social anxiety: The role of perceived friendship quality. Journal of Adolescence, 32, 819-833.

40) Hampton, K. N., Goulet, L. S., Rainie, L., & Purcell, K. (2011). Social Networking Sites and Our Lives. Washington, D.C.: Pew Internet & American Life Project. Retrieved from http://pewinternet.org/~/media//Files/Reports/2011/PIP%20-%20Social%20networking%20sites%20and%20our%20lives.pdf.

41) Spradlin, A., Bunce, J. P., Carrier, L. M., & Rosen, L. D. (2012). Virtual friendships: A study of digital media usage and empathy.

42) I describe co-viewing extensively as part of my TALK Model of Parenting in Me, MySpace, and I: Parenting the Net Generation (2007, Palgrave Macmillan). More details can be found in Chapter 10 of that book.

43) Hammons, A. J., & Fiese, B. H. (2011). Is frequency of shared family meals related to the nutritional health of children and adolescents? Pediatrics, 127(6), 1565-1574. Retrieved from http://pediatrics.aappublications.org/content/early/2011/04/27/peds.2010-1440; Neumark-Sztainer, D., Larson, N. I., Fulkerson, J. A., Eisenberg, M. E., & Story, M. (2010). Family meals and adolescents: What have we learned from Project EAT(Eating Among Teens)? Public Health Nutrition, 13, 1113-1121.

44) More on tech breaks can be found in a post that I wrote for Psychology

Today: http://www.psychologytoday.com/blog/rewired-the-psychology-technology/201105/the-amazing-power-tech-breaks.

45) Lieverse, R., Van Someren, E. J. W., Marjan, N., Uitdehaag, B. M. J., Smit, J. H., & Hoogendijk, W. J. G. (2011). Bright light treatment in elderly patients with nonseasonal major depressive disorder: A randomized placebo-controlled trial. Archives of General Psychiatry, 68, 61-70. Retrieved from http://www.medscape.com/viewarticle/736105.

46) Even, C., Schroder, C. M., Friedman, S., & Rouillon, F. (2008). Efficacy of light therapy in nonseasonal depression: A systematic review. Journal of Affective Disorders, 108(1-2), 11-23. Retrieved from http://www.medscape.com/viewarticle/491504.

| 6장 |

1) Quote from Iowa State University Associate Professor of Psychology Douglas Gentile as told to Science Daily. (July 7, 2011). TV viewing, video game play contribute to kids' attention problems, study finds. ScienceDaily. Retrieved from http://www.sciencedaily.com/releases/2010/07/100706161759.htm. Gentile's research appears in Swing, E. L., Gentile, D. A., Anderson, C. A., & Walsh, D. A. (2010). Television and video game exposure and the development of attention problems. Pediatrics, 126(2), 214-221.

2) Retrieved from http://www.cdc.gov/nchs/fastats/adhd.htm.

3) USA Today. Retrieved from http://www.usatoday.com/news/health/2005-09-14-adhddrugs-usage_x.htm.

4) Anxiety Disorders of America. (2011). Retrieved from http://www.adaa.org/understanding-anxiety/related-illnesses/other-related-conditions/adult-adhd.

5) Pal, S. (May 23, 2011). Reports of ADHD, autism on the rise. MedPage Today.

6) Report retrieved from http://www.webmd.com/add-adhd/news/20110818/adhd-

in-children-is-on-the-rise?src=RSS_PUBLIC.

7) Christakis, D. A. (2009). The effects of infant media usage: What do we know and what should we learn? ACTA Pediatrica, 98, 8-16.

8) For more information about how multitasking is being blamed for the prevalence and rise of ADHD, take a look at the following articles from health websites:

■ http://health.msn.com/health-topics/adhd/multitasking-for-a-hyperactive-mind?wa=wsignin1.0

■ http://www.health.com/health/condition-article/0,20255244,00.html

■ http://www.webmd.com/mental-health/features/why-multitasking-isnt-efficient

■ http://www.emedicinehealth.com/script/main/art.asp?articlekey=115399

■ http://www.healthcentral.com/adhd/news-296432-98.html

■ http://www.psychologytoday.com/blog/rewired-the-psychology-technology/201102/multitasking-madness

9) Retrieved from http://www.dailymail.co.uk/news/article-1347989/Girl-falls-mall-fountain-texting-Why-walk-text.html.

10) Levine, L. E., Waite, B. M., & Bowman, L. L. (2007). Electronic media use, reading, and academic distractibility in college youth. CyberPsychology & Behavior, 10(4), 560-566.

11) See, for example, Wecker, C., Kohnlet, C., & Fischer, F. (2007). Computer literacy and inquiry learning: When geeks learn less. Journal of Computer Assisted Learning, 23, 133-144.

12) Carrier, L. M., Cheever, N. A., Rosen, L. D., Benitez, S., & Chang, J. (2009). Multitasking across generations: Multitasking choices and difficulty ratings in three generations of Americans. Computers in Human Behavior, 25, 483-489.

13) Nielsen Company. (2011). State of the media 2010: U.S. audiences & devices. Retrieved from http://blog.nielsen.com/nielsenwire/wpcontent/uploads/2011/01/nielsen-media-factsheet-jan-11.pdf.

14) Cherry, E. C. (1953). Some experiments on the recognition of speech, with one and with two ears. The Journal of the Acoustical Society of America, 25(5), 975-979.

15) Ophir, E., Nass, C., & Wagner, A. D. (2009). Cognitive control in media multitaskers. Proceedings from the National Academy of Sciences. Retrieved from http://www.pnas.org/content/early/2009/08/21/0903620106.full.pdf+html.

16) Ibid., p. 15585.

17) Gonzalez, V. M., & Mark, G. (2004). Constant, constant, multitasking craziness: Managing multiple working spheres. Proceedings of CHI '04, pp. 113-120.

18) Benbunan-Fich, R., & Truman, G. E. (2009). Multitasking with laptops during meetings. Communications of the ACM, 52, 139-141.

19) Judd, T., & Kennedy, G. (2011). Measurement and evidence of computer-based task switching and multitasking by "Net Generation" students. Computers & Education, 56, 625-631.

20) Jackson, T., Dawson, R., & Wilson, D. (2003). Reducing the effect of email interruption on employees. International Journal of Information Management, 23, 55-65.

21) Parnin, C., & Rugaber, S. (2009). Resumption strategies for interrupted programming tasks. Software Quality Journal, 19, 5-34.

22) Mark, G., Gudith, D., & Klocke, U. (2008). The cost of interrupted work: More speed and stress. In Computer-Human Interactions (CHI), Florence, Italy: ACM, 107-110.

23) U.S. Department of Transportation. (2011). Statistics and facts about distracted driving. Retrieved from http://www.distraction.gov/stats-and-facts/.

24) BBC News. (2008). L.A. rail driver was texting. BBC News. Retrieved from http://news.bbc.co.uk/2/hi/americas/7647567.stm.

25) Galvin, A. (January 27, 2010). Man convicted in texting-while-driving death. Orange County Register. Retrieved from http://articles.ocregister.com/2010-01-27/crime/24635615_1_texting-while-driving-text-messages-cell-phone.

26) Pines, M. (March 2, 2011). Top 10 Worst Cell Phone-Related Injury Accidents of All Time: Prison Edition. Retrieved from http://seriousaccidents.com/blog/accident-prevention/ten-worst-cell-phone-related-injuries-deaths/

27) U.S. Department of Transportation. (2011). Statistics and facts about distracted

driving. Retrieved from http://www.distraction.gov/stats-and-facts/.

28) Science Daily. (2011, July 7). TV viewing, video game play contribute to kids' attention problems, study finds. ScienceDaily. Retrieved from http://www.sciencedaily.com/releases/2010/07/100706161759.htm.

29) Schmidt, S., & Petermann, F. (2009). Developmental psychopathology: Attention Deficit Hyperactivity Disorder (ADHD). BMC Psychiatry, 9(58), 1-10. Retrieved from http://www.biomedcentral.com/1471-244X/9/58.

30) Sanders, L. (May 3, 2011). Blame brain cells for lack of focus Scientists discover a neuronal network that may affect attention abilities. ScienceNews. Retrieved from http://www.sciencenews.org/view/generic/id/73838.

31) Hamzelou, J. (May 6, 2011). Easily distracted people may have too much brain. Retrieved from www.newscientist.com.

32) Georgetown University Press Release. (December 29, 2010). Neuroscientists' Study Shows Kids are Naturally Egocentric. Retrieved from http://www.georgetown.edu/story/1242667151985.html.

33) Klass, P. (May 9, 2011). Fixated by screens, but seemingly nothing else. New York Times. Retrieved from http://www.nytimes.com/2011/05/10/health/views/10klass.html.

34) Mozes, A. (May 29, 2011). Adults with ADHD lose 3 weeks' worth of work annually. ABC News. Retrieved from http://abcnews.go.com/Health/Healthday/story?id=4943411&page=1

35) Anxiety Disorders of America. (2011). Retrieved from http://www.adaa.org/understanding-anxiety/related-illnesses/other-related-conditions/adult-adhd.

36) Benbunan-Fich, R., & Truman, G. E. (2009). Multitasking with laptops during meetings. Communications of the Association for Computing Machinery, 52(2), 139-141.

37) Ibid.

38) Mark, G., Gudith, D., & Klocke, U. (2008). The cost of interrupted work: More speed and stress. Proceedings of the twenty-sixth annual SIGCHI conference on Human factors in computing systems. New York, NY.

39) Rosen, L. D., Chang, J., Erwin, L., Carrier, L. M., & Cheever, N. A. (2009). The relationship between "texisms" and formal and informal writing among young adults. Communication Research, 37(3), 420-440.

40) Sisson, S. B., Broyles, S. T., Newton, R. L., Baker, B. L., & Chernausek, S. D. (2011). TVs in the bedrooms of children: Does it impact health and behavior? Preventive Medicine, 52, 104-108.

41) Barr-Anderson, D. J., van den Berg, P., Neumark-Sztainer, D., & Story, M. (2008). Characteristics associated with older adolescents who have a television in their bedrooms. Pediatrics, 121(4), 718-724.

42) Rosen, L. D., Cheever, N. A., & Carrier, L. M. (2008). The association of parenting style and child age with parental limit setting and adolescent MySpace behavior. Journal of Applied Developmental Psychology, 29, 459-471.

43) Carton, A. M., & Aiello, J. R. (2009). Control and Anticipation of Social Interruptions: Reduced Stress and Improved Task Performance. Journal of Applied Social Psychology, 39(1), 169-185.

|7장|

1) Burke, M., Kraut, R., & Williams, D. (2010). Social use of computer-mediated communication by adults on the autism spectrum. In Proceedings of CHI 2010, 1902-1912. Retrieved from http://citeseerx.ist.psu.edu/viewdoc/download?doi=10. 1.1.155.1135&rep=rep1&type=pdf.

2) Weil, M. M., & Rosen, L. D. (1997). TechnoStress: Coping with Technology @ Work@Home @Play. New York: John Wiley and Sons.

3) I discussed the penetration rate. the time it takes for a technology or website to reach 50 million people. in Rosen, L. D. (2010). Rewired: Understanding the iGeneration and the Way They Learn. New York: Palgrave Macmillan.

4) 옮긴이 주 : 다른 사람과의 관계에서 당황하거나 바보스러워 보일 것 같은 사회 불

안을 경험한 후 자신이 놓이게 될 사회적 상황을 회피하게 되고, 이로 인해 사회적 기능이 저하되는 정신과적 질환을 말한다.

5) 옮긴이 주 : 마음이 어떻게 이루어져 있으며, 이러한 마음이 행동에는 어떠한 영향을 미치는지에 대한 이해를 말한다.

6) Moran, J. M., Young, L. L., Saxe, R., Lee, S. M., O'Young, D., Mavros, P. L., & Gabrieli, J. D. E. (2011). Impaired theory of mind for moral judgment in high_ functioning autism. Proceedings of the National Academy of Sciences, 108(7) 2688-2692; Hood, B. M. (2010). Knowing me, knowing you: How social intuition goes awry in autism. Scientific American Mind, 22(1), 16-17.

7) 옮긴이 주 : 이탈리아의 신경심리학자 리촐라티(Giacomo Rizzolatti)의 연구진에 의해 발견된 것으로, 직접 행동을 하지 않고, 그러한 행동을 하는 사람을 보기만 해도 직접 행동할 때와 동일하게 반응하는 뉴런을 말한다.

8) Baron-Cohen, S. (April 15, 2011). Lessons in empathy. Financial Times. Retrieved from http://www.ft.com/cms/s/2/6b3fd4c8-6570-11e0-b150-00144feab49a. html#axzz1SDHssTD3.

9) Konrath, S. H., O'Brien, E. H., & Hsing, C. (2011). Changes in dispositional empathy in American college students over time: A meta-analysis. Personality and Social Psychology Review, 15(2), 180-198.

10) Ibid., p. 188.

11) Kirsh, S. J., & Mounts, J. R. W. (2007). Violent video game play impacts facial emotion recognition. Aggressive Behavior, 33, 353-358.

12) Spradlin, A., Bunce, J. P., Carrier, L. M., & Rosen, L. D. (2012). Virtual friendships: A study of digital media usage and empathy.

13) 동 연구에서 우리는 '현실 공감' 혹은 사람에게 있는 그런 비슷한 종류의 것에 대한 예측변수를 조사했다. 당연히 공감적 대응의 최고 예측변수는 온라인보다 얼굴을 직접 만나 시간을 보내는 양이었다. 현실 공감을 예측한 기술과 연관된 두 가지 변수로는 홀로 비디오 게임을 하는 시간과 매일 이메일을 주고받는 시간의 양이었다. 둘 다 음성 예측인자로서, 홀로 비디오 게임을 하는 시간과 이메일을 주고받는 시간의 양이 많을수록, 현실 공감이 떨어진다는 것이었다.

14) 이 만화는 1993년 7월 5일 뉴욕커(New Yorker) 발행본에서 나왔으며, 수 천 가

지 웹사이트에 게재되었다.

15) Brunet, P. M., & Schmidt, L. A. (2007). Is shyness context specific? Relation between shyness and online self-disclosure with and without a live webcam in young adults. Journal of Research in Personality, 41(4), 938-945.

16) Rubin, Z. (1975). Disclosing oneself to a stranger: Reciprocity and its limits. Journal of Experimental Social Psychology, 11, 233-260.

17) Joinson, A. N. (2001). Self-disclosure in computer-mediated communication: The role of self-awareness and visual anonymity. European Journal of Social Psychology, 31, 177-192.

18) Gonzales, A. L., & Hancock, J. T. (2008). Identity shift in computer-mediated environments. Media Psychology, 11, 167-185.

19) Orr, E. S., Sisic, M., Ross, C., Simmering, M. G., Arseneault, J. M., & Orr, R. R. (2009). The influence of shyness on the use of Facebook in an undergraduate sample. Cyber-Psychology & Behavior, 12(3), 337-340.

20) Ryan, T., & Xenos, S. (2011). Who uses Facebook? An investigation into the relationship between the Big Five, shyness, narcissism, loneliness, and Facebook usage. Computers in Human Behavior, 27(5), 1658-1664.

21) Blumer, T. (2010). Face-to-face or Facebook: Are shy people more outgoing on social networking sites? In Media and Communication Studies Intersections and Interventions, N. Carpertier et al. (Eds.). Ljubljana, Slovenia: ECREA and Fartu University Press. Reprinted by permission.

22) Baker, L. R., & Oswald, D. L. (2010). Shyness and online social networking services. Journal of Social and Personal Relationships, 27(7), 873-889.

23) Blumer, T. (2010). Face-to-face or Facebook: Are shy people more outgoing on social networking sites? In Media and Communication Studies Intersections and Interventions, N. Carpertier et al. (Eds.). Ljubljana, Slovenia: ECREA and Fartu University Press. Reprinted by permission.

24) Valkenburg, P. M., & Peter, J. (2007). Preadolescents' and adolescents' online communication and their closeness to friends. Developmental Psychology, 43(2), 267-277.

25) Valkenburg, P. M., & Peter, J. (2008). Adolescents' identity experiments on the Internet: Consequences for social competence and self-concept unity. Communication Research, 35, 208-231.

26) Barak, A., & Gluck-Ofri, O. (2007). Degree and reciprocity of self-disclosure in online forums. CyberPsychology and Behavior, 10, 407-417.

27) 옮긴이 주 : 화용론이란 의사소통에서 사용하는 언어 자체만을 대상으로 하는 것이 아니라, 의사소통의 화자와 청자, 말하는 장소와 시간 등으로 구성되는 맥락 내에서 언어의 사용을 다루는 것을 말한다.

28) 옮긴이 주 : 인간의 기초적 상호작용 형태라는 의사소통은 두 가지 원칙을 존중해야만 유지가 된다. 순서 바꾸기(turn-taking)와 관점 바꾸기(perspective taking)가 바로 두 원칙이다. 이 두 원칙 가운데 '순서 바꾸기'가 망가지면 의사소통은 불가능하다. 내가 이야기하면 상대방에게도 이야기할 순서를 넘겨주어야 하는 것이다. 내 순서가 있다면 상대방에게도 그 순서를 주어야 한다. 같은 맥락에서 '관점 바꾸기'는 상대방의 관점에서 보는 능력이다.

29) A complete description of the HomeNet Project can be found at: http://homenet.hcii.cs.cmu.edu/progress/index.html

30) Burke, M., Kraut, R., & Williams, D. (2010). Social use of computer-mediated communication by adults on the autism spectrum. In Proceedings of CHI 2010, 1902-1912. Retrieved from http://citeseerx.ist.psu.edu/viewdoc/download?doi=10.1.1.155.1135&rep=rep1&type=pdf.

31) Kross, E., Berman, M. G., Mischel, W., Smith, E. E., & Wager, T. D. (2011). Social rejection shares somatosensory representations with physical pain. Proceedings of the National Academy of Sciences, 108(15), 6270-6275.

32) The long 25-item version of the Interpersonal Communication Test can be found at: http://testyourself.psychtests.com/testid/2151. The abridged ten-item version can be found at: http://cl1.psychtests.com/take_test.php?idRegTest=2967.

33) Berger, J. (2011). Arousal increases social transmission of information. Psychological Science. Retrieved from http://marketing.wharton.upenn.edu/documents/research/Arousal.pdf.

34) Khandaker, M. (2009). Designing affective video games to support the social-

emotional development of teenagers with autism spectrum disorders. Annual Review of Cybertherapy and Telemedicine, 7, 37-39.

35) Hedman, E., Andersson, G., Ljotsson, B., Andersson, E., Ruck, C., Mortberg, E., & Lindfors, N. (2011). Internet-based cognitive behavior therapy vs. cognitive behavioral group therapy for social anxiety disorder: A randomized controlled non-inferiority trial. PLoS One, 6(3), e18001; Donoghue, K., Stallard, P., & Kucia, J. (2011). The clinical practice of cognitive behavioural therapy for children and young people with a diagnosis of Asperger's Syndrome. Clinical Child Psychology and Psychiatry, 16(1), 89-102; Wainer, A. L., & Ingersoll, B. R. (2011). The use of innovative computer technology for teaching social communication to individuals with autism spectrum disorders. Research in Autism Spectrum Disorders, 5, 96-107.

36) Trepagnier, C. Y., Olsen, D. E., Boteler, L., & Bell, C. A. (2011). Virtual conversation partner for adults with autism. Cyberpsychology, Behavior, and Social Networking, 14(1-2), 21-27.

37) Yee, N., & Bailenson, J. (2007). The Proteus Effect: The effect of transformed selfrepresentation on behavior. Human Communication Research, 33, 271-290; Yee, N.,Bailenson, J. N., & Ducheneaut, N. (2009). The Proteus Effect: Implications of transformed digital self-representation on online and offline behavior. Communication Research, 36(2), 285-312.

| 8장 |

1) 퓨 인터넷(Pew Internet)과 아메리칸 라이프(American Life) 프로젝트는 성인의 80%가 온라인 건강 웹사이트를 이용해 본 경험이 있다고 추정했다. 다른 나라의 연구도 비슷한 결과를 나타내고 있다.

2) 옮긴이 주 : DSM(Diagnostic and Statistical Manual of Mental Disorder)는 미국정신의학회에서 발표한 정신장애 분류체계이며, 1952년 DSM-Ⅰ이 발표된 이후

2000년에 DSM-IV-TR(Text Revision)이 발행됐다.

3) Fauman, M.A. (2002). Study Guide to DSM-JV-TR. Washington, D.C.: American Psychiatric Publishing.

4) Rief, W., Hiller, W., & Margraf, J. (1998). Cognitive aspects of hypochondriasis and the somatization syndrome. Journal of Abnormal Psychology, 107(4), 587-595.

5) Faurnan, M. A. (2002). Study Guide to DSM-IV-TR. Washington, D.C.: American sychiatric Publishing.

6) Walker, J. R., & Furer, P. (2008). Interoceptive exposure in the treatment of health anxiety and hypochondriasis. Journal of Cognitive Psychotherapy: An International Quarterly, 22(4), 366-378.

7) 옮긴이 주 : 유방에 덩어리가 만져지는 유방종괴는 클리닉을 방문하는 여성 환자 중 유방 통증을 호소하는 환자 다음으로 가장 많은 증상이다. 실제로 덩어리의 대부분은 양성 종양으로 암과는 관계가 없으나(약 80% 이상의 종양환자에서 양성입니다), 유방암과의 감별을 확실히 해주어야 한다.

8) Bleichhardt, G., & Hiller, W. (2007). Hypochondriasis and health anxiety in the German population. British Journal of Health Psychology, 12, 511-523.

9) Walker, J. R. , & Furer, P. (2008). Interoceptive exposure in the treatment of health anxiety and hypochondriasis. Journal of Cognitive Psychotherapy: An International Quarterly, 22(4), 366-378.

10) Rief, W., Hiller, W., & Margraf, J. (1998) . Cognitive aspects of hypochondriasis and the somatization syndrome. Journal of Abnormal Psychology, 107(4), 587-595.

11) 옮긴이 주 : 인터넷상의 각종 의학 관련 웹 사이트를 통해 부정확한 자가 진단을 하고 잘못된 처방을 하는 환자를 일컫는 말.

12) Fox, S. (August 2, 2011). Mind the Gap: Peer-to-peer healthcare. Pew Internet and American Life Project. Retrieved from http://pewinternet.org/topics/Health.aspx.

13) Retrieved April 18, 2011, from http ://www.pewinternet.org/Comm~ntary/2008/February/Health-InformationSeeking-on-a-Typical-Day.aspx.

14) Retrieved June 24, 2011, from http://www.drugs.com/news/still-trust-their-doctorsrather-than-internet-22990.html.

15) Ibid.

16) Retrieved April 18, 2011, from http://www.pewinterqet.org/-/media//Files/Reports/2010/PIP-Better-off-households-final.pdf.

17) 옮긴이 주 : 배양 이론(cultivation theory)은 1970년대와 1980년대 펜실베이니아 대학의 조지 거브너(G. Gerbner)에 의해 주장된 이론으로 수용자들은 대중 매체를 통해 현실을 인식하기 때문에, 대중매체가 현실을 구성하는 바에 따라 수용자의 인식에 영향을 미친다는 것이다. 특히 텔레비전의 폭력물이 수용자에게 미치는 효과를 조사했는데, 텔레비전의 중시청자들이 경시청자에 비해 실제세계가 더 폭력적이라고 답했다.

18) Van den Bulck, J. (2002). The impact of television fiction on public expectations of survival following in-hospital cardiopulmonary resuscitation by medical professionals. European Journal of Emergency Medicine, 9(4), 325-329.

19) A review of medical-related programming since the inception of television through the Academy of, Television Arts and Sciences and other TV-related sources revealed that there were more of these programs in 2011 than ever before.

20) Retrieved June 26, 2011, from http://www.reutcrs.com/article/2010/10/19/us-doctors-influence-idUSTRE69I6DK20101019.

21) Cheever, N. A., Carrier, L. M., & Rosen, L. D. (2008). Wikipedia and weblogs: Assessing the credibility of unverified information on the Internet. Unpublished manuscript.

22) Carrier, L. M., Cheever, N. A., & Rosen, L. D. (2010). Preferences for expert versus peer reviews on the Internet. Unpublished manuscript.

23) Retrieved June 26, 2011, from http://www.ihealthbeat.org/articles/2011/5/3/webmdmore-popular-than-social-media-as-health-care-resource.aspx.

24) Li, D., Browne, G. J., & Chau, P.Y. K. (2006). An empirical investigation of website use using a commitment-based model. Decision Sciences, 37(3), 427-444.

25) Casalo, L. V., Flavia, N., & Guinali´u, M. (2007). The influence of satisfaction, perceived reputation and trust . on a consumer´s commitment to a website. Journal of Marketing Communications, 13(1), 1-17.

26) Ibid., p. 2.

27) Dutton, W. H., & Shepherd, A. (2006). Trust in the Internet as an experience technology. Information, Communication & Society, 9(4), 433-451.

28) Casalo, L. V., Flavia, N., & Guinali´u, M. (2007). The influence of satisfaction, perceived reputation and trust on a consumer´s commitment to a website. Journal of Marketing Communications,´ 13(I), 1-17.

29) Dutton, W. H., & Shepherd, A. (2006). Trust in the Internet as an experience technology. Information, Communication & Society, 9(4), 433-451.

30) Greer, J. D. (2003). Evaluating the credibility of online information: A test of source and advertising influence. Mass Communication and Society, 6(1), 11-28:

31) Ibid., p. 13.

32) Choi, J. H., Watt, J. H ., & Lynch, M. (2006). Perceptions of news credibility about the war in Iraq: Why war opponents perceived the internet as the most credible medium. Journal of Computer-Mediated Communication, 12, 209-229.

33) 옮긴이 주 : 이론과 충족이론(Uses and Gratifications Theory)은 미국의 커뮤니케이션 학자 카츠(E. Katz)에 의해 처음 제시된 것으로 수용자들은 '능동적'이며, 그들의 미디어 이용은 '목적 지향적'이라는 관점에서 보았다. 다시 말해서, 사람들은 자신의 미디어 이용, 관심, 동기에 대해 충분히 인식하고 있으며, 자신의 욕구에 따라 능동적으로 선택한다는 것이다.

34) Tustin, N. (2010). The role of patient satisfaction in online health information seeking. Journal of Health Communication, 15, 3-17.

35) Feldman, M. D. (2000). Munchausen by Internet: Detecting factitious illness and crisis on the Internet. Southern Medical Journal, 93(7), 669-672.

36) Body dysmorphic disorder is also a somatoform disorder that causes people to believe they have an overly exaggerated deficit in their appearance that is not recognized by others. See Chapter 9 for further information.

37) Taylor, S., Asmundson, G. J. G., & Coons, M. J. (2005). Current directions

in the treatment of Hypocho,ridriasis. Journal of Cognitive Psychotherapy: An International Quarterly, 19(3), 285-304.

38) Ibid., p. 287.

39) Ibid.

40) A self-administered version of the Whiteley Test is available from http://www.thehypochondnac.com/hypochondria_diagnostic_test.htm.

41) For more information on how to assess the credibility of websites, see Chapter 7 of Rosen, L. D. , Carrier, L. M., & Cheever, N. A. (2010). Rewired: Understanding the Net Generation and How they Learn. New York: Palgrave Macmillan.

42) Rosen, L. D., Carrier, L. M., Cheever, N. A. , Rab, S., Arikan, M., & Whaling, K. (unpublished manuscript). iDisorder, · The relationship between media use and signs and symptoms of psychiatric disorders.

|9장 |

1) http://www.livereal.com/psychology_arena/whats_the_problem/anorexia_quotes.htm.

2) Anderson, L. H. (2009). Wintergirls. New York: Viking Juvenile.

3) The Renfrew Center Foundation for Eating Disorders. (2011). Eating Disorders 101 Guide: A summary of issues, statistics and resources. Retrieved May 21, 2011 from www.renfrewcenter.com/uploads/resources/1067338472_1.doc.

4) Polivy, J., Herman, C. P., & Boivin, M. (2005). Eating Disorders. In Psychopathology: Foundations for a Contemporary Understanding, J. E. Maddux & B. A. Winstead (Eds.). pp. 127-154. Mahwah, NJ: Lawrence Erlbaum Associates.

5) Ibid.

6) Strasburger, V. C., Wilson, B. J., & Jordan, A. B. (2009). Children, Adolescents,

and the Media. Thousand Oaks, CA: Sage Publications.

7) Fauman, M. A. (2002). Study Guide to DSM-IV-TR. Washington, D.C.: American Psychiatric Publishing.

8) Ibid., 320.

9) National Institute of Mental Health. Retrieved from http://www.nimh.nih.gov/sciencenews/2011/most-teens-with-eating-disorders-go-without-treatment.shtml.

10) The Renfrew Center Foundation for Eating Disorders. (2011). Eating Disorders 101 Guide: A summary of issues, statistics and resources. Retrieved May 21, 2011 from www.renfrewcenter.com/uploads/resources/1067338472_1.doc.

11) Striegel-Moore, R. et al. (2000). One year use and cost of inpatient and outpatient services among female and male patients with an eating disorder: Evidence from a national database of insurance claims. International Journal of Eating disorders, 27.

12) Strasburger, V. C., Wilson, B. J., & Jordan, A. B. (2009). Children, Adolescents, and the Media. Thousand Oaks, CA: Sage Publications.

13) Ibid.

14) Ibid.

15) Becker, A. E. (2004). Television, disordered eating, and young women in Fiji: Negotiating body image and identity during rapid social change. Culture, Medicine, and Society, 28, 533-559.

16) Polivy, J., Herman, C. P., & Boivin, M. (2005). Eating disorders. In Psychopathology: Foundations for a Contemporary Understanding, J. E. Maddux & B. A. Winstead (Eds.). 127-154. Mahwah, NJ: Lawrence Erlbaum Associates.

17) Neziroglu, F., Khemlani-Patel, S., & Veale, D. (2008). Social learning theory and cognitive behavioral models of body dysmorphic disorder. Body Image, 5, 28-38.

18) Ibid.

19) http://www.facebook.com/press/info.php?statistics.

20) Ibid.

21) Ibid.

22) Ibid.

23) Polivy, J., Herman, C. P., & Boivin, M. (2005). Eating Disorders. In Psychopathology: Foundations for a Contemporary Understanding, J. E. Maddux & B. A. Winstead (Eds.). pp. 127-154. Mahwah, NJ: Lawrence Erlbaum Associates.

24) Abrams, D., & Hogg, M. A. (1999). Social Identity and Social Cognition. Malden, MA: Blackwell.

25) Berry, G. (2003). Developing children and multicultural attitudes: The systemic psychosocial influences of television portrayals in a multimedia society. Cultural Diversity and Ethnic Minority Psychology, 9, 360-366.

26) Neziroglu, F., Khemlani-Patel, S., & Veale, D. (2008). Social learning theory and cognitive behavioral models of body dysmorphic disorder. Body Image, 5, 28-38.

27) Berry, G. (2003). Developing children and multicultural attitudes: The systemic psychosocial influences of television portrayals in a multimedia society. Cultural Diversity and Ethnic Minority Psychology, 9, 360-366.

28) Marsh, R., Steinglass, J. E., Gerber, A. J., Graziano O'Leary, K., Wang, Z., Murphy, D., Walsh, B. T., & Peterson, B. S. (2009). Deficient activity in the neural systems that mediate self-regulatory control in Bulimia Nervosa. Archives of General Psychiatry, 66(1), 51-63.

29) 옮긴이 주 : 기능성 자기공명영상, fMRI(functional Magnetic Resonance Imaing)을 지칭한다.

30) Ibid.

31) Rosen, L. D. (2007). Me, MySpace, and ! : Parenting the Net G en eration. New York: Palgrave Macmillan. NOTE: I talk abo_ut co-viewing as part of my TALK Model for Parenting as a critical way of assessing what media your children are consuming.

32) Ibid.

33) Strasburger, Y. C. , Jordan, A. B., & Donnerstein, E. (2010). Health effects of media on children and adolescents. Pediatrics, 125(4), 756-767; Martins, N., Williams, D. C., Ratan, R. A. , & Harrison, K. (2010). Virtual muscularity: A content analysis of male video game characters. Body Image, 8(1), 43-51.

34) Overbake, G. (2008). Pro-anorexia websites: Content, impact, and explanations of popularity. Mind Matte rs: The Wesleyan Journal-of Psychology, 3, 49-62.

35) Retrieved from http://www.eating-disorder.com/treatments.php.

| 10장 |

1) Fauman, M . A. (2002). Study Guide to DSM-IV-TR. Washington, D.C.: American Psychiatric Publishing.

2) Ibid.

3) Ibid.

4) Bureau of Labor Studies. (2009). Percent of employed persons who worked at home on an average workday. Retrieved from http://www.bls.gov/tus/charts/chartl2.pdf.

5) Arnichai-Hamburger, Y., & Hayat, Z. (2011). The impact of the Internet on the social lives of users: A representative sample from 13 countries. Computers in Human Behavior, 27, 585-589.

6) Rosen, L. D., Carrier, L. M., Cheever, N . A., Rab, S.,Arikan, M . , & Whaling, K. (unpublished manuscript). iDisorder: The relationship between media use and signs and symptoms of psychiatric disorders.

7) Clark, K. R. (1996). The nowhere (wo)man: An example of the defensive use of emptiness in a .patient with schizoid disorder of the self. Clinica l Social Work Journal, 24(2), 53-166.

8) George Marsh Applied Cognition Laboratory, California State University, Dominguez Hills

9) Smith, A. (2006). Cognitive empathy and emotional empathy in human behavior and evolution. The Psychological Record, 56, 3 -21

10) Spradlin, A., Bunce, J., Rosen, L. D. , Carrier, L. M., & Cheever, N. A. (2012). Virtual friendships: A study of digital media usage and empathy.

11) Fauman, M.A. (2002). Study Guide to DSM-JV-TR. Washington, D.C. : American sychiatric Publishing.

12) 옮긴이 주 : 운행 중인 차량에 위치 정보를 제공해 목적지에 정확하게 유도하는 운행 안내 시스템 또는 운행 유도 시스템. 지피에스(GPS) 위성으로부터 수신된 자료를 이용해 현재 차량의 위치 및 진행 방향을 설치된 텔레비전 화면을 통해 운전자에게 보여 주며, 모르는 지역을 방문할 경우 출발지와 목적지를 입력하면 진행해야 할 도로와 거리 예상 시간 등을 화면상에 표시해 준다. 기기에 따라서는 항법 시스템(CNS)에서 표시한 방향과 다른 방향으로 진행할 경우 경로를 재설정하거나 경고 메시지를 방송해 운전자의 안전 운전에 많은 도움을 준다.

13) Associated Press. (2011). Police: Bad GPS directions led 10 Pa. crash. Retrieved from http://abclocal.go.com/wpvi/story?section=news/local&id=8096736.

14) Zaremba, L. (May 10, 2011). GPS mishap results in wrong turn, crushed car. The Review. Retrieved June 15, 2011, from http://www.udreview.com/news/gps-mishap-results-in-wrong-turn-crushed-car-1.2225653.

15) Associated Press. (2011 , June 15). GPS blamed for wrong turn into Bellevue Slough. Retrieved June 15, 2011 from http://seattletimes.nwsource.com/htmUlocalnews/ 2015325631_apwawrongturn.html.

16) Irvine, T. (July 2007). Cell phone phantom vibration. Vibrationdata, 8-12.

17) Bezuidenhout, C., & Collins, C. R . (2007). Implications of delusional disorders and criminal behavior. Acta Criminologica, 20(3), 87-99.

18) 옮긴이 주 : 연애망상이라고 불리는 현상을 지칭한다. 실제는 그렇지 않은데도 상대(이성)로부터 자기가 사랑을 받고 있다는 망상을 갖는다. 자기가 반드시 상대를 사랑하고 있다고는 말할 수 없다. 프랑스학파에서는 19세기부터 에스키롤(Esquirol)등에 의해 논의되고 있으며, 20세기로 접어든 뒤로는 클레랑보(de Clérambault)에 의해 상세하게 연구됐다(클레랑보증후군). 연애망상을 단일 증상으로 보는 경우도 있는데, 분열증의 한 증상으로서 보기도 하며, 때로는 조울증에서도 볼 수 있다고 설명하는 경우도 있다.

19) Ibid.

20) Duffy, J. (2011). C elebrity sta lker cases. The Boston Globe. Retrieved June 15, 2011, from http://www.boston.com/ae/celebrity/gallery/celeb_stalkers?pg=19.

21) In our research on online d a ting, we found women tend to respond to men who use positive attributes to describe themselves and who portray a positive attitude. Rosen, L., Cheever, N., Felt, J. , & Cummings, C. (2008). The impact of emotionality and selfdisclosure on online dating versus traditional dating. Computers in Human B ehavior, 24(5), 2124-2157.

22) Fauman, M . A . (2002). Study Guide to DSM-JV- TR. Washington, D.C.: American Psychiatric Publishing.

23) Muise, A., Christofides, E. , & Desmarais, S. (2009). More information than you ever wanted: Does Facebook bring out the green-eyed monster of jealousy? CyberPsychology & Behavior, 12(4), 441 -444.

24) Persch, J, A. (January 25, 2009). Jealous much? MySpace, Facebook can spark it. MSNBC Online. www.msnbc.msn.com=id=20431006=.

25) Sky News HD. (2009). Facebook secrets led to woman's murder. R e trieved June 18 , 2011, from-http://news.sky.com/skynews/Home/UK-News/ FacebookMurder-Brian-Lewis-Denies-Strangling-Girlfriend-Hayley-Jones-Over-Her-Onlineactivity/Article/200909115372746?lpos=UK_News_First_Home_ Article_Teaser_Region_4&lid=ARTICLE_15372746_Facebook_Murder A_Brian_ Le.

26) BBC News Online. (March 9, 2010). Jealous lover jailed over London Facebook photo
murder. Retrieved June 18,2011 , from http://news.bbc.co.uk/2/hi/85S7402.stm.

27) Rosen, L. D., Carrier, L. M., Cheever, N. A. , Rab, S., Arikan , M., & Whaling, K. (unpublished manuscript) . iDisorder: The relationship berween media use and signs and symptoms of psychiatric disorders.

28) Generation Xers are not included in this; Only the iGeneration and NetGenerations showed these differences.

29) Mayo' Clinic. (2011) . Signs and symptoms of schizoaffective disorder. Retrieved April 3 , 2011, from http://www.mayoclinic.com/health/schizoaffective-disorder/ DS00866.

30) Compton, M. T. , McGlashan, T. H., & McGarry, P. D. (2007, May). Prevention

approaches for schizophrenia: An overview of prodromal states, the duration of untreated psychosis and early intervention paradigms. Psychiatric Annals, 37(5), 340-348.

31) Yung, A. R., Yuen, H . P., McGorry, P. D. , Phillips, L. J., Kelly, D., Dell'Olio, M., Francey, S. M ., Cosgrove, E. M ., K illackey, E ., Stanford, C., Godfrey, K., & Buckby, J. (2005). Mapping the onset of psychosis: The comprehensive assessment of at-risk mental states. Australi an and New Zealand Journa l of Psychiatry, 39, 964-971 .

32) Olsen, K. A., & Rosenbaum, B. (2006). Prospective investigations of the prodromal state of schizophrenia: Assessment in>truments. Acta Psychiatrica Scandinavia, 113, 273-282.

33) Yung, A. R., Yuen, H. P., McGorry, P. D., Phillips, L. J., Kelly, D., Dell'Olio, M., Francey, S. M., Cosgrove, E. M., Killackey, E., Stanford, C., Godfrey, K., & Buckby, J. (2005). Mapping the onset of psychosis: The comprehensive assessment of at-risk mental states. Australian and New Zealand Journal of Psychiatry, 39, 964-971.

34) 어떤 병이나 증세가 일어나기 전에 나타나는 전구증상(前驅症狀)에 대한 연구의 발전으로 정신분열증의 전구증상을 쉽게 확인할 수 있는 평가 도구들이 마련되었다. 두 가지 기본 접근법이 있는데, 하나는 'Attenuated Positive Symptoms(APS)' 접근법이고 다른 하나는 'Basic Symptoms(BS)' 접근법이다. 1990년대 중반에 개발된 이 평가 도구들은 정신질환 발병 위험이 높은 개인들을 판별하는 데 도움을 준다. 그러나 측정 방법의 신뢰도가 높지 않고, 음성 증상과 "완전 발현된 정신병과 직접적으로 연관되지 않은 다른 증상들이 이렇게 가장 흔하게 사용되는 평가 도구에서 저평가된다."(Olsen, K.A. & Rosenbaum, B. [2006] Prospective investigations of the prodromal state of schizophrenia: Assessment instruments. Acta Psychiatrica Scandinavia, 113. 273) 정신 질환 경험의 강도를 측정하는 도구에는 Brief Psychiatric Rating Scale(BPRS), Comprehensive Assessment of Symptoms and History(CASH)가 있고, 의심병, 환시, 사고내용 장애, 사고붕괴를 측정하는 부척도들이 있다. 멜버른대학의 연구자들은 정신질환 발병의 가능성이 높은 사람들을 판별하기 위해 'Comprehensive Assessment of At-

Risk Mental States(CAARMS)' 측정도구를 개발하였다. CAARMS는 삽화의 기간, 빈도수 그리고 강도를 측정한다.

| 11장 |

1) John O'Neill, director of addiction services at the Menninger Clinic in Houston, in Wetzstein, C. (August 18, 2009). Expert: Technology fosters voyeurism. The Washington Times. Retrieved from http://www.washingtontimes.com/news/2009/aug/18/therise-of-a-paraphilia/?page=1.

2) Leveille, D. (April 7, 2011). What is social voyeurism? Quora: A continually improving collection of questions and answers created, edited, and organized by everyone who uses it. Retrieved from http://www.quora.com/What-is-social-voyeurism.

3) Lenhart, A. (2009). Teens and Sexting: How and why minor teens are sending sexually suggestive nude or nearly nude images via text messaging. Washington, D.C.: Pew Internet & American Life Project. Retrieved from http://www.pewinternet.org/Reports/2009/Teens-and-Sexting.aspx.

4) 예를 들어, 애리조나에서 2명의 십대 남성들이 경찰에 체포되었다. 한 명은 13살 여자아이의 발가벗은 사진을 받은 사람이고, 다른 한 명은 그 사진을 처음 받아서 공유했던 사람이다. Francis, C. (September 10, 2009). Two boys arrested on "sexting" charges. KOLD News 13. Retrieved from http://www.kold.com/story/10999418/two-boys-arrested-on-sexting-charges?redirected=true. In another example, six teens were arrested on child pornography charges in Greensburg, Pennsylvania, three of the teens being girls who sent nude photos of themselves. High schoolers accused of sending naked pictures to each other (January 13, 2009). WPXI (Pittsburgh). Retrieved from http://www.wpxi.com/news/18469160/detail.html.

5) Shafron-Perez, S. (2009). Average teenager or sex offender? Solutions to the

legal dilemma caused by sexting. The John Marshall Journal of Computer & Information Law, 26(3), 431.

6) Slater, P. (1970). The Pursuit of Loneliness: American Culture at the Breaking Point. Boston: Beacon Press.

7) Herbert, W. A. (2010). Workplace consequences of electronic exhibitionism and voyeurism. 2010 IEEE International Symposium on Technology and Society.

8) Holmes, R. M., Tewksbury, R., & Holmes, S. T. (1998). Hidden JPGs: A functional alternative to voyeurism. Journal of Popular Culture, 32(3), 17-29.

9) 미국정신의학회(American Psychiatric Association) (2000). 정신장애 진단 및 통계 편람 [diagnostic and statistical manual of mental disorders]. 온라인에서의 다양한 관음적 이미지로 인해 신경이 거슬릴 수도 있지만, 온라인의 관음적 콘텐츠들이 모두 나쁘다는 판단을 쉽게 내리면 안 된다. 로날드 홀미스(Ronald Holmes)와 동료들은 온라인 관음적 이미지들의 영향과 관련해 두 가지 해석을 하였다. 첫 번째로 나쁜 영향으로서 온라인 관음적 이미지는 이런 종류의 콘텐츠에 더욱 더 많이 노출되도록 한다는 것이다. 그러나 다른 가능한 영향으로서는, 연구자들에 의하면 이러한 이미지들이 사용자들에게 중요한 사회적 기능을 한다는 것이다. 사용자들이 이런 이미지에 노출됨으로써 사회적으로 덜 용인되는(사회에 악영향을 미치는) 방식으로 만족되었을 욕구, 욕망을 해소시킬 수 있다는 것이다. 이바라(Ybarra)와 미첼(Mitchell) 또한 비슷한 가능성을 제기했는데 온라인 포르노에 노출되는 것이 오프라인 노출을 대체하는 것인지 아니면 결국 포르노에 대한 총 노출을 증가하는 지에 대한 것이다.

10) Langstrom, N., & Seto, M. C. (2006). Exhibitionistic and voyeuristic behavior in a Swedish national population survey. Archives of Sexual Behavior, 35, 427-435.

11) Marsh, P. J., Odlaug, B. L., Thomarios, N., Davis, A. A., Buchanan, S. N., Meyer, C. S., & Grant, J. E. (2010). Paraphilias in adult psychiatric inpatients. Annals of Clinical Psychiatry, 22(2), 129-134.

12) Ybarra, M. L., & Mitchell, K. J. (2005). Exposure to Internet pornography among children and adolescents: A national survey. CyberPsychology & Behavior, 8(5), 473-486.

13) Chung, M-Y., & Kim, H. S. (2009). It looks so cool to use podcast!: Exploring

motivations, gratifications and attitudes toward using podcasts among college students. Paper presented at the Annual Conference of the International Communication Association.

14) Jung, Y., Vorderer, P., & Song. H. (2007). Motivation and consequences of blogging in social life. Paper presented at the Annual Conference of the International Communication Association.

15) Baruh, L. (2009). Publicized intimacies on reality television: An analysis of voyeuristic content and its contribution to the appeal of reality programming. Journal of Broadcasting & Electronic Media, 53(2), 190-210. Tables 11.1 and 11.2 used by permission.

16) Bagdasarov, Z., Greene, K., Banerjee, S. C., Krcmar, M., Yanovitzky, I., & Ruginyte, D. (2010). I am what I watch: Voyeurism, sensation seeking, and television viewing patterns. Journal of Broadcasting & Electronic Media, 54(2), 299-315.

17) Papacharissi, Z., & Mendelson, A. (2007). An exploratory study of reality appeal: Uses and gratifications of reality TV shows. Journal of Broadcasting & Electronic Media, 51(2), 355-370.

18) Baruh, L. (2009). Publicized intimacies on reality television: An analysis of voyeuristic content and its contribution to the appeal of reality programming. Journal of Broadcasting & Electronic Media, 53(2), 190-210.

19) Ybarra, M. L., & Mitchell, K. J. (2005). Exposure to Internet pornography among children and adolescents: A national survey. CyberPsychology & Behavior, 8(5), 473-486.

20) Rosen, L. R., Cheever, N. A., & Carrier, L. M. (2008). The impact of parental attachment style, limit setting and monitoring on teen MySpace behavior. Journal of Applied Developmental Psychology, 29, 459-471.

21) Sontag, S. (October 1, 2010). TV voyeurism '50s style. Electronic Media, 20(40).

22) Montemurro, B. (2007). Surveillance and power: The impact of new technologies on reality television audiences. Paper presented at the Annual

Conference of the American Sociological Association.

23) Hughes, D. M. (2004). Prostitution online. Journal of Trauma Practice, 2(3&4), 115-131.

| 12장 |

1) Maynard, A. (August 15, 2011). Is the Internet dangerous? Taking a closer look at Baroness Greenfield's concerns. Risk Science Blog, University of Michigan Risk Science Center. Retrieved from http://umrscblogs.org/2011/08/15/is-the-internet-dangerous-taking-a-closer-look-at-baroness-greenfields-concerns/.

2) Baroness Susan Greenfield. (September 15, 2010.) Society should wake up to harmful effects of Internet. The Telegraph. Retrieved from http://www.telegraph.co.uk/technology/internet/8002921/Baroness-Susan-Greenfield-society-should-wake-up-to-harmful-effects-of-internet.html.

3) Chopra, D. (April 7, 2011). Mind, games, genes, neuroplasticity and enlightenment. Huffington Post. Retrieved from http://www.huffingtonpost.com/deepak-chopra/mind-brain-genes-and-neur_b_846198.html.

4) Blake, H. (May 4, 2010). Digital universe to smash "zettabyte" barrier for first time. The Telegraph. Retrieved from http://www.telegraph.co.uk/technology/news/7675214/Digital-universe-to-smash-zettabyte-barrier-for-first-time.html.

5) Sparrow, B., Liu, J., & Wegner, D. M. (2011). Google effects on memory: Cognitive consequences of having information at our fingertips. Science, 333(6043), 776-778.

6) 옮긴이 주 : 'functional magnet resonance image'의 약자로 이것은 기능적 자기공명영상이라 부른다. 생각과 감정, 행동이 일어날 때 뇌의 구조를 볼 수 있는 MRI와 더불어 뇌의 활동을 영상화해 특정 기능과 관련된 뇌의 영역을 알아보는 방법이다.

7) Dong, G., Huang, J., & Du, X. (2011). Enhanced reward sensitivity and decreased loss sensitivity in Internet addicts: An fMRI study during a guessing task. Journal

of Psychiatric Research. Published online July 16, 2011.

8) Han, D. H., Bolo, N., Daniels, M. A., Arehella, L., Lyoo, I. K., & Renshaw, P. F. (2011). Brain activity and desire for Internet video game play. Comprehensive Psychiatry, 52(1), 88-95.

9) Lahnakoski, J. (2010). Functional magnetic resonance imaging of human brain during rest and viewing movies. Unpublished master's thesis. Aalto University, Helsinki, Finland. Retrieved from http://lib.tkk.fi/Dipl/2010/urn100264.pdf.

10) Frings, L., Mader, I., & Hull, M. (2010). Watching TV news as a memory task—Brain activation and age effects. BMC Neuroscience, 11, 1-7.

11) Small, G. W., Moody, T. D., Siddarth, P., & Bookheimer, S. Y. (2009). Your brain on Google: Patterns of cerebral activation during Internet searching. American Journal of Geriatric Psychology, 17(2), 116-126.

12) Hummer, T. A., Wang, Y., Kronenberger, W. G., Mosier, K. M., Kalnin, A. J., Dunn, D. W., & Mathews, V. P. (2010). Short-term violent video game play by adolescents alters prefrontal activity during cognitive inhibition. Media Psychology, 13(2), 136-154.

13) Kaplan, S. (1995). The restorative benefits of nature: Toward an integrative framework. Journal of Environmental Psychology, 15, 169-182.

14) Valtchanov, D., Barton, K. R., & Ellard, C. (2010). Restorative effects of virtual nature settings. Cyberpsychology, Behavior, and Social Networking, 13(5), 503-512.

15) Berman, M. G., Jonides, J., & Kaplan, S. (2008). The cognitive benefits of interacting with nature. Psychological Science, 19(2), 1207-1212.

16) Ishizu, T., & Zeki, S. (2011). Toward a brain-based theory of beauty. PLoS ONE, 6(7), 1-10.

17) Ross, V. (June 28, 2011). Music makes a brain happy—and hungry for more music. Discover. Retrieved from http://discovermagazine.com/2011/may/05-music-makes-brain-happy-hungry.

18) Salas, C., Minakata, K., & Kelemen, W. (2011). Walking before study enhances free recall but not judgment-of-learning magnitude. Journal of Cognitive

Psychology, 23(4), 507-513.

19) Nicholson, C. (July 2, 2011). Hot baths may cure loneliness. Scientific American. Retrieved from http://www.scientificamerican.com/podcast/episode. cfm?id=hot-baths-may-cure-loneliness-11-07-02.

20) Wang, M., Gamo, N. J., Yang, Y., Jin, L. E., Want, X. J., Laubach, M., Mazer, J. A., Lee, D., & Arnsten, A. F. T. (2011). Neuronal basis of age-related working memory decline. Nature, 476, 210-213.

21) Bekinschtein, T. A., Davis, M. H., Rodd, J. M., & Owen, A. M. (2011). Why clowns taste funny: The relationship between humor and semantic ambiguity. Journal of Neuroscience, 31(26), 9665-9671.

22) Pulakkat, H. (August 14, 2011). Physical exercise, social life and arts can keep your brain young. Retrieved from http://articles.economictimes.indiatimes. com/2011-08-14/news/29884510_1_human-brain-mind-training-posit-science.

23) Fields, R. D. (2011, August 20). Genius across cultures and the "Google Brain." Scientific American Blogs. Retrieved from http://blogs.scientificamerican.com/ guest-blog/2011/08/20/genius-across-cultures-and-the-google-brain.

24) 옮긴이 주 : 즉각적인 반응이 나타나는 첨단 디지털기기에 몰두하게 되면서 현실 적응에는 둔감한 반응을 보이도록 변형된 뇌구조를 일컫는다. 첨단 디지털기기에 익숙한 나머지 뇌가 현실에 무감각 또는 무기력해지는 현상을 말한다.

25) Cohen, E. (June 23, 2011). Does life online give you "popcorn brain"? CNNHealth. Retrieved from http://blogs.scientificamerican.com/guest-blog/2011/08/20/genius-across-cultures-and-the-google-brain/ http://www.cnn. com/2011/HEALTH/06/23/tech.popcorn.brain.ep/index.html.

26) Sieberg, D. (2011). The Digital Diet: The 4-Step Plan to Break Your Tech Addiction and Regain Balance in Your Life. New York: Three Rivers Press.

27) Nuttal, I. (2011). How to remove distractions with information fasting. Retrieved from http://www.blogussion.com/expansion/remove-distractions-information-fasting.

28) Carrier, L. M., Cheever, N. A., Rosen, L. D., Benitez, S., & Chang, J. (2009). Multitasking across generations: Multitasking choices and difficulty ratings in

three generations of Americans. Computers in Human Behavior, 25, 483-489.

29) Wijekumar, K., & Meidinger, P. (2005). Interrupted cognition in an undergraduate programming course. Proceedings of the American Society for Information Science and Technology, 42(1).

30) Rosen, L. D., Lim, A. F., Carrier, L. M., & Cheever, N. A. (2011). An empirical examination of the educational impact of text message-induced task switching in the classroom: Educational implications and strategies to enhance learning. Psicologia Educativa. Retrieved from http://www.copmadrid.org/webcopm/publicaciones/educativa/ed2011v17n2a4.pdf.

31) Dumontheir, I., Gilbert, S. J., Burgess, P. W., & Otten, L. J. (2010). Neural correlates of task and source switching: Similar of different? Biological Psychology, 83, 239-249.

32) 옮긴이 주 : 월터 미셸 지음, 안지환 옮김, 『마시멜로 테스트』, 서울, 한국경제신문, 2014 참조.

33) Bucciol, A., Houser, D., & Piovesan, M. (2011). Temptation and productivity: A field experiment with children. Journal of Economic Behavior & Organization, 78, 126-136.

34) Bucciol, A., Houser, D., & Piovesan, M. (2011). Temptation at Work. Harvard Business School Working Paper 11-090. Harvard University.

35) More information on this process can be found in an article that I wrote for my Psychology Today blog at http://www.psychologytoday.com/blog/rewired-the-psychology-technology/201105/the-amazing-power-tech-breaks.

36) De Baene W., Kuhn, S., & Brass, M. (2011). Challenging a decade of brain research on task switching: Brain activation in the task-switching paradigm reflects adaptation rather than reconfiguration of task sets. Human Brain Mapping. Retrieved from http://www.ncbi.nlm.nih.gov/pubmed/21391280.

37) Goffman, E. (1959). The Presentation of Self in Everyday Life. New York: Doubleday.

38) Valenzuela, S., Park, N., & Kee, K. F. (2009). Is there social capital in a social network site? Facebook use and college students' life satisfaction, trust, and

participation. Journal of Computer-Mediated Communication, 14, 875-901.

39) Donath, J., & boyd, d. (2004). Public displays of connection. BT Technology Journal, 22(4), 71-82.

40) Ellison, N. B., Steinfield, C., & Lampe, C. (2007). The benefits of Facebook "friends": Social capital and college students use of online social network sites. Journal of Computer-Mediated Communication, 12, 1143-1168.

41) 옮긴이 주 : 영국 인류학자 로빈 던바(Robin Dunbar)는 인류학적인 문헌을 통해 면밀하게 조사한 결과에 대해 이렇게 말한다. "150이라는 숫자는 진정으로 사회적인 관계를 가질 수 있는 최대한의 개인적인 숫자를 나타내는 것 같다. 이런 종류의 관계는 그들이 누구인지 그들이 우리와 어떤 관계인지 알고 있는 그런 관계이다. 술집에서 우연히 마주치게 됐을 때 초대받지 않은 술자리에 동석해도 당혹스러워하지 않을 정도의 사람 숫자이다." 이 150이라는 수를 가리켜 '던바의 수(Dunbar's number)'라고 한다.

42) Goncalves, B., Perra, N., & Vespignani, A. (2011). Validation of Dunbar's number in Twitter coversations. PLoS ONE, 6(8).

43) Wang, J., & Wang, H. (2011). The predictive effects of online communication on well-being among Chinese adolescents. Psychology, 2(4), 359-362; Valkenburg, P. M., & Peter, J. (2009). Social consequences of the Internet for adolescents: A decade of research. Current Directions in Psychological Science, 18, 1-5.

44) Ling, R., & McEwen, R. (2010) Mobile communication and ethics: Implications of everyday actions on social order. Nordic Journal of Applied Ethics—Special Issue on Mobile/Ubiquitous Computing, 4(2).

45) National Sleep Foundation. (2011). 2011 Sleep in America Poll. Crofton, MD: National Sleep Foundation.

46) CTV News Staff. (August 25, 2011). Sleep-deprived advised to turn off the technology. Retrieved from http://www.ctv.ca/CTVNews/Health/20110307/american-sleep-habits-electronics-in-bed-110307/.

47) Ibid.

48) Ibid.

49) Goleman, D. (June 28, 2011). Retrain your stressed-out brain. Psychology

Today. Retrieved from http://www.psychologytoday.com/blog/the-brain-and-emotional-intelligence/201106/retrain-your-stressed-out-brain.

50) Ibid.

51) One study asked elderly people to reminisce often about their twenties and thirties. In just a week they all had a stronger range of motion. This was from an online blog by Mark Flanagan entitled "Mindfulness and Stress" and was retrieved from http://blogs.plos.org/neuroanthropology/2011/08/06/mindfulness-and-stress/.

52) Brynie, F. (July 19, 2011). Does meditation change the brain? Can it slow aging? Psychology Today blogs. Retrieved from http://www.psychologytoday.com/blog/brain-sense/201107/does-meditation-change-the-brain-can-it-slow-aging; ScienceDaily. (2011, July 21). Mindfulness meditation training changes brain structure in eight weeks. Retrieved from http://www.sciencedaily.com/releases/2011/01/110121144007.htm.

53) Harris, D., & Brady, E. (July 28, 2011). Re-wiring your brain for happiness: Research shows how meditation can physically change the brain. Retrieved from http://abcnews.go.com/US/meditation-wiring-brain-happiness/story?id=14180253.

54) Visit the Positive Psychology Center at http://www.ppc.sas.upenn.edu.

55) 옮긴이 주 : 가루분보다 잘 묻지 않으나 활성이 있어 묻은 다음에는 싸늘한 느낌을 주고 매끈매끈한 감촉이 있으며 약간의 수렴작용도 있어서 땀·수분을 잘 흡수한다. 여름철 목욕 후나 땀을 예방하기 위해 쓴다. 텔컴파우더와 비슷한 것으로 유아의 땀띠나 기저귀자국에 쓰이는 베이비파우더, 면도 후에 바르는 애프터 셰이빙파우더 등이 있다.

56) CBSNews. (September 22, 2011). Survey: Family meals have big benefits for kids. Retrieved form http://www.cbsnews.com/stories/2010/09/22/earlyshow/living/parenting/main6890613.shtml; Eisenberg, M. E., Olson, R. E., Neumark-Szainer, D., Story, M., & Bearinger, L. H. (2004). Correlations between family meals and psychosocial well-being among adolescents. Archives of Pediatric Adolescent Medicine, 158, 792-796; Fulkerson, J. A., Pasch, K. E., Stigler, M. H.,

Farbakhsh, K., Perry, C. L., & Komro, K. A. (2010). Longitudinal associations between family dinner and adolescent perceptions of parent-child communication among racially diverse urban youth. Journal of Family Psychology, 24(3), 261-270; Davis, J. L. (2007). Family dinners are important: 10 reasons why, and 10 shortcuts to help get the family to the table. WebMD. Retrieved from http://children.webmd.com/guide/family-dinners-are-important?

가

가상 공감 • 162~164, 208

감정전이(emotional contagion) • 140

강박장애(Obsessive-compulsive dis-order, OCD) • 94~96, 106, 321

강박증 • 13, 16~18

거식증 • 249, 251, 253~254, 268

건강염려증(hypochondriasis) • 17, 227~230, 234, 236, 240~245

결속적 사회적 자본(Bounding social capital) • 71

「골드버그 조울증 검사 설문지(Goldberg Bipolar Screening Quiz)」 • 155

관심 복원 이론(Attention Restoration Theory, ART) • 82, 325

관음증 • 17, 296, 300~324

광대역통신망(WAN) • 30

구글 효과 • 321

국립수면재단(National Sleep Foundation) • 340, 342

긍정 심리학(Positive Psychology) • 344

기능성 자기공명영상, fMRI(functional Magnetic Resonance Imaing) • 197, 264, 323~324

기분부전증(dysthymia) • 138

기술-스트레스(Techno-Stress) • 14, 20

기술의 누에고치(Techno-Cocoons) • 21

나

나드로가(Nadroga) • 253

나르시시즘(Narcissism) • 43, 73, 336, 360

『나, 마이스페이스와 내자신(Me, Myspace, and I)』 • 42, 62~65

놀이의 디지털화 • 67, 345

네트플릭스(Netflix) • 315

다

던바의 수(Dunbar's number) • 338, 405

도파민(dopamine, C8H11NO2) • 187, 371

디지털 식단 • 330

디지털 원주민 • 345

디지털 이민자 • 345

디폴트 모드 네트워크(default mode network) • 186~187

라

러다이트(Luddite, 반反기술주의자)
• 31, 320
로르샤하 검사(Rorschach test) • 51~52,
360
링크베이팅(link baiting) • 14

마

마시멜로 실험(Marshmallow) • 333
마음이론(Theory of Mind, ToM) • 206
멀티태스킹(multitasking) • 22, 138,
175~178, 180, 182, 190, 196, 329~331
메타인지(metacognition) • 331
무드 에피소드(mood episode) • 135
무선 모바일 단말기(WMD) • 88, 90~91
무퍼(moofer) • 14
문화적 규범 • 269
뮌하우젠(MBI) 증후군 • 241~243
「미국 국가 청년기 건강 추적조사(The
National Longitudinal Study of
Adolescent Health)」 • 151
미국 국립정신건강보건연구원(NIMH)
• 18, 133~135, 252
『미국 신경정신의학회 진단통계매뉴얼
(American Psychiatric Association's
Diagnostic and Statistical Manual,
DSM』 • 19, 39, 43, 301
미포머(Meformers) • 63~64, 84

바

반사회적 인격 장애 • 17, 19
범지구 위성항법시스템(GPS) • 280
베네세교육학회(Benesse Institute of
Education in Japan) • 119
보상 의존도(reward dependence,
RD) • 121
비디오 팟캐스트 • 219~220

사

사이버 신뢰(cybertrust) • 238
사이버콘드리아(Cyberchondriacs)
• 230~231, 240~242
사회 공포증 • 17, 321
섀도잉(shadowing) • 197
성도착증(paraphilia) • 303
세컨드 라이프(Second Life) • 26, 223
섹스팅(sexting) • 297~298
신체변형장애(BDD) • 17, 252, 256~259,
263, 321

아

아스퍼거 증후군(Asperges syndrome)
• 17
얼리 어답터(early adopter) • 17, 357
에고캐스팅(egocasting) • 73
에로토마니아(erotomania) • 283

연결성 사회적 자본(Bridging social capital) • 71~72

오디오 팟캐스트 • 219~220

오버쉐어(overshare) • 14

「온라인 성매매」• 317

우울증 • 17, 19, 166, 127, 133~157, 164~168, 215, 235, 244, 292, 321, 371

웨비소드(webisode) • 15, 357

유령 진동 증후군(phantom vibration syndrome) • 100

의무적 자아(ought self) • 336

이용과 충족(Uses and Gratifications) 이론 • 69~70, 72

인상관리(impressing management) • 67

인터넷 중독 • 21, 111~114, 120~127, 177

인포머(Informers) • 64, 84

자

자기 효율성(self-efficiency) • 153

자기도취적 성격 장애 • 17

자기애적 성격검사(NPI) • 45, 56, 60

자아상(Self-image) • 253

자폐증 • 17, 215, 230~231

전자 커뮤니케이션(e-communication) • 25, 84~85, 141, 143, 145, 203

정신분열적 인격 장애(schizoid personality disorder) • 273~274, 276

정신분열형 인격 장애(schizotypal personality disorder) • 273~274

정신증적 불완전성(psychoticism) • 119

조광치료 • 169

주의력결핍과잉행동장애(ADHD) • 169, 172~174

진동 증후군(Vibranxiety) • 100

타

탈억제효과 • 28, 120

파

페이스북 우울증 • 132, 134, 149

포스퀘어(Foursquare) • 40

폭식증 • 249, 251~205, 256, 263~264, 269, 323

하

하이퍼-네트워킹(Hyper-networking) • 151

하이퍼-텍스팅(hyper-texting) • 151

할로(Halo) • 113

「해리스 조사(Harris Poll)」• 92

「홈네트 보고서」• 133

화이트레이 인덱스(Whiteley Index) • 244

화장실 억측(toilet assumption) • 300

기타

i세대 • 14, 22, 26, 32, 59, 98, 101~102
Net세대 • 22, 26, 31~33, 56, 98~99,
　101~102, 137, 345
X세대 • 32~33, 98~102, 137, 177~178

하이브리드미래문화연구총서 06

아이디스오더
기술문명 스트레스와 그 극복

1판 1쇄 발행 2015년 5월 31일
1판 2쇄 발행 2016년 1월 30일

지은이 | 래리 D. 로젠 · 낸시 A. 치버 · L. 마크 캐리어
옮긴이 | 송해룡
펴낸이 | 정규상
펴낸곳 | 성균관대학교 출판부
110-745 서울특별시 종로구 성균관로 25-2
등록 | 1975년 5월 21일 제1975-9호
전화 | 02)760-1252~4 팩스 | 02)762-7452
홈페이지 | http://press.skku.edu

ISBN 979-11-5550-112-2 93180
값 25,000원
잘못된 책은 구입한 곳에서 교환해 드립니다.